Mr. Lancaster's System

실패한 교육개혁의 기원

아담 라츠 저
유성상 역

박영story

빌에게, 감사의 마음을 담아

역자 서문

본서의 내용 및 구성

서양교육사에서 랭카스터(1778-1838)는 나름 훌륭한 교육자로 소개된다. 그는 '상급생을 조교로 활용하는 조교법의 창시자로서 초등교육의 보급에 공헌'한 인물, 혹은 '산업혁명이 진행되며 등장한 요보호 아동을 조교제도에 의해 교육'한 '계몽기 교육자'로 기술되어 왔다. 비록 우리가 흔히 떠올리는 '조교제 학교'를 그가 최초로 창안한 것은 아니지만, 이를 유행시키고 시대에 부응하는 교육 방법으로 확산시킨 데 대해 역사는 그를 긍정적으로 평가해 왔다.

그를 평가할 때 동원되는 언어는 화려하다. '영국 산업혁명 당시 효율적이고 접근 가능한 대중 교육을 가능하게 한 중요한 혁신', '성장하는 산업에 대비한 숙련된 인력 양성', '교사 한 명이 최대 1,000명의 학생을 가르침', '교실 내 규율·질서·조직을 강조하여 더욱 통제적이고 생산적인 학습 환경을 조성', '교육 시스템의 효율성과 접근성의 향상', '협력적 분위기를 조성하고 학생들 간 단결을 촉진', '미래 세대의 포용과 지적 발달을 촉진', '수평적 지식의 전달', '학생의 학습 진도에 맞춰 도움이 필요한 학생에게 집중' 등이다.

실제로 그가 창안했다고 알려진 랭카스터 시스템은 19세기 초 영국에서 열병을 앓을 정도로 유행했다. 그의 이름을 딴 학교 시스템은 영국을 넘어 프랑스·네덜란드·독일·중국·인도네시아·말레이시아·인도·캐나다·멕시코·콜롬비아 등지로 퍼져 나갔다. 이 책의 주무대인 미국에서도 영국의 유행을 따라 학교들이 설립된 이후 19세기 전반 약 반세기 동안 엄청난 관심을 받았다. 오늘날의 표현으로 말하면 '세계화'된 교육개혁의 초기 사례라 할 만하다.

그가 처음 세운 보로우학교(Borough Road School)는 왕가와 직접 관련이 없으면서도 '로열'이라는 타이틀을 달아 대중의 주목을 받았다. 이 학교를 찾아 방문하거나, 다녀왔다는 사실 자체가 당시 최고의 도시 런던에서 손꼽히는 이벤트로 여겨졌다고 할 정도였다. 그렇다면 랭카스터와 그가 창안했다는 시스템은, 후대의 교육사가들이 평가하듯 긍정적이고 효과적인 교육으로의 변화를 견인한 것이었을까?

꼭 그렇지만은 않은 듯하다. 어떤 서술은 '그 방식의 일부가 여전히 현 교육 시스템에 영향을 미쳤다'고 말하면서도, 결론적으로는 '랭카스터의 이런 시스템은 현재 사용되지 않는다'고 한다. 고개를 갸웃하지 않을 수 없다. 도대체 왜 그럴까? 아니나 다를까, 랭카스터 시스템을 비판적으로 검토하는 논의도 존재한다. 서구 경제 사상을 기술한 아래 글의 저자는 랭카스터의 교육 방법을 '다단계 수업'으로 부르며 비판적 입장을 취한다.

"교육을 받아야 할 어린이가 많은데 학교의 수는 턱없이 부족했던 시절, 그리고 교사를 많이 고용할 경제적 여력이 없던 시절. 최소의 비용으로 교육을 최대로 제공할 수 있다는 점에서 매우 현실적인 교육방법이라고 말할 수 있다. 하지만 이런 방법으로 제공할 수 있는 교육의 질에는 분명한 한계가 있었다. 조교가 간단한 계산법이나 맞춤법은 지도할 수 있겠지만, 학생 개개인의 능력과 진도를 파악하고 그에 맞는 교육내용을 제공하거나 학습동기를 부여하는 것은 기대할 수 없었다"(송병건, 2023).

이 기술은 랭카스터 시스템의 문제를 도덕적으로 비난하기보다, 산업혁명기 영국 사회의 교육적 요구에 충분히 부응하지 못했던 '구조적

한계'로 지적하는 것으로 읽힌다. 그럼에도 당시까지 '학교교육'이 의미하던 거대한 비용 구조를 크게 바꾸지 않고도, 많은 학생에게 교육 기회를 제공했다는 점에서 랭카스터의 역사적 의미를 일정 수준에서 인정하는 서술도 가능할 것이다.

실제로 19세기 중반 이후에도 '랭카스터'라는 이름을 사용하는 학교는 20세기 중반까지 남아 있었다. 예컨대 1856년 설립되어 운영된 학령기 여성 재소자들을 위한 미국 최초의 소년원(reform school)은 랭카스터 여자공업학교(Lancaster Industrial School for Girls)였다. 당시에는 이미 미국에서 랭카스터 시스템이 쇠퇴한 뒤 한참이 지난 시점이었음에도, 이 학교는 1975년 소년원 기능을 마치고 정식 교도소(Massachusetts Correctional Institution-Lancaster)로 전환된 뒤에도 '랭카스터'라는 이름을 유지했다. 그의 명성과 공헌이 오래 기억된 셈이다.

그런데 본서는 이러한 공헌과 평가를 전혀 다른 각도에서 새롭게 제시한다. 무엇보다 그가 창안했다고 알려진 조교제 학교 시스템, 즉 원서 제목이기도 한 『Mr. Lancaster's System(랭카스터 시스템)』은 제대로 된 교육개혁이라고 할 만한 기획이 아니었다. 더 나아가 이를 만들고 실천한 조셉 랭카스터는 '교육자'라 부르기 어려울 만큼 교육적 훈련을 충분히 받지 않았고, 교육에 대한 헌신도 부족했으며, 교육을 잘해낼 의지 또한 갖추지 못한 인물이었다는 것이다. 심지어 그는 공적 사명감이 거의 없었고, 랭카스터 시스템을 통해 교육 기회를 확대하고자 했던 국가들과 열정적인 개혁가들의 기대에 부응할 만큼 개혁을 지속적으로 이끌 능력도 없었다. 오히려 그는 사람들의 열망에 기대 자신의 교육 기획을 돈벌이 수단으로 삼았다. 이는 산업혁명기 효율적 방식으로 인력을 양성했다는 기존의 찬사와 극명하게 대비된다.

여기까지 오면 궁금해진다. 조셉 랭카스터는 누구이며, 랭카스터 시스템이란 무엇인가? 랭카스터 시스템은 어떤 학교, 어떤 학교교육을 꿈꾸었고, 실제 무엇을 이루었는가? 그는 어떻게 당대의 요구에 맞는 학교 시스템을 기획하고 제안할 수 있었으며, 그의 아이디어는 왜 콧대 높은 엘리트 개혁가들의 관심을 사로잡았는가? 또한 그것이 런던의 명물로 그치지 않고 전 세계의 교육개혁 열망을 담아 전파될 수 있었던 이유는 무엇인가? 흥미로운 아이디어가 실제 학교라는 물리적 공간으로 구현되어 운영될 수 있었던 조건은 무엇이었는가? 더 나아가 그토록 열정적이었던 개혁의 흐름이 왜 더 이상 지속되지 못했는가? 그러면서도 '랭카스터'라는 이름과 그의 교육 기획이 왜 여전히 사람들의 기억 속에 남아 있는가? 본서는 이러한 질문 하나하나에 답한다. '세상에 이런 인물이 있을까' 싶은 이야기가 책의 처음부터 끝까지 이어진다.

그렇다면 오래전 랭카스터의 망상에 가까운 교육개혁을 들여다보는 일이, 오늘 2026년을 살아가는 우리에게 어떤 의미가 있을까? 역자는 랭카스터가 만들고 확산하려 했던 학교 시스템을 오늘날의 언어로 번역해, '교육의 질을 높이기 위한 교육개혁 방안'으로 접근해 보고자 한다. 흥미롭게도 랭카스터의 개혁은 처절하게 실패했고, 그 실패는 '최초'라는 꼬리표가 아깝지 않을 만큼 교육사적으로도 중요한 사건이 되었다.

그래서 묻게 된다. 무엇이 이 사기꾼에 가까운 랭카스터라는 인물을 이토록 유명하게 만들었는가? 교육개혁이란 무엇이며, 왜 사람들은 '개혁'이라는 이름으로 뻔히 장삿속을 드러낸 일종의 망상가를 거창한 혁신적 교육가로 보게 되었는가? 도대체 교육개혁이란 무엇이고, 왜 사람들은 개혁이라는 이름으로 교육에 관심을 기울이는가? 더 나아가, 한국에서 교육개혁은 어떤 화두로 우리 주변을 서성이고 있는가?

교육, 개혁의 수사법

한국인들은 교육에 불만이 많다. 이것이 단지 '빨리빨리'를 외치는 한국인의 습성 때문만은 아니다. 그보다는 한국 사회에서 교육에 대한 국민적 요구와 정책적 대응 사이의 간극이 크기 때문이다. 가장 큰 불만의 주체는 학생과 학부모이다. 한국은 공교육이 무상교육으로 운영되며 국가가 양질의 교육을 책임진다고 말하지만, 사교육이 없으면 학교 교육만으로 충분히 공부했다고 말하기 어렵고, 원하는 학교로의 진학도 쉽지 않다. 이런 상황에서 학교에서의 배움이 즐겁고 의미 있다고 고백하기는 어렵다. 그래서 학생과 학부모는 공교육이 발달했다고 말하는 사회에서 오히려 '사교육 천국'이 된 역설적 현실의 피해자가 된다.

불만은 학생과 학부모에 그치지 않는다. 교사들 또한 불만이 크다. '우리 아이' 하나 잘 봐달라는 학부모들의 암묵적·명시적 요구는 교사들을 말로 표현하기 어려운 긴장 속으로 내몬다. 학생들은 교사의 수업보다 학원 강사의 수업이 낫다며 교실 수업에 태업으로 임하기도 한다. 유연해졌다고 하지만 학교 내 위계는 교수·학습 전문성을 키우려는 교사의 자율성에 별 도움이 되지 않는다. 교사들은 학교 안팎에서 '사회적 요구에 교육적으로 부응하지 못한다'는 비난을 시시때때로 감당해야 한다. 공무원으로서 안정적 지위를 유지한다는 혜택과 맞바꾼 비난과 긴장 가득한 관계는 교직을 떠나게 하는 요인으로 작동하기도 한다. '전 세계에서 가장 유능한 교사'라는 평가와 '가장 우울하고 만족스럽지 못한 교사'라는 현실이 어떻게 공존하는지 이해하기 어려울 정도이다.

그렇다면 교육의 미래를 기획하는 행정관료들은 불만이 없을까? 이곳저곳이 시끄러운 상황에서 늘 새로운 것을 내놓으라는 요구에 대응하다 보면, 결코 직업적 만족이 높을 수 없다. 교육연구자들은 어떨까? 그들 또한 크게 다르지 않다. 타당해 보이는 방안을 연구 결과로 제시해도 충분한 논의도, 정책 반영도 이루어지지 않는 경우가 많다. 애초 그런 변화에 관심이 없었던 듯한 시큰둥한 반응을 마주할 때 연구자의 효능감은 바닥으로 떨어진다.

아이를 키우는 부모들은 아이들의 교육, 정확히는 성적과 진학을 두고 늘 초조한 마음으로 정보를 찾아다닌다. 고가의 사교육으로 '돈 있는 집 자식'처럼 지원하지 못하는 부모의 안타까움은 아이를 교문에 들여보낸 뒤 카페 공간에서 열띤 정보 교환으로 이어진다. 여기서도 교육, 저기서도 교육이 화두지만 결론은 대개 같다. "이 나라의 교육은 믿을 만하지 못하니, 내가 직접 아이 공부와 진학을 챙겨야 한다." 일부 부모는 '행복한' 교육을 위해 해외로 떠나는 타향살이를 자원하기도 하고, 국가는 대중적 인기에 도움이 되지 않는다는 이유로 교육정책에 큰 관심을 기울이지 않으려는 방향으로만 관리하는 데 힘을 쏟기도 한다.

물론 이런 사회에서도 교육을 이윤의 텃밭으로 삼는 사람들은 있다. 학원을 중심으로 한 사교육 시장은 매년 유례없는 수익을 올린다. 대치동 학원 강사가 되겠다는 SKY 지원자들은 '국가와 공동체를 위해 좋은 대학에 진학한다'는 뻔한 말조차 하지 않는 세대로 자리잡고 있다. 교육에 대한 불만, 공교육 밖에서 사교육 시장을 헤매는 수요자들, 미래적 비전을 실현하지 못하는 교육에 대한 원성, 좋은 교육정책을 둘러싼 갈등과 긴장은 현대 미디어의 좋은 먹잇감이다. 하루가 멀다 하고 벌어지는 교육 전쟁은 활자를 통해 전쟁 지형을 넓힌다. 어쩌면 전 지구화된 교육 전쟁은 쉽게 끝나지 않을 것이다.

흥미롭게도 이러한 불만 가득한 화법은 우리 사회의 교육을 절체절명의 위기 상황으로 묘사하게 만든다. 김영삼 정부에서 단행된 '5·31 교육개혁'은 전 지구적 신자유주의 이데올로기가 한국 교육정책의 관행적

패턴에 큰 파문을 일으킨 사건이었다. "세계화·정보화 시대의 문명사적 전환에 대응"하고 "국가적 생존전략이자 교육적 병폐를 해결하기 위한 종합적인 대책"으로 교육은 개혁되어야 했다. 신교육체제를 수립하는 것은 국민적 여망에 부응하는 일이자, 결과적으로 '신한국 창조'를 이루는 길로 제시되었다.

이러한 교육개혁 담론은 1983년 미국의 보고서 「A Nation at Risk: The Imperative for Educational Reform」을 떠올리게 한다. 보고서는 학생들의 학업성취도가 하락하고 있다는 위기 진단을 국가적 위기로 확대하며, 마치 타국의 침략을 받은 것에 비유해 개혁의 긴급성을 강조했다. 미국의 이야기이든, 한국에서 위기의 진단이 적절한지 여부와는 상관없이, '교육의 위기'는 곧 교육을 바꾸자는 주장으로 이어지고, 혁신적 변화가 패키지화된 교육개혁이 뒤따른다. 정부 수장은 '교육대통령'을 자처하며 과감한 교육개혁을 주문한다. 결과적으로 우리는 지난 수십 년 동안 이러한 개혁 담론을 반복해서 지켜보고 있다.

그런데 개혁이라는 이름의 교육정책 패키지는 도대체 우리 교육을 어떻게 바꾸었고, 우리 사회를 어떻게 바꾸어 왔는가? 어떤 성과를 우리는 교육개혁의 성과로 보고 있는가? 과연 우리는 개혁이라는 이름의 교육 변화를 통해 교육이 좋아졌다고 말할 수 있는가? 안타깝게도 현실은 그렇지 않다. 우리는 여전히 교육의 변화를 이야기하고, 교육개혁이 낳은 잘못된 변화에 한숨을 쉰다. 교육개혁이 성공적이었다는 말은 제대로 들어본 적이 없고, 교육개혁이 만들어낸 사회 변화 속에서 교육은 오히려 주변화되었다. 교육이 사회를 바꾼다는 교육 중심의 사회 변화에 대한 효능감은 더 떨어졌다. 한마디로 교육개혁은 성공이라기보다 실패라는 꼬리표를 달고 우리 주변을 맴도는 듯하다.

이렇다 보니 묻게 된다. 무엇을 위한 개혁이었고, 무엇을 위한 교육

혁신이었는가? 더 나아가 개혁이라는 이름으로 이루어진 변화는 반드시 이런 방식과 방향이어야 했는가? 이 개혁 속에서 교육은 무엇이었고, 교육을 어떻게 바꾸겠다는 것이었는가? 왜 기대한 변화가 아니라 많은 비판과 저항을 불러오는 실패로 귀결되는가?

왜 개혁은 실패하는가?

교육개혁의 실패를 둘러싼 비판과 저항이 이어지는 것은 어쩌면 당연한지도 모르겠다. 교육을 단순히 '정해진 지식을 아직 모르는 사람들에게 가르치는 행위'로 정의하는 사람이라면 모를까, 복잡다단한 철학적 궤적 속에서 형성된 윤리적·미학적이며, 개개인의 자유로운 탐색과 성장으로서의 교육 관념에 비추어 보면, 지금까지의 교육개혁은 교육이라는 이름으로 사회 구성원을 통제·관리하려는 시도로 비칠 수 있기 때문이다. 그래서 교육개혁을 둘러싼 논쟁에는 교육이 무엇인지, 그리고 왜 교육을 그렇게 정의하는지를 따져 묻는 작업이 반드시 동반된다.

그렇다면 교육 전문가들만이 이 논쟁에 참여하는가? 안타깝게도 그렇지 않다. 오히려 교육은 전쟁과도 같은 갈등 속에서 '시끄러운 소리'로 격하되는 대상으로 남아 있을 뿐이다.

누가 교육을 바꿔야 한다고 말하며, 교육개혁을 주창하는가? 당연한 이야기처럼 들리지만, 교육을 개혁하려는 사람들은 대체로 교육 전문가들이다. 그러나 교육 전문가들의 개혁적 주장은 실제 정책 변화로 이어지는 데 한계를 갖는다. 역설적으로, 수적으로는 적지만 영향력은 큰 '교육 비전문가'들의 요구가 실질적인 변화를 주도해 왔다. 미국 교육개혁의 역사를 추적한 라바리(2021)는 『교사교육의 딜레마』에서 교육이 지식이 축적되지 않는 연성학문 영역에 속하기 때문에, 누구든 비전문가가

들어와 교육 전문성을 두고 감 놔라 배 놔라 해도 전혀 이상하지 않다고 말한다. 미국의 교육개혁 또한 그런 방식으로 이어져 왔다. 한국에서도 경제학자·행정학자·철학자·과학자 등이 교육행정의 수장으로 등장해 교육개혁의 최전방에 서곤 했다.

그러나 교육 현장의 긴장과 갈등을 제대로 보지 못하는 이들에게 '교육이 무엇인지'를 진중하게 따지는 일은 별 의미가 없었다. 교육개혁을 책임진 이들의 리더십은 갈등을 교육적으로 해소하기보다는 사회적 요구에 따라 교육의 틀을 뜯어고쳐야 한다는 사명감으로 개혁을 실행하는 경우가 많기 때문이다. 따라서 교육개혁은 교육 외부의 불만을 불식시키려는 목적을 띠기 쉽고, 교육 내부의 불만을 조율, 조정, 조화롭게 만드는 시도와는 거리가 있다.

1980년대 이후 시대적 과업으로서의 교육개혁은 여러 수사로 표현되지만, 결국 크게 두 가지 목표로 귀착된다. 학생들의 학업성취도를 높이고, 사회 집단 간 학업성취도 격차를 줄이자는 목표이다. 이는 교수·학습의 질적 수준을 높이자는 말로 번역되며, 더 많은 교수·학습 시간, 더 수준 높은 교사 확보, 최신 기술을 반영한 교수법 도입, 더 많은 시험 실시 등을 통해 더 높은 학업성취도를 달성하자는 과제로 구체화된다. 그러나 이러한 목표는 기대만큼 성취되지 않았다.

더 큰 문제는 학업성취도 '향상'을 목표로 한 개혁 과제가 심각한 질문을 동반한다는 점이다. 어떤 지식에 대한 평가를 학업성취도라 부르는가? 어떤 방식의 평가를 통해 산출된 결과를 기준으로 삼는가? '도달해야 할 지점'으로서 학업성취도 수준을 정당화할 수 있는가? 누가 누구의 학업성취도 수준을, 어떤 이유로 문제 삼는가?

그러나 교육개혁 과정에서 이러한 질문은 진중하게 다뤄지지 않는다. 한 사회에 요구되는 기본적 지식 수준이 무엇인지, 학교를 통한 지식의 전달이 어느 수준에서 이루어져야 하는지, 학교교육을 거치는 개인들의 배움을 어떻게 평가해야 하는지, 그리고 사회적 재화의 배분은 어떠해야 하는지 등에 대해 누구나 동의할 만한 상식이 존재한다고 가정하기 때문이다. 하지만 상황은 결코 그렇게 단순하지 않다. 교육개혁에 대한 역사적 접근은 교육과정사회학('학교에서 가르쳐지는 지식이 사회·문화·정치적 조건의 영향을 어떻게 받는가')을 태동시켰고, 능력주의와 교육불평등에 대한 비판을 대중적 언어로 확산시켜 왔다. 즉, 누구나 합의할 만한 '상식적 교육개혁 방향'은 따로 존재하지 않는다.

교육개혁의 화법이 자극적인 이유는 위기를 타개해야 한다는 요구 앞에서 '무엇이 교육이고 무엇이 아닌지'를 따지는 일의 실용성이 낮다고 여겨지기 때문이다. "21세기 초현대 사회에서 근대 산업사회의 인력 양성에 필요했던 학교체제를 유지하는 것은 직무유기다", "국제사회의 빠른 변화에 맞춰 창조적 인재를 길러야 한다", "기초학력 부족, 곱셈 못하는 중학생" 등의 자극적 주장 속에서, 교육을 교육답게 바라보는 따뜻한 시선은 쉽게 사라진다.

그 결과 교육개혁의 수사 속에서 교육은 변화에 부응하지 못하는 대상이 되고, 비난의 화살을 맞으며 외부 요구에 응해야 하는 대상으로 자리한다. 교육은 굼뜬 공룡으로 비유되며 '좀 더 작고 날렵해져야 한다'는 핀잔을 듣는다. 이렇게 되면 교육개혁이 실패하는 이유는 교육 자체의 문제로 환원되고, 개혁을 들고나온 외부의 수사법은 면책된다. 결국 교육개혁은 실패라는 꼬리표를 달지만, 실패를 복기하고 다음 변화의 배움을 만들어내는 노력은 거의 이루어지지 않는다. 또 다른 정치 프로젝트로서 새로운 교육개혁이 이어질 뿐이다.

교육개혁의 실패에서 무엇을 배우나?

왜 이런 일들이 반복되는 것일까? 우리는 과거에서 무엇을 배우는가? 왜 실패에서 배우지 못하는가? 교육개혁의 실패 앞에서 누가 반성하고 사과하는가? 글쎄다. 잘못이 없다고 믿는 사람들에게 사과를 요구해도 귀담아듣지 않을 것이다. 앞으로도 교육개혁은 이어질 것이고, 그 변화가 성공하리라는 보장도 없다. 더 안타까운 것은 '그래서 어떻게 해야 하는가'에 대해 상식적 수준에서 합의된 전문적 견해가 부재하다는 점이다. 결국 교육을 둘러싼 다양한 세력 간 다툼과 정치공학적 계산이 '교육개혁'이라는 이름으로 반복될 것이다. 늘 그렇듯 자신만이 교육을 바꿀 수 있다고 호언장담하는 정치인이 등장할 것이다.

교육개혁이 어떠해야 하고, 이를 성공시키기 위해 무엇을 해야 하는가에 대한 답은 궁색하다. 아니, 참담할 정도로 좋은 대답을 내놓기 어렵다. 마치 해변에 널린 잡동사니로 집을 지어야 할 때의 답답함과 비슷하다고나 할까? 그래서 역자는 '성공적 교육변화를 위한 개혁'이 무엇인지 단정하지 못한 채, 현재의 복잡한 교육 상황을 진단하는 일에 매달리게 된다. 만약 기운이 더 있다면, 우리의 교육이 왜 이런 구조와 체제로 유지되고 있는지 역사사회적 분석으로 더듬어볼 수 있을 것이다. 그래서 무엇을 어떻게 잘할지 답하기보다, 지난 교육개혁의 연이은 실패와 교육의 정치화 속에서 배울 것을 찾아내는 일이 최선이라고 생각한다. 실패의 이유를 제대로 배워 둔다면, 적어도 같은 실패를 반복하지는 않겠다는 희망 때문이다.

본서를 번역하면서 역자는 다시 한번, 자신의 학문적 궤적과 실천이 크게 잘못된 것이 아니라는 생각을 하게 되었다. 교육개혁이라는 화려한 수사 뒤의 실패에서 무엇을 배울 수 있을까? 이를 몇 가지 명제로 정리하면 다음과 같다.

첫째, 교육개혁을 통한 교육 변화의 도모는 정치적 프로젝트이다. 교육개혁은 교육 프로젝트가 아니다. 교육개혁에서 교육의 변화는 교육 자체의 교육적 변화를 위한 것이 아니라, 사회정치적 요구에 맞춰 교육이 어떻게 변해야 하는지를 '주문받는' 일이다. 목표는 주어지고, 이를 위해 교육 구성원 모두의 동일한 움직임이 요구된다. 정치적 지형과 사회적 요구에 따라 목표와 수단, 지원 방식이 달라진다. '정치적'이라는 말이 담는 정파성, 이념성, 세력 투쟁 등 온갖 의미가 교육개혁 속에 함께 들어온다.

둘째, 교육개혁은 표준화된 통제체제를 중요한 수단으로 삼으며, 종종 목표로까지 제시한다. 랭카스터학교는 이를 극명하게 보여주는 사례다. 교육개혁은 교육 주체가 따라야 할 촘촘한 통제체제를 만들어 내고, 참여자들의 세세한 행위를 그 틀에 맞추도록 요구한다. 신자유주의 개혁이 통제 체제를 깨뜨리는 듯 보이기도 하지만, 실제로는 첨단기술을 통해 통제·관리의 효율성을 높인다는 신념에 따라 다른 방식의 표준화를 강화한다. 결국 통제와 관리의 원리는 포기되지 않는다.

셋째, 교육개혁은 수많은 가정 위에서 기획되고 추진된다. 프로젝트의 목표와 추진 체제는 명확한 인과관계에 근거한다기보다, 다수의 전제에 기대어 설계되는 경우가 많다. 길을 만들면 모두가 그 길로만 다닐 것이라는 기대처럼 말이다. 하지만 교육 실천의 주체들은 기획대로 움직이지 않고, 기대한 방식으로 결과를 내지 않는다. 멋진 길 옆에 샛길이 생기고, 육교가 있어도 사람들이 여전히 도로를 가로지르는 것과 같다.

넷째, 교육개혁은 소수의 엘리트 지도자가 이끌며, 위로부터의 관료적 관리에 종속된다. 개혁 의제와 과정은 소수의 리더십에 의해 관리되고, 그 과정에서 대중의 요구와 불일치하는 경우가 적지 않다. 공유 과정은 제한적이며, 투입되는 자원의 의미는 불투명한 경우도 허다하다. 결국 다수가 관심을 기울이는 교육은 정책적 관심에서 밀려나기 쉽다.

다섯째, 국가적 차원의 교육개혁은 국가가 교육을 수단으로 여긴다는 증거이다. 교육은 모든 이를 위한 공적 의무로서 기회를 보장하고 질을 높여야 하지만, 근대국가에서 교육은 늘 국가가 원하는 인재를 길러내는 도구이기도 했다. 종교국가는 종교적 신민을, 전쟁국가는 군인을, 특정 이념국가는 이념적 인간상을 길러내려 했다. 자본주의 국가도, 사회주의 국가도, 제국주의 국가도 마찬가지였다. 교육개혁이라는 거창한 화법은 교육이 교육답게 실천되기 어렵게 만드는 압박이기도 하다.

여섯째, 기술 발전은 늘 교육개혁이라는 이름으로 교수·학습을 바꾸려 한다. 교수·학습은 가르치는 이와 배우는 이 사이에서 모순과 역설을 품은 배움의 과정이 실천되는 행위다. 하지만 학교라는 공적 기관에서 교수·학습은 주어진 지식체계를 익히고 평가받을 준비를 하는 과정으로 좁혀지기도 한다. 기술은 무엇을, 어떻게, 누가, 누구에게, 언제, 어디서 가르치고 배울지를 구체적으로 지정하고 변화시키려 한다. AI 디지털 기술이 에듀테크를 확장하고 생성형 AI가 교육 패러다임의 변화를 요구하는 것도, 기술이 특별해서가 아니라 학교 바깥의 기술 발전이 늘 학교에 똑같은 주문을 해왔기 때문이다.

일곱째, 성공한 교육개혁은 거의 없다. 교육개혁이 교육을 교육답게 만드는 데 충분히 관심을 기울이지 않기 때문이다. '…을 위한 교육'이라는 자극적 화법은 마땅한 평가 절차를 거치지 않는다. 투입된 자원이 어떤 결과를 만들었고, 누가 어떻게 어떤 혜택을 얻었는지 진중한 논의가 이어지지 않는다. 그래서 교육개혁은 실패하고, 실패를 성찰하고 반복을 막으려는 노력은 미약하다. 또 다른 정치 프로젝트로 새로운 교육개혁이 이어질 뿐이다.

여덟째, 국가는 교육개혁을 통해 궁극적으로 교육 재원을 줄이고자 한다. 효율성이라는 이름으로 말이다. 국가는 사회정책에 많은 돈을 쓰고 싶어 하지 않는다. 랭카스터의 주장에 혹했던 당대 지도자들도 교육비를 대폭 줄일 수 있다는 기대 때문이었다. 수많은 가정과 전제로 만들어진 설계도 속에서, 전제 이면의 허술함과 실현 가능성은 '효율적 시스템'이라는 허상에 가려졌다. 자기주도학습을 강조하거나 학습공동체를 확대하거나, 교수·학습 과정을 디지털 기기 속에서 구현하자는 정책들은 궁극적으로 사람 냄새 나는 가르침과 배움의 현장에 투입되는 재원을 줄이고, 국가의 개입 없이도 돌아가는 체제를 향한 몸부림이기도 하다. 어쩌면 20-30년 뒤 AI 디지털 교육이 가져올 미래는 교실에 학생 관리와 가르침을 담당하는 휴머노이드 로봇이 자리하는 장면일지도 모른다. 교사는 로봇을 관리하는 소수의 기술자로 남을 가능성도 있다.

이러한 방식으로 교육개혁이 이루어진다는 점을 고려한다면, 누가 교육개혁을 옹호할 수 있겠는가? 교육 변화를 굳이 '개혁'이나 '혁신'이라 부르며 시끄러운 말을 동원하는 이유는 단순하다. 교육이 잘 변하지 않기 때문이다. 교육이 잘 변하지 않는 이유도 복잡하지 않다. 지금의 교육이 바뀌기를 원하는 사람보다, 바뀌지 않기를 원하는 사람이 더 많기 때문이다. 게다가 바꾸겠다는 사람들의 생각과 뜻, 행위가 일치하지 않는 점도 큰 요인이다. 줄다리기에서 중요한 것은 한 방향으로 힘을 모으는 것이다. 상대편이 힘을 모으고 있는데 우리 편이 방향과 시간을 맞추지 못하면 결과는 뻔하다. 힘 한 번 제대로 써보지 못하고 지고 만다.

교육개혁은 국가 수준의 행위로서 교육을 바꿔 사회의 교육적 요구에 대응하려 한다. 교육이 학교교육으로 제도화되고, 그 학력이 능력(merit)에 기반한 사회 통치 체제를 유지하는 도구가 되면서, 제도화된 교육체제에서 더 높은 학력을 획득하는 일은 사회적 지위를 쟁취하기 위한 투쟁이 되었다. 교육은 인간 욕망을 실현하는 강력한 수단 중 하나가 되었다. 그래서 교육을 둘러싼 불만과 갈등은 전쟁터에 서 있는 병사들의 마음과 크게 다르지 않다. 죽느냐, 사느냐? 어떻게 살아남을 것인가? 이런 전쟁 같은 교육판에서 "바꾸겠다"고 호언장담하는 사람들은 대체로 이 전쟁으로 정치적 잇속을 챙기는 정치지도자이거나, 경제적 이득을 보는 장사꾼이다. 민중의 요구와 거리가 먼 정치인, 또는 잇속에 밝은 장사꾼의 교육개혁은 거부되어 마땅하다.

그렇다면 우리는 무엇을, 어떻게 해야 이 전쟁 같은 교육 변화의 경기에서 이길 수 있을까? 질문만큼 답은 분명하지 않다. 그래서 교육에 대한 불만을 잠재우고 욕망을 실현하겠다는 '교육개혁가'는 또 등장할 것이다. 쉬지 않고 말이다. 랭카스터의 망상에 혹해 넘어간 정치지도자들의 순진한 모습처럼.

그래서 랭카스터의 이야기를 읽는 것이 중요하다. 200년 전, 한국이 아닌 태평양 건너 미국에서 교육이라는 칼로 세상을 바꾸겠다던 망상적 개혁안이 무엇이었는지, 왜 실패했는지를 따져 읽어야 한다. 무엇이 그에게 권한과 권력을 부여했는지, 또 왜 사람들은 그에게 휘둘렸는지를 꼼꼼히 살펴보아야 한다. 이를 통해 앞으로 무엇을 어떻게 할지 고민하는 토대를 삼고자 한다.

번역서 출간에 대해

나는 연구자로서 교육개혁을 화두로 한 국제사회의 다양한 논의에 관심이 많다. 기술혁신을 토대로 교육을 어떻게 바꾸어야 하는지를 비판적으로 논의하는 다자기구 및 비교육전문가들의 연구도 많지만, 특정 국가들의 역사사회적 문제제기와 오랜 변화의 과정을 설명하려는 연구자들의 연구 결과 또한 많다. 본서는 그 과정에서 발견한 흥미로운 연구물이었다.

나는 미국 교육에 관한 번역서를 이미 세 권, 『스쿨: 미국 공교육의 역사 1770-2000』(먼데일 & 패튼, 2014, 학이시습), 『PRIZE, 교육이 미래라고 생각하는 당신에게』(데일 루사코프, 2017, 박영스토리), 『골리앗 무찌르기: 미국의 교육개혁과 그 적들』(다이앤 래비치, 2022, 박영스토리)을 출간했다. 교육체제 전반의 개혁을 다루지는 않지만 교사와 교직을 둘러싼 지난 200년 가까운 논쟁을 보여주는 역사사회학적 책인 『교사전쟁』(다나 골드스타인, 2019, 살림터), 『비난받는 교사: 실패한 미국 교사 전문직화 정책의 역사』(다이애나 폴레비치, 2022, 살림터)도 번역해 출간했다.

이들 책은 한편으로 미국 사회가 공교육의 이상을 얼마나 정교하게 다듬어 왔는지를 보여주며, 다른 한편으로는 공교육의 이상이 정치인과 장사꾼의 손에서 얼마나 초라하게 흔들리는지를 보여준다. 더 정확하게 말하면, 공교육의 이상을 지키고 실현하려는 세력과 그 이상을 정치적 야심의 수단으로 삼으려는 세력 간의 싸움으로 독자를 이끈다. 이 번역서들에서 '모든 이를 위한 양질의 공교육'이라는 이상은 마치 미국이라는 땅에 자연스럽게 피어난 열매처럼 이야기되곤 한다. 그러나 본서는 누구나 이상화할 만한 공교육 사상이 결코 '자연적으로 주어진 것'이 아니었음을 보여준다. 그리고 모든 사회의 공교육은 각자가 속한 사회에 부합하는 공교육 사상을 만들고, 다듬고, 실현하기 위해 각자의 싸움을 해야 함을 강조한다.

본서와의 만남을 통해 나는 교육개혁이라는 거창하면서도 구체적인 화법 속에서, 우리 삶이 교육과 어떻게 만나고 서로를 조형하는지를 다시 통찰할 수 있었다. 그래서 기쁘다.

나름 적지 않은 번역서를 출간해 오며 번역서 작업에 익숙해질 법도

하지만, 여전히 한 권의 번역서를 내는 과정은 힘겹다. 기쁨보다 걱정이 앞선다. 책 속의 흥미로운 내용을 꺼내 놓고 흥분하는 이야기에 조용히 귀 기울여 준 아내에게, 그리고 그러한 이야기를 적잖이 들어 준 동학에게 감사의 마음을 전한다.

번역서의 출간이 갖는 의미는 이 책에 애정을 갖고 번역한 연구자와 실제로 책을 만들어 유통하는 출판사에게 결코 같을 수 없다. 그럼에도 깊은 관심과 지지로 연구자의 마음을 헤아려 준 박영스토리 편집진에게 뜨거운 감사의 마음을 전한다. 이 감사가 많은 독자에게도 전달되기를 기대한다.

마지막으로, 낯선 땅의 교육과 개혁에 관한 이야기, 그리고 오래전 낯선 인물 랭카스터의 이야기를 통해, 우리가 발 딛고 있는 이 땅의 교육에 어떤 통찰을 얻을 수 있을지 늘 궁금해하는 분들에게 이 책이 꼭 필요한 메시지를 전달할 수 있기를 손 모아 기원한다.

2026년 1월

유성상

저자 서문

실패한 교육개혁에서 무언가를 배울 수 있을까? 쉽지 않다. 미국 역시 실패로부터 교훈을 얻으려 진지하게 시도한 적이 거의 없다. 미국의 초창기로 거슬러 올라가 보면, 이른바 '교육개혁가'라 불린 사람들은 흠 많고 오류투성이인 개혁안을 내세우며 마치 세상을 구할 수 있을 것처럼 행동하곤 했다. 당시 개혁 구호를 앞세운 엘리트들은 놀라울 만큼 과장된 약속을 내놓았다. 새로운 발견을 이뤄낼 것이며, 신세계를 구현할 가능성을 열어줄 것이라며, 한마디로 실현 불가능한 것들을 약속해 왔다. 그리고 그 일을 자신들이 해내겠다고 떠들며 자신감을 과시했다. 우리가 살아가는 오늘의 시대에도 이런 상황은 크게 달라지지 않았다.

예컨대 2019년 교육부장관이었던 베치 드보스(Betsy DeVos)는 기자들 앞에서 미국에는 "공교육에 대한 새로운 개념 정의"가 필요하다고 말했다. 드보스는 공립학교 교육을 둘러싼 끊이지 않는 위기를 해결하려면 공립학교 교육에 대한 정부의 독점적 관리 행태를 깨뜨려야 한다고 주장했다. 그의 주장은 곧 학부모에게 자녀가 다닐 학교를 선택할 권한을 부여하라는 것이었고, 그렇게 되면 학교교육의 획일적 독재가 모두를 위한 개별 교육으로 탈바꿈할 것이라고 믿었다.[1]

페이스북 창업자이자 CEO인 마크 주커버그(Mark Zuckerberg)가 2010년에 투자해 진행했던 교육개혁 실험에서도 비슷한 장면을 볼 수 있다. 주커버그는 오프라 윈프리(Oprah Winfrey), 뉴저지 주지사 크리스 크리스티(Chris Christie)와 함께 오프라 쇼에 등장해, 수백 년 동안 묵은 도심 공립학교 교육의 문제를 해결할 수 있다며 대담한 주장을 내놓았다. 그들은 조금의 흔들림도 없이 확신에 찬 태도를 유지했다. 주커버그의 이 '대담한' 구상은 후원 모금 행사에서 옆자리에 앉았던 젊고 유망한 정치 신인 코리 부커(Cory Booker)에게서 시작되었다. 당시 부커는 뉴어크(Newark)의 시장이었다. 주커버그는 영리하면서도 카리스마 넘치는 부커의 언변에 매료되어, 그가 미국의 수많은 문제를 해결할 수 있다고 믿게 되었다. 물론 부커는 충분한 자선 지원이 뒤따른다는 조건을 달며, 기적과도 같은 교육개혁이 뉴어크에서 시작될 수 있다고 말했다. 그 결과 페이스북으로부터 1억 달러가 부커에게 직접 전달되었고, 주커버그는 이 돈이 공립학교 교육을 혁명적으로 변화시키고 미국을 구할 것이라 믿었다.[2]

사실 이런 사례는 끝도 없다. 그리고 그런 사례에는 온갖 종류의 박식한 전문가와 이름만 대면 알 만한 정치인들이 등장한다. 정치적 좌파도, 우파도, 그리고 중도 정치인들도 예외가 아니다. 예컨대 뉴욕시장이었던 에릭 아담스(Eric Adams)는 2021년, 자신을 뽑아 준 뉴욕 시민들에게 실망을 안기게 될 말을 내놓았다. 그는 "새로운 기술"이 공립학교 교육의 판을 완전히 뒤바꿀 것이라고 주장했다. 이제 뉴욕에는 전통적인 학교 교실이 더 이상 필요하지 않다고까지 호언장담했다. 한 교사가 300-400명의 학생을 맡아 가르칠 수 있기 때문이라는 것이었다.[3]

그러나 이런 식의 교육개혁 구상은 하나같이 실패했다. 수백 년 전 제대로 만들어지지 않은 교육개혁 구상이 미국 역사에서 어떤 방식으로 실패했는지, 독자 여러분은 이 책에서 확인할 수 있을 것이다. 드보스 교육부장관은 "공교육 개념을 새롭게 정의"하겠다며 국민의 세금을 사립학교로 보내겠다고 했다. 그러나 '공교육 개념의 재정의'와 공적 재원의 사적 이전은 애초에 같은 문제를 겨냥하는 해결책이 아니다. 오히려 드

보스의 화법은 1800년대 초부터 이어져 온 미국 공립학교 교육을 둘러싼 오래된 문제의 반복에 지나지 않는다. 그가 제시한 '기적적 해법'이 실제로 작동했는지 여부를 확인할 필요조차 없다. 역사가 이미 분명하게 보여주기 때문이다. 그런 해법은 작동하지 않았다.

개혁을 앞세운 거창한 처방은 하나같이 통제하기 어려웠고, 비효율적이었으며, 실제 상황에 적절하지도 않았다. 사실 우리가 아는 근대적 공립학교는 드보스식 "새로운 개념 정의"로부터 공립학교 교육을 지켜내기 위해 만들어진 것이기도 하다.

주커버그가 저지른 실수는 인터넷 시대에 새로 등장한 것이 아니다. 오히려 미국 공교육을 둘러싸고 반복되어 온 가장 오래된 오류 가운데 하나였다. 주커버그는 단지 최근에 그 일을 벌인 '큰 부자' 중 하나였을 뿐이다. 그는 자신이 위대한 무언가를 해낼 수 있으며, 규제와 관료적 번잡함을 제거하는 것이 정당하다고 확신했다. 교육개혁을 성공시키면, 오래도록 이어져 온 '교육개혁의 실패 법칙'이 자신에게만은 적용되지 않으리라 믿었던 것이다. 이런 태도는 1800년대 초 자기 확신에 가득 찼던 엘리트들과 매우 닮아 있다. 그들은 허풍으로 가득한 조셉 랭카스터(Joseph Lancaster)를 껴안았고, 이 일은 변호받을 여지가 없었다.

아담스 시장의 실수 또한 1800년대 초 그의 전임자들이 했던 주장들을 떠올리게 한다. 그때로 거슬러 올라가 보자. 뉴욕·필라델피아·보스턴·볼티모어·사바나 등의 도시 지도자들은 새로운 기술이 공립학교 교육을 혁명적으로 변화시킬 것이라 믿었다. 시대 전환기의 기술 발전이 이전 시대의 사회적 문제를 더 이상 문제로 만들지 않을 것이라고 여긴 것이다. 그들은 "제대로 된 기술이 접목된 기기만 갖춘다면 성인 한 명이 수백 명의 아동을 가르치는 것이 가능하고, 그것이 합리적"이라고 생각했다. 말할 필요 없이 이는 잘못된 판단이었다. 그럼에도 지도자들은 이런 환상에 반복해서 빠져들었다.

이처럼 끊임없이 등장하는 단기적 해법의 진짜 비극은, 그것이 별 도움이 되지 않는다는 점만이 아니다. 그 해법이 초래하는 부작용이 너무도 명확했다는 데 있다. 어찌 되었건 학교개혁을 향한 비밀 같은 것은 없다. 진정으로 학교를 개혁하고자 한다면, 학교에는 두 가지가 필요하다. 첫째, 적절한 예산 지원이다. 둘째, 지역사회가 원하는 방식의 학교교육이다. 처방 자체는 단순해 보인다. 그러나 그 안에는 매우 도전적인 문제들이 도사리고 있다. 정치인들은 어떻게 저소득층 학생들을 위한 학교에 제대로 된 재정 지원을 보장할 것인가? 정치적 영향력을 행사하는 지도자 집단 바깥의 목소리는 어떻게 정책에 반영될 수 있는가? 정책 결정자들이 그들의 말을 실제로 듣게 하려면 무엇이 필요한가?

각 세대에 등장했던 교육개혁가들은 이러한 문제를 해결하기보다는 드보스, 주커버그, 아담스, 그리고 랭카스터가 했던 방식에 몰두해 왔다. 그들은 과장된 약속과 근거 없는 낙관을 내세운 '만병통치약'을 팔며 경력을 쌓고, 막대한 돈을 낭비했다. 살기 팍팍한 사회 구조 속에서 하루하루를 살아가는 사람들(형편이 어려운 가정, 납세자, 투표자)에게, 현대적이고 기적적인 해결책으로 꽉 막힌 사회적 난제들을 반드시 해결하겠다고 주장했다. 그리고 미국의 부와 빈곤 문제를 둘러싼 까다로운 토론은 회피한 채, 몇 번이고 자신이 빈곤과 만성적 불평등을 해결할 것이라고 약속했다.

조셉 랭카스터와 과장된 약속 속에서 실패할 운명에 처한 학교개혁의 역사는 1800년대 초보다 훨씬 이전으로 거슬러 올라간다. 이 책은 아마도 학교개혁에 관한 '최초의 이야기' 가운데 하나를 담고 있을 것이다. 안타깝게도 그 이야기는 미국의 여러 도시를 휩쓸었고, 가슴 아플 정도로 잘못 운영된 실패를 남겼다. 랭카스터의 일화는 미국 공교육의 근대적 기원에 관한 이야기이자, 미국식 교육개혁이 어떻게 오류를 축적해 왔는지를 보여주는 이야기다. 이 이야기는 거의 2세기 동안 교육개혁가들을 좌절시켜 온 만성적 오류가 무엇인지, 그리고 왜 그 오류를 별 고민 없이 받아들였는지를 설명해 줄 것이다.

좋게 말해, 오늘날의 개혁가들이 랭카스터의 이야기를 모른다고 해서 굳이 비난할 수는 없다. 앞선 세대의 미국 개혁가들이 충분히 피할 수 있었던 실수를 반복했음을 의식하지 못했다고 해서 비난하는 것도 공정하지 않다. 사실 대학 연구 공동체 바깥에서는 조셉 랭카스터를 알고 있는 사람이 극소수이다. 다른 실패 사례에서 보듯이, 일단 개혁적이라던 시스템이 어그러지고 나면 그렇게 열렬하던 지지자들조차도 그 당혹스러운 이야기가 빨리 사라지길 바란다. 개혁가들은 약속을 홍보하지만, 실패한 개혁의 결과는 재빨리 덮어버린다.

그 결과 대부분의 사람들은 미국 공교육의 탄생에 관한 '진짜 이야기', 그리고 조셉 랭카스터와 시기심과 열정으로 결속된 지지자들의 자아도취적 계획이 낳은 문제를 해결하려 했던 땜질식 해법을 알지 못한다. 또한 도시의 평범한 시민들이 지도자들의 자기만족적 가정을 따르기를 거부했을 때 비로소 미국 공립학교가 만들어졌다는 사실도 잘 모른다. 더 나아가 이 과정에서 진정한 '영웅'은 빈곤 문제를 해결하겠다고 호언장담했던 도심 엘리트가 아니라, 공교육에서 천대받기를 거부했던 저소득층 가정이었다는 점 역시 잘 알려져 있지 않다.

오늘날의 전문가나 정치인이 이런 역사를 모른다고 탓하는 것은 공정하지 않다. 비록 그 이야기가 미국의 과거를 가장 혁명적으로 바꾸어 놓았다 해도 말이다. 그러나 오늘날의 실패가 그다지 놀랄 일이 아니라는 점을 짚는 것은 필요하다. 오늘 우리가 목도하는 교육 재해와 교육을 엉망으로 만드는 실수들은 공립학교가 일상적으로 작동하는 과정에서 생기는 우발적 예외가 아니다. 오히려 그것은 공교육에 내재된 '유전자'에 가깝다. 공립학교와 공익 사이의 관계를 둘러싼 미국 사회의 단순하고 영구적인 가정에서 예측 가능한 결과로 등장한 것이다. 어쩌면, 너무도 뻔한 사실을 고집스레 인정하지 않으려 했던 지난 200년의 엘리트 지배가 낳은 결과라고 해야 할지 모른다. 오늘의 문제는 진정한 공립학교 교육으로의 변화를 극도로 꺼려온 미국의 최근 모습이며, 근대적 공립학교의 등장을 회피해 온 '현대화된 미국'의 태도이다.

드보스, 주커버그, 아담스의 무지와 변호할 수 없는 자신감은 단지 개인의 성격 탓이 아니다. 그것은 질문되지 않은 오류, 그리고 공립학교와 공익 사이의 관계를 둘러싼 무의식적 가정 속에 깊이 자리한 오류의 표현이다. 교육개혁가들은 사회 문제 자체의 원인을 정면으로 마주하기보다, 어딘가에 더 빠른 지름길이 있을 것이라고 믿었다. 그들은 공립학교를 확 잡아 비트는 것(대체로 학교를 바꿀 수 있는 새로운 기술 혹은 새로운 사상을 활용하는 것)으로 문제를 해결할 수 있다고 여겼다. 미국의 대중은 기꺼이 그들을 믿으려고 했고 학교개혁 안에서 보이는 명백히 미심쩍은 내용들에 굳이 관심 가지려 하지 않았다. 뿐만 아니라 공립학교의 재빠른 변화를 통해 모든 사회 문제를 해결하겠다고 약속하는, 말할 필요 없이 망할 것이 뻔한 계획에 투자하려고 했다.

이런 실패의 폐허를 되돌리는 해결책은 결코 간단하지 않았다. 랭카스터의 실패한 교육개혁 이야기는 가슴 시리도록 분명하다. 그럼에도 미국인들은 헛된 환상, 그리고 사회 문제의 핵심을 건드리지 않은 채 복잡다단한 문제를 해결하겠다는 꿈에 반복해서 중독되어 왔다. 우리가 미국 공립학교 교육의 성격을 이해하고, 공립학교 개혁을 향한 절망적 탐색이 왜 멈추지 않은 채 반복되는지 알고자 한다면, 아주 이른 시기부터 형성되어 온 교육개혁의 양상이 어떠했는지를 꼭 이해해야만 한다.

감사의 글

여느 책과 마찬가지로 이 책 또한 단 한 사람의 시간만으로 완성된 것은 아니다. 함께 작업했던 여러 역사학자들에게 깊은 감사의 마음을 전한다. 많은 역사학자들이 내 원고를 함께 읽고 다양한 논평을 보내주었다. 어떤 분들은 연구 재원 확보에 도움이 될 추천서를 써주기도 했다. 이들의 도움은 말할 필요 없이 나에게 큰 응원이 되었고, 이후 원고를 교정하고 다듬는 과정에도 실질적인 힘이 되었다. 존 지머먼(Jon Zimmerman), 벤 저스티스(Ben Justice), 로라 미셸(Laura Michel), 마르셀로 카루소(Marcelo Caruso), 요한 님(Johann Neem), 빅토리아 케인(Victoria Cain), 마크 분쇼프트(Mark Boonshoft), 캠 스크리브너(Cam Scribner), 래리 큐반(Larry Cuban), 다이앤 래비치(Diane Ravitch), 이 모든 분들께 진심으로 감사드린다. 특별히 원고 전체를 꼼꼼히 읽고 논평해 준 빌 리스(Bill Reese)에게 깊이 감사한다. 그는 불평 한마디 없이 늘 자신의 귀한 시간과 전문적 식견을 기꺼이 내어주었다. 또한 크레이그 T. 프렌드(Craig T. Friend), 로리 글로버(Lorri Glover), 케일럽 맥대니얼(Caleb McDaniel), 제프리 C. 스튜어트(Jeffrey C. Stewart), 에릭 프리먼(Erik Freeman), 제시 채리턴(Jesse Chariton) 등 초기 미공화국역사연구회(Society for the History of the Early American Republic)의 여러 회원들 역시 원고에 대해 귀중한 논평을 전해주었다.

이 연구가 성공적으로 진행될 수 있도록 도움을 준 여러 기관과 기록관들에도 큰 빚을 졌다. 미국골동품협회(American Antiquarian Society)에서 제공한 연구지원(Alstott Morgan Fellowship)과 기록관 로라 E. 와소비츠(Laura E. Wasowicz), 낸 울버턴(Nan Wolverton)의 도움에 깊이 감사드린다. 또한 펜실베이니아역사협회(Historical Society of Pennsylvania)와 필라델피아도서관협회(Library Company of Philadelphia)에서 받은 연구지원(McNeil Fellowship)을 통해 크리스티나 라로코(Christina Larocco)와 코니 킹(Connie King)의 전문적인 식견으로부터 많은 도움을 받을 수 있었다. 더불어 협회의 프랜 돌런(Fran Dolan)은 연구 기간 동안 협회 인근에 거주할 수 있도록 배려해 주었다. 뉴욕역사협회(New York Historical Society)의 기록관들은 종이 뭉치로 가득한 먼지 쌓인 박스들을 하나하나 해체하며 사료를 찾아야 했던 나를 성심껏 도와주었다. 말 그대로 수백 년의 학교 기록이 담긴 박스들에 붙어 있던 빨간 테이프를 떼어내고 자료를 확인할 수 있도록 해주었다. 마지막으로 대영도서관(British Library)의 기록관들은 내가 무엇을 찾아야 하는지조차 분명하지 않던 막막한 상황에서도 관련 자료를 추적하고 확인할 수 있도록 도움을 주었다.

그레그 비튼(Greg Bitton)과 존스홉킨스 대학교 출판부(The Johns Hopkins University Press)는 이 책이 지금과 같은 모습으로 세상에 나올 수 있도록 힘을 보태 주었다. 수많은 익명의 비평가들이 전해준 통찰과 더불어, 그레그의 제안과 열정적인 도움에도 깊이 감사드린다.

마지막으로, 글을 쓰는 동안 적절한 표현을 고르고 문장을 다듬는 데 도움을 준 루시(Lucy)에게도 고마운 마음을 전한다.

차례

도입

도입

1838년 10월 24일 뉴욕의 한 도로 위에서 조셉 랭카스터가 달리는 마차에 치어 죽었다. 우리는 그 사건이 비극적인 사고였는지 아닌지, 얼마나 비극적이었는지 알 길이 없다. 그의 처참한 죽음은 전혀 의도된 게 아닌 듯했다. 그러나 혹시라도 랭카스터가 그날 깊은 절망감에 휩싸여, 운명과도 같은 마지막 발디딤으로 자신 때문에 생긴 참혹한 고통을 끝내려는 뼈아픈 유혹에 빠졌었다면, 그래서 스스로 죽음을 선택한 것이라면 그는 용서받을 수 있을 지도 모른다. 아마도.

랭카스터는 수년에 걸쳐 높은 명성과 그에 따른 영예를 맘껏 즐겼다. 그는 세계에서 가장 혁신적인 교육개혁가로, 당대 가장 빠른 속도로 명성을 쌓은 위인이라고 여겨졌다. 1803년부터 그는 자신이 창안한 근대적이고, 과학적인 교육 "시스템"에 대해 떠들기 시작했다. 사람들은 기꺼이 그의 이야기에 귀를 기울이고자 가던 발걸음을 멈췄다. 그는 이 시스템을 통해 도심 거리를 배회하는 가난한 아이들에게 학교교육을 시켜줄 생각이었다. 랭카스터는 단지 학교개혁이라는 목표를 넘어선 것을 약속했다. 그는 자신이 창안한 시스템이, 말 그대로 저 하늘의 천당을 이 땅에 실현해주리라고 약속했다. 즉, 전 세계의 "무지를 완전히 일소해버

릴" 것이라면서 말이다.[1]

그의 제안은 사실 상당히 간단했다. 랭카스터가 그리고 있는 학교는 교사에게 비싼 급여를 지급하는 대신, 소위 "모니터(조교)"라고 불리는 아이들이 다른 아이들을 무료로 가르치는 것이었다. 랭카스터는 수십 명의 아이들이 옹기종기 모여있는 작은 교실 대신 수백 명의 아이들을 위한 엄청 큰 교육 공장을 만들어야 한다고 제안했다. 지구를 흔들 만한 아이디어란 게 많기는 하지만 대부분 말뿐인 경우가 허다하다. 그러나 랭카스터는 자신을 근대 사회의 문제를 해결한 유일한 천재라며 허풍을 떠들었다. 스스로를 친구 하나 없는 "교육 후원자이자 가난한 이들의 친구"라고 선언하기도 했다.[2]

이제 막 성인이 된 나이에 그는 왕의 후원을 받거나 대통령들에게 환영받는 유명 인사가 되었다. 그가 창안한 시스템은 자신의 고향인 런던에서부터 미국의 시끌벅적한 도시에 이르기까지, 그리고 프랑스의 파리, 러시아의 생페테르부르크, 튀르키예의 콘스탄티노플, 인도의 콜카타, 라이베리아의 몬로비아, 캐나다의 몬트리올, 멕시코의 멕시코시티에 이르기까지 전 세계에 걸쳐 교육개혁가들을 근대화하는 방법으로 채택되었다. 그런데 이 시스템은 1838년이 되면 어느 곳에서나 형편없는 구식의 실패작으로 인식되었고, 몰아내야 할 것으로 여겨졌다.

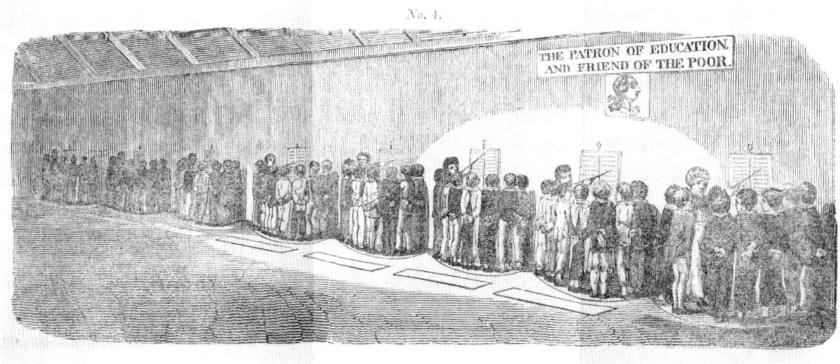

랭카스터는 자신을 "교육의 수호자이자 가난한 이들의 친구"라고 부르길 좋아했다. 본 이미지는 랭카스터 저서 중 하나인『The British System of Education: Being a Complete Epitome of the Improvements and Inventions Practicized at the Royal Free Schols, Borough-Road, Southwark』에서 가져온 것임. (London: Royal Free School, 1810). The Library Company of Philadelphia 제공.

그가 죽기 20년 전, 1818년 그는 특별 초대손님으로 뉴욕에 처음 이주해 왔다. 미국 주요 도시의 지도자들은 호화로운 여객선 위에서 그를 맞았고, 뉴욕주 알바니의 주 의회청사로 모셔갔다. 미국인들은 랭카스터가 런던에서 어떤 칙칙하고 더러운 일을 벌였던 사람이었는지에 대한 세부 경력에 대해 잘 모르고 있었다. 미국 사람들은 랭카스터가 자기 학생들을 성적으로 부적절하게 대했던 일이라든지, 후원금 중 많은 액수를 착복한 일이라던지에 대해 전혀 모르고 있었다. 미국 교육개혁가들은 랭카스터의 교육개혁이 자신만을 위한 사악하고 통제불능 상태의 이기주의에 꽉 매여 있다는 점에 대해 곧 알게 될 터였다. 그러나 그가 뉴욕에 처음 도착했을 때 뉴욕의 엘리트들은 두 팔 벌려 그를 환영했다. 그는 자신의 새로운 거처가 될 국가를 둘러보면서 자신을 "은혜를 베푸는 인류의 후원자"라고 부르는 대통령과 정치지도자들을 만나 악수했다. 이들은 랭카스터를 “이 세상의 가난하고 고통받는 이들을 무지로부터 구원하려고 하늘에서 강림한 은총”이라고 추켜세웠다.[3] 펜실베이니아를 포함한 몇몇 주들은 랭카스터의 시스템을 공립학교에서 사용할 것을 규정하는 법을 제정하기도 했다.[4] 말 그대로 그는 세계에서 가장 유명한 사람으로 인정받았다. 그는 탐욕스럽게 부와 공적 칭호라는 안락한 미래를 꿈꾸었다. 그러나 20년이 지난 1838년, 이런 모든 사태는 끝나게 된다. 어느 추도사의 말처럼, “조셉 랭카스터만큼이나 유명세를 얻게 된 사람은 극히 드물다… 그러나 그의 말년은 불운의 구름에 휩싸여 있었다.”[5]

그가 죽을 때쯤, 랭카스터의 이름을 딴 학교개혁체제는 정말 많은 학교에서 거부당하고 있었다. 처음에 서로 먼저 채택하겠다고 아우성치던 것과는 아주 달랐다. 그가 감당해야 할 엄청난 부채는 런던에서 뉴욕, 필라델피아, 카라카스, 볼티모어, 몬트리올 등에 이르기까지 그를 쫓아다녔고, 결국 그의 오랜 친구들도 점차 높아지는 그의 돈 요구에 응하지 않게 되었다. 이 모든 것을 고려해 볼 때, 우리는 다음과 같은 질문을 던지지 않을 수 없다. 그가 달리는 마차에 일부러 몸을 던진 것일까? 결국 조심스레 만들어진 공적 이미지 이상으로 그를 아는 사람이라면 그가 자주 지독한 절망감에 휩싸여 고통스러워했음을 잘 알고 있다. 즉, 그에게는 “우울” 증상이 있었다. 1823년 그를 따르는 한 추종자가 썼던 것처럼 랭카스터는 “영혼 주변에 먹구름처럼 불어대는 우울한 표정”에 휩싸여 있었다.[6]

조셉 랭카스터의 파란만장한 생애는 이 책에 말하게 될 이야기 중 하나일 뿐이다. 마치 드라마에서와 마찬가지로 그의 생애는 단순한 역사적 사건으로 단신처리 될 만한 것이었다. 만약 그가 완전한 사고, 왜곡, 망상에 휩싸여 미국사회에서 극적인 변혁을 일궈내려는 게 아니었다면 말이다. 하지만 그가 실현하려던 변혁은 미국의 엄중한 혁명이었고, 체계란 존재하지 않던 도시 학교 시장에서 어색하지만 근대적인 공립학교 시스템으로의 시도가 최초로 이뤄지는 적응과정이었다. 잠깐동안이지만 랭카스터식 교육개혁의 열정은 미국 도시들을 바꾸어 놓았다. 그런데 이 변화는 엘리트들이 바라던 대로 이뤄지지는 않았다. 도심 지도자들은 실패한 약속을 통해 점차 커지는 도시에서 엄중한 사회변화가 일어나야 한다는 점을 깨닫게 되었다. 이들은 자신들의 "가부장제적 자원주의"라는 맘편한 전통이 더 이상 근대적 도심 생활이 요구하는 바를 다룰 수 없음을 뼈저리게 알게 되었다.[7]

당시 이 일에 관심있는 사람들이나 역사학자들은 역사가 토마스 보이스(Thomas Boese)가 1869년 랭카스터식 "망상"이라고 부르던 것이 무엇인지를 설명하려고 애써왔다.[8] 보이스가 생각하기로, "그렇게 똑똑하다던 수천 명의 사람들이 대중의 무지라는 악마를 몰아낼 즉각적이면서도 효과적인 처방이 발견되었고, 그래서 보편적인 지성의 시대가 시작되었다는 말을 믿었다"는 것은 도무지 가능하지 않았다.[9] 확실히 이를 설명하는 것은 쉽지 않다. 우리는 랭카스터주식 교육개혁을 추종했던 사람들을 단지 무식했다던가, 혹 망상에 젖었었다며, 너무도 단순히 그들의 열정을 무시해서는 안 된다. 그들 또한 증거와 실질적 성과를 찾아 헤맸었다. 하지만 그런 약속이 아동과 도심의 가난한 사람들에 대한 근시안적 가정에 부합했을 때, 이들 모두는 그토록 허술한 계획을 기꺼이 믿으려고 했다. 좀 더 곤혹스런 점이 있다. 랭카스터 학교운영 및 교수법은 몇몇 유명세를 탄 사례에서 보듯이 나름 잘 작동하기도 했다. 물론 대부분의 경우는 그렇지 않았지만, 뉴헤이븐, 보스톤과 같이 재정지원이 충분하고 지역사회의 지지가 든든했던 곳의 랭카스터 학교들은 수십년동안 번성했다.

이런 성공이 드물었다는 점을 통해 우리는 랭카스터 학교의 경험이 지닌 핵심적이면서도 불편한 진실을 마주해야 한다. 즉, 학교의 질을 향상하는 데는 다양한 방법이 있다. 사려 깊은 태도로 이런 방법들을 사용하고 여기에 적절한 자원이 지원된다면 대부분의 방법은 도움이 된다는 점 말이다. 그러나 어떤 방법이든 근본적이고 구조적인 문제에 단기간의 지름길을 약속한다면 그 방법은 절대 성과를 내기 어렵다. 재정지원이 충분하고 또 훌륭하게 조직된 학교 시스템에 필요한 요구를 일거에 없애 버리는 단순한 계획이란 존재하지 않는다. 그러나 랭카스터를 마주했던 세대로부터 지금의 우리 세대에 이르기까지 매 세대의 학교 개혁가들은 이런 어렵고, 또 비싼, 하지만 너무도 분명한 사실을 애써 외면하고 피하려 해 왔다.

랭카스터의 구상을 사들인 것은 미국 교육개혁의 원죄가 되어, 모범적이지만 불운한 교육개혁가들은 다음 세대를 거치면서 똑같은 잘못을 수도 없이 반복하게 된다. 도심 사회와 학교가 마주한 문제의 복잡하고 미묘한 사항들을 깊이 들여다보고 조사하기보다, 학교가 진정으로 번영하기 위해 필요한 자원을 투자하기보다, 어떤 부류의 학교가 지역사회의 요구에 가장 부합한가를 알아내려고 하기보다, 당대의 개혁가들은 설명하기 어려워 보이는 청사진과 낙관적인 전망으로 가득한 약속에 쉽게 현혹되었다. 개혁가들은 랭카스터 시스템에 투자했는데, 당연히 이들은 랭카스터 시스템이 작동하리라 믿고 싶었기 때문이었고, 당면한 문제들이 고도의 기술에 따른 근대적 기적으로 해결될 수 있다고 믿고 싶었기 때문이었다. 어이없게도 이후 개혁가들 또한 이전에 없던 정말 단순한 시스템에 투자하게 된다.

우선 랭카스터와 그의 지지자들은 학비를 낼 수 없을 정도로 가난한 아이들을 위한 학교 네트워크를 만들어내려고 필사적으로 많은 수의 게임을 진행했다. 이들은 랭카스터식 방법을 사용하고자 너무도 분명한 진실을 외면했다. 즉, 모든 학교는 제대로 운영되기 위해 충분한 자원이 필요하다는 점 말이다. 대신, 이들은 수천 불의 비용을 아껴 수천 명의 가난한 아이들을 학교에 몰아넣을 새로운 종류의 교육시스템을 꿈꿨다. 또 많은 개혁가들은 저소득 계층을 위한 학교교육에 일종의 희생이 따른다는 점을 제대로 이해하지 못했다. 학교는 등록금만으로 설명될 수 없었고, 아동의 귀중한 시간에 맞먹을 정도로 충분히 매력적인 것이어야 했다.

뿐만 아니라, 랭카스터를 따르던 개혁가들은 랭카스터의 꿈이 19세기와 어울리지 않는다는 점을 몰랐다. 개혁가들은 스스로 시대의 최첨단을 달린다며 자부심을 갖고 있었지만, 실제로 이들은 시대에 뒤처져서는 학교를 단지 틈을 매우는 기능 정도로, 그래서 살면서 절대 읽고 쓰는 법을 배울 수 없을 아이들에게 기초적인 수준의 교육 및 단순 산술교육만을 가르치는 공간 정도로 생각했다.* 1820년대 학부모들과 전문가들이 나서 랭카스터 모델 학교를 거부하던 시기, 학교란 게 뭐고 또 도대체 '공적인' 게 뭔지에 대한 미국 사람들의 사고 방식에 거대한 변화가 생기면서 공교육에 대한 구상 또한 변화하기 시작했다. 당시 도심의 가정 입

* (역자주) 요즘 한국의 교육개혁가들을 보면, AI를 통해 학생들의 배움을 개별화하고 고도화할 수 있다고 생각하는데, 이 또한 교육을 단지 아이들의 학업성취도 향상 정도로 생각하고 주어진 랭킹 체제에서 성적을 통해 사회적 지위를 획득하도록 한다는 천박한 수준에 머물러 있다. 이들의 교육관은 교육에 대한 근대적이고 철지난 교육시스템, 기능주의적으로 국가와 사회가 요구하는 순응적이고 순치된 노동력을 길러내는 것 정도로 인식하는 수준에 머물러 있다는 점이다. 기초교육과 단순한 산술교육을 통해서 사회의 체제가 돌아가는데 기능적인 인력 정도로만 머물러 있기를 바랐던 당대의 교육개혁가들과 마찬가지로 지금 한국의 교육개혁가들은 AI를 통한 디지털 교육 세대가 디지털이라는 산업 사회를 만들고 유지하는 산업사회의 노동력으로 자리잡을 수 있기만을 바란다. 한 사회가 어떤 사회정치적 결정을 해야 할지, 경제적인 모델이 어떠해야 하는지, 어떤 방식의 사회적 상호작용이 타당하고 또 정의로운지, 어떤 비전과 능력을 지닌 사람이 이 사회의 지도적인 역할을 할 수 있도록 선택되어야 하는지, 우리 주변의 국가 및 사람들과 어떻게 살아가야 하는지, 왜 그래야 하는지, 전지구적인 사회의 구성원으로 어떻게 우리의 삶을 지속가능하고 또 평화롭게 만들 수 있는지에 대해서 생각하고 또 판단할 수 있을 만한 비판적 의식을 기르는 데는 별로 관심이 없다는 말이다.

장에서 취할 수 있는 교육적 선택은 둘 중 하나였다. 랭카스터 학교, 아니면 학교를 다니지 않는 것이었다. 백인 학생과 이들의 부모 입장에서는 약간 달랐다. 랭카스터 학교 아니면 소위 공립학교라는 점차 커지는 대중의 비전이었다.[10] 북부* 지역 흑인 아이들의 경우 상황은 아주 달랐다. 이 아이들은 자기 동네의 요구를 존중해 공부에 반영할 만한 공립학교를 어디서도 찾을 수 없었고, 더욱이 이런 학교를 운영하도록 적절히 재정지원해 줄 곳은 아예 없었다. 그러나 도심 흑인들을 위한 인구의 증가 및 시민권 획득 등의 변화가 생기면서 해방과 자유를 향한 교육의 힘에 대해 아주 빠른 정도로 태도의 변화가 나타났다.[11]

조셉 랭카스터가 개혁가들의 대화에 끼어들던 무렵 공교육에 대한 구상은 아주 빠르게 변하고 있었다. 도시 또한 아주 빠르게 변화하고 있었다. 점점 더 많은 사람들이 항구와 강 주변의 읍내에 모여들었다. 가톨릭 신자들의 수가 늘어나고, 영어를 구사하지 못하는 사람들 또한 더 많이 늘어났다. 거리를 배회하는 가난한 사람들 또한 수가 급증했다.[12] 1810-1830년 사이, 뉴욕시의 인구는 두 배가 되었다. 워싱턴DC, 또한 마찬가지였다. 보스톤, 볼티모어, 필라델피아는 모두 거주 인구가 폭발했다. 당시 신시내티는 이 기간 동안 거주민 2,500명 정도의 야심찬 도시에서 서부 지역 여왕의 도시(the Queen City)가 되는데, 인구가 24,831명으로 늘었다.[13] 도시개혁가들은 이런 인구변화를 끔찍하게 바라보았지만, 이들에게 이런 변화는 희망의 상징이기도 했다. 물론, 근대적인 도시는 범죄와 절망의 온상이라는 악평을 낳았으며, 저소득 거주인구가 늘어나면서 전통적인 자선구호망 및 이들의 통제 능력을 압도하게 되었다. 그러나 개혁가들은 이런 근대적 도시는 만약 교육이 제대로 된다면 처해

* (역자주) 당시는 남북전쟁 전이어서 흑인은 남부와 북부에서 서로 다른 사회정치적 지위를 갖고 있었다.

진 운명을 피할 수 있으리라고 믿었다.[14] 이들 및 랭카스터 학교에 구겨 넣어진 아이들에게는 불행하게도 학교가 어떻게 하면 좋아질 수 있을 것인가에 대한 개혁가들의 가정은 전부 잘못된 것이었다. 랭카스터 운동을 둘러싼 역사가 슬프도록 많은 사례를 통해 보여주듯, 도심 개혁가들은 잘못된 사람들에게 문제를 풀 해법을 질문했고, 근대적 공교육 시스템을 만들어낸다는 것의 의미를 잘못 이해하고, 또 그를 해결하기 위한 방향을 잘못 설정하였다.

이는 상당히 복잡한 과정으로 이후 역사가들은 보이스보다 더 잘 설명할 수 있는 운을 별로 갖지 못했다. 이들은 도시가 다른 제도, 예를 들어, 감옥, 병원, 빈민구호소와 같은 기관들을 근대화하는 방식으로 오랫동안 열심히 살펴보았고, 개혁가들의 가정이 잘못된 방향으로 기울어졌음을 알게 되었다.[15] 필라델피아의 한 역사가가 쓰고 있듯이, 당시 도심의 백인 엘리트들은 근대적 도시, 즉 "문제투성이인 빈민들이 눈앞에 보이지 않거나 이들의 소리가 들리지 않을 뿐만 아니라 공적 제도 내에서 통제되는" 도시를 염원했다.[16] 그런데 여전히 의문인 것은, 도대체 공립학교가 어떻게 이런 목표를 이루는 데 효과가 있다고 본 것일까라는 점이다. 우리는 1840년대 호레이스 만(Horace Mann, 1796-1859)을 비롯한 개혁가들을 가리켜 미국 공립학교의 "아버지"라고 부르는데, 나는 이것이 현대사회의 강력한 미신이라고 본다. 오히려, 우리는 초기 랭카스터 운동이 미국 도시를 근대화하면서 근대적인 공립학교 시스템을 만들어갔다는 사실을 아주 잘 알고 있다.[17] 여기서 우리가 모르는 게 있다면, 도대체 어떻게 그렇게 되었냐는 점이다.

근대적인 공립학교 시스템의 기초는 수십 년 동안 역사가들에게 이미 잘 알려져 있다. 예를 들어, 미국 공립학교의 뿌리를 검토한 저작으로 퓰리처상을 받은 로렌스 크레민(Lawrence Cremin, 1925-1990)은 랭카스터의 "학교 시스템"이 1830년대 학부모 및 교사들에게 "역겨웠다"고 했다. 하지만 그렇게 실패한 시스템은 근대적인 공립학교를 만들어내는 데 성공했다. 크레민 표현에 의하면, "특히 랭카스터 학교 시스템이 가장 널리 적용되었던 도심지역에서" 근대적 공립학교가 등장했다.[18] 공립학교의 기원에 대해 훌륭한 연구를 수행한 칼 캐슬(Carl F. Kaestle, 1940-2023)은 랭카스터 광풍을 당대 "서구 세계에서 가장 광범위하고 또 성공적인 교육개혁"이었다고 여겼다.[19] 캐슬은 이런 개혁은 오래가지 않았지만, "나중에 공립학교 시스템의 핵심적 요소를 제공해"주었다고 했다.[20] 어찌되었건, 캐슬은 "학교 관료제의 씨앗이 랭카스터식 방법의 날개 아래에서 태어났다"고 보았다.[21] 어찌되었건 말이다.

이 책은 바로 이 질문, '어떻게'에 대해 설명하고자 한다. 랭카스터의 교육개혁이 비참하고 당황스러우며 또 그토록 값비싼 실패로 끝났는데 도대체 어떻게 근대적인 국가의 공립학교 시스템을 훌륭하게 만들어내고 또 점차 성장하는 도시를 근대화할 수 있도록 했는지 말이다. 그런데 진화는 그 과정을 추적해내기 어렵다. 조셉 랭카스터 스스로 거창하게 부풀려 놓은 자료들과는 달리, 실제 있었던 논쟁과 당대 있었던 변화는 남아있는 사료 뭉치에는 제대로 보관되어 있지 않기 때문이다. 뿐만 아니라, 엘리트로 랭카스터를 추종해 교육개혁을 하려고 했던 사람들과 달리, 실제 정책결정에 참여했던 사람들은 그림자처럼 어두운 영역에 머물러 자료 속에 제대로 얼굴을 내밀지 않고 있기 때문이다.

랭카스터 교육개혁운동의 미스테리를 풀어헤치는 열쇠는 당시 도심 개혁가들을 속여 넘긴 과거 랭카스터 추종자들의 교묘한 손재주를 파헤치는 과정에서 알게 될 것이다. 물론 이 일은 쉽지 않을 것이다. 사료들은 혼란스럽게 뒤섞여 있다. 여기에는 교수방법과 교육적 희망에 대해 끝도 없이 세세한 이야기를 담고 있는 랭카스터 학교의 매뉴얼 및 브로

슈어(홍보자료)도 있다. 이 자료들은 마치 랭카스터 교육개혁 운동의 진짜 중요성을 대변해주듯 아주 쉽게 읽힌다. 그렇다고 꼭 그런 것은 아니다. 랭카스터 교수법의 세세한 기술은 1800년대 초에 일었던 논쟁에서 마치 산소와도 같은 것이었다. 하지만 현실에서 그 방법이란 것은 그다지 문제가 되지 않았었다. 몇몇 사례에서 재정지원을 잘 받고 지역사회 요구에 민감하게 대응하는 학교가 랭카스터 방법을 사용하면 꽤 오랫동안 큰 성공을 거두었다. 그럼에도 불구하고 거의 대부분의 다른 학교에서 이런 교수법은 즉각적이고 또 재앙적인 실패를 가져왔다. 이런 상세 교수법은 거의 사용되지 않았고, "랭카스터"의 약속에 대해 자랑을 늘어놓던 학교에서도 상황은 다르지 않았다. 결국, 근대적 공립학교 시스템의 기원에 대한 이야기는 잘못된 약속으로 불투명해졌다. 중요한 것은 랭카스터식 교수법 매뉴얼이 아니다. 근대적 공립학교는 그런 약속에서 비롯된 것이 아니라 전복된 랭카스터 교육개혁의 실패에서 나온 것으로, 가정과 도시의 필요에 부응하는 공립학교를 만드는 데 계획되지 않은 여러 방법들이 서로 결합된 것이었다.

이는 상당히 복잡한 진화의 과정이었다. 그래서 그 개요를 다시 반복할 필요가 있다. 랭카스터의 구상은 근대적인 도심 공립학교 시스템을 창안하지 않았다. 적어도 단순하고 직접적으로 그렇지 않다는 것이다. 오히려 정반대로, 랭카스터의 꿈은 새롭게 등장한 시스템과는 비교가 안 될 정도로 훨씬 더 무모하고 분파적이었다. 랭카스터는 정신 산만함 그 자체였다. 그는 촌극에서 자아도취적인 광대와 마찬가지로, 공립학교 창안이라는 진짜 과업에서 사람들의 주의를 딴데로 돌리게 만들었다. 하지만 랭카스터를 따르는 사람들은 일종의 미끼, 즉 모두를 위한 학교교육을 약속했다. 랭카스터 교육개혁이 약속하고 있는 부자건 가난하건 모든 아이들이 학교에 갈 수 있다는 가능성에 정치인과 개혁가들은 낚였다.

랭카스터 구상은 망상으로 일종의 꿈을 좇는 개혁 열병이었지만, 엘리트들은 정부가 모두에게 학교를 다니게 할 수 있는 방법을 찾을 수 있다는 말에 속아 넘어갔다. 일단 학교의 문을 열게 되면 사람들은 그 기회를 놓치지 않으려고 한다. 흑인이든 백인이든, 노동자계층이건 아니면 중산층이건 상관없이. 그리고 이들은 공교육에 대한 새로운 이해에 부합하는 새로운 종류의 기관 혹은 제도를 요구한다. 이 과정에서 사람들은 공립학교가 어떠해야 한다는 새롭고 대중적인 생각을 가지고 랭카스터의 망상적 시스템이 지닌 부적절함에 땜질을 하는 방식으로 근대적 공립학교 시스템을 만들어내게 되었다.

이런 복잡한 이야기를 하면서도 이 책은 다음 몇가지를 다루고 있지 못하다. 이 책은 전통적인 의미의 조셉 랭카스터 전기가 아니다. 세상 사람들이 이 글을 랭카스터의 전기라고, 그럴 수 있다고 말할지도 모르겠다. 하지만 그렇지는 않다. 현존하는 전기작들에는 그의 유명세에 따른 결론과 함께 너무도 부정확한 부분이 많다.[22] 내가 이 연구를 시작할 때, 나는 조셉 랭카스터가 나름 정직하지만 순진해 빠진 퀘이커 개혁가가 아닐까 하는 점, 그래서 학교를 나름 좋게 만들 수 있다는 기회에 대해 지나치게 낙관적이기는 했지만 성품에 나름 동정할 만한 부분이 있는 사람이라고 기대했었다. 그런데 이런 내 기대는 완전히 틀렸다. 내가 쫓는 것은 악마란 것을 곧 알게 되었다. 그는 자기가 창안한 시스템에 대해 강연한다고 놀러나가면서 정신병을 앓고 있는 부인을 14살짜리 딸에게 남겨두고 집을 떠난 잔혹한 부모다. 그는 자신이 구원한다고 주장했던 아이들을 때리고 성적으로 학대한 괴물이었다. 그는 망상에 빠진 자아도취자로, 세상 사람들이 두 부류, 즉 자신에게 아첨하는 추종자와 끔찍한 적들로만 구분된다고 주장했다. 그의 운동은 기만에 근거한 것이기는 했지만, 조셉 랭카스터는 다른 사람들과 마찬가지로 자신 또한 그 약속에 따라 기만당했다. 그는 진실로 자신이 다른 사람들과는 다르다고 믿었다. 제대로 된 교육에 대해 아주 독특한 계시를 받은 특별한 천재라고나 할까? 랭카스터에 대해 쓴 책은 아주 흥미로울지 모르지만, 그는 자신이 쏘아 올린 교육개혁운동과는 별로 상관이 없다. 그는 아주 빨리 그 일과는 별 상관없는 길에 들어서면서 학교 개혁이라는 실제 과업에 훼방꾼이자 창피한 인물이 되어 버렸다.

랭카스터의 초기 경력에서 반드시 짚고 넘어가야 할 부분 또한 본서에서는 자세히 다루고 있지 않다. 영국 사회에서 랭카스터의 개혁은 학교에서 제대로 된 종교의 역할이 무엇인지에 대한 격렬한 투쟁과 동의어였다.[23] 미국에서는 그 반대인데, 랭카스터의 종교적 비전은 상당히 널리 공유되어 있어 제대로 된 논쟁 한번 일어나지 않았었다. 랭카스터와 마찬가지로 학교 개혁가들과 미국의 도시에서 학교에 다니는 대중들은 공립학교가 논쟁적인 종교적 이념을 배제해야 한다고 하면서도 광범위하고 일반적인 방식으로 기독교 신앙을 가르쳐야 한다는 데 동의했다. 당시 많은 미국인들은 기독교 신앙, 공화주의, 자본주의는 서로 얽혀있어 이들 간의 관계나 교육에서 이들의 역할에 대해 굳이 심화된 토론이 필요 없었다. 이들에게는 공립학교가 소위 "비종파적"이라 부르던 개신교 신앙에 대해 반드시 가르친다는 것이 나름 분명해 보였다.[24] 랭카스터 약속의 종말을 알리는 조짐이 보여준 가르침과 재정지원의 불화와는 달리, 놀랍게도 최초 미국 공립학교에서 종교의 역할은 랭카스터의 성공과 실패와 아무런 관련이 없었다. 그래서 이 이야기는 본서의 대략적인 배경으로만 기술될 것이다.

마찬가지로 이 책은 미국 공교육의 다양한 뿌리를 전체적으로 아우르는 역사를 쓰지 않을 것이다. 역사학자 칼 캐슬은, 농촌과 작은 읍내의 학교들은 도시 학교들과 아주 다른 경험을 했다고 자신있게 주장했다.

남부의 학교는 북부의 학교와 아주 달랐다.[25] 그러나 랭카스터 운동은 이런 다양한 색채를 통합하도록 했고 체계적인 공립학교교육의 새로운 비전이 가능할 뿐만 아니라 꼭 필요하게 만들었다. 랭카스터 운동은 최초의 근대적 공립학교 시스템을 아주 복잡한 방식으로 '우연히' 만들었다. 랭카스터의 빈약한 계획 때문에, 도시 지도자들은 세금에서 교사 훈련 및 급여를 해결해야 했다. 이들은 좋은 뜻에서 하는 자선사업가들 대신 지역교육감을 선출해 교육을 운영하고, 같은 학교에 더 부유하고 더 가난한 학생들을 포용하며, 모두에게 좀 더 양질의 수업을 제공해야 한다고 생각했다. 우습게도 이들은 그럴 계획도 없이 근대적인 학교 시스템을 만들게 된 것이다. 도심 이외 지역의 공교육에 대한 뭔가 새로운 가정에 입각해 랭카스터 교육개혁의 단점을 보완해 해결하려는 이런저런 방법들을 종합해가면서 말이다. 이런 시스템이 나름 합리화될 수 있고, 꽤 괜찮은 체계로 만들어졌다는, 그래서 도시로 이런 계획이 확장되게 된 것은 한참 이후의 세대에 나타난 일이다. 심지어 이런 공교육 시스템이 북동부 지역 이외로 확장되게 된 것은 그보다도 더 오래 걸렸다.[26] 이 책에서는 이런 시스템이 도시에서 어떻게 생겨나게 되었는지에 대한 이야기만 다룰 것이다.

이 책은 랭카스터 교육개혁이 미친 전지구적 확장이 아닌, 미국의 몇몇 도시에서의 경험에 초점을 맞추고 있다. 아주 초기부터 랭카스터의 구상은 국제사회의 관심을 끌었고, 따라서 가장 먼저 인도에서 시작되어 런던을 거쳐 아주 빠른 속도로 전 세계에 보급되었다. 역사학자들이 기록하고 있는 것처럼, 실제로 랭카스터식 교육개혁의 꿈이 진화해 온 과정은 19세기에서 20세기로 옮겨가는 전환기에 작동했던 전 지구적 지식인 네트워크의 가장 좋은 사례라 할 수 있다.[27] 랭카스터식 개혁 구상은 전지구를 들쑤시면서 세대와 세대를 잇는 개혁가들을 흥분시키고 또 서로 연결시켰다. 이런 개혁가들의 연결에 대해 추적, 고찰하는 책 또한 아주 흥미로울 것이다. 하지만 그 연구는 본서의 초점과 아주 다를 것이다. 이 책은, 랭카스터 개혁의 수사법과 현실 사이의 복잡 미묘한 관련성을 추적하기 위해 미국 도시 학교의 진화에 대한 연구로, 그 흥미로움의 폭을 좁힐 것이다.

이 책은 이 과정의 복잡함에 대한 이야기를 전하려는 내 노력의 결과다. 대부분의 역사학자들이 초점맞춰 온 사료들(조셉 랭카스터와 그를 따랐던 많은 추종자들이 빠르게 만들어낸 엄청나게 많은 홍보 책자 등을 포함해)을 무시하지는 않겠지만, 여기에 거대 도시 학교 개혁의 덩어리진 실제가 덧붙여질 것이다. 실패한 학교 개혁이 우연하게도 어떻게 근대적인 공립학교 시스템의 출현을 가져오게 되는 과정을 혹 제대로 설명할 수 있는 기회를 갖게 된다면, 우선 다음과 같은 몇가지에 대해 이해해야만 한다. 즉, 도대체 이 교육개혁안은 무엇이었을까? 적어도 이론상으로라도 그것의 실체가 무엇인가 말이다. 또한 그토록 많은 멀쩡하고 똑똑한 개혁가들이 도대체 왜 이 개혁안에 푹 빠졌는가? 그리고 랭카스터 본인에 대해서도 좀 더 알아야 할 필요가 있다. 난폭하고 자아도취적인 허풍쟁이가 어떻게 자신의 그 이상야릇한 망상을 세상 사람들이 받아들이도록 했는가 말이다. 우선 이 이야기부터 시작해보자. 랭카스터가 미국에 첫 발을 들여놓기 훨씬 이전, 도무지 믿기 힘든 성공을 이룬 그의 첫 경험에 대한 이야기 말이다.

1장

런던 보로우거리

1장

런던 보로우거리

아주 이른 그의 생애에서 눈여겨볼 만한 것은 그리 많지 않다. 1798년, 19세의 조셉 랭카스터는 2명의 학생을 런던의 부모님 댁으로 데리고 들어왔다. 랭카스터는 교사로 새로운 경력을 준비하면서 교육에 대한 저서(존 로크의 '교육에 대한 몇가지 생각(Some Thoughts Concerning Education, 1690)')를 하나 읽었다. 아마도 그는 이것으로 충분히 준비되었다고 생각한 듯하다. 얼마나 많은 학생이 자기 수업에 등록하는가로 성공을 가늠한다면 교사로서 그의 경력은 나름 성공했다고 해야 할듯하다. 1년만에 랭카스터는 100명이 넘는 학생을 받게 되었고, 보로우거리에 학교 건물을 갖게 되었다.[1] 25세가 될 때쯤 그는 세계적으로 유명한 작가이자 교육개혁가가 되었다. 랭카스터는 국왕이었던 조지 3세(George III)를 만났고, 전 세계 인사들로부터 팬레터를 받게 된다.[2]

그는 곧 이런 유명세에 취했다. 1818년 그가 미국으로 떠나가기 전, 젊은 조셉 랭카스터는 아주 떠들썩한 경력을 갖고 있었다. 그는 원래 새로운 부류의 학교를 시작하려던 것이 아니었다. 그의 가족에게는 돈이 많지 않았고, 그에게는 그럴 만한 기회도 많지 않았다. 어렸을 때 그는 의자를 만드는 아버지를 도와 한동안 일했었다. 14세가 되어 그는 9주간의 해군 복무로 선상 생활을 하기도 했었다. 다시 육지로 돌아와 그는 이웃 학교에서 보조로 일하게 되는데, 1798년 나름 자기 학생을 가르칠만큼 준비되었다고 느끼면서 랭카스터는 그 일을 그만두었다.[3]

우선 그는 생계를 위해 교사가 되었다. 1799년 초 옷차림이 단정하지 못한 일부 학생들에게 눈이 가면서 아주 가까운 단체였던 퀘이커친선협회(Society of Friends, the Quakers)에 후원을 요청했다. 당시 퀘이커는 노예제 반대를 포함해 자선활동에 적극 나서는 기관으로 잘 알려져 있었다. 이 종교와 랭카스터의 관계는 늘 문제투성이었다. 1801년 부친을 따라 랭카스터는 이 교파에 소속되었다. 하지만 그의 삶의 다른 많은 이슈와 마찬가지로 랭카스터는 자신의 독특한 탁월함을 제대로 알아봐주지 않는 단체에 남아 있을 수 없었다. 결국 1814년 그는 퀘이커 신앙을 버리게 된다. 그렇다고 퀘이커의 국제적인 자선단체로부터 재정적 지원 요청을 그만둔 것은 아니었다.[4]

랭카스터는 초기 퀘이커교로부터 자기가 가르치는 모든 학생에게 수업료와 그나마 괜찮은 옷가지를 제공받기 바랐다. 보로우학교(Borough Road School)에 아이를 보내면서 수업료를 낼 수 있는 부모들은 수업료를 학교에 냈다. 그럴 수 없는 형편의 부모들은 수업료를 내지 않았다.[5] 그리 길지 않은 기간 동안 학교는 번성했다. 소득이 낮은 가정은 학교에 아이들을 보낼 수 있는 기회를 움켜쥐었고 자선사업가들은 도울 수 있는 기회를 놓치지 않았다. 먼저 랭카스터는 대단한 에너지와 헌신으로 가르치는 일에 매달렸다. 그는 당대 런던의 학교개혁가들 사이에 회자되는 나름 그럴듯한 구상 하나를 받아들였다. 그 구상이란, 똑똑한 학생들을 '조교(monitors)'로 승급시키고 수업에서 보조교사로서 역할을 맡기는 것이었다. 이런 구상은 원래 인도에서 생겨난 것인데, 런던의 앤드류스 벨(Andrew Bell)이란 사람이 자신의 교육 구상으로 받아들여 확산시킨 것이었다. 랭카스터는 어딜가나 이 구상을 자신만의 독자적인 아이디어라고 주장하기는 했지만, 그와 벨은 이후 이 구상의 원래 기원과 학교에서 종교의 제대로 된 역할을 둘러싸고 벌어지는 지지부진한 논쟁에 휘말리게 되었다.[6]

랭카스터는 실무 견습의 전통에 따라 자신의 조교들을 집으로 데리고 와 휘하에 두었다. 그는 자신의 조교 방식(monitorial method)에 기반해 정교한 학교교육 시스템을 그려내기 시작했다. 구체적으로 어떤 활동을 해야할지, 여기에 어떤 새로운 기술들이 활용될지 등에 대해서도 기술했다. 그는 이렇게 상상 속 시스템을 변혁적이고 근대적인 경이로움이라고 홍보하며, 별로 돈 들이지 않고 아주 가난한 아이들을 교육시킬 수 있다고 주장했다. 몇 년에 걸쳐 보로우학교는 산업사회의 긴장과 도시의 불안함에 찌든 근대 도시에 희망의 불빛처럼 비춰졌다.

랭카스터의 그토록 빠른 성공은 이후 그의 남은 생애에서 그가 다시 반복하고 싶어하는 행태로 자리잡았다. 아주 성공적인 학교개혁가로 점차 높아지는 명성에 토대해 그는 자신과 자기 학교를 자랑하는 홍보책자를 만들어내기 위해 큰 돈을 빌리기 시작했다. 보로우거리의 학교건물을 확장하고 자기 이름으로 책을 발간해 소위 명성을 더 쌓는다는 것이 목표였다. 1803년 그의 이런 노력은 부채의 늪에 빠지게 했다. 그는 자신을 고맙게 여기는 런던 대중의 감사 표시를 기대했지만, 랭카스터는 자신에게 발부된 체포영장을 집행하려는 경찰을 피해 달아나야 했다. 그게 현실이었다.[7]

랭카스터는 쫓겨다니는 절망적인 상태에 있으면서도 자기 방법을 홍보하기 바빴다. 그는 자신을 용감한 개혁가라고 소개하는 홍보책자를 발간했는데, 그 책자에는 자신이 사면초가에 빠진 가난뱅이들에게 교육을 제공하고, 빈곤의 "해로움과 위험성"에서 런던의 모든 이들을 지켜낸다고 했다. 그는 자신의 노력을 지지하고 지원해 줄 "교육협회(Education

Society)"를 만들어달라고 요청했다.[8] 그의 이런 행동은 일종의 선견지명 있는 생각이었다기보다는 최후에 벌이는 필사적인 발버둥이었다. 하지만 이 경우에는 나름 효과를 보았다. 실제, 이 책략의 엄청난 성공은 랭카스터의 경력에서 아주 중요한 순간이었을 것이다. 홍보물의 효과로 인해 보로우학교는 살아남았다. 하지만 랭카스터의 삶은 망가지게 되었다. 어떻게 되갚을지 생각하지 않은 채 빌린 채무에 그는 시달리게 되었다. 그는 세상 사람들에게 뭔가 새롭고 아주 중요한 것을 발명했다고 말했다. 그는 자칭 가난한 사람들을 위해 자기희생적인 후원자라면서 런던 거리의 부랑아들에게 무상 교육을 제공하겠다고 했다. 그는 채권자들을 피해다니며 도움을 얻어냈다. 그렇다고 자신에게 도움을 주는 사람들이 반대급부로 무엇을 기대한 것은 아니었다. 그런데 딱 한번, 이렇게 중요하고 뭔가 만들어지던 시기에 랭카스터의 무모한 전략이 먹혀들었다.

그의 유명세에 이끌려 두 명의 고위 귀족, 즉 베드포드공작(Duke of Bedford)과 소머빌경(Lord Somerville)이 랭카스터를 찾았다. 1803년 이들은 랭카스터의 보로우학교를 방문한다. 이들이 목격한 것, 더 정확하게 이야기하면 이들이 봤다고 생각한 것은 런던 및 전 세계 도심 교육의 역사를 바꾸어 놓게 된다. 이들은 엄청나게 크고 뻥 뚫린 교실 공간에서 수백명의 아이들이 모여 거의 완벽히 질서잡힌 상태로 열심히 공부하는 모습이었다. 벽에는 근대적으로 보이는 읽기용 펼침막이 걸려있어, 값비싼 개인 교과서를 대신하고 있었다. 조교들은 예를 들어 "Ex"와 같은 메시지가 담긴 기호들을 가리키면서 학생들이 시험치를 준비가 되었다고 교사에게 말하고 있었다. 매질과 같은 체벌은 없었다. 오로지 보상과 벌점에 기반한 정교하고도 너무도 사랑스러운 시스템이 있었다. 학생들은 런던의 가장 가난한 계층 출신들이었지만, 아이들은 단정하고 깔끔하며 순종적이었다.

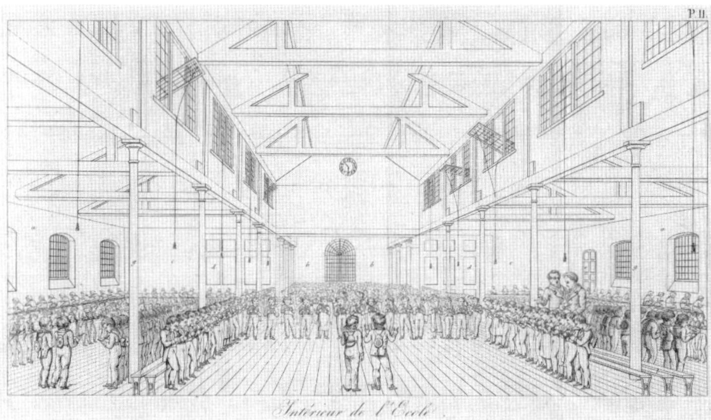

랭카스터가 이상적인 학교교실의 모습으로 삼고 있던 이미지. 이와 같은 묘사들은 1818년 독일어를 프랑스어로 번역 발간한 조셉 하멜의 책(『Lenseignement mutuel ou Histoire de l'introduction et de la progagation de cette methode』, Paris: L. Colas, 1818)에 등장함. The Gutman Library, Havard University 제공.

방문자들은 이런 상황 전부를 눈으로 목격할 수 있었다. 하지만, 보로우학교의 분명한 성공에 필요한 엄청난 투자, 즉 시간, 돈, 그리고 아이들에 대한 엄포와 겁박은 방문자들의 눈에 띄지 않았다. 사실, 랭카스터의 그 유명한 학교가 풍기는 엄청난 에너지와 정신은 포악하고 폭력적인 시스템이 뿜어내는 탈진상태였다. 즉, 엄청나게 비축된 자원을 태우고 있는 시스템이 뿜어내는 열기라고나 할까. 7장에서 자세히 살펴보겠지만, 왕립보로우학교의 성공은 다른 도시에서도 가능했다. 하지만 그렇게 하기 위해 학교는 그에 맞는 자원을 확보할 수 있어야 했다. 개혁가들이 공적 문서에 등장하는 얼마 안 되는 재정지원만으로 학교를 운영하려 했을 때, 랭카스터 학교 구상은 절대 작동하지 않았다. 그러나 랭카스터는 이런 사실을 숨겼다. 심지어 자신조차도 이런 사실을 모르는 듯 행동했다. 그 대신, 랭카스터는 방문객들이 변혁적이고 근대적인 교육 시스템을 목격하고 있다고 설명했다. 랭카스터의 이야기 속에서 자신의 학교 구상은 단지 기발하고 독창적인 수준을 넘어선 것이었다. 그의 계획은 전 세계에 새로운 선함을 가져오도록 하는 것으로, "교육사에서 새로움 그 자체"였다.[9] 랭카스터는 자신의 학교가 재정지원도 부족하고 이런저런 자원도 부족하지만 성공했다고 설명했다. 물론 뻥이었다. 랭카스터의 설명을 들어보면, 그의 학교는 그가 조직, 운영하는 방식 때문에 성공했다. 그래서 학교를 방문하는 귀족들은 그가 혁신적으로 새롭고 지극히 중요한 뭔가, 즉 가난한 아이들을 저렴하게 가르칠 수 있는 구체적인 방법을 발명했다고 확신했다.

랭카스터는 방문객들에게 자신의 성공을 포장해 전 세계에 실어 나를 수 있다고 말했다. 자기 구상을 따르려는 사람들을 위해 매뉴얼을 만들면, 전 세계 어느 도시의 개혁가들이라도 가난한 아이들을 위한 마찬가지의 성공적인 학교를 설립할 수 있었다. 물론 별도의 큰 돈을 들이지 않고 말이다. 랭카스터를 방문했던 귀족들은 그와 그의 구상에 대해 더 많은 것을 알 필요도 없이 그를 믿게 되었다.

이 귀족 방문객들은 곧 자신들이 얼마나 잘 속았는지를 깨닫게 된다.

하지만 당분간 크게 문제가 되지는 않았다. 베드포드공작과 소머빌경은 자신들이 듣고 본 것을 좋아했고, 또 그대로 믿었다. 이들은 랭카스터가 빚을 갚을 수 있을 정도로 큰 돈을 후원했다. 런던 사회에서 이 두 명의 지도자들이 랭카스터를 보증하면서 젊은 조셉 랭카스터는 일약 스타가 되었다. 얼마 지나지 않아 랭카스터의 영원할 것같던 채무는 해결되었고, 한동안 영국 전역과 전세계에서 후원금이 밀려 들어왔다. 국왕 또한 백 파운드를 후원하기도 했다.[10] 그보다 중요한 사실은, 왕이 이 학교에 자신의 칙허를 내주어, 학교 이름에 "왕립(Royal)"을 붙여 왕립보로우학교(Royal Borough Road School)로 탈바꿈하게 되었다.[11]

온갖 악조건 속에서도 도움을 청하는 랭카스터의 필사적인 노력은 하룻밤새 엄청난 성공을 일구어냈다. 베드포드공작과 소머빌경의 호기심 덕택에 랭카스터의 유명새는 하늘을 찌르게 되었다. 그는 갑자기 런던 시내의 이야깃거리가 되었다. 이 학교를 지원하는 일이 유행하게 되었고, 보로우거리는 일약 돈 많은 방문객들로 붐비며 이들의 후원이 밀려들었다. 1803년이 끝날 무렵, 랭카스터의 학교에 재정지원한 런던 엘리트들에는 3명의 공작, 수십명의 상류층 인사들, 그리고 전 세계의 대사들이 포함된다.[12] 초기 랭카스터 학교를 지원했던 후원자모임이 결성되고, 이들은 랭카스터의 교육적 노력을 지지, 후원하기 위한 위원회를 조직했다. 초기 이 단체의 이름은 왕립랭카스터협회(Royal Lancasterian Society)였다.[13]

이런 일에 깊은 인상을 받은 사람들은 런던의 엘리트들만이 아니었다. 신실한 퀘이커교도로 개혁가 한 명이 학교를 직접 보겠다고 뉴욕에서 런던으로 건너왔다. 그는 다시 뉴욕으로 돌아가 도시의 엘리트들을 불러모아 단체를 구성하면서 자신만의 자선협회를 시작하려 했다. 그의 이름은 토마스 에디(Thomas Eddy)였다. 왕립랭카스터협회의 설립자들과 마찬가지로, 뉴욕무상학교협회(New York Free School Society)의 설립자들은 1805년 랭카스터 학교를 통해 "궁핍한 환경"에 처한 아이들을 살펴내 "성실한 습성과 덕을 기를 수 있기"를 바랐다.[14]

랭카스터의 학교운영 방법은 빠르게 전 세계로 확산되었다. 랭카스터협회들이 유럽과 아시아에 우후죽순처럼 생겨났다. 1815년 이런 랭카스터 학교는 우루과이와 이집트에까지 설립되었다.[15] 랭카스터는 전 세계에서 보내오는 편지와 함께 장관 및 대사에 이르기까지 많은 방문객을 맞았다.[16] 랭카스터의 보로우학교는 1808년에 이미 여행객들에게 반드시 방문해봐야 할 여행지로 책자에 기록되어 있었다.[17] 보로우거리는 인도, 덴마크, 스페인, 뉴질랜드, 브라질, 러시아 등의 여러 나라 엘리트들에게 유명한 관광지가 되었다.[18] 당시, 런던은 전 세계에서 가장 근대적인 도시라고 자평하고 있었다. 런던은 백만명 이상의 인구가 모여사는 도시로 증기기관으로 움직이는 근대적인 미래를 향해 달리고 있었다. 랭카스터의 새로운 학교는 이런 근대적인 약속을 실현시킬 수 있도록 하는 기둥 하나를 차지하면서 교육을 혁명적으로 변화시키고 도시를 번성시킬 수 있는 새로운 방법을 부여하고 있었다.

결국, 랭카스터식 방법은 너무도 널리 퍼져 누군가 굳이 그것이 뭔지 설명하지 않아도 될 지경이 되었다. 1800년대 초의 몇십 년 동안 랭카스터식 교육은 포괄적으로 말해 교육 그 자체로 인식될 정도였다. 예를 들어, 어린 아동용 소설은 랭카스터 학교를 "기형이 된" 주인공 디키 세퍼드(Dickey Shepard)의 갑작스런 성공을 묘사하는 방법으로 끌어들여 쓰고 있다. 휘어진 척추로 세퍼드가 기형인 상황에서도, 작가는 세퍼드가 "조교(monitor)로 활동하는 랭카스터 학교에서 마치 아폴로(Apollo)의 팔다리를 가진 것처럼 존엄하게 인정받고 있다"고 썼다.[19] 당대의 다른 아동 문학작품들 또한 아이들이 다른 아이들을 가르치는 랭카스터의 조교제 학교의 이미지에 대해 비슷한 생각을 담고 있는데, 이런 이미지는 당시 학교에 대한 이미지와 거의 동의어로 표현되었다.[20]

랭카스터 학교 시스템의 갑작스런 유명세에 그다지 놀라지 않았던 유일한 사람은 아마도 랭카스터였을 것이다. 조셉 랭카스터는 늘 자신의 교육적 구상이 전세계적으로 유명해질만하다고 생각하고 있었다. 베드포드공작과 소머빌경이 후원을 하기 훨씬 이전, 보로우학교에서의 초기 몇 년 동안 랭카스터는 자신의 후원자들이 그 엄청난 부채 부담과 위기 상황에서 자신을 구해주리라고 생각했다. 그는 부자뿐만 아니라 가난한 사람들로부터 거액의 후원금을 받는 것에 익숙해졌다. 초기에 그는 이에 대해 책무성을 보이려고 애썼다. 1800년 4월 20일에서 1801년 3월 22일 사이에 랭카스터는 받은 후원금과 지출된 비용을 조심스럽게 기록해 두었다. 당시에는 자신에게 나름 합당한 수준의 급여를 그 후원금에서 지급했고, 마지막 동전 하나도 남김 없이 학교운영에 비용을 썼다고 기록했다. 초기의 이 기간 동안 랭카스터는 기꺼이 스스로를 후원자들의 감독 하에 있다고 여겼다.[21]

하지만 그는 더 이상 그렇게 하지 않았다. 아니, 그렇게 할 수 없었다. 유명세가 더 높아지면서 랭카스터는 엄청나게 많은 팬레터를 받았다. 그를 추앙하는 사람들은 그에 대한 찬양과 함께 자주 후원금을 밀어 넣었다. 그는 그 돈을 자기 주머니에 차곡 차곡 챙기면서 더 이상 그 돈을 어떻게 쓰고 있는지 기록하지 않았다.[22] 대신 그는 후원금이 들어오는 속도보다 빠르게 그 돈을 여기저기에 써버렸다. 그의 첫 제자라 할 만한 사람은 나중에 이렇게 회상한다. "후원금은 아주 자유롭게 들어왔고, 또 그렇게 나갔다."[23] 랭카스터는 교육과 상관없는 곳에 돈을 쓰는 것에 양심의 가책을 갖지 않았다. 추종자 중 한 명이 기억을 더듬어 이야기하는 것처럼, 랭카스터는 곧 "온갖 호사를 누리면서, 사치와 낭비, 그리고 나태한 사람”이 되어갔다.[24] 그중 최악은 랭카스터가 별 제한 없이 수중의 기금을 제멋대로 썼다는 점이다. 그는 왕실의 후원과 함께 점차 커지는 자신의 명성을 더 큰 돈을 빌리는 데 활용할 수 있다는 점을 너무 잘 알고 있었다. 그는 별 걱정없이 실제 그렇게 돈을 빌렸고, 그때마다 곧 부자가 돼 모든 부채를 갚으리라고 생각했다.

랭카스터는 자기 주변으로 모여든 제자와 친구들의 걱정에 귀기울이는 대신 멀리 떨어진 곳에서 자신을 영예롭게 치장해주고 있는 팬들의 말에 귀기울였다. 지지자 한 명은 랭카스터가 교사 이상의 그 무엇이라고 추켜세웠다. 그의 개혁안은 당대 사회의 완전한 변혁을 약속했다. 아래의 시인은 랭카스터에게 다음과 같은 시를 보내왔다.

> 자유로운 행동과 유익한 정신을 가진 당신에 의해
> 온화한 영토를 넓게 만들어주는 지식,
> 덕, 종교, 배움, 지고지순의 진리가
> 영국 젊은이들의 마음밭에 뿌려졌다.
> 당신을 온 **인류의 은인**으로 선포하노라.[25]

랭카스터는 일부러라도 겸손한 척할 시간이 없었다. 그는 그가 받고 있는 찬양을 온 맘으로 받아들이고 즐겼다.

랭카스터는 제멋대로 후원금에 손을 대는 일이라던가, 늘어난 대출로 인한 위험은 눈꼽만치도 걱정하지 않았다. 하지만 왕립랭카스터협회 내의 나름 정신 말짱한 개혁가들은 비로소 문제가 작지 않음을 깨닫기 시작했다. 눈덩이처럼 커지는 랭카스터의 빚과 대중을 향한 그의 태도는 점차 감당하기 어려운 스캔들을 낳았고 보로우학교의 명성, 결국에는 랭카스터식 교육개혁 전체가 무너지기 시작했다. 1806년에 이르러 랭카스터는 더 이상 자기 학교에 대한 일일 관리, 감독을 하지 않았다. 대신, 그는 돌아다니며 강연하는 일이라던가 새 학교를 짓는 일에 관여했다. 당연하겠지만, 그는 새로 문을 여는 학교가 제대로 관리되고 있는지에 별 관심을 기울이지 않았다. 한 학부모가 분개해 내놓은 불평처럼, 랭카스터 체제를 따른 한 기숙학교는 거의 관리되지 않았고 기숙사에는 이가 들끓고 아이들은 해진 옷을 입고 있었다. 학생들은 배우는 것이 없었고, 소위 조교들은 아주 "게을렀다".[26] 랭카스터는 런던의 가난한 사람들에게 헌신적이고 겸손한 봉사자라는 공적 이미지를 유지할 수 없었다. 글쎄, 그는 아예 그런 생각이 없었다고 보는 것이 맞을 수 있겠다. 그는 아주 비싸고 고급스런 마차를 불러 런던 거리를 돌아다니며 사람들 눈에 띄기를 아주 좋아했다. 자신과 수행원들은 말도 안 되게 호사스런 "샴페인"을 마셔대면서 말이다.[27] 더욱 걱정스러운 점은, 랭카스터의 사생활은 단지 스캔들이라고 할 수 없을 범죄였다. 랭카스터의 지지자들이 알아낸 것은 그가 경력 초기에 자기 학생, 특히 함께 생활하고 학교에서 자신을 교사로 섬기는 나름 똑똑한 학생들을 데리고 신체적, 정서적, 심지어 성적 학대로 가득한 소름끼치는 왕국을 만들었다는 점이다.

위원회는 이런 학대 정황을 정확하게 인지하지 못한 상황에서도 행동에 나설 것을 결의했다. 우선, 위원회는 랭카스터가 후원금을 받는 것과 학교를 저당잡혀 빚을 지는 일을 가장 큰 문제로 삼았다. 1807년 위원회는 랭카스터를 앉혀놓고 행동을 바꾸라고 요청했다. 이런 개입에 대해 랭카스터는 약간 충격을 받는 듯 보였지만, 어쩔 수 없이 이들의 요구에 응하겠다고 했다. 그는 눈물을 뚝뚝 흘리며 위원회에 도움을 간청했다. 위원회는 그에게 예산을 신중하고 엄격하게 운용하라고 했고, 랭카스터는 더이상 후원금을 찾아 돌아다니거나 대출을 받지 않겠다고 약속했다. 그 자리에 있었던 사람들 모두 껴안으면서, "눈물을 흘리며 서로의 어깨에 파묻혔다."[28] 랭카스터는 더 이상 새로운 학교를 열지 않으며, 기존 학교들에 집중해 일할 것을 약속했다. 그는 제시된 모든 말에 동의했다. 그는 자신이 변하겠다고 약속했다.[29]

하지만 그는 변하지 않았다. 그의 행동은 더 나빠졌다. 이후 몇 년간 위원회는 그가 싸질러 놓은 문제들을 해결하느라 진땀을 흘렸다. 그의 대출금을 갚고, 분개한 학부모들의 화를 풀도록 하고, 가난한 아이들을 위한 랭카스터식 보편 교육이란 구상을 홍보하면서 말이다. 1812년 랭카스터는 남런던 투팅(Tooting)에 또다른 학교 하나를 새로 만드는 것으로 확실히 자기가 했던 약속을 깼다. 이로써 그나마 노력이라도 하는 것처럼 비춰졌던 모습조차 완전히 저버렸다. 다시 한번, 위원회는 랭카스터를 앞에 두고, 재정상황이 적힌 장부를 폈다. 랭카스터는 이런 저런 불평을 늘어놓기는 했지만 결국 자기가 자신을 어떻게 할 수 없다고 했다. 몇차례의 시끄러운 회합이 이어졌고, 랭카스터는 보로우학교의 운영 권한을 위원회에 넘기는 데 동의했다. 더욱이 그는 관리자로 고용되어 그 학교에서 일하며 급여를 받는다는 조건에도 동의했다.[30] 그가 저지른 학대의 전말을 확실히 밝혀낸 나름 책임질 만한 성인은 당시까지 없었다는 점에서 그는 안도의 한숨을 쉬었을 것이다.

1812년 체결된 합의는 랭카스터에게 꽤 괜찮은 것이었다. 급여가 꾸준하게 지급될 것이었고 여기저기 다니며 강연도 하면서 자기가 쓴 책을 홍보할 수 있었기 때문이다. 이 회합이 끝날 무렵 모인 사람들은 다시 한번 뜨거운 눈물과 함께 돌아가며 힘껏 껴안았다. 합의된 새로운 규칙을 잘 지키겠다고 랭카스터가 진심으로 약속했다고 믿었기 때문이다. 하지만 역시나 그 합의는 오래가지 않았다. 그는 회합이 있던 방을 떠나는 그 순간 위원회를 향해 욕설을 퍼붓기 시작했다. 위원회가 자기 학교에서 돈을 훔치고 아무런 이유없이 자신을 쫓아냈다고 하면서 말이다.[31] 랭카스터는 위원회가 "자신의 목숨을 위험에 빠뜨렸다"며 울부짖었는데, 위원회가 "비바람에 견디지도 못하는" 수준 이하의 학교교실에 자기를 밀어넣었다면서 말이다.[32] 그는 런던 대중들에게 위원회가 자신을 "춥고, 배고프며, 축축한" 곳으로 내던졌다고 불평했다. 그는 자신의 고통이 어찌되었건 가난한 집 아이들을 도울 것이라는 희망 속에서 수없는 **"괴로움과 억압"**을 감내해왔다고 쓰고 있다. 격렬하게 밑줄을 쳐가면서 말이다.[33]

1813년 8월, 자포자기한 위원회는 왕가의 중재를 요청했다. 국왕이 이 중재를 지지하면서, 가장 먼저 랭카스터를 후원했던 베드포드공작과 소머빌경은 양자의 이야기를 듣겠다고 했다. 랭카스터에게는 불행하게도 실제 이들은 양쪽 의견 모두를 듣지 않았다. 위원회는 랭카스터가 지금까지 저질러온 충격적인 행동의 길고 복잡한 과거에 대해 설명했다. 랭카스터는 변명할 기회조차 갖지 못했다. 결정은 불보듯 뻔했다. 그가 조교들에게 저질러온 학대에 대해 제대로 알지 않고도 왕가의 중재자들은 위원회가 내세운 모든 쟁점에 대해 동의했다.

위원회는 자신들이 걱정했던 것보다 상황이 더 나빴다는 것을 곧 깨닫게 된다. 1814년 초, 이전 보로우학교의 견습생이 위원회에 랭카스터가 함께 생활하던 조교들을 툭하면 학대했다고 알려왔다. 그 소년은 랭카스터가 "재미삼아 견습생들을 때리곤 했다"고 말했다. 흥미롭게도 랭카스터는 과시하듯 그 유명한 학교에서는 체벌이 금지된다고 했었다.[34]

꽤 오랫동안 이런 절망적인 상황을 목도해 온 위원회 사람들조차 이런 사실에 충격을 받았다. 이들은 랭카스터의 자기를 좀먹는 행동에 익숙해져 있고 지나치게 돈을 빌리고 또 방탕하게 써버리는 그의 태도에 대해 그러려니 해왔었다. 만약 그가 이 일에 대해 추궁당하게 되면 결국은 사과하리라는 것을, 그래서 재정적 문제를 고쳐나가고 다시금 교육이란 사명에 한 몸 바쳐 헌신하겠다고 약속하리라는 것을 알았다. 하지만 1814년이 되어 위원회는 랭카스터가 결국 그 약속을 뒤집고 또다시 하던 버릇대로 하리라는 것도 알았다. 이들은 또한, 랭카스터가 흘린 눈물과 고개 숙인 사과 이후에는 쓰디쓴 대중의 비난과 함께 어리석기 짝이 없는 일을 다시 반복하는 일로 이어지리란 것도 알았다.

위원회는 신체적 학대에 대한 이야기가 지금까지의 잘못과는 다른 차원의 죄를 구성한다고 보았다. 그래서 이를 조사할 공식적인 소위원회를 만들었다. 이들은 랭카스터가 협력하기를 바라는 마음으로 위원회의 프란시스 플레이스(Francis Place)를 조사위원장으로 삼았다. 1810년대까지 플레이스는 런던의 열렬한 사회개혁가들 사이에서 잘 알려진 인물이었다. 그는 부자와 가난한 사람 사이, 좀 더 정확하게 노동자와 자본가 사이의 차이를 줄이도록 하려는 일종의 방법으로 랭카스터의 학교에 관여해 왔다. 좀더 급진적인 플레이스의 과거 경력보다 더 중요한 것이 있는데, 그는 랭카스터의 완벽한 중재자가 되었다. 위원회의 다른 사람들과는 달리 그는 랭카스터와 나름 합리적이고 우호적인 관계를 유지해 올 수 있었기 때문이다.[35]

소위원회는 가능한 많은 전현직 조교들과 면담을 가졌다. 소위원회는 보로우학교에서 가르쳤던 "애들"을 인터뷰했지만, 처음으로 이 일을 발설했던 조교에 대해서는 개인적으로 몰랐다. 결국 랭카스터를 상대로 한 고발은 애초 제공된 신체적 체벌을 넘어섰다. 아이들은 랭카스터의 행동에 대해 참담하게도 비슷한 이야기를 내놓았고, 소위원회는 실망감에 휩싸였다. 결국 위원회는 들어야 할 이야기를 충분히 들었다고 판단했다. 플레이스의 평가에 따르면 소위원회는 서로 다른 여러 통로를 통해 아주 많은 진술을 얻었고, 위원회는 "이 사안이 지금까지의 모든 의문스러운 점을 해결한다"고 보았다.[36]

랭카스터가 강조해 온 학교 시스템은 전통적인 신체적 체벌이 필요 없어지고 그래서 이를 없애는 것이었지만, 그는 오랫동안 상급반 학생들을 매로 때려왔다. "자신을 즐겁게 하지 않는다"면서 말이다. 이런 매타작은 학교가 아닌 자신의 집에서 이뤄졌고 신체적 체벌은 충격적인 성적 학대로 이어졌다. 랭카스터와 함께 살면서 일했던 몇몇 증인들에 따르면, 그는 어느 순간 갑자기 "기분 나빠"하면서 화를 내더니 그 핑계로 아이들을 때렸다. 가끔 그는 매질을 바꿔 성적 학대를 가했다. 플레이스는, "그의 이런 행동은 남자 아이들이 매질당하는 것에 동의하게 만들기 위해 껴안고, 애무하고, 키스하는 것이었다"고 설명했다. 랭카스터는 가끔 아이 한 명이 다른 아이에게 키스하도록 시키는가 하면, 소파에 눕혀놓기도 했다. 가끔은 랭카스터가 매질을 하는 동안 몇 명의 아이들에게 바지를 내리고 허리 위로 셔츠를 올려잡으라고도 했다.[37] 플레이스의 조사에 따르면, 이런 학대는 수년에 걸쳐 벌어졌으며 학대당한 아이들은 대체로 12-18세 사이였다. 이런 일은 아이들이 랭카스터 학교 시스템에서 견습받는 과정 중에 치러야 할 대가의 일부였다.

위원회는 1814년 초 랭카스터를 불러 지금까지 수집한 근거를 대며 추궁했다. 플레이스의 회상에 따르면, 위원회는 랭카스터가 "알아서 인정하고 물러나길" 기대했다. 그 대가로 랭카스터에게 연금 보상을 제공하겠다고 희망하면서 말이다. 이렇게 되면, 위원회는 모두를 위한 수업료 없는 학교를 짓고 운영해 나가는 일을 계속 할 수 있었다. 학생들이 랭카스터의 학대를 받지 않으면서 랭카스터 학교 네트워크 또한 확대해 나갈 수 있었다.[38]

하지만 랭카스터는 움직이려고 하지 않았다. 그는 아무것도 인정하지 않았다. 플레이스의 회상에 따르면, 그는 "아주 태연했다." 결국, 위원회는 하려던 일에 성공하지 못했다. 이들은 랭카스터의 학대에 대해 "아무것도 결론내지 못했다." 위원회는 랭카스터식 교육이라는 나름 좋은 이름을 계속 유지하고 싶어 했기 때문에 랭카스터의 범죄를 도와 사주한 꼴이 되었다.[39] 1814년 4월, 오래 진행된 조사와 중재 끝에 위원회는 랭카스터에게 자기 생각대로 하라고 했다. 법적으로, 그리고 사회적으로 위원회는 랭카스터와 결별하면서 위원회의 이름을 〈영국 및 세계학교협회(British and Foreign School Society)〉라고 변경했다. 중재자들은 보로우학교를 포함한 학교 자산에 대한 자신들의 법적 통제를 확인했고, 랭카스터는 모든 학교에 접근할 수 없게 되었다. 보로우학교를 내세워 후원금 받는 것도, 학교를 저당잡혀 빚을 내는 것도 금지당했다. 하지만 이는 위원회에게서 받은 처벌에 지나지 않았다. 랭카스터는 자유로이 어디든 떠나갈 수 있었고, 또 새 학교를 열 수 있었다. 결국 그는 1818년 미국에서 랭카스터식 교육개혁의 실행을 감독하는 자격으로 초대되었고, 이를 수락했다.

2장

도시의 아이들

2장

도시의 아이들

랭카스터가 약속한 기적을 미국에서 실현하라고 그를 초대한 개혁가들은 랭카스터와 그의 교육개혁모델(Lancasterianism)을 구분해 모델을 살려보려고 애썼던 런던 사람들과 여러 면에서 닮았다. 로버츠 보우(Roberts Vaux)는 평생 공직에 나서본 적이 없었지만, 필라델피아 퀘이커교 엘리트의 전형적인 인물이었다. 보우는 당대의 모든 자선사업에 관여했다. 그는 자선사업의 모든 방면에 개입하면서 자기가 사는 도시가 근대적인 모습으로 변화하기를 희망했다. 그는 병자들을 위해 병원을 세웠고, 가난한 사람들을 위해 쉼터를, 그리고 호기심 많은 이들을 위해 박물관을 짓도록 지원했다.[1] 하지만 이들 기관 중 어느 것도 보우가 보기에 신시대의 근대공립학교만큼 중요한 것이 없었다. 이 학교들은 거리의 젊은 유랑자 무리들을 생산적이고, 존중받을 만한 시민으로 바꿔 놓음으로서 필라델피아를 진정한 공화국 세상으로 변화시키는 열쇠를 쥐고 있었다. 보우는 막 사회 생활을 시작하던 젊은 시절 도시에 있던 랭카스터 학교에서 잠깐 동안 자원활동에 참여했다.[2] 미국을 위해 가르친다는 그 짧은 경험은 랭카스터 학교 시스템이 필라델피아를 변혁시키기에 충분하다고 확신하게 했다. 이후 보우는 필라델피아 공립학교 협회의 회장으로 학교교육을 받지 못하는 아이들의 위협에 대해 고통스러워했다. 그는 이 아이들을 "거렁뱅이 또는 약탈자"라고 불렀다. 보우는 이 "사악한 아이들"을 한 곳에 몰아넣고 통제하지 않는다면 도시의 미래는 어두워질 것이라고 경고했다.[3]

보우는 랭카스터 학교 시스템이 모든 문제를 한꺼번에 해결해 줄 것이라고 믿었다. 보우가 생각하기에 이는 필라델피아에게 큰 행운이 아닐 수 없었다. 보우는 1817년 펜실베이니아 지도자들에게, 필라델피아가 "랭카스터의 시스템"을 들여온다면 공립학교 비용을 절감할 수 있다고 말했다. 이렇게 되면 공동체의 재정적 한계 내에서 모두가 염원하는 만민교육의 꿈을 실현할 수 있을터였다. 보우는 지도자들에게 랭카스터 학교 시스템은 단지 저렴할 뿐만 아니라 질적으로도 우수하다고 설득했다. 랭카스터 학교는 "주의집중, 질서, 순응이란 습관"을 길러주고, "기독교신앙"에 따라 행동할 수 있도록 학생들을 "길들일"터였다. 보우에 따르면, 이 시스템이 잘 작동한다고 보고하는 "정확한 데이터"가 차고 넘쳤다. 이 시스템은 단지 약간의 수정을 의미하는 것이 아니라 그것을 넘어서는 것이었다. 일종의 "기적"으로 일거에 모든 문제를 해결할 수 있었다. 그것도 돈을 덜 들여서 말이다. 가난한 집 아이들, 심지어 필라델피아 거리를 가득 채운 떠돌이와 부랑아들조차 "제대로 된 국민성과 인격"을 기를 수 있을 터였다.[4] 당시 전 세계의 도시 지도자들과 마찬가지로 보우는 랭카스터 학교가 새로운 근대의 가능성을 대변해주는 것으로, 고대 이래의 빈곤과 악덕이란 오랜 문제가 과학 및 기술의 경이로 일소될 것이라고 생각했다. 보우가 믿기에, "랭카스터 학교 시스템"은 문해와 산술을 가르치는 새로운 교수법 이상이었다. 이는 근대 도시 생활의 문제에 대한 진정 혁명적인 해결책이었다. 즉, "신의 경이로운 섭리로, 이후 천년왕국으로 이어지게 할 것이었다."[5]

보우의 열정과 염려는 다른 미국 도시의 엘리트 개혁가들과 별반 다르지 않았다. 값싼 랭카스터식 해법의 도시 젊은이들에 대한 마찬가지의 걱정을 일거에 해소하리라고 본 개혁가들 말이다. 예를 들어, 뉴욕시의 드 위트 클린턴(De Witt Clinton) 시장은 이 캠페인을 뉴욕시의 학교를 혁명적으로 변화시키는 운동으로 이끌었다. 클린턴은 랭카스터가 이 일을 하기에 적합한 사람인지 아닌지에 대해 한 번도 의구심을 던진 적이 없었다. 드 위트는 잘나가던 주지사이자 부통령이었던 조지 클린턴(George Clinton)의 조카였는데, 그만큼 부유하고 영향력있는 집안에서 태어났다. 그의 경력은 그의 운명이 하라는 대로 따르는 듯 보였다. 주 상원의원에서 연방 상원의원으로, 이후 시장을 거쳐, 주지사로 당선되면서 클린턴은 성인 이후의 삶을 선출공직자로 보냈다.

그리고 클린턴 시장만큼 미국 도시에서 랭카스터식 교육개혁의 가능성에 대해 열정적이었던 사람은 아마 아무도 없을 것이다. 이 점에 있어서는 로버츠 보우도 그를 따라가지 못한다. 클린턴이 1809년 쓰고 있듯, 랭카스터는 "천상의 빛"을 "천하고 억압받는 사람들"에게 가져오도록 "완벽한 시스템을 만들었"던 것이다.[6] 클린턴에게 근대적 세계는 새로운 가능성을 품고 있는데, 랭카스터식 방법은 단순히 이런 가능성이 공교육 영역에서 작동하도록 한 것이었다.

보우와 클린턴은 랭카스터식 교육을 도심의 강렬한 불안을 해결해줄 방법으로 빠르게 받아들였다는 점에서 같았다. 클린턴의 회고에 따르면, 19세기로 넘어가던 시기, "자애로운 많은 이들"은 점차 "가난한 자들의 교육 부족"에 대해 크게 걱정했다.[7] 보우, 클린턴, 그리고 랭카스터 지지자들의 관심사는 단지 자선에만 있지 않았다. 근대도시에 도사리고 있는 위험에 노출된 젊은이들을 염려했을 뿐만 아니라 이 젊은이들이 발생시킬 위험 또한 이들에게 큰 걱정거리였다. 이들의 걱정은 랭카스터식 교육개혁을 향한 미국인들의 열정을 부채질해댔다. 학교에 대한 랭카스터의 아주 간단한 구상은 미국 사회에 이처럼 아주 큰 파급효과를 가져왔다. 이 구상이 이 걱정거리를 저렴하게 해결해 주리라고 약속했기 때문이었다. 랭카스터의 구상은 기대하건데 1800년대 첫 수십 년 동안 미국 각 도시를 성가시게 괴롭혔던 문제를 근대적이고 체계적으로 해결해 줄 해답이었다. 랭카스터의 구상은 엘리트가 이미 구축하기 시작한 아마추어적 교육복지망의 여러 구멍들을 막아주리라 약속했다.

게다가 클린턴 시장과 개혁가 보우가 깔아 놓은 판 속의 도시 지도자들에게 랭카스터 시스템의 매력은 도시 정치적 리더십에 별 변화 없이도 도시 생활의 급진적 향상을 약속한다는 점이었다. 랭카스터가 지닌 비전이 거의 그렇듯, 이런 약속은 뻥이었다. 보우와 클린턴 시장과 같은 엘리트들은 도시 내의 근대적 문제를 해결하는데 권력과 함께 자비심을 지닌 몇 안 되는 사람들이라고 생각했다. 하지만 이들의 생애 마지막 시기(클린턴이 1828년 사망하고, 보우가 1836년 사망했음), 랭카스터 학교개혁 실험이 붕괴되는데, 이는 자애심 많은 엘리트들의 열정은 근대적 도시 생활의 다양한 문제들을 해결하기에 충분하기는커녕, 얼토당토 않은 수준이었다.

2

In a City far fam'd
Which must not be nam'd,
A City most wise & most fine:
There is to be seen
A sight the most clean,
The streets all alive with the swine.

뉴욕시의 거리는 청소년들에게 해가 될 만한 것들이 많았다. 이 이미지는 『Some Very Gentle Touches』(1806)에서 가져온 것으로, 뉴욕시 아이들에게 근대적 도시 생활에서 발생하는 '시골스런' 위험을 경고한다는 내용을 담고 있다. The American Antiquarian Society 제공.

돼지떼가 들끓는 도시

당시 미국 도시들과 영국 런던 사이에는 단지 물리적 거리 이상의 차이가 있었다. 1800년대가 시작하고 초기 몇 년간, 세상은 근대적 도시라는 모습과는 아주 멀리 떨어져 있었다. 고대사회의 유산을 물려받고 근대 산업의 혁신에 힘입은 런던과 달리, 미국 도시들은 식민사회의 읍내 정도의 외양에서 조금씩 바뀌고 있었다. 근대적 도시 생활이란 압박은 농촌 사회의 전통과 바짝 붙어 있었다. 클린턴 시장과 같은 개혁가들은 특별히 아이들에게 드리운 위협뿐만 아니라, 그가 "범죄의 온상"이라고 불러온 "거대도시"에서 아이들에 의한 위협에 대해 걱정거리가 많았다. 그러나 1800년대 초 미국의 여러 도시들과 함께 뉴욕의 근대적 위대함이 런던의 근대적 발전상과 비교할 바 아니라는 점은 숨긴다고 숨겨질 수 있는 사실이 아니었다.[8] 여러 면에서 미국의 이런 도시들은 런던에 비해 지방의 후미진 시골에 지나지 않았다. 예를 들어, 1806년에 뉴욕 사람들은 게걸스런 야생 돼지떼로부터의 공격에 대해 경고와 함께 긴장한 상태에 있었다. 당대 포부가 당당했던 한 시인은 1806년 뉴욕은 "가장 현명하고 가장 세련된 도시"라고 했지만, 이어 "거리에 돼지떼가 들끓는다"고 했다.[9]

세계를 선도하는 도시에 산다는 자긍심이 뿜어져 나오던 런던의 부유한 개혁가들과는 달리, 미국의 도시 지도자들은 미국 도시가 여전히 진흙 바닥이고, 촌구석에 지나지 않으며, 단지 꿈만 크게 꾸고 있는 곳임을 아주 잘 알고 있었다. 하지만 미국과 영국의 도시 엘리트들에게 몇몇 공통된 두려움이 있었다. 근대적 삶은 새로운 현실에 눈을 뜨도록 해주었는데, 아동기 특징에 대한 일련의 새로운 사상 또한 이에 해당되었다. 뉴욕, 필라델피아, 보스톤 및 기타 여러 미국 도시의 개혁가들은 우애를 나누는 런던의 개혁가들과 마찬가지로 아이들이 근대적 도시의 위험에 극도로 민감하다는 점을 걱정하고 있었다. 맞다. 공격적인 돼지떼는 큰 위협이었다. 성인뿐만 아니라 아이들에게 마찬가지로. 그러나 다 큰 성인에게 돼지는 단지 성가신 존재에 지나지 않지만, 어린 아이에게는 생명이 걸린 위협이었기에, 이들은 미국 도시에 창궐하는 여러 위험 요소들이 특별히 도시의 아이들에게 해롭다고 생각했다.

랭카스터와 동시대를 살던 개혁가들은 이렇게 독특한 근대적 위기에 처음으로 직면했던 세대였다. 자신들이 도심 거리의 유혹으로부터 아이들을 구원해줄 만한 교육을 도시의 모든 아이들에게 제공해줄 수 있을 것인가? 이들은 지금까지 나름 작동해 온 오랜 계층사회를 신뢰하고 있기는 하지만, 그렇다고 구식 해법을 좋다고 생각한 것은 아니었다. 도시의 엘리트들은 전통적인 방안이 근대 사회의 문제에 대한 해법을 제공해주리라고 믿지 않았다. 적어도 이들 태도는 이 점에 있어서만큼은 옳았다.

당시 뉴욕, 필라델피아, 보스톤과 같은 도시들은 머지 않아 이들 도시들의 변화해갈 모습과는 상당히 달랐다. 역사가 토마스 벤더(Thomas Bender)는 이에 대해, 1800년, 미국의 6대 도시는 기껏해야 농업국가의 "얼룩" 정도에 지나지 않았다. 5백만에 이르는 미국이란 나라의 인구에 비해 이들 6대 도시에 겨우 183,000명뿐이었다.[10] 물론 도시는 상당히 빠른 속도로 성장해갔다. 예를 들어, 1810-1830년 사이, 알바니의 거주 인구수는 10,762명에서 24,209명으로 늘었고, 필라델피아는 53,722명에서 80,462명으로, 볼티모어는 46,555명에서 80,620명으로 늘었다.[11] 이후 수십 년에 걸쳐 폭발적으로 증가하는 인구 성장세에 비하면 이 숫자는 그리 크지 않은 것이 맞다. 하지만 엘리트 개혁가들은 도시의 입지가 겨우 "얼룩" 정도라는 게 정치적 통일체를 위협하는 악성 종양이라도 되는양 조바심냈다. 이런 문제는 걱정거리가 되지 않도록 커져서는 안 되는 것이었다.

미국 엘리트들은 도시 문제의 확산으로 인해 공화주의적 삶을 유지하는 시골이 황폐화되는 게 아닌지 늘 걱정해 왔다.[12] 엘리트들은 도시가 거렁뱅이들, 아일랜드 이민자들, 범죄자의 소굴로 변하고 있고, 일종의 악덕과 폭력이 난무하게 되리라고 의심의 눈초리를 거두지 않았다.[13] 이들 도시를 사악한 기운이 감도는 묘판이 아닌가 걱정한 사람은 클린턴 시장만이 아니었다. 미국 사회에서 자작농이 소위 공화주의적 사상과 실천을 탄생시켰다고 한다면, 많은 엘리들이 보기에 근대적 도시는 이런 공화주의적 미덕이 사그라져 사라질 곳이었다. 도심 엘리트들의 걱정거리는 단지 상상 속의 문제가 아니었다. 근대적 도시, 심지어 미국에서 상대적으로 그리 크지 않은 소도시일지라도, 몇몇 고약한 문제들이 계속 일어났다. 각 도시의 거리는 하루가 멀다하고 이런 문제를 둘러싼 싸움이 끊이지 않았다. 여기에는 "격렬한 인종혐오"로 기름부어진 소란도 포함되었다.[14] 사업가들은 "게으른 애들과 전혀 훈련되지 않은 사람들"만이 일하겠다는 상황에 불만을 제기했다.[15] 역사가 토마스 길포일(Thomas Gulfolyle)의 연구에 따르면, 1820년에 이르러 뉴욕시 한 곳에서만 최소 200여곳의 매춘굴이 있었다.[16]

그러나 미국의 도시 개혁가들은 도시 자체가 이런 근대적 문제의 해결책이 된다고 보았다. 제대로 된 교육시스템은 도심 빈곤 문제를 해결할 수 있는 힘이 있다고 이들은 생각했다. 예를 들어, 이보다 좀 이른 1789년 당대 학자들은 도시에서 새로운 공교육체제를 요구하면서, 공교육이 "가난을 예방하는 최선의 길"이라고 했다.[17] 1817년 개혁가들은 근대적 도시를 "인간 타락과 파멸의 역겨운 장면을 연출한다"고 욕하면서도 동시에 도시는 "젊은이들의 도덕을 확고하게 세워줄 것"이라고 보았다.[18]

랭카스터식 교육개혁을 추종하던 사람들은 하나 같이 이런 걱정과 또 염원을 공유했다. 1800년대의 처음 20년 동안 이들은 도시가 도무지 관리할 수 없을 정도의 성장을 견뎌야 한다고 믿었다. 예를 들어, 1814년 뉴욕무상학교협회(New York Free School Society) 설립자들은 "수업료 없는 자선학교들에 감당하기 어려운 "너무 많은 아이들"이 몰리지 않을까 걱정했다. 이들 학교는 전통적으로 개신교회들이 운영해왔는데, 그 수가 충분하지 않았던 터였다. 이들 "극빈층" 아이들은 "도시를 방황하며 떠도는" 부랑아였다.[19] 뉴욕의 자선사업가들은 이런 "가난한 아동의 숫자가 이미 많은데다 점차 늘어나는 상황"에 대해 걱정스러운 마음을 감추지 않았다.[20] 이 개혁가들은 학교와 교회에서 수용할 수 있는 인원이 제한된 상황에서 이 극빈층 아이들은 신에 대해서도 모르고, 또 간단한 문해력조차 없이, 그리고 정직한 시민적 삶을 기를 수 있는 희망마저도 없이 성장해야 한다고 보았다.

아이들을 위협에 처해 있는 존재이자, 동시에 위험을 일으키는 존재로 본 것은 뉴욕의 엘리트들만은 아니었다. 이런 한탄은 미국 주요 도시들에서 늘상 일어나는 일이었다. 조지아주의 사바나에서 "몇몇 부인 자선사업가들"은 도시를 활보하는 "많은데다 점점 더 늘어나는 아이들"에 대해 걱정이 컸다.[21] 볼티모어에서는 공립학교교육에 반대하는 사람들조차 번창하는 도시에는 "인구 중 점차 커지는 방해꾼들"을 통제 관리할 방법이 필요하다고 주장했다.[22] 그 시기 엘리트 개혁가들이 미래를 알 수 없었다고 비난받을 수는 없다. 이들은 돌이켜보아 도시의 성장이 곧 길들여지고 1800년대, 1810년대, 1820년대의 떼거리 군중은 1840년대까지 얼마 안 될 것이라는 것을, 1870년대에만 엄청나게 인구가 늘게 된다는 점을 알지 못했다. 미래야 어떠했건 간에 1800년대 초 몇십년동안 엘리트들은 걱정할 만한 충분한 이유가 있었다. 미국 도시의 숫자가 앞으로 엄청나게 늘기는 하겠지만, 이미 그 숫자는 상당히 중요한 의미를 지니고 있었다. 게다가 이 숫자는 문제가 되는 아동의 절대적인 숫자를 가리키는 것도 아니었다. 즉, 이 숫자는 도심 개혁가들 사이에 걱정거리를 안기는 문제 덩어리로서 무상학교를 택하는 학생들 대신 소득이 적은 가난한 가정 출신의 아이들 숫자였다. 간단히 말해, 1800년이 시작하고 첫 20년 동안 이용할 수 있는 무상학교에서 교육받을 수 있는 자리가 충분하지 않았다.

도시의 떼거리를 형성하는 아이들에게 필요한 좀 더 많은 학교를 만드는 일에 있어 랭카스터식 교육개혁을 따르는 사람들은 자신들을 가난한 사람들의 가장 친한 친구라고 생각했다. 그러나 이들의 언어는 가난한 사람들을 도와주겠다고 약속한 사람들의 깊은 불신을 배신했다. 예를 들어, 조셉 랭카스터는 런던의 아이들을 가리켜 "불운하고 정떨어지는 것들"이라고 불렀었다.[23] 펜실베이니아의 랭카스터 교육개혁가들은 도시의 가난한 아이들을 "무식하고 사악한 집단"이라고 기술했다.[24] 그러나 개혁가들은 자신을 자신들이 경멸해 마지 않는 아이들을 보호하는 유일한 방어벽이라고 상상했다. 돈이 없어 학교조차 다닐 수 없는 아이들 주위에 도사리는 위험에 관한 이야기를 나누었다. 아이들은 도심 거리에서, 클린턴 시장이 소위 "끔찍할 정도의 범죄"라고 부른 통탄할 만한 장면에 주기적으로 노출되었다.[25]

그러나 이러한 '악덕'의 사례들조차, 그 이면에 도사리고 있던 최악의 위협에 비하면 심각한 수준은 아니었다. 예컨대 1813년, 뉴욕에서 큰 주목을 받은 한 법정 사건을 통해 열세 살 소녀 베티 화이트맨(Betty Whiteman)의 선정적이고도 잔혹한 이야기가 세상에 드러났다. 매춘업소에서 일할 더 많은 소녀들을 물색하던 한 성인 인신매매업자는 화이트맨을 붙잡아 강간했으며, 그 폭행 이후 어린 화이트맨은 매춘 생활을 강요받게 되었다.[26]

화이트맨이 그린 소름끼치는 이야기에서처럼 도시 엘리트들은 이것이 종말의 시대를 보여주는 증표라며 두려워했다. 게다가 이들은 미국 도시의 아이들은 절망스런 범죄에 시달리는 것 이상으로 힘들 것이란 점을 잘 알았다. 심지어 이 아이들은 이런 범죄를 저지를 수도 있지 않은가? 1800년대 초반 수십 년 동안, 엘리트는 청소년 폭력배들이 벌이는 폭력사태의 증가를 걱정했다. 베티 화이트맨의 이야기처럼, 몇몇 잘 알려진 사건이 터지게 된다. 1825년 뉴욕 사업가 헨리 램버트(Henry Lambert)가 "스프링가 방위병들(Spring Street Fencibles)"이라고 알려진 어느 아이들 폭력배에 의해 살해당했다. 사건 보고서에 따르면, 6월 3일 새벽 1시경 이 그룹의 아이들이 램버트의 마차길을 가로막고 비켜주지 않았다. 이들은 "이 사업가의 면전에 담배 연기를 불어대면서 이 사람을 멋쟁이라고 불렀다. 그리고는 발을 걸어 넘어뜨리려고 했다." 한 애가 램버트의 배를 한 대 갈겼는데, 램버트는 이 한 방으로 죽음에 이르게 된다.[27]

이 두 이야기 모두 심히 평범하지 않기는 했지만, 이런 종류의 이야기가 얼마나 드문지와는 상관없이, 엘리트들의 걱정은 이런 이야기로 심히 가중되었다. 신문에는 이런 선정적인 이야기들이 흔했고, 개혁가들이 모여들고 어울리는 사회 단체에서는 이런 이야기들이 조용하고 완곡어법으로 돌고 돌았다. 그러나 끔찍한 범죄의 가능성은 너무도 분명했다. 한마디로 통제되지 않고 손 밖에 있는 아이들이 너무도 많았다. 개혁가들은 떠돌이처럼 살아가는 아이들 떼가 가져올지 모를 끔찍한 결과에 대해 걱정이 컸다. 이런 걱정은 아이들뿐만 아니라 도시 전체를 위한 것이었다. 아이들이 처한 위험은 양날의 칼과 같았다. 학교가 아니라면, 갈 만한 건강한 장소가 전혀 없었다. 비록 가장 기본적인 수준의 읽고 쓰는 것만 가르치는 수준이라고 하더라도 공식적인 교육이 없이는, 취업할 수 없는 아이들은 쉽게 범죄자로 전락할 수 있었다. 개혁가들은 소위 이런 사회 문제를 해결해야만 하는 사람들이고, 무상 교육이 해법을 제공해준다는 가정에 대해 큰 확신을 갖고 있었을지 모르지만, 이런 가정이 만들어낼 결과에 대해서는 그렇지 않았다. 즉, 학교에 가야할 아이들 모두에게 무상교육을 제공할 방법이 전혀 없었다.

신생 국가의 교육

미국 도시에 학교가 없지는 않았다. 1800년을 전후 한 시기 미국 도시에는 많은 수의 학교가 있었다. 수업료를 감당할 수 있다면 아이 교육을 위한 개인 교사를 고용할 수도 있었고 미국 혹은 유럽 지역의 기숙학교에 보낼 수도 있었다. 하지만 대부분의 가정에서 이런 선택지는 경제적으로 별 의미 없는 것들이었다. 그러나 좀 더 재정적으로 가능한 선택지가 있었다. 대부분은 이 시대를 연구하는 주류 역사가들이 "보통 수업료 수준의 학교(common pay school)"라고 부른 것으로, 대부분의 가정 경제 범위 내에서 많지 않은 수업료를 내도록 하는 학교들이었다.[28] 이렇게 저렴한 수준의 학비도 감당할 수 없는 학부모들은 기초적인 문해 및 산술 능력을 배우기 위해 자녀를 교회나 자선단체가 제공하는 과정에 보냈다. 19세기로의 전환 시기에 자선사업단체의 엘리트들은 좀 더 많은 자선교육 과정을 만들고자 서둘렀지만, 목표를 달성하는 데 자신들의 필사적인 노력만으로는 충분하지 않다는 점을 깨닫게 되었다.

즉, 노력이 부족하지는 않았다. 필라델피아에서 부유한 백인 남성들은 1799년 궁핍한 소년들을 위한 필라델피아무상교육협회(Philadelphia Society for the Free Instruction of Indigent Boys)를 설립했다. 설립된 협회는 일종의 과격한 호사가들로 구성되었다. 9명의 설립위원들은 매달 1달러를 학교 설립을 위한 기금으로 기부했다. 이 단체의 성원권 여부는 당대 행정적인 수완이 갖는 의미만큼 사회의 특권적 지위에서 중요한 징표였다. 우선 이들은 몇십 명의 학생들을 위한 야간 학교를 열었다. 1801년 이 학교의 이름을 '자선학교의 설립 및 지원을 위한 필라델피아협회'로 바꾸고는 지원 폭을 넓혔다.[29]

이와 유사한 엘리트 그룹이 1805년 뉴욕시에서 뉴욕무상학교협회(New York Free School Society)를 결성했다. 애초 이 협회의 지도자들은 좀 더 부담스럽지만 훨씬 정보를 잘 전달할 수 있는 이름을 원했었다. 즉, "뉴욕시에서 그 어떤 종교단체에 속하지도, 혹은 이들이 재공하는 교육도 받지 못하는 불쌍하고 가난한 아이들을 위한 교육으로서 무상학교를 설립하려는 협회(The Society for establishing a Free School in the city of New-York)" 37명의 백인 남성 회원들은 주로 협회의 일에 자발적으로 기금을 제공하거나, 혹 이들의 이름을 이용해 기금 마련에 도움이 되도록 선택되었다. 여기에는 클린턴 뉴욕시장도 포함되어 있었다.[30]

백인 엘리트 남성들만이 근대적 도시가 지닌 딜레마를 해결하겠다고 방법을 찾아 단체를 만들고 애쓰는 주체는 아니었다. 뉴욕에서는 백인 여성 단체 하나가 결성되어 (이들의 표현대로 하자면) "가난한 이들의 형편없는 집을 찾아보는 일"에 나섰다. 이들이 방문한 곳에서 확인한 것은 그들을 놀라게 하기에 충분했다. 당시 대부분의 개혁가들과 마찬가지로 이 여성들 또한 자신들이 할 수 있는 최선의 단 한가지 일이라면 여아들을 위한 기초 문해교육을 제공하는 일이었다. 제대로 된 교육이라면 이 "여성협회(Female Association)"는 "절망적이고 고통스런 미래"로부터 이 가난한 여아들을 해방할 수 있을 터였다.[31]

흑인 엘리트들 또한 가난한 흑인 아이들을 위한 학교를 열고 또 지원했다. 예를 들어, 1804년 필라델피아의 흑인 지도자였던 리차드 알렌(Richard Allen)은 흑인 후손 자녀 학교교육 진흥을 위한 자유 유색인 협회(Society of Free People of Colour foro Promoting the Instruction andn School Education of Children of African Descent)를 결성했다.[32] 흑인 교사들은 수업료를 내고 학교에 오는 아이들과 함께 가난한 집 아이들을 받아들이면서 수업료를 감면 혹은 면제해주었다. 예를 들어, 백인이 주도하는 펜실베이니아 노예해방협회(Pennsylvania Abolition Society)가 "현재 흑인이 흑인 학생을 제대로 가르치도록 하는 것은 그다지 실용적이지 않다"고 결정한 이후에도, 압살롬 존스(Abbsalom Jones) 같은 필라델피아 흑인 지도자들은 흑인 아이들을 자기 뜻대로 가르치는 것을 멈추지 않았다.[33]

뉴욕에서 흑인 엘리트들은 백인이 이끄는 마누미션협회(Manumission Society, 1785년 최초의 "흑인을 위한 무상학교(African Free School)"를 설립)와 같은 단체와 연합해 일을 추진했다. 뉴욕시의 흑인들은 자체 조직도 만들었는데, 1808년 설립된 뉴욕흑인상조회(New York African Society for Mutual Relief)가 대표적이다.[34] 이런 기구들은 흑인 사회의 모든 구성원들에게 학교교육을 제공하려는 목표를 갖고 있었다. 자유민이건 노예건, 상대적으로 부유하건 혹 가난하건 상관없이 말이다.[35]

이런저런 단체들은 재빨리 움직여 수업료를 부담시키지 않는 학교를 운영할 만한 돈을 어렵게 구했다. 늘 그렇듯 공적 기금은 늘 불안정하다. 몇몇 도시, 예를 들어 보스톤과 같이 가장 잘 알려진 도시에서는 꽤 오래 전부터 학교가 정부지원을 받아왔다. 이론상으로는 이 학교들은 모든 대중에게 수학의 기회가 열려 있었다. 1651년 즈음, 매사추세츠지역 8개 지역사회에서는 이런 학교들이 설립되어 있었다.[36] 1789년 매사추세츠주는 전통적으로 이어온 세금지원학교정책을 성문화했고, 보스톤은 동년 이와 유사한 법을 시의회에서 제정했다. 보스톤시의 1789년 법은 학교위원회를 설립하고 시 운영 예산의 20%를 학교 기금으로 사용할 수 있도록 명문화했다.[37]

독립혁명 이후, 몇몇 주에서 신설되는 주헌법에 공적 예산을 학교교육에 지원하는 내용을 포함시켰다. 예를 들어, 펜실베이니아는 각 군(county)마다 학교를 설립하고, 정부예산으로 설립되는 학교 교사들의 급여를 제공하도록 했다.[38] 몇몇 주는 학교에 필요한 것들을 구체적으로 적시하고 있다. 뉴욕의 1795년 법에는 주정부 예산과 군 예산을 구분하고 있다. 군 관청은 주정부에서 할당하는 예산만큼 지방 예산을 확보해야 했다. 1795년 법에서는 뉴욕시를 특정해서는 모든 학생을 위한 "자선학교"를 열어야 한다고 했다. "이런 자선학교에서 공부하는 아이들은 백인 부모를 뒀건 흑인 혹은 원주민의 후손이건 상관없이" 말이다.[39] 각 주와 도시의 법률은 달랐지만, 그 원칙은 대동소이했다. 필라델피아의 1802년 법에서, 정부는 수업료를 낼 수 없는 아이들을 위한 학교에 기금을 지원해야 한다는 이해관계, 즉 "공적" 이해관계를 갖는다고 했다.[40]

이렇게 제정된 법들은 얼마나 성공적이었을까? 이 질문에 대답하자면, 최소 도시 개혁가들은 그 답을 알고 있었다. 간단히 말해, 전혀 성공적이지 않았다. 몇몇 곳에서는 법적으로 요구되기는 했지만, 19세기 초 몇년 동안 개혁가들은 학교 교육이 필요한 모든 아이들에게 충분하리만치 많은 기회를 어떻게 만들어낼 수 있을지 전혀 알지 못했다. 좀 더 정확하게 이야기하자면, 이들은 수업료를 요구하지 않는 학교에 필요한 재원을 어떻게 마련할지 알지 못했다. 혹은 수업료를 낼 수 없는 가난한 집 아이들의 수업료를 어떻게 전부 부담해 줄 수 있을지 알지 못했다. 당대 미국 도시에 자선학교가 얼마나 많았는지 정확하게 이야기하기는 어렵다. 미래 역사가들이 던질 걱정거리를 제외하고 생각해보면, 사람들은 이런 기능을 하는 학교를 여러 다른 이름으로 불렀다. 개혁가 및 자선사업가들은 "무상"학교, "자선"학교, "공공"학교 등에 대해 이야기했고, 종종 이들은 같은 범주로 취급되었었다. 안타깝게 이들은 이런 여러 유형간의 학교에 대해 명확한 경계를 긋지 않았다. 예를 들어, 필라델피아의 학교교사였던 아서 도날드슨(Arthur Donaldson)은 흑인 청소년들을 위한 학교를 성공적으로 운영했다. 그는 저렴한 비용의 수업료를 받았었다. 하지만 그마저도 낼 수 없는 가정의 아이들이 공부할 수 있도록 시정부와 부유한 개인들에게 기부할 것을 간청했었다.[41] 도날드슨이 개인적으로 운영한 수업료 받는 학교는 엄밀한 의미에서 “무상”학교라든지, “자선” 학교, 혹은 “공공”이라고 할 수 없지만, 수업료를 내며 학교에 등록해 다녔던 일부 학생들은 부모가 아닌 자선사업가들의 도움에 의존했었다.[42]

도날드슨과 마찬가지로 당대 미국 도시의 개혁가들은 다양한 출처의 기금을 받아들였기 때문에 무상학교의 숫자를 정확하게 세는 것을 어렵게 한다. 예를 들어, 보스톤에서 시민권을 가진 67명의 흑인들은 1800년 시정부에 흑인전용 학교의 비용을 지원해달라고 청원했다. 이런 청원은 처음에는 거부당하기는 했지만, 1806년 도시의 백인 지도자들은 매년 200불을 이 학교에 지원할 것을 마지못해 결정했다.[43]

이런 노력은 대도시에 존재했던 수업료 없는 학교(tuition free school)들 간의 짜깁기에 나름 공헌했다. 하지만 이는 학교가 필요한 모든 가난한 아이들에게 교사를 제공하는 일이 얼마나 가능하지 않은 일이었는지 강조해 보여주었다. 수업료 없이 학교가 스스로 굴러가게 할만큼 재정을 유지하는 일은 가능해 보이지 않았다. 그럼에도 개혁가들은 노력에, 노력을 더했다. 역사적 사료가 불완전하기는 하지만, 우리는 여러 도시에 얼마나 많은 자선학교들이 있었는지 잠정적인 결론을 내릴 수 있다. 독립적인 자선학교가 만들어지기도 전에도 수업료를 받는 학교에 일부 가난한 집 아이들을 위한 자리를 제공하는 전통이 오랫동안 있어왔다.[44] 예를 들어, 1750년으로 거슬러 올라가 보자. 벤자민 프랭클린(Benjamin Franklin)은 필라델피아 아카데미(Philadelphia Academy)에 자선기금에 의존하는 몇 자리를 꼭 만들어야 한다고 명시했다.[45] 그러나 독립 기관으로서 자선학교가 만들어지기까지는 상당히 오랜 시간이 걸렸다. 뉴욕에서 마누미션협회는 1785년 흑인 아이들을 위한 첫 번째 무상학교를 열었고 1794년에는 두 번째 무상학교를 세웠다.[46] 이와 유사한 무상학교가

1793년 볼티모어와 필라델피아에서 흑인 아이들을 가르치고 있었다.[47] 백인 아동의 경우, 역사가 칼 F. 케슬틀(Carl F. Kaestle)은 1796년까지 뉴욕시에서 교회들이 운영하는 자선학교가 최소 여섯 곳은 있었다고 추정했다.[48] 필라델피아에는, 1818년 랭카스터 학교가 확장해 들어오기 전, 1801년 개혁가들이 시작한 백인 아이들을 위한 초교파 차원의 자선학교 하나가 있었다.[49] 브다덜리러브(Brotherly Love)에서는 퀘이커교도들의 활동이 상당이 활발했다. 예를 들어, 1796년 앤 패리시(Ann Parrish)는 에임웰학교(Aimwell School)를 시작했다. 1799년, 퀘이커인들은 필라델피아에서만 최소 14개의 자선학교를 운영하고 있었다.[50] 인종을 구분하지 않고 개혁을 앞세운 단체들은 1805년 필라델피아에서 최소 7개의 독립적인 흑인 학교를 운영했다. 여기에는 아이들뿐만 아니라 성인들도 대상이 되었으며 수업료를 부담하는 학교와 함께 그렇지 않은 학교도 있었다.[51]

다른 도시에서는 이런 전통이 없었다. 예를 들어, 1800년이 될 때까지 보스톤에는 문법학교가 7개 있었지만 실제 이 학교들은 가난한 집 아이들이 다닐 수 없었다. 물론 이론상으로는 모든 학생들을 환영한다고는 했지만 말이다. 대신 1818년 보스톤의 그 유명한 "공공"학교는 학교를 시작하는 7세의 학생들에게 최소한의 기초적인 문해능력을 갖출 것을 요구했다. 이 정도의 능력은 대부분의 가난한 집안이 감당할 수 없는 학업수준을 의미했다. 초기 보스톤에 있던 공립학교는 법적으로 모두에게 기회가 주어질 수 있는 것이었지만, 현실적으로는 도시의 백인 엘리트 집안 자제 중 남아들에게만 봉사했다.[52] 뉴욕에서는 학교법이 1795년에 제정되어 "자선"학교를 열 수 있도록 특별 권한을 부여받았지만, 1806년 랭카스터 교육혁명이 시작하기 전에는 교회가 개입하지 않는 자선학교란 많지 않았다.[53] 예외적인 사례가 하나 있기는 하다. 1800년 여성협회가 백인 여아들을 위해 문을 연 무상학교가 있었다.[54]

결론적으로 자선사업가, 교회, 각 정부는 이 일에 성공할 수 없었다. 랭카스터의 열정이 새로운 자선학교라는 파도를 몰고 올 때까지는 말이다. 이 파도는 랭카스터가 미국으로 이주해 온 1818년 정점에 이르렀다.

교육을 둘러싼 경쟁

도시 엘리트들에게, 이 상황은 절망적으로 보였다. 그들 생각에 이 사례의 해법은 너무도 분명했다. 모든 가난한 집 아이들에게 무상학교를 충분히 줄 수 있으면 된다. 그게 아니라면 어린애들이 저지르는 범죄와 공격을 잘 견디면 된다. 적어도 개혁가들이 보기에 이 문제는 학교라곤 다녀본 적 없는 젊은이들이 아무 것도 배우지 않으려 한다는 식의 간단한 것이 아니었다. 반대로, 개혁가들은 거리를 배회하는 아이들이 교육, 특히 잘못된 교육을 너무 많이 받게 되지 않을지 걱정했다. 개혁가들은 여기저기 구멍나 있고 부적절한 자선학교들은 교육적으로 경쟁력이라곤 없었다. 거리에서 아이들이 경험해 알게 되는 것과 비교해서 말이다.

필라델피아 개혁가들은 1810년 무상학교에 대한 대안은 단지 교육의 부족이 아니라 공식적인 학교교육과 "거리의 교육" 사이에서의 선택이어야 한다고 경고했다. 이들이 생각하기에, "거리의 교육은 끔찍한 교육이었다."[55] 개혁가들 머릿 속에 있는 생각은 거의 같았다.[56] 랭카스터는 거리의 아이들이 "해롭고 위험한" 교육을 받을 수 있다고 경고했었다.[57] 하지만 거리의 교육에는 분명한 이점이 있었다. 개혁가들은 거리에서의 학습은 기본 문해력에 대한 수업보다 말할 필요 없이 아이들에게 더 흥미롭고 매력적이란 점을 인정해야 했다. 클린턴 시장은 이에 대해,

혼자 살아가는 아이들은 범죄의 "매혹"에 빠져들 것이라고 말했다.[58]

1800년대 첫 10년 동안 미국 도시 엘리트들의 노력은 필사적이었다. 만약 엘리트가 단지 선택할만한 도움을 제공하는, 별관심 없는 자애심만으로 후원금을 펑펑 쓰는, 괜찮아 보이지만 별로 필요 없어 보이는 서비스를 제공하는 역할로 자신들을 규정했었다면, 이들의 노력이 이토록 가열차지는 않았을 것이다. 엘리트들이 이전부터 이어져 온 오랜 문제, 전통적인 해법이 있다고 믿어왔던 문제를 다루고 있다고 느꼈었다면 이들의 노력은 뭔가 상당히 달랐을 것이다. 하지만 자산사업보고서의 각 페이지를 가득 매운 심각한 불안, 즉 가난한 사람들에게 학교를 제공해야 한다는 피부로 느끼는 불안감은 단지 아주 요긴한 것을 넘어 훨씬 더 매력적인 교육과 절망적이고 승산없는 경쟁을 의미했다. 게다가 엘리트들의 수사법에는 이들이 당면한 딜레마에서 생겨난 엄중한 불안의 감정이 드러났다. 근대적 도시가 걷잡을 수 없이 커졌다. 그것도 아주 위험한 방향으로, 이에 대응할 만한 새로운 해법도 없이 새로운 유혹거리를 계속 풀어놓으면서 말이다. 만약 가난한 아이들이 학교 없이 버려진다면 도대체 무슨 일이 일어나겠는가? 1920년대 필라델피아 개혁가들은 어린 애들이 "공립 학교" 없이 "거리를 쏘다니고 부두 선창을 방황"하리라고 걱정했다. 필라델피아 사람들은 아이들이 읽고, 쓰고, 셈하고, 기도하고, 그래서 나름 그럴듯한 일자리를 준비하는 기술을 배우는 대신, "구걸하는 기술에 능숙해지고, 좀도둑질 솜씨가 늘어나고, 음란하고 저속한 언어에 익숙해지"리라고 경고했다. 이런 아이들이 성인이 되었을 때, 이들에게 교육이 부족하다고 할 수 없다. 맞다. 이 자들은 모두 성공적인 경력의 길에 들어선 사람들로 "최고 수준의 범죄자"로 준비되었다고 해야 한다.[59]

이런 개혁가들의 상상 속에서 근대적 문제에 대한 최선의 대응 또한 근대적인 해법이어야 했다. 즉, 보편적인 학교교육 개혁가들은 가난한 사람들에게 있어 교육은 매춘부나 도둑들의 손에서 잡아 떼내야 하는 것으로 자신들과 같은 엘리트에게 맡겨져야 한다고 보았다. 그러나 학교는 이들이 추구하는 유일한 해답은 아니었다. 근대적인 인쇄 기술은 위험에 처한 도시 아이들과 소통할 수 있는 새로운 방법을 제공해 주었다. 아동서적의 붐으로 인해 아이들은 거리에서의 교육이 위험하다는 점을 경고받았다. 1810년 발간된 『필라델피아의 아우성(Cries of Philadelphia)』(이 책은 먼저 발간된 뉴욕에서의 책을 당당하게 표절했는데, 사실 뉴욕에서 발간된 책 또한 이전 런던에서 발간된 책을 부끄럼한 없이 완전히 베꼈다.)은 일부 아이들이 거리에서 돈을 벌어야만 하는 이유를 설명하고 있다. 좋은 예가 있는데, 어느 정직하고 꿋꿋한 성냥팔이 여자아이에 대한 이야기가 있다. 작자미상의 이야기 속에서 "정직"과 "쓸모있는" 서비스를 제공하는 "얼마 안 되는 작은 소녀들"은 찬사를 받고 있다. 하지만 "성냥팔이 소녀"는 절망적인 삶을 살고 있었고, 필사적으로 몇 페니라도 벌기 위해 얼어붙은 도시의 거리를 걸어다녀야 했다.[60] 필라델피아판에서는 "펀치 주스"의 위험성에 대해 아이들에게 경고하는 내용이 포함되었다. 처음으로 큰 도시에 오게 된 아이들은 곧 보게 될 새로운 것들이 완전히 안전해야 한다는 점을 알 필요가 있었다. 예를 들어, 오렌지와 레몬은 건강에 좋다. 그러나 펀치 주스는 다르다. 맞다. 펀치 주스는 과일로 만들기는 하지만 아이들은 이를 "위험한 음료"로 경계해야만 한다. 아이들을 취하게 만들어 "동정받아야 할 존재"로 바꿔버릴 수 있기 때문이었다.[61]

도심 거리는 누구에게라도 위험할 수 있었다. 길거리에서 성인은 물론이고 아이들까지 펀치 주스와 매매춘으로 꾀임에 빠질 수 있다. 그러나 특별히 아이들에게 이를 적용한다면 1800년대 첫 수년 동안 새로운 태도가 확산되고 있었다. 젊은 애들 사이에서 발현되었던 폭넓은 문화적 태도를 되밟아 재구성하는 것은 아주 어려운 일이다. 시간이 지나면서 이런 태도는 서서히 "자연스러운" 것으로 변해왔기 때문이다. 하지만 당대 미국 개혁가들은 변화하는 아동기의 특징에 한몫 끼어들었다. 윌리엄 리즈(William J. Reese)가 주장하고 있듯, 대서양을 두고 양쪽에서 젊다는 것에 대한 의미부여에 있어 낭만적 신사조, 즉 새롭게 떠오르던 "아동기의 광신적 추종"이 교육 사상에 영향을 크게 미쳤다.[62] 역사가들이 잘 기술하고 있듯, 앵글로색슨 사회에서는 청소년을 향한 태도가 아주 복잡한 방식으로 변해 왔다. 영국 치하의 식민도시에서 젊은이들은 미국의 독립을 거치고 시간이 지나면서 점차 독립적으로 커갔다. 젊은이들에 대한 전통적인 통제와 소유라는 구식 사상은 점차 지속되기 어려워졌다. 견습과 도제형태의 노역은 근대적 권리를 주장하는 아이들에게 더 이상 맞지 않아 보였다. 이는 혁명적 태도가 미국 젊은이들에게 자유라는 새로운 기대를 갖게 했다는 의미로 받아들여서는 안 된다. 비록 이런 새로운 태도가 그런 역할을 하기는 했지만 말이다. 전체적으로 이런 변화는 이보다 훨씬 광범위했고, 훨씬 긴 기간 동안 간헐적으로 일어났다.[63]

게다가, 이런 변화는 한 번에 아주 단순한 방향으로 이뤄지지 않았다. 미국 아이들은 점점 더 독립적이고, 진실하게 성장하게 되지만, 뭔가 이전과는 다른, 이전시기 청소년기 특징에 대한 유럽적 전통과는 대조적인 모습을 띠게 되었다. 아이들은 점차 독특한 전담양육이 필요한 것처럼 보였다. 이렇게 복잡한 사상은 존 로크와 프란시스 허친슨과 같은 사상가들에 의해 가장 명료하게 표현되어 왔었다. 새로운 사조가 흘러들어오면서 아동은 단지 작은 성인으로서뿐만 아니라 경험이 적은 성인이었다. 아동기는 특별하게 중요한 시기로 어린이들은 반드시 조종되고, 형성되며 할바에 대해 지시받아야 할 정도로 영향에 민감한 시기였다. 이는 정확하게 아이들은 근대적 독립성을 관리할 줄 아는 법을 배워야 하

기 때문이었다.[64]

새로운 미국 사회에서 아동에 대한 통제 및 소유의식은 전담 양육이라는 근대적 개념으로 바뀌어 갔다. 즉, 진정으로 독립적일 수 있는 능력을 길러가도록 젊은이를 키워내야 한다는 사상에 근거해서 말이다. 이런 사상이 지닌 사회적이고 법적인 함의는 엄청났다. 예를 들어, 1811년에 펜실베이니아에서는 2세 아이가 자신에 관한 법적 문서에 서명할 수 있음을 법으로 규정했다.[65] 그러나 이 시기까지 아동기를 이렇게까지 다르게 보는 방식, 즉 아동기를 성인의 보호와 지도가 필요한 시기로 보는 것은 미국 사람들에게 훨씬 더 보편적이었다. 대부분의 개혁가들은 오로지 성인만이 특정한 결정에 있어 법적으로 책임을 질 수 있다고 생각하게 되었다. 뿐만 아니라 아이들은 일의 결과에 대한 책임을 다루는 방법을 배워야 한다고 여기게 되었다. 아이들이 받게 되는 그 어떤 지침이든 이들이 성인되었을 때의 미래를 결정할 것이라고 본 것이다. 이 아이들의 미래는 법이 보장하는 직업인이자 강직한 시민이 될 것인지, 아니면 약탈, 도적질, 매매춘에 몰두하는 범죄자가 될 것인지.

조셉 랭카스터의 구상을 움켜쥔 개혁가들은 말할 필요없이 당대의 사람들이었다. 이들은 점차 커지는 도시의 아이들이 교육의 영향에 특별히 예민하다고 여겼는데, 이 아이들은 두 가지 선택지, 즉 학교교육을 받게 되거나 아니면 거리에서 교육을 받게 될 것이었다. 이런 특유의 감수성이 예민한 아동기의 상태에 있어, 개혁가들은 아이들이 획득하는 배움이 곧 이들 생애의 나머지 모습을 형성하리라고 가정했다. 아동기에 범죄의 유혹에 빠지게 된다면 아이들은 범죄자가 되는 법을 배울 것이었다. 펀치주스의 맛을 보게 된다면 술주정뱅이가 될 것이었다. 하지만 여러 학교가 제공하는 교육을 받게 된다면 읽는 법, 그리고 기도하는 법을 제대로 배울 수 있을 것이고, 가치로운 경제적, 사회적 능력을 배울 것이었다. 보다 중요한 점이 있는데, 당시 엘리트들은 성공적인 학교교육이 아이들을 "농노, 빈민, 노예 등 구제되어야 할 신분이 되지 않도록 구원" 해주리라 생각했다.[66] 교육은 엄청나게 부담이 큰 장치였다. 따라서 역사가 벤자민 저스티스(Benjamin Justice)가 연구에서 밝히고 있듯, 학교교육 및 공적 교육제도에 대한 질문은 18-19세기 전환기에 "지식인들이 지닌 가장 핵심적인 걱정거리"가 되었다.[67]

이 지식인들은 사실 절망감이 컸다. 그때까지 아무것도 안 한 게 아니고, 사실 뭔가를 엄청나게 많이 해왔다. 하지만 이들의 노력은 늘 수포로 돌아갔다. 자선단체를 만들기도 했고, 지역 인사들에게 후원과 기부를 하도록 독려했었다. 정부 및 자선사업가들에게 후원금을 얻어내자고 애도 써보았다. 법률을 통과시켜 학교도 문을 열고 학교의 중요성을 알리겠다고 강연회도 주최해왔다. 하지만 그 이유를 정확하게 모르겠지만 이런 노력도 성과를 내기에는 충분하지 않았다. 이들은 학교교육이 필요한 아이들을 받아들일만큼 충분한 수의 무상학교를 만들어내지 못했다. 매일 이들은 두려움에 떨었다. 근대적 도시의 거리는 순진하기 그지 없는 어린이들을 집어 삼키고는 도둑, 매매춘, 살인자 무리로 내뱉고 있었다. 이들이 필요로 하는 것은 뭔가 극적이고 뭔가 새로운 것이었다. 근대적인 도시 생활의 문제에 대해 근대적인 해법이 필요했다. 처지가 비슷한 런던의 엘리트들과 마찬가지로 이들은 조셉 랭카스터가 제시한 새로운 학교 구상에 대해 듣자마자 기쁨에 겨웠다. 급히 랭카스터의 책을 읽었고, 사정에 따라 그에 관한 책이라도 읽었다. 그리고 서둘러 그가 구상한 시스템을 이행하려고 했다. 랭카스터가 내놓은 약속은 미국 개혁가들이 꿈꾸어 온 모든 것을 실현해 줄 터였다. 그래서 개혁가들은 랭카스터에 관한 모든 것을 온전히 받아들였다. 1818년 뉴욕의 지도자들은 랭카스터를 미국으로 불러 근대적이고 새로운 학교 네트워크를 확산하고 더 좋게 만들게 해달라고 부탁했다. 시기는 기가 막히게 좋았다. 자기 고향에서의 환대가 시들해진지도 꽤 오래된 상황에서 랭카스터는 이 기회를 놓치지 않았다.

3장

랭카스터 학교 시스템

3장
랭카스터 학교 시스템

랭카스터가 뉴욕으로 도망치기 훨씬 전, 처음으로 영국에서 성공을 거두었을 때, 몇몇 사람들은 아주 곤혹스런 질문을 랭카스터에게 던졌다. 예를 들어, 런던에서 한 100마일 정도 떨어진 읍내의 열렬한 랭카스터 추종자가 1810년 랭카스터에게 이렇게 말했다. 그와 "우리 동네의 몇몇 사람들"이 랭카스터와 같은 꿈을 꾸고 있다고 말이다. 이들은 랭카스터가 구상한 경이로운 시스템에 관한 매뉴얼을 함께 읽었다. 아마도 랭카스터의 책을 출간한 런던 소재 인쇄소에서 가장 최근에 찍어낸 책이었을 것이다. 이후 보로우거리에서 "수업과 관련된 매뉴얼 세트 전체"를 주문해 받았다. 이들 또한 새로운 학교를 열고 싶어 했다. 읍내에서 300여 명을 가르칠 수 있는 근대식 랭카스터 학교 말이다. 랭카스터의 시스템은 자신들의 고향에 멋지고 새로운 날을 가져올 것이라고, 자기 읍내 수준이 감당할 수 있을 정도의 보편적인 학교교육을 가능하게 해주리라고 믿었다. 그럼에도 몇몇 읍내 지도자들은 여전히 미심쩍어 했다. 이들은 이 시스템이 매뉴얼에서 이야기한 대로 진짜 작동할 것인지, 그 시스템이란 게 소위 "이론에만 그치는 것"은 아닌지 의문을 던졌다.[1]

이들의 의문은 마땅했다. 위대한 랭카스터의 성공은 그가 운영했던 보로우학교 교실에서 나온 게 아니라 그의 머릿속 상상에서 비롯되었기 때문이다. 끊임없이 쏟아내고 있는 매뉴얼과 홍보물은 아주 꼼꼼하게 이 시스템을 그려 보여주고 있다. 이런 지면을 통해 보면, 랭카스터의 시스템은 언제봐도 완벽했고, 완벽함보다 더 완벽하게 일을 해낼 것 같았다. 이 책들에는 거의 같은 말들이 계속 등장하고 있다. “과학적”, “효율적인”, “완벽한”, “경제적인”, “근대식” 등. 랭카스터는 이미 잘 준비되어 있는 완벽한 교육적 성공을 약속했다. 어디선가 누구라도 실천에 옮길 수 있을만한 한 세트의 교육적 성공 말이다. 약속된 이 시스템이란 게 현실 속의 랭카스터 학교에서는 한 번도 제대로 구현된 적이 없었다. 하지만 중요한 것은 그가 한 약속 그 자체였다. 랭카스터가 미국에 도착하면서 벌어지게 되는 용두사미 이야기를 하기 전에 우리는 그를 미국에 불러들인 인사들이 랭카스터의 구상, 즉 랭카스터가 약속한 근대적이고 변혁적인 시스템에 대해 어떻게 생각했는지 살펴볼 필요가 있다.

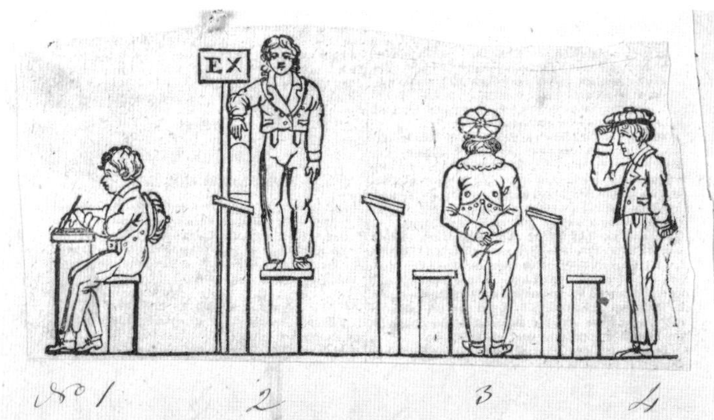

랭카스터는 완벽한 행동 체계를 약속했다. 이 이미지는 그의 노트에서 발췌했다. The American Antiquarian Society 제공.

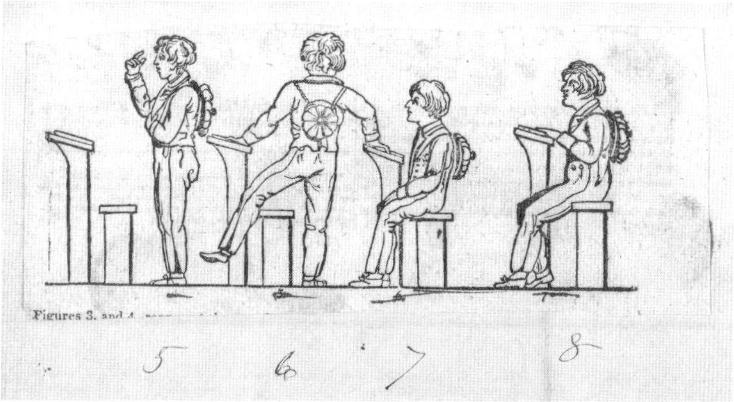

이론상으로 학생은 자신이 무엇을 해야 할지 정확하게 알고 있었다. 이 이미지는 랭카스터의 노트에서 발췌했다. The American Antiquarian Society 제공.

이 시스템에 따르면 극도의 흔들림 없는 교실 질서가 만들어질터였다. 교실에서는 모든 학생과 교사에게 각자의 역할이 주어진다. 분 단위로 정확하게 누가 무엇을 말할 것인지, 언제 그것을 말할 것인지, 어떻게 모두가 이에 대답할 것인지 지정해주고 있다. 여기에는 이런 효율성과 정확성을 가능하게 해주는 신기술이 담긴 기기들에 대해 마치 설계도와도 같은 섬세한 기술이 담겨있다. 또한 회초리나 엄격한 훈육 없이도 학생들이 지정된 절차를 익히도록 하게 하는 기적과도 같은 방법이 설명되어 있다. 아마도 매뉴얼상에서 독자들을 가장 흥분하도록 만드는 내용은, 이 시스템을 시작하고 거창한 성과를 만들어내는 데 그다지 많은 돈이 들지 않는다는 부분이었다.

조셉 랭카스터는 "이론상 존재하는" 학생의 행동을 아주 신나게 기술하고 있다. 예를 들어, 그의 초기 노트에 따르면, 학생들의 활동을 아주 꼼꼼하게 스케치해내고 있다. 그의 머릿속에서 이 시스템은 학생의 비행이라든지 혹 학생이 실수할 가능성이라곤 눈곱만큼도 없었다. 그가 그려낸 학생은 종이와 펜을 사용하는 대신 아주 저렴한 모래 탁자에 글자를 연습하는 방식으로 글을 배운다. 그림의 두 번째 아이는 조교(monitor)로 "Ex" 기호라는 다른 종류의 랭카스터식 기술을 이용한다. 조교는 이 기호를 진열해 놓고 완벽히 효율적인 방식으로 소통한다. 그는 자기가 맡고 있는 학생 그룹을 점검하면서 "다음 명령을 기다리고" 있다. 세 번째 학생은 자기 자리로 들어가려고 준비하고 있다. 랭카스터의 매뉴얼에 등장하는 모든 이론상 학생들처럼, 세 번째 학생은 자신이 뭘 해야 하는지 아주 잘 알고 있다. 언제나 말이다. 모든 학생이 그렇듯 이 학생은 "손을 뒤로 한 채 긴 벤치로 들어가는데 가능한 모든 시건방짐과 무질서를 미연에 방지하도록 하는" 자세다. 네 번째 학생은 조교 반장이 자신에게 모자를 벗으라고 할 때까지 기다리고 있다. 랭카스터가 그려낸 공상 속에서 교실에 들어온 학생은 조교의 명령을 듣고 나서 "즉각 모자를 벗어야 하는데, 마치 한 손이 명령하는 조교의 뜻에 따라 움직이듯 학교 전체의 아이들이 움직이게 된다."[2]

랭카스터 매뉴얼의 최초 버전에서 랭카스터는 이 노트에서 그려진 것과 같이 완벽한 시스템을 구상했다. 즉, 모든 교육적 문제에 대해 예측할 수 있고 그래서 예방할 수 있게 한 것이다. 학생, 조교, 교사 모두는 복잡하게 연출된 학습경험을 통해 한 치의 오차도 없이 움직여야 했다. 교육적 효과를 극대화하고 실수를 최소화하도록 매 순간의 배움이 계산되었다. 랭카스터는 숨 쉴 틈 없이 다음 명령을 기다리는 학생들, 위로부터 주어지는 명령을 기다리고 또 이에 따라 행동하는 학생들을 기술해 보여주고 있다.

다섯 번째 학생이 "모자를 걸어 메"라는 명령을 듣게 되면, 즉각 모자를 벗어 목 줄에 모자를 걸어 메야 한다. 이런 방식으로 하루 공부를 시작하고 또 마치는 때에 모자를 두고 전혀 시간을 낭비하지 않게 된다.

그런데 이때 여섯 번째 학생은 "들어가", "자리에 즉시 앉아."라는 말을 듣게 된다. 학생이 자리에 앉자마자, 랭카스터의 매뉴얼에 나오는 학생은 다른 지시를 듣게 된다. "손을 내려놔" 그리고 아이들은 무릎에 손을 공손히 올려놓고 끈기있게 기다리고 앉아있게 된다. 일곱 번째 학생처럼 말이다. "준비해"라는 지시가 들려오자마자, 모든 학생은 손을 책상 위에 올려놓는 자세를 취한다. 여덟 번째 학생을 보라. 이들은 아직 서판을 깨끗하게 하지 않았다. 하지만 이들의 손은 바로 이어지는 동작을 위해 준비하고 있다.

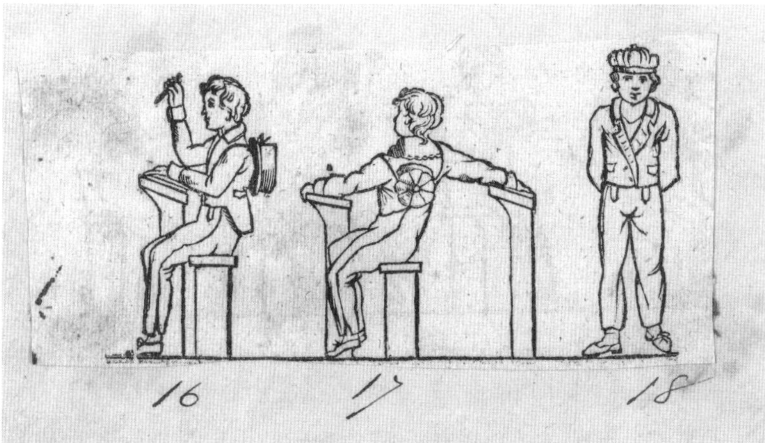

랭카스터는 모든 사람이 한꺼번에 완벽하게 움직이는 학생들을 머릿속에 그리고 있었다. 이 이미지는 그의 노트에서 발췌했다. The American Antiquarian Society 제공.

매뉴얼에서는 모든 순간과 모든 활동이 설명되어 있다. 여기에 실수란 없다. 그럴 가능성도 없다. 조교나 학생이나 모두 다음 동작이 무엇일지 아주 잘 알고 있다. 16번 학생처럼 학생이 "연필을 보여줘"라는 말을 듣게 되면 당연히 "모든 연필이 즉시 제시되어야 한다." 조교들은 손

쉽게 그 연필들을 퍼담아 치워버린다. “나가”라는 명령이 떨어지면 17번 학생 그림에서처럼 학생들은 벤치를 나와서 18번 학생 그림에서처럼 한 꺼번에 다음 활동을 향해 떠난다.

이런 그림을 바라보는 것은 즐겁다. 마치 랭카스터가 상상 속에서 그것을 보고 느꼈을 것처럼 말이다. 이렇게 정확하고 완벽한 방식이 오로지 매뉴얼 상의 “이론적” 학생에게서만 일어날 수 있다는 사실은 열성적인 랭카스터 추종자들에게는 아무런 장애물이 아니었다. 열렬한 랭카스터 교육개혁가들은 상상력 하나만으로도 이 길을 계속 갈 수 있었다. 이론적이기는 하지만 완벽한 학교교육 시스템에 대한 환상에서라도 말이다. 시간이 흘러가면서 랭카스터는 현실 세계의 랭카스터 학교에서 나타나는 문제들을 담아내고자 애초 구상한 시스템의 일부를 수정하게 된다. 랭카스터 추종자들 또한 자기들만의 시스템 수정 및 개선 방안을 내놓았다. 시스템의 세세한 것을 고쳐나가는 것은 일종의 실내 게임이 되었다. 랭카스터와 개혁가들은 시스템에 대한 셀 수 없는 개선 및 정교화 방안을 계속해서 제시했다. 하지만 결코 바뀌지 않은 것이 하나 있는데, 랭카스터 시스템의 세세함이 갖는 매력이었다. 교육 문제는 기술과 방법의 적절한 조합으로 먼저 해결될 수 있었다. 이론상 말이다.

1세대 랭카스터 교육개혁가들에게 다양한 종류의 매뉴얼과 교수법 책자는 랭카스터가 한 약속을 증명하는 정신이자 영혼이었다. 수년 동안 이론과 실천 사이의 간격이 점점 커지는 상황을 목격하면서도 이들은 점증하는 고통이 곧 해결될 것이고, 시스템은 계속해서 더 완벽한 상태로 만들어져갈 것이라는 랭카스터의 확신을 믿었다. 역사가들도 상상 속의 시스템에 대한 매뉴얼과 이를 정교화한 기술이 학교 현실에 비추어 달랐다는 점에서 엄청난 혼란을 겪었다. 왜 그런지를 이해하는 것은 어렵지 않다. 매뉴얼은 엄청난 숫자로 찍어내 발간되었고, 오늘날 수많은 사료로 남아 도서관을 채우고 있다. 사큐루서의 이 매뉴얼들은 랭카스터 학교에서 도대체 무슨 일이 있었는지를 만족할 정도로 아주 상세하게 설명하는 것처럼 보인다. 그뿐만 아니라 이 매뉴얼은 현실 속 학교로부터 실제 장면들을 기술해 낸다고 주장하고 있는듯하다. 물론 그렇지는 않다. 랭카스터의 약속과 현실 간의 간격은 랭카스터 교육개혁 운동의 진정한 중요성을 감추고 있다. 이 운동의 장기간에 걸친 파급력은 계획 및 처방이 얼마나 세세하고 완벽해 보이는가에 있지 않다. 이런 일들은 그가 약속한 대로 이뤄지지 않았다. 그러나 완벽한 교육적 진보라는 약속은 정말 오래가는 변화로 이끌었다. 도시의 지도자들이 도시에 대해서, 그곳의 학교에 대해서, 그리고 학교의 책임에 대해 이전과 아주 다르게 생각할 수 있도록 해주었다.

이어지는 장에서 우리는 유명한 사립학교 두 곳의 사례를 가지고 랭카스터 교육개혁가들의 꿈이 현실 속에서 어떻게 실현되는지 볼 것이다. 그리고 어느 곳에서나 발견되는 뻥 튀겨진 랭카스터 교육개혁가들의 기대감이 충분히 예측할 정도로 나락에 떨어진 것이 도대체 어떻게 근대식 도심 공립학교 시스템의 설립으로 이어지게 되는지 살펴볼 것이다. 랭카스터 시스템을 기술하고 있는 엄청나게 많은 홍보물이 단지 이론적이고 상상 속의 시스템은 어차피 실패할 운명이라고 기술한다고 하더라도, 이 홍보물이 담고 있는 믿기지 않을 정도의 정교함은 개혁가들이 자신의 능력을 과신하게 했을 뿐만 아니라, 자기 도시를 위한 보편적 교육을 약속한다는 확신을 갖도록 만들었다. 결국 계획의 정교함이 중요하다기보다는 그 자신감이 가장 중요했다. 이들의 자신감이 정말 중요해지면서 이제 누구도 조셉 랭카스터를 당해낼 수 없었다.

모든 것을 위한 장소

랭카스터의 매뉴얼 각 페이지에는 자신만만함이란 냄새가 지독히도 강하게 풍긴다. 그는 자기 학교에 대한 첫 책을 1803년에 발간했다. 전형적인 19세기식 꽤 긴 제목이었다. 『교육의 개선, 사회 근로계층에 대한 존중, 즉 여러 중요한 사항 중에서 가난한 사우스워크 보로우가의 천여명 아이에 대한 책임, 그리고 새로운 시스템』.* 랭카스터가 1805년 인쇄를 두 번이나 더 한 것을 보면, 이 책은 꽤 인기가 있었다고 보인다. 이후 이 책의 세 번째 버전은 전 세계적인 이목을 끌게 된다. 1807년 뉴욕무상학교협회(NYFSS)는 랭카스터의 미국판 책을 재인쇄했다. 뉴욕 사람들은 런던에서 발간된 책 내용 중 재정과 관련해 아주 상세하게 기술된 부분의 일부를 덜어내고 자기네 협회에 대한 간략한 역사를 덧붙였다. 하지만 책 전체의 대부분을 있는 그대로 실었다. 1810년 랭카스터와 왕립랭카스터학교협회가 『영국교육시스템(The British System of Education)』이란 제목의 새 매뉴얼을 발간했다. 이 매뉴얼에 대한 미국판이 1812년 조지타운에서 발간되었다. 왕립협회가 법적으로 랭카스터와 분리된 이후, 영국 및 세계학교협회는 1816년 랭카스터가 없는 랭카스터식 매뉴얼을 발간했다. 1817년, 그리고 1820년 각각 필라델피아와 뉴욕의 인쇄소들은 1816년 매뉴얼을 자기들식으로 발간했다. 사소한 부분을 고쳐 업데이트한 정도로 말이다. 필라델피아에서 이 매뉴얼의 제목은 『영

---

* 원어 제목은 이렇다. 『Improvement in Education, as Its Respects the Industrious Classes of the Community, Containing among Other Important Particulars, an Account of One Thousand Poor Children, Borough Road Southwark; and of the New System』

국 및 세계학교협회 소속 초등학교에서의 읽기, 쓰기, 산수, 바느질 교수 체계 매뉴얼(Manual of the System of Teaching Reading, Writing, Arithmetic, and Needle-Work, in the Elementary Schools of the British and Foreign School Society)』이었다. 뉴욕에서 발간된 책은 원제목을 약간 수정해 『랭카스터 시스템 매뉴얼(Manual of the Lancasterian System)』이라고 했다. 정말 많고 다양한 책들이 쏟아져 나왔다. 예를 들어, 1820년 뉴욕주 알바니의 윌리엄 데일(William Tweed Dale)은 『알바니 랭카스터 학교 매뉴얼(Manual of the Albany Lancaster School)』이란 제목으로 책을 냈다. 보스톤에서는 랭카스터 학교 교사였던 윌리엄 포울(William B Fowle)이 1826년 『상호 교수법 매뉴얼(Manual of Mutual Instruction)』이란 제목으로 책을 발간했다. 이듬해 리즈(J.L. Rhees)는 필라델피아에서 "포켓사이즈" 책으로 내놓았다.

이 모든 매뉴얼, 가이드북, 교수법 책자들은 랭카스터 학교 시스템이 어떻게 진화되어 왔는지를 추적할 수 있도록 해준다. 일부 변화된 부분들은 그리 많지 않지만, 어떤 부분은 아주 크게 변화되었다. 예를 들어, 후기 책자들에서 랭카스터와 랭카스터 교육개혁가들은 초판에서 그토록 인기있었던 내용으로 충격적이라 할 만한 처벌 부분을 삭제했다. 무슨 내용이 바뀌었던 상관없이, 모든 책 속에서 변하지 않은 부분이 하나 있다. 모든 책은 항상적인 개선을 통한 완벽함의 추구라는 꿈을 좇았다. 예를 들어, 필라델피아에서 1827년에 발간된 매뉴얼의 전체 제목은 『교육 선진주에서의 랭카스터 교육시스템 포켓형 매뉴얼(A Pocket Manuel of the Lancasterian System of Education in Its Most Improved State)』이었다. 이 시스템은 늘 완벽했고, 늘 완벽한 상태로 유지되었다. 발간되는 모든 책에서 이런 약속은 빠지지 않았다. 이 책들은 규칙, 역할, 절차, 기술 등 랭카스터 학교가 작동하도록 하는 가장 최근의 시스템에 대해 기술해 보여주었다.

랭카스터 본인은 자기 학생들에게 적용될 규칙을 셀 수 없을 정도의 긴 목록으로 제시하기 시작했다. 일반적인 규칙, 학생들을 위한 규칙, 조교들이 지켜야 할 규칙 등. 새로 도입된 규칙이 있었고, 수정된 규칙이 있었으며, 좀 더 명확하게 설명한 규칙들이 있었다. 초기 노트를 보면, 랭카스터에게 이런 목록을 작성하는 데 계획이라곤 없었다. 어떤 규칙들은 관리상 중요한 질문을 제기하는 것이었고, 또 어떤 규칙들은 랭카스터가 순전히 별스러웠다고 밖에 볼 수 없는 걱정거리에 관한 것이었다. 예를 들어, 모든 학생은 규칙적으로 학교에 출석해야 했다. 3주 이상의 결석은 퇴출될 수 있었다. 말할 필요 없이 랭카스터의 모자 관련 규칙은 상당히 중요했다. 모든 학생은 어떤 유형의 모자라도 반드시 걸이 끈을 달도록 했다. 학생들은 정해진 때에 맞춰 머리에서 모자를 뒤로 넘겨 끈 달린 모자가 학생들의 목에 매달릴 수 있도록 해야 했다.[3]

가끔 규칙끼리 서로 충돌하기도 했다. 예를 들어, 랭카스터의 "입학 규칙"에 관한 첫 번째 규칙은 학생에게 모든 것이 무상이었다. 그러나 일곱 번째 규칙에서는 학부모가 서판용 연필 값을 내야 한다고 되어 있다. 여덟 번째 규칙은 만약 학생이 서판을 망가뜨리면 학부모가 서판교체 비용의 절반을 부담해야 했다. 이 목록상 랭카스터는 학생들의 올바른 학교 밖 생활태도에 대해 규정하는 것 또한 주저하지 않았다. 학생들은 반드시 교회에 출석해야 했다. 물론 교파는 학생 자신이나 가정에 따라 달라도 되었다. 마지막으로 학생은 학교 내에서 칼, 유리구슬, 팽이 등을 소지해서는 안 되었다.[4]

랭카스터는 학생 규칙 또한 설명하고 있다. 학생들은 아침 9시에 학교에 도착해야 하고, 오후 2시에 점심 식사 후 귀가해야 한다. 손, 얼굴, 머리, 옷 등을 잘 씻고 정돈하게 유지해야 하며, 집을 나서기 전에 신발을 깨끗하게 닦아야 한다. 성경을 소리내 읽을 때에는 특별히 엄숙한 태도를 유지해야 한다. 물론 이외의 학교 활동시에는 떠들면 안 되었다. 말을 해야 하는 상황에서는 소리를 낮추어 귓속말로 말해야 했다. 여기저기를 오갈 때에는 반드시 "정숙하고 질서 잡힌 태도"를 유지해야 한다. 학생들은 조교에게 절대 복종해야 한다.[5]

이런 학교 생활 지침에 더해, 랭카스터는 학생들이 "일반 생활 규칙(General Rules for Conduct)"을 반드시 따르도록 했다. 학교에서의 행동 및 기타 절차에 대해 구체적으로 적시한 규칙 목록과 달리, 이 일반 생활 규칙은 상당히 광범위한 생활 지침을 담고 있다. 학생들은 "청결함에 대해 공부"해야 하고, "친절함과 모두를 사랑하는 법에 대해 공부"해야 한다. "싸움을 피해야"하고, "싸우기 좋아하는 친구 및 놀이친구들"과는 사귀지 말아야 한다. 학생들은 "부자든 가난한 사람이든 상관없이 모두에게 정중한 태도로 행동"해야 한다. 이 말인즉, 학생들은 "나쁜 말, 저속한 말, 욕을 하거나 평판을 떨어뜨리는 말"을 해서는 안 된다. 누구라도 이런 목록을 만들면서 여기에 규칙적으로 목록을 더하고 있는 랭카스터의 이미지를 상상할 수 있을 것이다. 예를 들어, 이 목록의 8번째 규칙은 "모든 나쁜 친구들을 피하라"는 조언이 반복되고 있다. 그리고는 여기에, "나쁜 사람들이 서로 괴롭히거나 싸우고, 혹 게으른 사람들이 이런 광경을 보려고 둘러서 있다면 그 군중을 따라다니지 말라"는 조언이 덧붙여져 있다. 이런 생각을 잇는 걱정이라고 생각되는데, 이 목록은 학생들이 교회에서 훌륭하게 행동하고 집에서는 부모에게 순종하라고 요구하고 있다.[6]

랭카스터는 조교들을 위한 규칙 목록도 만들었다. 매뉴얼을 보면, 조교들이 무엇을 해야할지에 대해 엄청나게 많은 조항들이 있다. 랭카스터는 다른 유형의 조교들에게 서로 다른 역할을 부여했다. 한가지 모든 조교는 "반장 조교"의 감독에 따라야 했다. 반장 조교들은 9시의 시작종 및 오후 2시의 마침종을 울려야 하는 아주 세세한 의무를 수행해야 했고 학생 및 조교들이 "어슬렁대거나 시시덕거리는 일"을 못하게 막는 등의 일반적인 책임을 져야했다. 아무리 사소한 일이나 장면이라도 반장 조교의 시야에서 벗어날 수 있을만한 일이라곤 없었다. 혹 반장 조교 한 명이 아파 학교에 오지 못하기라도 하면 반드시 누군가 이 책임을 대신 짊어질 반장 조교를 세워둬야 했다. 이들은 학생들의 공부와 행동 일체에 대해 감독하는 일을 맡아야 했다. 혹시라도 방문객이 있으면 학교를 구경시켜 주고 학생 전시물을 감독해야 했다. 이들은 학생들이 하나의 학습활동에서 다른 학습활동으로 이동시켜 주는 역할도 맡아야 했다. 조교에 대한 훈련 및 학교 장비에 대한 검토 또한 담당했다.[7]

랭카스터 가이드북의 초판은 대체로 교육과정과 철학에 초점을 두었었지만, 이후 판본에서는 매뉴얼이 점차 일상적인 교수학습의 절차에 필요한 내용들로 바뀌어 갔다. 예를 들어, 1817년 필라델피아에서 발간된 『랭카스터 시스템 매뉴얼(Manual of the System)』을 보면, 랭카스터 학교가 어떻게 작동해야만 하는지에 대해 상세하게 그려주고 있다. 읽기 및 쓰기 수업에 있어서 학생들은 8개의 모둠으로 나뉘어진다. 첫 번째 모둠은 알파벳을 배우게 되고 두 번째 모둠은 두 글자짜리로 된 단어 및 음절을 배운다. 3, 4번째 모둠은 각각 3글자, 4글자짜리 단어를 배운다. 5번째 모둠에서는 학생들이 한음절짜리 단어로만 구성된 문장을 읽고, 써본다. 그리고 6번째 모둠에서는 2음절짜리 단어로 구성된 문장으로 수준을 올려 같은 과정을 반복한다. 7번째 모둠은 종교적 글귀를 읽도록 하고, 8번째 모둠은 성경 및 초급 독본의 글귀들을 읽도록 한다.[8]

읽기 그룹의 이상적인 모습이다. 벤자민 워너(Benjamin Warner) 책 『Manual of the System of Teaching Reading, Writing, Arithmetic, and Needle-Work, in the Elementary Schools of the British and Foreign School Society』(미국 1판)(Philadelphia Society for the Establishment and Support of Clarity Schools, 1817: p. 16)에서 가져옴. The Library Company of Philadelphia 제공.

글쓰기 연습은 일련의 글쓰는 매체를 통해 진행한다. 첫 번째 모둠은 모래판에 글자를 쓰는 연습을 한다. 이로써 학교는 아주 어린 아이들의 종이 및 잉크 값을 아낄 수 있다. 실제로 고학년의 학생 정도 되어야 종이 및 잉크로 글쓰기 연습을 하게 된다. 학습자들은 처음에는 모래에, 그리고나서는 서판에 글쓰기 연습을 하게 된다. 매뉴얼은 이 모든 것에 대해 아주 상세한 기술을 담고 있다. 첫 단계의 학생들에게 조교는 "준비해"라는 말로 수업을 시작한다. 학생들은 자기 앞에 펼쳐진 보드에 쓰인 글자를 보게 된다. 그리고 오른손의 집게 손가락을 내밀어 모래판 위에 올려놓는다. 반드시 오른손이어야 한다. 왼손은 왼쪽 무릎에 가만히 올려져 있어야 한다. 조교들은 "A 글자를 써"라고 말한다. 학생들은 따라서 쓴다. 그러면 조교는 "손 내려"라고 명령하고, 학생들은 모래판 위의 손을 무릎 위로 가져다 놓는다.[9]

매뉴얼에는 이와 유사한 방식으로 읽기 수업에 대한 상세한 기술도 담겨있다. 각 모둠은 벤치에서 나와 교실 벽으로 이동한다. 교실 바닥에는 반원이 그려져 있고 학생들은 발가락이 이 반원의 선 끝에 맞춰 선다. 손은 허리 뒤로 해 깍지 낀다. 모든 학생이 똑같이 이 모양을 유지해야 한다. 커다란 읽기용 보드가 벽을 따라 붙어있는데, 학생들은 비싼 책을 각자 사기보다는 이 보드를 공유할 수 있다. 각 모둠의 학생들은 등급이 매겨지는데, 최고 등급의 학생들은 "남자 1등", 혹은 "여자 1등" 배지를 달 수 있도록 해준다. 그리고 늘 먼저 하게 한다. 아이들(남자, 여자)은 벽에 붙은 내용을 따라 읽는데, 조교는 이 광경을 주의깊게 관찰한다. 실수하지 않는 학생은 그 자리에 그대로 있는다. 만약 누군가 실수한다면 조교는 실수한 그 학생에게 읽기를 멈추게 하고 다음 등급의 학생에게 읽도록 지시한다. 실수 없이 먼저 글귀를 읽는 학생 누구라도 1등 자리로 옮겨가게 하고, "1등 남자" 혹은 "1등 여자" 배지를 달게 된다.[10]

수셈 공부도 유사한 과정을 따라 배우게 된다. 학생들은 10개의 등급으로 나뉜다. 등급별로 학생들은 가장 단순한 수에 대한 덧셈, 뺄셈, 곱셈, 나눗셈에서 점차 복잡한 계산으로 옮겨간다. 가장 높은 단계의 학생들은 수학의 고차원적인 원리에 대해 배우는데, "할인", "비례식", "연습문제" 등을 공부한다.[11] 학생들은 조교가 내주는 퀴즈문제를 풀어야 한다. 이를 "중간 검사"라고 부른다. 학생들은 읽고 쓰기 연습과 함께 수학과 관련된 모든 질문에 제대로 대답을 하게 되면 "1등급(First)"으로 승급한다.[12]

매뉴얼은 여학교를 위해 별도의 지면을 두고 있다. 일반적으로 방법은 똑같다. 한 가지 예외가 있는데, 읽기, 쓰기, 셈하기에 더해 여학생은 바느질 수업을 따로 배우며 이를 위해 12개 등급으로 나뉜다. 첫등급에 속한 학생은 단을 만든다. 두 번째 등급에서는 바느질 기초와 가위질을 배운다. 세 번째에서는 꿰매기와 봉합하기를 배운다. 이후에는 좀 더 고급스런 기술, 예를 들어 짜깁기와 "주름잡기 및 감침질" 등을 배운다.[13]

매뉴얼의 매 페이지마다 랭카스터 학교가 한치의 오차도 없이 어떻게 정확하게 작동하는지에 대해 확인시켜주는 글이 담겨 있다. 시간이 지나면서 열혈 랭카스터 교육개혁가들은 자신들만의 매뉴얼을 만들어내기 시작하는데, 알바니의 한 교사가 기록하고 있듯, "성공적으로 도입된 수정사항은 정말 많았다."[14] 알바니에서는 읽기 수업에서 약간의 변화가 생겼다. "1등" 학생이 읽고 있을 때, 조교뿐만 아니라 해당 그룹 내 학생들 중 누구라도 실수를 지적할 수 있었다. 읽고 있던 학생이 실수를 하게 되면, 다음 학생에게 큰 소리로 읽을 수 있는 기회가 주어졌다.[15]

보스턴의 랭카스터 학교 교사였던 윌리엄 포울(William Bentley Fowle)은 자신만의 완벽한 시스템을 제시해보였다. 예를 들어, 포울은 문법을 가르치면서 적절한 예를 담은 예시 목록을 제공했다. 포울은 한 문장에서 "agent(주어)"와 "object(목적어)"의 차이를 가르치려고 할 때 사용할 수 있는 예시 목록을 다음과 같이 제시했다.

Men strike boys.
Boys strike dogs.
Dogs kill cats.
Cats kill rats.
Rats gnaw cheese.
Cheese breeds worms.
Worms eat animals.
Animals drink water.
Water wets land.
Land bears flowers.
Flowers perfume air.
Air gives life.[16]

초기의 매뉴얼과 마찬가지로 포울은 교사가 알아서 해야 할 일을 전혀 남겨두지 않았다. 그는 문법을 제대로 가르치는데 조교가 이 예시 목록을 어떻게 사용할지에 대해 아주 정확하게 기술해 놓았다. 포울이 설명하고 있듯, 조교는 우선 학생에게 명사는 변하지 않는다는 점을 보여준다. 이때 주어든 목적어든 상관없이 말이다. "Boys"는 "boys"이다. 남자 아이들이 개들을 때리고 있건 남자들에게 맞고 있건 상관없이 말이다. "Cheese"는 "cheese"다. 치즈가 벌레들을 꼬이게 하건 쥐들이 치즈를 갉아먹건 상관없다. 포울은 조교들이 이 개념을 어떻게 가르쳐야 하는지에 대해 이미지화해 보여주고 있다. 조교들은 "남자들이 남자애들을 때린다(Men strike boys)."와 같은 문장을 읽게 된다. 이때, 조교는 학생들에게 "누가 남자애들을 때리는가?" 묻는다. 이때 조교는 "남자들은 무엇을 때리는가?"처럼 질문하고 답변하는 내용을 변경하게 된다. 포울의 매뉴얼은 조교의 교수법에 대해 셀 수 없는 항목의 분단위 활동 내용을 죽 나열하는 랭카스터식 전통을 고수하고 있다.[17]

정말로, 포울은 랭카스터 학교가 이미 잘 계획된 아주 빡빡한 일정으로 운영될 수 있음을 보여주고자 했다. 1826년 발간된 자신의 『매뉴얼(Manual)』에서 포울은 소위 "개선된" 보스톤 랭카스터 학교 교실을 어떻게 운영하고 있는지 설명하고 있다. 교사는 9시 정각에 "작은 종"을 울린다. 모든 학생은 즉각 자리에 앉고 교사는 출석을 부른다.[18] 교사는 15분 후 "읽기 담당 조교들에게 자신이 맡은 자리로 가게" 한다. 이어서 각 그룹의 학생들 또한 읽기 장소로 이동해 자리잡는다. "모두 손을 뒤로 하고 완벽하게 조용한 채"로 말이다. 교사는 여러 읽기 그룹이 진행되는 동안 교실 전체를 돌아보는데, "정신 바짝 차리고 전체 학교를 감독한다."[19] 9시 55분 정각, 교사는 종료를 알리는 종을 울리고 "모두가 하던 일을 즉시 멈추게 한다. 비록 단어 하나를 발음하는 일이 아직 끝나지 않았더라도 말이다."[20]

포울의 『매뉴얼(Manual)』은, 성공적인 랭카스터 학교가 어떻게 5분 단위로 계속 작동해야 하는지에 대해 정확하게 설명하고 있다. 세세한 내용은 이전에 없던 새로운 것이 있기는 하지만, 상세함의 매력은 모든 랭카스터 학교 매뉴얼에서 늘 핵심적이었다. 모든 매뉴얼의 매 페이지마다 너무나 지루하게 세세한 절차가 담겨 있는 양상은 나름 그럴 만한 이유가 있다. 이런 세세함은 랭카스터 시스템의 매력이었다. 정말 그렇다. 랭카스터와 추종자들이 학교를 이론상 완벽하게 기술했다고 하는 자신감은 나름 그럴듯해 보였다. 학생들이 정확히 같은 방식으로 빠르게 발맞춰 행진하는 장면은 당대 개혁가들이 보고 싶어하는 아름다움이었다. 랭카스터는 자기 시스템의 새롭고 근대적인 방식을 통해 학생들이 그렇게 행동하도록 만들겠다고 약속했다. 신체적 체벌에 의존하는 전통적 학교와 달리, 랭카스터는 보상과 함께 여러 사람 앞에서 망신을 주는 정교한 시스템으로 학생들에게 자발적인 순종을 이끌어낼 수 있다고 주장했다. 절차와 마찬가지로 이런 훈육 시스템은 시간이 흘러가면서 진화하게 된다. 하지만 가장 핵심적인 전제는 변함없이 그대로였다.

경쟁 게임

랭카스터 학교에서의 훈육은 절대 신체적 체벌에 의존하지 않게 되어 있다. 랭카스터는 1810년 늘 그렇듯 극적인 문체로 "쇠약한 회초리 제국은 매일 파멸을 향해 비틀거리며 나가고 있다. 체벌을 지지하는 빨치산의 통탄함이 크고 또 쓰다."[21] 랭카스터 교육개혁가 모두는 이 한 가지 사항에 있어 의견이 일치했다. 알바니의 랭카스터 학교 지도자였던 윌리엄 데일(William Tweed Dale)은 10년 뒤 신체적 체벌은 언제나 자기 파괴적이라고 썼다. 체벌은 "체벌 당하는 학생을 더 경직되게 만들고 징벌을 내리려는 사람의 마음을 자극해 짜증을 유발하게 된다."[22] 보스톤의 포울은 1826년 체벌은 학생을 순종하게 만들기는 하지만, "복수, 분노, 혹 다른 나쁜 격정으로 가득찬 영혼"이 되게 한다고 썼다.[23]

랭카스터 시스템에서 훈육과 처벌로 사용되는 다른 요소들은 시간이 지나면서 극적으로 변했다. 랭카스터는 가르치기 시작한 첫해 아주 잘 계산된 다수 앞에서의 망신주기와 함께 정교한 보상 시스템을 내놓는다. 학생 대부분은 긍정적인 피드백에 놀라우리만치 잘 반응하리라고 그는 약속했다. 그는 티켓, 프라이즈, 타이틀 등의 체계를 발전시켰는데, 이런 긍정적인 보상 체계가 학생들 사이에 건강한 "경쟁심"을 불러일으키리라고 보았다.[24] 학생들은 학업과 함께 행동의 개선을 위해 서로 다툴 것이었다. 랭카스터는 소위 말썽쟁이로 소문난 두 남자아이에 대한 이야기를 즐겨 꺼냈다. 랭카스터는 이 둘에게 체벌을 가하는 대신 서로 경쟁해보도록 부추겼다. 누가 좀 더 나은 학생이 될 수 있을 것인지를 두고 하는 경쟁 말이다. 랭카스터의 이야기를 들어보면, 이런 단순한 꾀으로 인해 학급은 물론이고 학생들의 삶이 변화되었다.[25]

많은 랭카스터의 계획과 마찬가지로 그가 자주 말하는 "경쟁"은 그가 처음 제시한 것은 아니었다. 역사가 오팔(J.M. Opal)의 연구에 따르면, 19세기가 시작하던 시기, 학생에게 좀 더 탁월한 행동에 이르도록 겨루게 하는 일은 교사 및 교육 사상가들 사이에서 아주 인기있는 교수법이자 이루고자 하는 목표였다. 이는 단지 체벌을 통한 처벌이란 오랜 전통을 극복하게 하는 방법 이상의 것이었다. 즉, 교육이 추구하는 목표에 있어 뭔가 새로운 감각을 갖도록 하는 것이자, 근대적 계몽시대에 적합한 학교교육의 새로운 비전을 내놓게 하는 것이자, "개인, 목표, 표준, 혹은 다른 개인 사이에 뭔가 창의적인 경합"을 만들어내는 것이었다.[26]

그런데 랭카스터는 사람들에게 이렇게 널리 퍼져 있던 생각을 자기 혼자 발견한 것이라고 말했다. 까놓고 말해, 그가 "경쟁"이라고 말한 것은 당대 많은 사람들이 주장했던 것과 확실히 다르기는 하다. 그러나 그 뜻은 당대 사람들의 주장보다 훨씬 덜 야심차다고 할까, 그런 것이었다. 랭카스터에게 학생들이 좀 더 나은 행동을 하라고 경쟁하게 한다는 것은 신체적 폭력 없이 학생들을 통제할 수 있는 여러 방법 중 하나였을 뿐이다. 초기 매뉴얼을 보면 그는 처벌을 강화하는 시스템을 기술하고 있다. 우선, 조교들은 경고 티켓을 발급한다. 학생들이 티켓을 받으면 성인 교사에게 이 티켓을 보여줘야 한다. 학생에게 경고 티켓이 쌓이게 되면 교사가 다양한 처벌을 내리게 된다. 구체적으로 몇장의 티켓을 받고 이에 해당하는 처벌이 어떻게 되는지에 대해서는 랭카스터 초기 가이드북에는 등장하지 않는다. 여하튼 처벌의 하나로, 학생들은 자신이 반복적으로 저지른 잘못이 새겨진 통나무를 목에 둘러맬 수 있다. 랭카스터는 "목은 [통나무로] 찝히거나 꽉 조이지는 않는다"며 신체 폭력이 아님을 분명히 한다.[27] 대신 여기서의 핵심은 학생이 느끼게 될 민망함이었다.

랭카스터는 이런 처벌 방식이 범죄자에게도 적합하리라고 주장했다. 예를 들어, 학생이 습관적으로 부적절한 시간에 교실을 어슬렁거리며 돌아다니면, 한 팔을 뒤로 해 묶고 나무 족쇄를 그의 다리에 채울 수 있다. 이때, 필요하다면 두 팔 모두를 뒤로 해 묶어둔다. 이런 방식으로 여러 학생들을 "한 줄로 세워" 모두에게 멍에를 씌울 수도 있다. 각자의 발목에 족쇄를 이어 채우고는 뒤로 걷게 해 교실 전체 및 교실 바깥까지 오가게 한다. 조교는 이들 앞에 서서 큰 소리로 이들의 잘못을 말하게 한다.[28] 랭카스터는, 만약 남학생이 학교에 더럽거나 단정치 않은 모습으로 오게 되면, 전체 학교 학생들이 보는 앞에서 여학생 한 명이 그 남학생을 씻기라고 제안했다. 세수가 끝나면 그 여학생은 남학생의 얼굴을 정중하게 한 대 갈긴다. 이때 아프게 하지 말고, 씻지 않은 얼굴이 학교와 같은 사회적 고통을 가져온다는 점을 깨닫게 해야 한다. 랭카스터는 이런 방법이 제대로 먹혔다고 말했다. 그는 "이런 종류의 처벌 한 번이면 그 남학생의 얼굴을 이후 2년 동안은 깨끗하게 한다"고 했다.[29]

랭카스터의 규칙 목록은 이렇게 계속 이어진다. 학생은 자기 코트에 라벨을 붙여 자기가 잘못한 것을 다른 사람들에게 알게 한다. 혹은 깡통이나 종이로 만들어진 모자를 쓰게 하는데, 다시 말하지만 여기에는 그 학생의 잘못이 적혀 있어 다른 사람들이 알도록 한다. 랭카스터는 학생들에게 특별히 제작된 코트를 입도록 하는 방안을 좋아했다. 이 코트는 "바보 코트(fool's coat)"라고 불렸는데, 세 개의 긴 "꼬리"가 달려있고 여기에는 학생의 잘못이 적혀 있다. 이런 처벌 방법 중 가장 극적인 것이라면 커다란 교실 위에 학생을 주머니, 바스켓, 새장, 혹은 우리에 넣어 매달아 놓는 것이다. 랭카스터는 이를 "남학생들의 감각 및 능력에 고통을 가할 수 있는 가장 끔찍한 방법"이라고 했다. 반복해서 잘못을 저지르는 학생들은 바스켓에 들어가도록 해 공중에 매달려야 했다. 학생들은 이렇게 매달린 학생에게 "새장 속 새에게 미소를 보내는 것처럼" 맘껏 조롱하도록 했다.[30]

랭카스터는 이런 모욕을 한꺼번에 받는 것이 자신이 고안한 시스템을 별일 없이 움직이게 하는 핵심이라고 주장했다. 매를 휘둘러 체벌하는 것으로 다스리는 구식의 교사들 대신, 랭카스터 학교의 교사들은 초연한 자세를 유지하면서 "침착함을 잃지 않는 방관자이자 감독관"으로 행동해야만 한다. 개별 처벌과 보상은 달라질 수 있다. 하지만 이렇게 하면 학생은 자기 시스템에 놀라울 정도의 민첩함으로 반응할 것이라고 랭카스터는 주장했다. "학생들이 자기 시스템에서 어떻게 행동하고 또 어떻게 배울지를 이해하게 되면, 교사의 흐릿하고, 무분별하며, 불확실한 판단에 의존하지 않는 이 시스템은 제대로 작동할 것"이라고 결론짓고 있다.[31]

랭카스터가 미국으로 이주해갈 즈음, 그와 그의 추종자들은 이 시스템에서 가장 끔찍한 처벌법들을 조용히 포기하고 없앴다. 한 가지만 살펴보자. 우리는 곧 6장을 읽게 될텐데, 흑인 부모들은 무슨 일이 있어도 자기 자녀들이 족쇄에 채워지는 상황을 받아들이지 않았다. 실제로, 학생에게 모욕을 준다는 목표는 사라지지 않았다. 하지만 이론상으로는 어디에도 존재하지 않는다. 1817년 이후 미국판 랭카스터 매뉴얼에서는 상점과 벌점 체제로 아주 단순하게 제시되고 있다. 예를 들어, 1817년 필라델피아에서 발간된 『매뉴얼(Manual)』은 성인 교사에게 "겁을 주기보다는 사랑으로 다스리라"고 상당히 모호하게 권고하고 있다.[32]

필라델피아 시스템에서 조교들은 다양한 종류의 보상 티켓과 모욕 나무장치를 제공받았다. 매주 말이 되면 학생들은 자신의 상에 해당하는 보상티켓을 책, 장난감, 옷 등으로 바꿀 수 있었다. 학교 주간은 퍼레이드로 막을 내리게 되는데, 학생들은 머리 위로 자기가 받은 상을 높이 치켜들고, 성인 교사는 이들을 가리켜 "칭찬(eulogium)"이라고 추켜세우는 상황에서 교실 밖 주변을 행진했다.[33]

한 학생이 나가 놀거나, 게으르게 행동하거나, 떠든다거나 혹 학교에 더러운 모습으로 온다고 보고하면 학생의 목 주위에 벌점에 해당하는 배지를 달아주었다. 나무로 된 이 배지는 6인치×3인치나 되는 크고 긴 것으로 두께는 1/4인치나 되었다.[34] 진짜 "구제불능"인 학생만이 교사를 볼 수 있는 방 앞으로 보내졌다. 안타깝게 그 후 어떤 처벌이 더해졌는지에 대한 자세한 기록은 남아 있지 않다.[35]

뉴욕의 랭카스터 교육개혁가들은 상점과 벌점이라는 이 체계를 정교하게 만들려고 노력했다. 1818년 뉴욕무상학교협회의 한 위원회는 이 상벌점 티켓 체계에 대해 아주 광범위하게 명료화하는 작업에 나섰다. 이론상 상점 티켓은 1/8센트 정도의 값어치로 산정되었다. "읽기 담당 지원 조교(Assistant Monitor of Reading)"와 같은 하급 조교는 단지 출석한다는 이유로도 매일 상점 티켓 네 개를 받았다. "연습조교(draft monitors)"는 쓰기 연습을 시킬 때마다 상점 티켓 한 개를 받았다. 뉴욕 사람들은 이와 유사하게 다양한 조교 직무를 아주 구체적인 값으로 구분해 배정했다. "쓰기지원조교(Assistant Writing Monitor)"(티켓 4장), "수업물부착조교(lesson fixer)"(티켓 1장), "인쇄물담당조교(Printing Stick Fixer)"(티켓 1장), "문지킴이(Door Keeper)"(티켓 1장), "거리담당조교(Street Monitor)"(티켓 1장), "청소담당조교(Sweeper)"(티켓 3장), 심지어 "지시자(Dictator, 쓰기 수업을 지시하는 조교)"(티켓 2장) 등.[36]

이 위원회는 매뉴얼에 나오는 대로의 학생이 조교 등급에 따라 진급하게 되는 정교한 시스템을 그려내는 방식으로 랭카스터 교육개혁가들의 열정을 보여주었다. 어떤 조교라도 조교가 될 학생을 지명할 수 있도록 했다. 지명된 학생이 검토를 거쳐 진급하게 될 때, 그를 지명한 조교, 그리고 진급한 새 조교는 상점 티켓 12장을 각각 얻게 된다. 그런데 성인 교사 눈에 마땅히 진급되어야 할만큼 명석한 학생인데도 지명되지 않은 채 남아 있는 경우, 반장조교(head monitor, 뉴욕에서는 "대표조교(Monitor General)라고 했다)는 벌칙으로 티켓 12장을 내놓아야 했다.[37]

위원회의 기록에는 벌칙과 관련해서도 아주 상세한 내용이 기술되어 있다. 학생은 "떠들고, 놀고, 주의집중을 게을리하고, 혹은 자리에서 이탈하는 행동"으로 티켓 4장을 잃을 수 있었다. 그리고 "지시에 따르지 않거나 조교에게 성적인 농담을 하는 것"으로 또 티켓 4장을 잃을 수 있었다. 이 위원회의 각 위원들이 무상학교 한 곳을 방문했었으리라고 머릿속에 그리는 것은 그리 어렵지 않다. 이들은 티켓 4장의 벌칙이라며 "교실로 들어오는 사람을 빤히 쳐다보는 행동"을 기술하고 있기 때문이다. 조교들은 자기 역할을 충실히 하지 않을 때 티켓 6장을 잃게 된다. 돌을 던지는 학생들은 10장의 티켓 벌칙을 받는다. 더러운 손 혹은 씻지 않은 얼굴은 티켓 4장의 벌칙에 해당한다. 첫 번째 무단결석은 티켓 20장, 두 번째 무단결석은 티켓 40장이 부과된다. 싸움은 상당히 큰일로 간주하는데 20장의 티켓이 부과된다. 거짓말, 도둑질, 치팅은 좀 더 큰 문제로 간주된다. 티켓 50장이 부과된다. 책상에 흠을 내거나 표면을 상하게 하면 20장의 티켓을 부과한다. 만약 잘못된 행동을 한 학생에게 부과된 티켓이 충분히 없다면? 즉, 그 학생이 지금까지 상점으로 받아온 티켓 숫자가 그만큼 되지 않는다면? 뉴욕의 매뉴얼에 따르면, 교사는 "즉시 그리고 공개적으로 그 학생을 퇴학시켜야 한다."[38]

랭카스터의 초기 매뉴얼과 마찬가지로 이런 교정과 정교화는 대체로 이론적이다. 뉴욕의 위원회는 규칙과 관련된 목록을 만들겠다는 큰 계획을 세웠다. 이들은 무상학교협회에게 규칙이 적힌 매뉴얼 200권을 인쇄하도록 했다. 이들은 이 매뉴얼을 학부모 및 무상학교위원회 위원들에게 나눠줄 계획이었다. 랭카스터식 교육개혁이란 세계에서 늘 그렇듯, 이들의 의도는 완벽한 시스템을 기술하는 것으로 예상되는 모든 문제를 없애는 것이었다. 물론 한 번도 이들의 의도대로 일이 이뤄진 적은 없다. 부분적으로는 무상학교협회가 이 매뉴얼을 발간하지 않았기 때문이지만, 랭카스터 교육개혁가들의 꿈에 들어 있는 모든 요소들과 마찬가지로 이런 학교 훈육에 대한 모든 새로운 요소들은 근대적이라고 이야기되는 신기술에 의존했다. 이런 기술에는 "전보"에서부터 티켓에 이르기까지 다양했다.

근대의 기적

랭카스터식 기술에서 가장 우선시되면서도 가장 중요한 부분은 교실 그 자체였다. 랭카스터를 전후한 다른 교육개혁가들과 마찬가지로 랭카스터는 적절한 교육은 적절한 학교 건물이 필요하다는 점을 의심하지 않았다.[39] 기존 주택이나 건물을 이용하는 대신, 랭카스터는 아주 크고 특수 목적용으로 만들어진 교실 건물을 꿈꾸었다. 자신이 구체화한 그림대로 만들어진 교실 말이다. 이상적인 랭카스터 학교 건물은 단 하나의 교실로 개방된 모습을 가진다. 한쪽 끝에 약간 높은 강단을 마련하고 그 위에 성인교사 책상이 위치하며 학생들이 앉을 긴 벤치형 책상이 늘어서 있다. 교실 벽 앞 바닥에는 다양한 독서 모둠을 위해 반원이 그려져 있다.

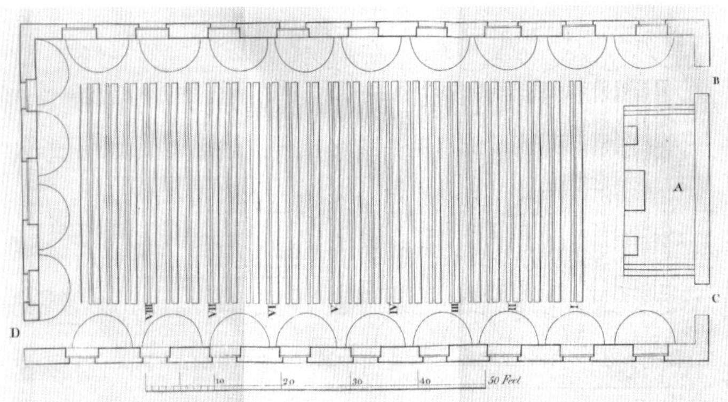

랭카스터가 발간한 매뉴얼에는 완벽한 학교 교실의 모습을 상상한 건축 계획이 가득 들어 있었다. 벤자민 워너(Benjamin Warner) 책 『Manual of the System of Teaching Reading, Writing, Arithmetic, and Needle-Work, in the Elementary Schools of the British and Foreign School Society』(미국 1판)(Philadelphia Society for the Establishment and Support of Clarity Schools, 1817: pp. 1-2)에서 가져옴. The Library Company of Philadelphia 제공.

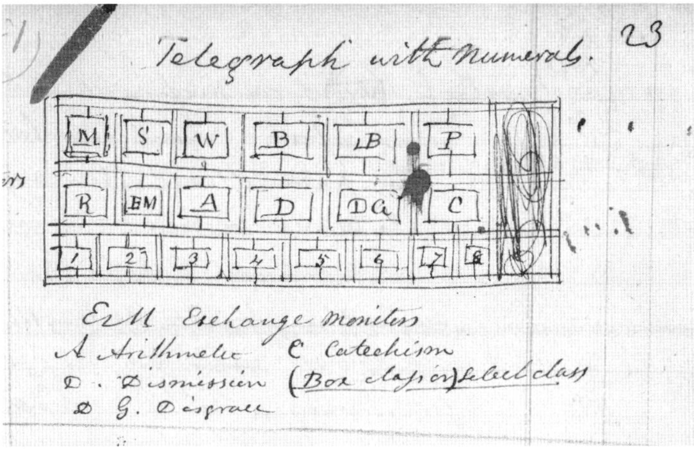

랭카스터는 새롭고 개량된 기계를 어떻게 만들어낼지를 그림으로 그려보는 것을 좋아했다. 여기의 이미지는 랭카스터의 노트에서 발췌한 것으로 전보를 그린 것이다. The American Antiquarian Society 제공.

랭카스터는 적절한 교실 이미지를 위해 기본 청사진보다 훨씬 더 구체적인 그림을 그렸다. 그는 아주 복잡한 기계장치에나 어울릴법한 정교함으로 교실 모습에 대한 스케치를 내놓았다. 책상은 끝부분을 뾰족하고 각진 형태가 아니라 둥그스름하게 만들도록 했다. 학생들이 긴 벤치에 들어오고 나가다가 혹 다치지 않도록 하기 위해서 말이다.[40] 교실을 따뜻하게 하는 것은 중간 난로가 아닌 땅 밑에 연통을 깔아 공기를 데우는 방식이어야 했다. 이렇게 하면 학생들이 몸을 덥히자고 벤치를 나가 "불 주변으로 모여드는 것"을 막을 수 있었다.[41]

랭카스터 및 추종자들은 이후 발간되는 매뉴얼에서 건축상 요구되는 것에 대해 아주 세세한 목록을 제시하고 있다. 1817년 랭카스터는 창문의 높이(바닥에서 최소 7피트정도 높이에 위치)를 자세히 규정하고 있으며, 통풍장치(천정에 설치된 "튜브" 망을 이용함), 아주 구체적인 난로 생산자("난로는 천재적인 기술공인 런던 올드스트리의 호우든(Oldstreet Road, London의 R. Howden)에게서 구입해야 하는데, 그는 자기 발명품에 대한 특허도 갖고 있음")를 기재해 놓았다.[42] 1820년 뉴욕공립학교협회에서 발간된 『매뉴얼(Manual)』에는 권고할 만한 다양한 규모의 학교 형태가 작은 차트형식으로 실려있다. 예를 들어, 500명의 학생을 수용하는 학교는 길이 97피트, 너비 42피트로 지어져야 했다. 성인교사의 책상이 위치할 강단은 길이 10피트여야 하고, 너비 3피트의 교사 책상은 교실 끝부분에 위치해야 했다. 교실에는 총 25개의 책상이 들어가고, 책상과 책상 사이에는 일정한 공간을 비워두어야 한다.[43]

보스톤의 포울은 완벽한 랭카스터 학교교실에 걸맞은 건축 디자인을 정교화했다. 포울이 기록하고 있듯, 이 시스템은 확실히 어떤 교실에서도 작동할 수 있었다. 하지만 "그 장점은 교실이 좀 더 편리하게 준비되어 있을 때 온전히 발휘될 수 있었다."[44] 예를 들어, 반원모양의 각 읽기 장소는 "대략 18인치"씩 떨어져 있어야 좀 더 편리했다. 그래야 학생들은 다른 학생과 부딪히지 않게 된다. 이 반원은 반지름이 4피트로 쉽게 걸어갈 수 있도록 각 복도에는 2피트의 여유 공간을 남겨두어야 한다. 랭카스터의 원래 계획과는 달리 포울은 성인교사를 위해 "반원모양의" 책상이 좋다고 주장했다. 이상적으로는 "이 책상 주위로 두 개의 원형 계단"을 두는 것이 좋았는데, 학생들이 이 책상을 둘러싸고 시험을 치를 수 있도록 하기 위함이었다.[45] 모든 랭카스터 교육개혁가들과 마찬가지로 포울은 교실이 교육 기술 중에서 가장 중요한 기술이 들어찬 곳이어야 한다고 믿었다. 교실에는 "검게 칠해진 긴서판(칠판, 여기에는 선이 그어져 있고 예시로 쓰는 글자가 쓰여져 있어야 했다.)"과 같은 유용한 도구들로 가득 차 있어야 했다. 이 칠판이 떡하니 자리 잡고 있으면 모든 "아이들은 글자의 형태가 명확히 떠오르지 않을 때 언제라도 참고할 만한 글자

를 갖게" 된다고 포울은 설명하고 있다.[46]

교실이 중요하기는 하지만, 랭카스터와 랭카스터 교육개혁가들은 이런 이상적인 교실에 근대적이라 할만한 기계장치가 필요하다며 목록을 제시하고 있다. 예를 들어, 랭카스터는 엄청 크고 뻥 뚫린 교실 내에서 소통하기 위한 "전보"라는 기계를 고안해 냈다. 본질적으로 랭카스터식 전보는 높이 올려진 기호로, 글자와 숫자가 들어 있는 카드로 만들어졌다. 각 카드는 한쪽으로는 기호가 보이고 다른 쪽으로는 아무 것도 없는 상황에서 빙글빙글 돌았다. 특정 글자, 예를 들어 "W"와 같은 글자를 보여주는 것으로 교사는 조교들에게 글쓰기 수업으로 옮겨갈 시간이라고 자기 의도를 전달할 수 있다. 만약 "Ex"와 같은 카드를 보여주게 되면, 조교들은 교사에게 자기 학생들에 대한 점검이 준비되었다는 신호를 보내는 것이다.[47]

랭카스터는 가르침에 필요한 상당한 종류의 도구를 자신이 만들었다고 주장했다. 예를 들어, 그의 매뉴얼을 보면 학생 개별적인 교과서 대신 읽기를 가르치기 위한 대형 판지를 요청했다. 이런 방식으로 이 대형 판지는 읽기 수업을 위한 한 모둠의 학생들에게 보여줄 수 있었다.[48] 이와 유사하게 랭카스터는 학생 출석을 유지시킬 수 있는 "새로운 방식"을 칭찬했다. 꽤 긴 출석부 명단의 이름을 전부 부르는 대신, 랭카스터는 아이들에게 개별적인 번호를 부여하고, 조교들은 번호를 부르는 것으로 출석체크를 할 수 있었다. 사실 이 시스템이 시간과 들이는 품을 어떻게 줄이는지는 그리 분명하지는 않지만, 랭카스터는 이런 방법을 구식을 넘어서는 근대적 발전이라고 했다.[49]

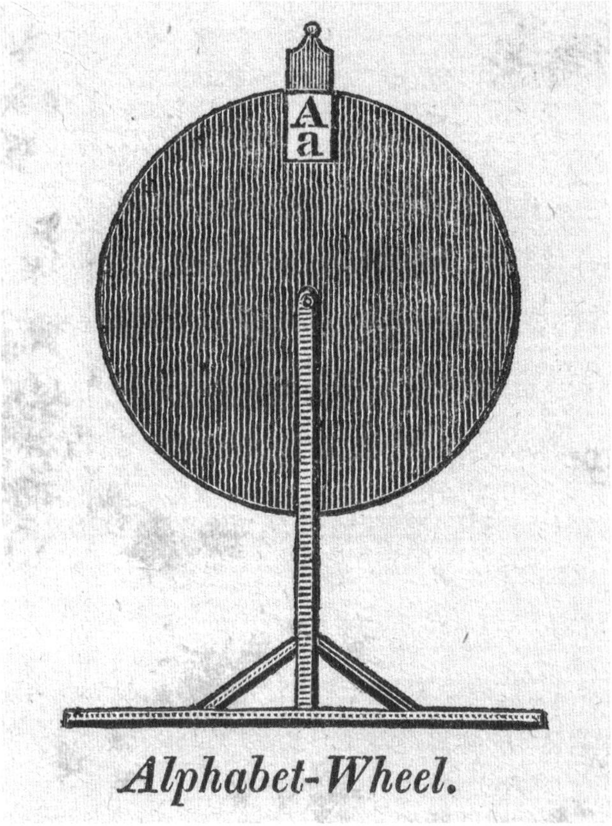

뉴욕 알파벳 돌림판. 이 기구는 학습 효과를 높이도록 하기 위해 고안된 랭카스터 기술 혁신의 한 가지였음. 사무엘 우드와 자녀들(Samuel Wood and Sons)이 발간한 책『Manual of the System of Teaching Reading, Writing, Arithmetic, and Needle-Work, as Practicised in the Schools of the Free-school Society of New-York』(Free-School Society, 1820: p. 9)에서 가져옴. The American Antiquarian Society 제공.

시간이 지나면서 랭카스터 교육개혁가들은 매뉴얼에 이런저런 새로운 기술들을 덧붙였다. 예를 들어, 1820년대 뉴욕의 개혁가들은 랭카스터의 "알파벳 휠"을 자기들 식으로 개선한 것을 제시하고 있다. 이 커다란 원형판은 교사와 조교들이 한 번에 한 글자씩 학생들이 따라 쓸 수 있도록 보여주었다. 개혁가들이 생각한 바대로라면, 이 글자들은 알파벳 순서대가 아닌 생긴 모양에 따라 보여져야 했다. 즉, "M"과 "W" 글자는 같이 묶여서 학생들이 이 둘 사이의 유사성을 알아차릴 수 있도록 말이다.[50]

다른 랭카스터 교육개혁가들은 이보다 심하게 기술에 집착했다. 예를 들어, 알바니의 데일(Dale)은 자기 학생들과 소통할 수 있도록 하는 정교한 "진자(추)" 시스템을 사용했다. 이론상으로야, 이 진자(추) 시스템은 교사와 조교가 학내 생활 전체적으로 최소한 학생의 움직임을 추적하지 않아도 되게 만들어야 했다. 데일이 묘사하고 있듯, 이 진자(추)는 교실 입구의 계단 위에 긴 줄로 매달려 있는 무거운 추였다. 그 추가 움직이지 않고 조용하다면, 학생들은 교실을 나가도록, 아마도 화장실에 다녀올 수 있었다. 일단 한 학생이 교실을 나갈 때 그는 이 추를 뒤로 14인치를 잡아당겼다 놓게 된다. 도대체 그 학생이 정확하게 14인치를 뒤로 잡아당긴다는 것을 어떻게 알 수 있겠는가? 흥미롭게 학생들은 완벽한 추 조종을 위해 특별하게 고안된 14인치짜리 "허용" 카드를 발급받았다. 이 학생들은 추가 흔들리는 정도의 시간 동안만 교실 밖에 있을 수 있었다. 그 학생이 돌아오고 나면 추의 흔들림을 멈추게 해야 한다. 학생 누구라도 추가 흔들리고 있는 것을 보게 되면, 화장실에 간 친구가 돌아올 때까지 기다려야 한다는 것을 알았다.[51]

랭카스터와 그를 따르는 추종자들은 이런 기술 발전은 전통적인 교실에서 쓸데 없는 비효율성을 대체로 없애주리라고 강하게 믿었다. 랭카스터가 이토록 화려하게 상상해 낸 기술들은 실제로 애초 약속한 목표를 제대로 달성한 것이 하나도 없었다. 하지만 랭카스터는 이런 상상을 잠시도 멈추지 않았다. 물론 모든 상상이 전부 다 구현되어 빛을 보게 된 것도 아니었다. 예를 들어, 1825년 뉴욕에서 랭카스터 학교의 교사였던 존 그리스콤(John Griscom)은 아이들을 가르치는 데 도움이 되는 "투명 그림” 세트를 주문하는데 필요한 자금을 요청했다. 그리스콤은 자신이 재정적 “격려”를 받게 된다면 교실 벽에 투사할 수 있는 “제대로 선정된 그림” 세트를 만들어낼 수 있을 것이라고 했다.[52]

그리스콤은 이 재정적 격려를 받지는 못했다. 아마도 랭카스터 학교를 지지하는 사람들은 많은 돈을 쓰고 싶어하지 않았기 때문일 것이다. 랭카스터와 추종자들가 이렇게 정교한 기술적 해법을 기술하고 있기는 했지만, 이런 학교는 꼭 별 비용을 들이지 않고 운영되어야 한다고 주장했다. 랭카스터 시스템의 다른 나머지와 마찬가지로 저비용 학교라는 약속은 결코 실현되지 않았다. 그렇다고 랭카스터가 지금껏 없던 저비용 학교라는 더 웅장한 약속을 멈추지는 않았다.

값싼 청소년 교육

아주 처음부터 랭카스터 시스템의 가장 매혹적인 약속 중 하나는 값싼 교육을 제공한다는 점이었다. 랭카스터는 1801년 이런 학교를 “청소년 교육을 위한 값싼 학교”라고 했다.[53] 물론 우리가 봐왔듯이 랭카스터의 보로우학교 예산은 장부에 기재되지 않은 대출금과 랭카스터의 재앙과도 같은 결산 행위로 언제가 뻥 튀겨져 있었다. 7장에서 보게 되겠지만, 몇몇 랭카스터 학교들은 미국에서도 나름 성공적으로 운영되었다. 하지만 이 학교들의 공통점은 이 학교의 적절한 예산이라는 게 호사로울 정도로 많았다. 미국의 랭카스터 추종자들은 이런 깨달음을 한참 지나고 나서야 알게 된다. 이들 또한 랭카스터 시스템이 모든 재정적 문제를 해결해 줄 수 있으리라고 믿었다. 랭카스터 시스템이 들어서기 전, 많은 도시 지도자들은 수업료를 부과하지 않는 자선학교 운영 기금을 어떻게 충당해야 할지 암담했다.

랭카스터 시스템은 기본적으로 교사 급여를 없애는 방식으로 비용을 줄이겠다고 약속했다. 초기의 매뉴얼에서 랭카스터가 떠벌이고 있듯, 가장 파격적인 돌파구는 학교당 단 한 명의 교사만 고용하면 된다는 점이었다. 전통적인 학교는 학생을 직접 가르치는 성인교사에게 급여를 제공해야 했다. 오래된 이런 방식에 따르면, 급여를 받는 교사 1명이 기껏해야 최대 100명의 학생 정도만을 감당할 수 있을 뿐이었다. 랭카스터가 설명하는 바에 따르면 재정적 돌파구는 자기 시스템의 혁명적 효율성이었다. 일단 학교가 설립되고 굴러가기 시작하면 한 교사가 수백 명의 학생을 아주 쉽게 감독할 수 있을 것이었다. 심지어 1천 명도 가능했다. 이렇게 되면 학생당 비용이 극적으로 줄어들게 된다. 랭카스터는 "이 일이 이 책의 저자에 의해 추진되고 있으며 이 책의 저자가 이 일을 하기까지 누구도 하지 않았다"고 자기 자랑을 늘어놓았다.[54]

랭카스터 학교는 정말 혁명적인 방법으로 비용을 줄일 것이었다. 뉴욕무상학교협회는 1807년 보고서에서, 통상적인 자선학교에 들어가는 비용의 1/10만으로도 학생들의 학업성적이 "가장 낙관적인 기대"에 부응했다고 쓰고 있다.[55] 다른 학교들도 10대 1의 약속을 되뇌었다. 예를 들어, 알바니의 랭카스터 학교를 방문하고 관찰했던 사람은 랭카스터의 방법으로 학생들의 배움이 "좀 더 즐거워졌고", "랭카스터 학교 이전의 학교보다 10배 정도 저렴한 계획으로" 운영되고 있다고 설명했다.[56]

이런 저렴함은 숫자에 의존하고 있다. 충분한 수의 학생들이 학교에 오게 되면, 학생당 비용은 극적으로 낮아지게 된다. 하지만 랭카스터를 처음으로 지원했던 영국 지지자들은 진짜 학생들이 언제나 학교에 등록하는 것은 아니며, 학교가 작다고 해서 운영비가 싸지는 않다는 점을 알게 되었다. 런던의 한 개혁가는 미국 동료들에게 “적은 수의 학생으로는 경제적인 성과를 낼 수 없다”고 경고했다.[57] 초기에 미국의 랭카스터 교육개혁가들은 엄청나게 비용을 줄일 수 있다는 약속에 휩싸여 이런 경고에 별로 신경을 쓰지 않았다. 대신, 이들은 출석에 대한 이론적 계산을 토대로 마찬가지의 이론적 성과를 떠벌렸을 뿐이다. 알바니 학교의 교사는, 자기 학교에 500여 명의 학생이 등록한다면 매 쿼터마다 학생 1명을 가르치는데 단 80센트 정도만 소요된다고 약속했다.[58] 하지만 이 학교는 이렇게 많은 수의 학생 수를 채워본 적이 없었다. 1814년 학생수가 가장 많았을 때가 대략 400명 정도였다.[59] 알바니 랭카스터 교육개혁가들의 높은 기대는 결코 실현되지 않았다. 1826년 이 학교 등록학생수가 이론상 401명이기는 했지만, 매일 학교에 오는 출석생은 300-350명 정도에서 맴돌았다.[60]

1810년 미국의 낙관주의는 이런 염려를 앞질렀다. 개혁가들은 학생들이 출석하고 학생당 비용은 곤두박질치리라고 가정했다. 비용이 뚝 떨어질 것이라는 이들의 상상은 개혁가들이 공적 지지를 꾀어내는 일종의 미끼가 되었다. 예를 들어, 1817년 필라델피아의 로버츠 보우는 재정상의 기적을 가져오겠다고 약속했다. 보우가 펜실베이니아 의회 의원들에게 설명한 바에 따르면 오래된 학교 시스템을 이용할 때 필라델피아 공립학교는 겨우 2,000명의 학생을 교육하는 데 매년 22,729.68달러밖에 들지 않았다. 하지만 유감스럽게도 이 2,000명의 학생들은 공식적으로 등록된 상태이기는 했지만 대개 학교에 출석하지는 않았다. 그럼에도 새로운 시스템, 즉 “랭카스터 시스템”은 비용을 10배까지 싸게 하지는 못하지만, 연간 학생 1인당 교육비를 12불에서 3불로 확 내릴 것이었다.[61]

불운하게도 보우와 다른 랭카스터 교육개혁가들에게 랭카스터 시스템이 가져다 줄 재정 감축이란 약속은 다른 약속과 별다를게 없이 짧게 끝났다. 하지만 극적으로 비용을 줄이겠다는 약속은 미국에서 랭카스터식 혁명에 착수하도록 하는 가장 중요한 단 하나의 요인으로 작동했다. 예를 들어, 필라델피아에서 랭카스터 방식의 학교설립 및 운영을 위한 군 위원회 위원들은 투입할 재정의 최종 상한선에 이르게 되었다. 위원들은 이 시스템이 더 나은 학습성과를 가져다 주리라 희망했겠지만, 보우가 내놓은 재정 추정치 정도만을 승인했다. 위원들은 이 시스템이 학생당 교육비를 절반 혹은 그 이상 절감시킬 것임을 듣게 되면서 보우의 랭카스터 학교 설립 제안을 "즉각적으로 승인"했다.[62]

랭카스터 시스템의 다른 사항들과 마찬가지로 랭카스터가 내놓은 재정상의 희망적 전망은 끝나지 않는 사기의 연속이었다. 그럼에도 불구하고, 이런 약속은 고지식한 정치인들을 설득하기에 충분했다. 이 정치인들은 랭카스터 시스템이 아주 저렴한데, 그 이유는 말할 수 없을 정도로 효율적이기 때문이라는 설명을 들었다. 이 시스템은 기술, 절차, 훈육을 완벽하게 조합해서 학교운영비용을 확 잡아 내릴 것이었다. 무엇보다 과학적 완벽함에서 오는 훌륭한 점은 랭카스터가 정교화한 세세한 사항들을 따르겠다고 하는 누구라도 어느 곳에서나 이 시스템을 이행할 수 있다는 점이었다. 이런 시스템의 도입과 실행에 아무런 문제도 발생하지 않을 뿐만 아니라, 랭카스터의 이론적 시스템이 지닌 정확성 덕분에 어떤 문제도 발생할 수 없다고 열렬 추종자들은 청자들을 설득했다.

성공할 수 없는 사람들

랭카스터는 처음부터 자신의 완벽한 계획이 어느 곳에서나 누구에게서라도 실행될 수 있다고 주장했다. 랭카스터가 제작한 초기의 가이드북을 보면, 어떤 아이라도 **"교과에 대해 아무것도 몰라도"** 어떤 교과든 가르칠 수 있다고 했다.[63] 랭카스터가 떠벌린 산만한 내용들을 학교가 단지 잘 따르기만 한다면, 재능도, 전문적 식견도, 혹은 독창성도 필요 없었다. 교사는 랭카스터 방법에 대해 기본적인 훈련만 받으면 그것으로 충분했다. 나머지는 음식을 만들기 위해 조리법을 따르듯 아주 간단할 터였다.

많은 미국 청중들에게 교사에 휘둘리지 않는 학교 시스템이란 약속은 아주 매력적이었다. 개혁가들 중에는 끔찍할 정도의 전통적인 교수법 상황에 대해 한탄을 내뱉는 사람들이 많았다. 예를 들어, 필라델피아에서 발간된 1817년 『매뉴얼(Manual)』의 서문에는 전통적 교사들이 "교사로서 자격미달"이라는 조롱이 담겨 있다. 필라델피아 사람들은 적절하게 준비되지 못한 이런 교사들이 "사회의 진짜 문제를 양산해 내는 존재"라고 주장했다.[64] 펜실베이니아 의회의 한 위원회 또한 1822년 이에 동의하고 있다. 이 위원회는 너무도 많은 교사들이 "태만과 무능의 총체"가 아닌지 묻고 있다. 전통적인 학교 시스템하에서 나쁜 교사는 "공적 풍부함을 패배시키고 전체 사회 시스템을 쓸모없게 만들었다". 랭카스터의 근대식 학교 시스템은 이런 위험을 박멸하겠다고 약속했다.[65]

랭카스터의 매뉴얼은 누구라도 이 시스템을 완벽하게 운영할 수 있게 할 모든 것을 제공했다. 최소한 이들은 그렇게 주장했다. 예를 들어, 꿈에 부푼 랭카스터 학교 교사들은 학생들의 출석, 학생의 학업성취 정도, 심지어 학생의 신앙준수 상태 등을 확인하기 위해 매뉴얼에서 제공하고 있는 잘 준비된 형식을 활용할 수 있었다. 교사들은 정확히 랭카스터가 말한 그대로의 교수법이라며 제공된 대본을 읽을 수 있었다. 예를 들어, 어떤 매뉴얼은 "조교들에게 할 내용"이라고 적힌 아주 긴 대본을 제공하고 있다. 이는 장장 몇 페이지에 걸친 긴 글로서, 외로운 랭카스터 학교의 성인 교사가 휘하의 조교들에게 할 정확한 말을 제공하고 있다.[66] 예를 들어, 라틴어로 된 일부 유명한 단어를 가르치기 위해 교사는 다음과 같은 대본을 읽으면 된다.

> 조교들 - 너희들에게 몇 가지 할 말이 있다. 종종 해온 것이기는 하지만, 나는 매일 뭔가 새로운 것을 말해야 한다. 어쩌면 최소한 너희들이 내게 자주 들어 온 것들을 상기시키며 이 내용을 너희들이 새롭게 듣도록 해야 한다. 지금까지 너희는 내게서 라틴어로 된 공부를 배운 적이 없을 것이다. 자, 지금부터 너희에게 라틴어로 된 간단한 말을 가르쳐 줄 것이다. 나의 이 한 마디 말로 이 공부에 진전이 있기를 바란다. 아주 간단하다. 겨우 두 단어로 된 말이다. 뭐냐하면, "템푸스, 후지트(tempus. fugit)" 너희는 묻겠지, "이 말이 뜻이 뭔가요?" 너희가 이 말을 알아듣고자 노력한다면, 그렇게 하겠다고 약속한다면 내가 그 뜻을 말해 줄거야. 그러겠다고 다짐하면 손을 들어라.[67]

이론상, 이런 랭카스터시 교수법은 완벽하고 잘 처방된 교육적 성공을 제공한다. 랭카스터의 방향을 따르는 교사들은 매일, 매분 단위로 무엇을 하고, 또 무엇을 말해야 할지 알고 있어야 한다. 예를 들어, 10시 30분이 되면 교사들은 진행되던 "쓰기 수업을 끝내도록 종을 쳐서" 읽기 수업으로 옮겨가도록 한다. 그리고 "'준비-일어나-걸어' 등의 말을 하는 것으로 자기 자리에서 나와 행진하도록 만든다".[68]

가이드북은 조교들의 역할에 대해서도 아주 분명한 지시문을 제공하고 있다. 아무리 아는 게 없고 또 준비된 게 없다고 하더라도 모든 조교는 자기에게 주어진 과업을 완수할 수 있어야 했다. 랭카스터가 청중에게 이야기하고 있듯, 자기가 창안한 학교 시스템은 완벽하게 작동했는데, 아직 아동 수준의 조교들에게 "자유재량과 사리분별"의 필요성을 아예 제거했기 때문이었다.[69] 교사들은 단순히 하라는 대로 따르기만 하면 되었다. 어느 랭카스터 교육개혁가의 설명대로, 랭카스터 학교에서 "조교들의 판단은 가능한 일어나지 않도록 해야" 했다.[70]

어느 곳에서나 목표는 똑같았다. 랭카스터 시스템에서는 훈련이라고는 제대로 받아본 적 없고 게으른 교사들이 일을 망칠 수 있는 여지를 남겨둬서는 안 된다. 성인 교사는 따라하기 정말 쉬운 지침서를 갖고 있고, 조교들은 충분한 지시사항을 받게 된다. 학생들은 늘 할 일을 정확하게 알아야 한다. 이 시스템의 완벽성은 완벽하게 표현할 수 있고 또 재연해낼 수 있는 특징에서 비롯되었다. 이 시스템은 그 어떤 교사가 지닌 개별 카리스마나 지혜로움에도 의존하지 않았다. 대신, 이 시스템은 완벽한 신뢰를 얻기 위해 자체의 지침을 완벽하게 만드는 데 모든 노력을 기울였다.

대체로 랭카스터 교육개혁운동의 열정은 문학적인 열정이었을 뿐이다. 미국 주요 도시의 개혁가들은 랭카스터의 가이드북과 매뉴얼 속에서 과학적이라고 외쳐대는 완벽한 교육적 질서의 기술을 읽었다. 이들은 이러한 내용을 통해 근대적 훈육 시스템을 상상했고 이 상상은 각자의 매뉴얼을 통해 아주 꼼꼼한 형태로 이미지화되었다. 이들은 새로운 매뉴얼을 만들면서 매 페이지마다 그려낸 기술적 근대성으로 사람들을 열광시켰다. 이런 매뉴얼은 19세기의 최근 경이로움을 불러오는 최첨단 기계를 보여주는 일종의 일람표와도 같았다. 이런 기술은 고대의, 즉 전통적 교실의 상징과도 같은 재미없는 수업과 만연한 체벌 등 구식의 패턴을 뒤

흔들어 놓기에 적합하다고 여겨졌다. 그리고 이 개혁가들은 무엇보다 새로운 시스템은 극적으로 줄어든 비용으로 확실히 향상된 교육을 제공해 주리란 사실을 즐겼다.

안타깝게 이런 약속 중에 성과를 낸 것은 아무것도 없었다. 특수 목적으로 만들어진 교실은 대부분 학교가 감당할 수 있는 능력치를 넘어섰다. 모델학교, 즉 딱 매뉴얼에 따라서 지어진 학교는 전혀 실용적이지 않았고, 너무 크고 복잡했다. 절차는 애초 약속대로 그리 단순하지 않았다. 학생들은 신체적 처벌보다 대중 앞에서 망신당하는 것을 더 좋아하지 않았다. 랭카스터 학교는 매뉴얼에서 약속한 바처럼 비용의 절감을 한 번도 구현한 적이 없었다.

2세기가 지난 지금 생각해 보면, 랭카스터 시스템의 주장은 한심할 정도로 충격적이고 너무도 단순해서, 도대체 당대의 랭카스터 교육개혁가들이 어떻게 이 주장들을 그리도 순순하게 받아들이게 되었는지 이해할 수 없다. 이들 입장을 잠시 변호해 보자면, 당시 개혁가들과 교육자들은 증거와 물증을 요구하긴 했었다. 하지만 강하게 압박하지는 않았다. 이들은 자신을 진정한 근대적 사상, 진정한 과학적 사상을 지닌 첫 세대로 인식하면서 이 시스템에 대한 회의적 태도를 유보했다. 이들은 랭카스터의 약속을 믿기 어렵다고 이해하기는 했지만, 당시는 극적인 변화가 일어나고 있는 시대로 믿기 어려운 발전이 일어날 수 있는 시대라고 생각했다.

4장

숫자 게임

4장
숫자 게임

랭카스터 학교는 계획했던 숫자에 맞춰 결과를 내본 적이 한 번도 없었다. 랭카스터 학교 개혁가들의 상상 속에 있던 계획에서 기뻐하며 운집해 있는 학생 무리는 실제 학교에 얼굴을 내민 학생들의 적은 수와 결코 맞지 않았다. 랭카스터 학교 개혁가들에게는 안타까운 일이지만, 이 숫자들은 늘 이런 식이었다. 랭카스터는 얼굴도 씻지 않은 셀 수 없는 어린애들이 세계를 바꿔놓을 자신의 시스템에서 길들여지고 또 관리될 것이라고 약속했었다. 하지만 개혁가들이 학교 문을 열고 보니 이들은 랭카스터의 매뉴얼에는 전혀 등장하지 않는 수많은 문제들과 씨름해야 한다는 사실을 깨닫게 되었다. 한마디로, 학생이 그만큼 오지 않으면 우리가 뭘 해야 하는데? 아니, 뭘 할 수 있는데?

이 장에서는 1820년대 초 등록학생수의 폭락이 있기 전 또 다른 핵심적인 질문을 다루고자 한다. 랭카스터의 약속이 그토록 현실과 동떨어져 있었다면, 소위 사리분별이 밝은 개혁가들이 도대체 왜 그를 믿었던 것일까? 도대체 왜 그토록 학식이 풍부하고 많았던 도심 정치인들은 랭카스터의 숫자들이 하나같이 가상(그가 내놓은 한계치는 실제 한계치가 아니었다)에나 있을법한 일이라는 것을 깨닫지 못했을까? 대신 그의 숫자들은 헛된 가정과 단지 희망 섞인 생각 속에 불안정하게 떠다니는 것이라고 생각하지 못했을까?

곧 살펴보겠지만, 뉴욕의 클린턴 시장과 같은 지도자들은 랭카스터가 내놓은 주장을 단지 믿는 것에 그치지 않았다. 이들은 행보는 그 이상이었다. 이들은 실제로 랭카스터의 주장이 실현되는 것을 보았다고 생각했다. 예를 들어, 1810년 클린턴은 교사 한 명이 지켜보는 가운데 "천명에 육박하는 거대한 아이들의 조례"를 목격했다면서, 이들은 완벽하게 질서 잡힌 상태에서 한 번도 보지 못한 신속함으로 지식이란 목표를 향해 행진하고 있었다고 증언했다.[1] 만약 클린턴이 이런 광경을 목격했다고 말했다면, 이는 오로지 그의 상상 속에서만 봤을 것이다. 완벽한 근대식 학교교육에 대한 랭카스터와 그의 약속이 클린턴 시장에게 돌려보여준 꿈 속에서 말이다. 클린턴 시장이 이런 주장을 하던 당시, 뉴욕의 랭카스터 학교 두 곳은 약 200명 남짓 정도의 학생을 가르치고 있었을 뿐이었다. 영국에서 가장 큰 랭카스터 학교 학생수는 700명을 넘긴 적이 없었고, 실제 학교에 출석한 학생 수는 이보다 훨씬 적었다. 영국에서 평균적인 랭카스터 학교는 한 번에 200명 정도의 학생을 가르쳤다.[2] 천 명의 학생이라는 말은 아마도 클린턴 시장이 랭카스터의 초기 가이드북의 화려한 제목에서 주워들은 것일게다. 랭카스터는 "천 명의 가난한 아동 교육을 위한 학교에 대한 설명(an Account of Institution for the Education of One Thousand Poor Children)"이란 제목을 가이드북에 달았었다.[3] 이런 학교는 현실에서는 존재하지 않았었다. 하지만 랭카스터의 비전 속에서는 아주 당연한 것이 되었다.

그러나 클린턴의 협력자들은 클린턴의 이런 과도한 주장에 담긴 화려함과 과장을 반대하지 않았다. 당대의 정말 많은 동료들과 마찬가지로 클린턴 시장은 이런 랭카스터의 비전을 믿었다. 비록 그런 비전이 실제로 꿈 속의 상상에 지나지 않는다고 하더라도 말이다. 클린턴 시장의 꿈은 희망에 발을 딛고 있었지, 확실한 증거에 의존하는 것은 아니었다. 상상력에 토대를 두고 있었기 때문에 클린턴의 비전은 한계란 게 없었다. 클린턴이 보기에 랭카스터의 개혁은 교실을 조직하는 새로운 방법, 그 이상이었다. 랭카스터의 개혁은 도시를 위한 새 시대를 여는 꿈이자, 태곳적부터 인간성을 괴롭혀 온 문제를 해결해 줄 새로운 근대성이란 꿈이었다. 이에 대해 클린턴 시장은, "나는 랭카스터 시스템을 새로운 교육의 시대를 열어주는 것으로 무지라는 힘과 지배로부터 이 세상의 가난하고 고통받는 사람들을 구원하고자 하늘에서 내려온 축복이라 여긴다"고 했다.[4]

클린턴 시장과 마찬가지로 미국의 도시 개혁가들은 랭카스터의 이런 약속과 사랑에 빠졌다. 작동할 만한 계획이 아니라. 랭카스터 시스템은 겉으로 보기에 타당해 보였다. 이미 앞에서 알게 된 바와 마찬가지로 랭카스터의 책과 홍보물은 학교 운영에 관한 이론을 공들여 꼼꼼하게 준비했다. 그러나 이 꼼꼼함은 기만적이었다. 이 책자들은 근대적 학교를 공장의 생산 기계 속 모터가 웅웅거리며 돌아가는 것처럼 묘사하고 있다. 클린턴 시장은, 랭카스터의 시스템은 가장 잘 "완성된 기계"가 근대식 공장에 가져다 준 것을 도심 학교교육에 가져왔다고 평가했다.[5] 클린턴과 다른 랭카스터 교육개혁가들은 초기의 열정이 타오르던 시기에 학생 및 교사들이 톱니바퀴나 기어장치가 아니라는 점을 제대로 알아차리지 못했다. 미국 개혁가들은 과학과 시스템이 근대 사회의 문제를 해결할 것이라고 가정했기 때문에 랭카스터가 제공한다던 조잡한 물증에 대해 제대로 질문하지 않았다. 이들은 런던에서 랭카스터를 후원했던 초기의 지지자들에게 어떤 경험을 했었는지에 대해 세세하게 따져 묻지도 않았다. 이들은 후원자들이 부채와 자금 남용의 소용돌이 때문에 랭카스터와 법적으로 분리된 것에 대해 왜 그랬는지 굳이 파헤치지 않았다. 대신,

미국 개혁가들은 이런 진실을 용기를 북돋아주는 소문과 맞바꿨고, 랭카스터를 믿어야 한다며 서로를 격려했다. 이들은 숫자 게임에 필사적으로 나섰다. 랭카스터 시스템이 자신들이 필요로 하는 학교, 즉 도시 거리를 활보하고 있는 모든 아이들을 들여놓을 수 있는 장소이자 제도로서의 학교를 제공해 줄 수 있기를 기대하면서 말이다.

한참 착각에 빠져있던 랭카스터 시스템에 대한 개혁가들의 열정은 대체로 당시 도시 개혁가들이 근대적 세계에 대해 갖고 있는 사고 방식 때문이었다. 랭카스터 때문이라거나, 혹 그가 구안한 시스템 때문이 아니라. 이들은 로웰 및 뉴라나크에서 근대식 공장이 지어지는 것을 보았다. 이런 공장들은 생산과 사회적 관계를 혁명적으로 바꾸고 있었다. 이들은 근대적 운하 시스템을 만들어 농업 및 교통을 혁명적으로 변화시켰다. 이들은 과학, 기술, 근대적이고 체계적인 사고가 아주 오랫동안 쩔쩔매 온 문제들을 해결해 주면서 세상을 혁명적으로 바꾸리라고 믿었다. 랭카스터의 허풍이 한몫한 것은 틀림없지만, 제대로 무르익지 않은 계획에 전폭적인 투자를 하도록 한 것은 개혁가들의 이런 믿음이었다. 1820년대 초에 미국 개혁가들은 랭카스터 학교 네트워크를 만들게 되는데, 이 네트워크는 랭카스터의 청사진과 약속이란 불안정한 토대 위에서 만들어졌다. 미국 개혁가들은 랭카스터의 흐릿한 비전에 영감을 받아 랭카스터가 뉴욕에 도착한 1818년 당시 존재해 있던 빈약하기 짝이 없던 도심 자선학교 네트워크를 확대했다. 이들은 랭카스터가 지닌 환상에 시간을 들이고, 돈을 들이고 명성을 바쳤다. 이들은 랭카스터가 이들이 기대해 온 구세주라고 생각했기 때문이었다.

매우 유쾌한 성공 훈련

랭카스터가 뉴욕시에 처음 도착했을 때, 클린턴이 직접 나가 마중했다. 당시 그는 주지사로 있었다. 1803년에서 1815년 사이 몇 차례 뉴욕 시장을 하면서 클린턴은 랭카스터 방법을 뉴욕시의 자선학교에 도입하도록 하는데 주도적인 역할을 담당했다. 1817년부터 주지사가 되면서 클린턴은 랭카스터를 뉴욕시에서 개최하는 대규모 강연회의 연사로 초대했고, 허드슨강을 따라 주도가 있는 알바니까지 거슬러 올라가는 호화 크루즈 경험을 제공하면서 주차원의 영웅으로 환영했다. 알바니에서 랭카스터는 주 의회 의원들에게 강연할 기회를 가졌고, 의회 의원들의 기립 박수를 받는 영예를 누렸다.[6]

런던에서의 상처받은 경험 이후, 또다시 부유하고 막강한 권력자들의 아첨 어린 관심을 받게 된 것은 랭카스터의 물집 잡힌 자아에 일종의 연고와도 같은 위안이 되었을 것이다. 그는 주지사 클린턴과 함께 지내는 동안 그가 보여주는 "세심한 배려"를 즐겼다.[7] 1819년 랭카스터가 국가 수도인 워싱턴DC로 여행하게 되면서 당시 대통령이었던 제임스 몬로(James Monroe)가 그를 맞았고, 랭카스터는 "정직하고 간결하게" 자기 자랑을 늘어놓았다.[8] 연방의회는 랭카스터를 초청해 교육 구상에 대해 연설해 줄 것을 요청했다. 이후 랭카스터는 하원의장이었던 헨리 클레이(Henry Clay)가 자신을 향한 "우아한 칭찬"의 맛을 음미했는데, 당시 하원의장은 랭카스터에게 이보다 좋은 연설을 의회에서 가져본 적이 없었다고 말했다. 이런 이야기가 사실인지 아닌지는 모르지만, 최소한 랭카스터가 로버츠 보우에게 자신의 만남에 대해 한 이야기이다.[9] 랭카스터가 가장 만족스러워한 부분은 주미 프랑스 대사가 저녁 만찬에 자신을 초대해 "풍류를 아는 사람"이라느니, 천재, 혹은 근대적이고 체계적으로 사고하는 사람이라며 칭찬을 아끼지 않은 일이었다. 랭카스터는 누구라도 자기 이야기에 귀 기울여 줄만 하면 늘 자기 이야기를 꺼냈다.[10]

랭카스터에게 이런 외교적 찬사는 단지 한번 지나가는 절차가 아니라, 자신이 뭔가 평균 이상의 대단한 사람이라는 증거였다. 그리고, 퀘이커교도로 먹고살기 위해 의자를 만드는 장인의 아들이 생계 이상의 뭔가 대단한 일을 할 운명을 지니고 있음을 보여주는 증거였다. 런던 대실패의 큰 모욕에서 이제 갓 빠져나온 랭카스터에게 미국에서의 찬양은 자신의 유명한 교육개혁 시스템이 전 세계 지도자들의 과찬을 받을만한 것임을 보여주는 증거였다. 무엇보다 이는 누가 뭐라고 하든 자신이 옳았다는 증거였다. 런던에서의 실패는 자기 잘못이 아니라, 근시안적으로 자신의 가치를 깎아내리는 사악한 무리의 책략 때문이었다.

미국에서 헌신적으로 그를 따르는 사람들이 랭카스터에게 쌓아주는 이런 찬사들은 누구라도 한 번쯤 고개를 돌려 그를 보게 할 만했다. 예를 들어, 뉴욕 알바니의 한 개혁가는 랭카스터가 세계 역사에서 독자적인 지위를 차지할 만하다고 했다. 그를 경외하던 이 사람은 "시대를 막론하고 그 누구도 세상에 조셉 랭카스터가 가져다 준 것보다 더 중요한 이익을 가져 온 사람은 없었다"고 했다.[11]

이런 찬사를 넘어서서, 미국의 일부 랭카스터 학교들은 번성하기 시작했다. 예를 들어, 랭카스터가 미국에 도착하고 뉴욕시의 무상학교협회가 랭카스터의 방법을 토대로 세 번째 학교를 설립했다. 랭카스터는 주지사, 대통령, 주미대사들과 같은 이들의 찬사를 즐기면서 무상학교협회는 뉴욕시 "랭카스터 학교의 명성"이 이들 학교를 더더욱 대중적 인기를 누리게 된다는 점을 알게 되었다.[12]

알바니에서도 지역 랭카스터학교협회는 랭카스터에게 자신들의 번

듯한 학교를 방문해주기를 요청했다. 협회 부회장은 랭카스터에게 자신의 학교가 "비록 설립된 지 얼마 안 되었지만, 번성하고 있고, 활짝 꽃피어 있다"고 말했다. 성공적이라 볼만한 이런 증거들은 나중에 일시적이라거나 착각이었다는 말을 듣게 되건 그렇지 않건, 랭카스터와 그를 신봉하던 미국 개혁가들에게 다시금 확신을 심어주었다. 랭카스터는 자신을 알바니로 불러준 인물들의 입에서 나오는 찬사를 즐겼다. 그는 랭카스터를 "온 인류의 보기 드문 은인"이라고 치켜세우면서 그의 "봉사가 특유의 대중적 인정을 받을 만하다"고 했다. 이어서 그는 랭카스터의 이런 지위는 "은혜를 모르는 대중의 비방을 초래하지 않고서는 주어질 수 없을 것"이라고 했다.[13]

랭카스터는 이스턴시보드(Eastern Seaboard)를 오르내리면서 랭카스터 학교의 성공에 대한 보고와 함께 찬사를 받았다. 그는 영국에서 난감할 정도로 망쳐놓은 또 한번의 성공을 확인한 듯했다. 미국에서 보내게 된 첫해의 끝자락에서 그는 필라델피아의 지지자들에게 이렇게 쓰고 있다. 미국에서 자신의 시간은 "매우 유쾌한 성공 훈련"이라고 말이다.[14]

먹구름

조셉 랭카스터가 자신의 유쾌한 성공에 대해 질문을 던졌을 리가 없다. 하지만 만약 그가 자기 성공에 한 번이라도 의문을 가졌었다면 곧 닥칠 불길한 기운을 볼 수도 있었을 것이다. 누구라도 좀 더 비판적인 눈으로 그의 서신을 읽었더라면 일이 돌아가는 꼴이 어떤지 금방 알아챌 수 있었을 것이다. 정말 많은 편지글이 랭카스터와 그의 시스템을 찬양하고 있었고, 랭카스터 학교를 열 수 있도록 랭카스터의 약속에 자격을 부여했다. 그러나 랭카스터 시스템을 향한 정말 많은 관심은 여전히 이론적인 수준에 머물러 있었지 현실 세계의 장애물을 제대로 극복한 것은 아니었다. 예를 들어, 보스톤의 한 추종자는 랭카스터 시스템을 두고 "근대적이고 개선된 계획"이라는 식으로 알랑거렸는데, 그는 랭카스터가 도입한 이 계획이 "너무도 독창적이고 또 우수하다"고 했다. 이어서 그는 랭카스터 학교를 무척 열고 싶다면서도 랭카스터에게 안타깝게 몸이 좋지 않아 이 프로젝트에 자신의 온 에너지를 쏟을 수 없다고 말했다.[15]

이와 유사하게, 델라웨어 윌밍턴(Wilmington, Delaware)의 한 개혁가는 랭카스터 시스템을 동경한다면서도 학생들에게 이 시스템에 대해 충분히 관심 갖게 만들 수 없다고 했다.[16] 버지니아의 와민스터(Warminster, Virginia)에 거주하는 한 사람은 랭카스터의 경이로운 시스템에 대해 자신이 얼마나 "높은 존경심"을 갖고 있는지 말하면서도 버지니아 같은 지역에서 이 시스템이 작동할 것인지 의구심을 비췄다. 그는 버지니아라는 곳에는 각 학교마다 대략 30명 이상의 학생을 채울 만큼 큰 도시가 없다고 했다.[17] 뉴햄프셔의 콩코드(Concord, New Hampshire)에서 편지를 보낸 한 추종자는 랭카스터에게 제발 자신이 거주하는 도시를 한 번 방문하고 그 시스템에 대해 설명해달라고 부탁했다. 만약 랭카스터가 이 초대를 받아들여 오게 된다면 편지를 보낸 이 뉴햄프셔 주민(Granite Stater)은 "도시의 주요 인사들이 대부분" 참여할 수 있도록 하겠다고 약속했다. 적어도 이 추종자는 도시의 인사들이 그렇게 하리라고 생각했다.[18] 랭카스터는 미국 도시 바깥의 꽤 먼 곳에서 오는 편지들도 받았는데, 모두 주의를 끌기 위한 좋은 말로 가득 차 있었다. 이제 막 글을 읽고 쓸 줄 알게 된 변방 지역의 한 추종자가 랭카스터에게 보낸 편지에는 구하기 어려운 랭카스터의 책 속에서 랭카스터가 구상한 "배움에서의 진귀한(오타로 보냈음, valluable) 진전"을 읽을 수 있었다고 했다. 하지만 그 책이 오하이오 "강에 빠져 잃어버렸다(bin takin down the Ohio, 오타 투성이)"고 했다. 만약 랭카스터가 책을 몇 권 보내줄 수 있으면 이 산간벽지에 사는 애국자는 자기 자녀들(자녀 중 한 명은 교사)이 "당신이 말하는 진보의 혜택을 조금이라도 거둘 수 있게(reape some of the bennifits of yore improvements, 오타 투성이)" 되리라 기대했다.[19]

랭카스터의 계획을 조심스레 읽은 몇몇 독자들은 어떤 낌새를 알아차렸다. 독립전쟁부 장관을 했었고 신경질적인 노예제 옹호론자인 사우스캐롤라이나의 칼호운(John C. Calhoun)은 랭카스터의 말도 안 되는 추정을 깎아 내렸다. 워싱턴DC의 정치 지도자들 사이를 순시하면서 랭카스터는 칼호운이 잠자코 자기 말을 듣게 만들었고, 원주민 아이들을 위한 랭카스터 학교 네트워크라는 랭카스터의 꿈을 지지하도록 종용했다. 그렇게 명망 있는 정치인들로부터의 보증은 이 계획이 현실화될 수 있도록 하는 데 큰 도움이 되었다. 칼호운은 계속해서 랭카스터의 반감을 불러일으켰다. 마침내 칼호운이 랭카스터의 제안서를 한번 읽어보겠다고 했고, 그는 즉각 이 제안들을 퇴짜놓았다. 칼호운은 퉁명스럽게 랭카스터에게 이 계획이 제대로 작동하리라는 근거가 없다고 전했다. 결국 칼호운은 이 프로젝트 승인을 매정하게 거부했다.[20]

이렇게 회의적인 태도를 보인 것은 칼호운만이 아니었다. 랭카스터의 가족 및 가까운 지인들 또한 랭카스터가 관심있는 것은 공익이 아닌 뭔가 다른 것이라는 점을 알고 있었다. 예를 들어, 집에 있는 부인과 딸에게 보내는 편지에서 랭카스터는 벌어들일 돈에 초점을 맞추고 있었다. 1818년 9월 알바니의 강연에서 청중 그 누구도 설득하지 못한 듯하지만, 그는 아내에게 69불을 강연료로 받았다고 했다.[21] 1819년 1월 델라웨어의 윌밍턴에서 두 번의 강연을 했고 그는 꽤 짭짤한 강연료, 125불을 받았다.[22] 개인적으로 횡설수설하는 그의 이야기 속에서, 그는 자신의 구상이 가난한 사람들에게 어떤 효과를 보이는지에 그다지 관심을 기울이지 않았다. 대신, 그는 청중의 규모라든지, 자기 이야기를 듣는데 그 사람들이 얼마나 많은 돈을 지불할 것인지에 대해 세심하게 신경썼다.[23]

당시, 일반 대중이 랭카스터의 개인적 야심에 대해 이런 저간의 상황을 알 도리는 없었다. 그러나 칼호운 장관과 마찬가지로 랭카스터가 대중 앞에서 주장하는 내용을 좀 더 가까이 들여다볼 수 있었다. 만약 그랬다면 한참 달아올라 있던 열정을 누그러뜨릴 수 있었을 것이다. 예를 들어, 1819년 랭카스터는 런던에서의 각본 속에서 오래된 속임수를 하나 꺼내 들고는 미국 청중들에게 먼지 털 듯 내밀었다. 그는 자신의 경이로운 "랭카스터 시스템"을 설명하는 새 책을 발간하겠다고 했다. 그는 이미 수십 권을 사겠다고 청약한 유명한 미국 인사 목록을 내밀었다. 여기에는 하원의장이었던 클레이(Henry Clay), 상원의원이었던 브루웰 바셋(Bruwell Bassett), 후일 대통령이 되는 존 아담스(John Quincy Adams), 뉴욕주지사였던 드 위트 클린턴(De Witt Clinton) 등이 포함되어 있었다. 청약비용으로 1달러를 내면 짧은 내용의 책 두 권을 얻을 수 있었고, 청약한 인물이 영향력 있는 각계 인사라면 추가해 두 권을 무료로 보내줄 것이었다. 랭카스터는 과거에 이미 해 본 일이어서, 청약을 하려면 먼저 돈을 내라고 요청한 것이다. 역시 과거에 이미 했던 바대로, 그의 책 출판은 이행되지 않았다.[24]

당연한 이야기겠지만, 모든 미국 개혁가들이 랭카스터 및 그의 구상과 사랑에 빠진 것은 아니었다. 칼호운 장관과 마찬가지로 일부 비평가들은 랭카스터의 구상이 별 신통할 게 없다고 생각했다. 1819년 초 랭카스터의 강연을 들었던 워싱턴DC의 한 인사는 랭카스터에게 "위엄/자존감"이라곤 찾아볼 수 없으며, 심지어 그의 구상은 여러모로 깊이 생각해 만들어 낸 계획이 아니라고 했다. 맞다. 랭카스터 시스템을 교육적 만병통치로 승인하는 것은 일종의 "유행이 되어 버렸다". 하지만 그는 "이 시스템에 대해 너무 과대평가되었다"고 콧방귀를 뀌었다.[25]

하지만, 랭카스터가 미국에서 체류하던 첫해, 이런 비판적이고 냉소적인 목소리는 극히 적었다. 랭카스터 자신과 마찬가지로, 대부분의 저명한 교육개혁가들은 랭카스터 시스템이 전망한 약속에 대해 열광했다. 시스템 자체는 모든 교육적 질문에 먼저 답변하겠다고 약속했다. 시스템을 열렬하게 지지하는 사람들은 긴밀히 살펴보지도 않고 이 약속에 빠져들었다. 많은 랭카스터 교육개혁가들은 지역사회의 모든 아동에게 무상교육을 제공하게 된 이후에나 자신들의 실수를 깨닫게 되었다.

이들 중 일부는 뻥으로 가득한 랭카스터의 약속에 그토록 경솔하게 빠져든 것에 나름 변명의 여지가 있다. 이들은 단지 다가올 미래를 알 수 없었고, 랭카스터의 주장을 긴밀히 살피지 않았다. 그럼에도 불구하고, 많은 사람들에게 랭카스터의 구상을 비판적으로 검토하지 못한 상황은 도무지 이해하기 어려운 구석이 많다. 필라델피아의 로버츠 보우는 랭카스터의 구상과 이 구상을 실행하는 과정이 전달하는 많은 경고 신호에 주의를 기울여 왔었다. 사실, 그는 런던의 랭카스터 학생들로부터 랭카스터에게 부과된 신체적 폭력 및 성적 학대 혐의에 대해 알지 못했다. 이미 앞에서 살펴보았듯이, 런던의 협회 위원회는 그에 대한 이런 혐의를 조사중 덮어 버렸다. 하지만 보우는 랭카스터의 개성과 약속에 대해 너무도 낙관적인 태도를 보였다. 결국 랭카스터는 자신에게 진짜 중요하게 뭔지에 대해, 즉 청중 규모와 더 센 강연료에 대해 보우에게 반복해서 말했다.[26] 여기에 더해, 이전 런던에서 랭카스터를 지지했던 사람들은 보우에게 랭카스터의 상당히 곤란한 성격에 대해 직접 경고했다. 랭카스터가 뉴욕시에 발을 들여놓았을 때, 런던왕립랭카스터협회의 한 위원은 보우에게 랭카스터는 "극단적으로 주의를 주지 않는 한 문제를 일으키는 인물"이라고 경고했었다. 이전 몇 년 동안 랭카스터와 다투면서 생긴 상처가 채 아물지 않은 상태에서 런던의 개혁가들은 보우에게 불확실한 조건을 남기지 말라고 조언했다. "당신은 나와 여타의 사람들로부터 자주 이야기를 들어왔다. 그는 운전하지도 혹은 이끌지도 않는 높은 말을 늘 타고 있다."[27]

장막 뒤

제1세대 미국 랭카스터 교육개혁가들은 자신들이 듣게 된 정교한 약속에 대해 약간의 회의적인 태도를 보이기는 했었다. 그럼에도 불구하고, 결국에는 랭카스터의 구상에 대해 확신을 가진 것에 만족해했다. 이들은 효과성에 대한 좀 더 구체적인 증거를 요구하지 않은 채 확신에 찬 증언에 더 귀를 기울였다.

예를 들어, 초기에 발간된 그의 매뉴얼을 보면 랭카스터는 자신의 시스템이 런던에서 이미 입증되었다고 독자들에게 장담하고 있다.[28] 물론 세세한 정보는 전혀 제공되지 않았다. 대신 독자들에게 물증은 잘 준비되어 있다고 확신에 찬 주장을 되풀이했다. 런던왕립랭카스터학교협회의 회원이자 퀘이커교도로서 가장 잘 알려진 노예제폐지론자였던 윌리엄 알렌과 같은 초기의 지지자들은 1808년 랭카스터의 보로우학교를 방문하고 직접 작성한 보고서를 내놓았다. 알렌은 "나는 내가 본 광경에 대한 인상을 절대 잊을 수 없을 것"이라고 기술했다. 그러면서도 몇 가지 회의적인 생각거리가 있음을 밝혔다. 하지만 그가 "거리에서 모여진

1000여명의 아이들"이 정확히 같은 방식으로 완벽하게 공부하는 모습을 보았을 때, 이 시스템을 믿지 않을 수 없었다고 했다.[29] 클린턴과 마찬가지로 알렌은 천 명의 학생을 실제로 보지 못했다. 당시 보로우학교에는 하루에 최대 2백 명 정도의 학생들이 모였다. 하지만 알렌은 이를 천여 명이라고 들었고, 그는 자신이 그렇게 보았다고 생각해 버린 것이었다.

기록된 알렌의 증언에는 좀 더 잘못된 부분이 있다. 알렌은 런던의 다른 몇몇 랭카스터 교육개혁가들과는 달리, 당시 랭카스터가 자신의 기적적인 학교를 저당잡혀 장부에 기재되지 않은 대출금에 몰두하고 있다는 사실을, 그리고 랭카스터가 습관적으로 자기 조교들을 단지 즐거움을 위해 학대했다는 사실을 몰랐다. 나중에 분명해지기는 하지만, 랭카스터가 보로우학교에서 거둔 초기의 성공은 막대한 불법 대출로 운영되었고, 두려움에 휩싸여 굴러갔었다. 알렌이 1808년 학교를 방문했을 때, 잘 감추어진 재정상의 어떤 문제도 분명하지 않았다. 그는 큰 비용을 들여 수백 명의 학생들을 가르치는 학교를 보았을 뿐이다. 하지만 그는 자신이 천여 명의 학생을 아주 싼 값에 가르치는 학교를 본다고 생각했다. 몇 년이 지나 알렌과 그의 런던 동료들은 이 둘의 차이를 분명히 깨닫게 된다.

미국 개혁가들은 알렌과 마찬가지로 재정상의 부정, 학대에 관한 우울한 결말에 대해 전혀 모른채 그의 보고서를 읽었다. 미국인들은 시간이 한참 지나기까지 랭카스터가 런던에서 해 온 추악한 일 자체에 대해 몰랐다. 이들은 알렌과 런던왕립랭카스터학교협회의 동료들이 반복해서 랭카스터의 빚을 갚았고, 그가 저지른 학대 사건을 숨겼다는 사실을 몰랐다. 이들은 랭카스터의 재정적 약속이 진실되며, 그의 시스템은 계획대로 굴러갈 것이라고 믿었다. 이들이 랭카스터의 근사하고 멋진 시스템에 대해 여전히 의구심을 품은 대중들에게 확신을 심어주려고 할 때, 의도적으로 거짓말을 한 것은 아니었다. 하지만 이들 또한 속고 있었다. 예를 들어, 필라델피아의 개혁가들은 이 시스템의 장점은 "열정에 이끌린 제안이 아니"라고 약속했다. 1817년 발간한 보고서에서 이들은 "이 시스템이 가진 모든 장점을 충분히 오래 발전시켜 온 영국에서 만들어졌다."[30]

대략 1815년에서 1825년 사이, 미국에서 랭카스터 교육개혁가들의 열정이 정점에 있을 때, 미국 개혁가들은 스스로를 현학적 몽상가가 아닌 냉철한 현실주의자라고 여겼다. 이들은 끼리끼리 모여서는 시스템이 가진 변혁적인 힘을 보여준다고 할만한 증거와 사례들을 공유했다. 뉴욕에서 무상학교협회의 이사회는 교사들로부터 상세한 보고서를 제출하라고 했다. 예를 들어, 1817년 학교1의 교사는 현재 489명의 남학생이 등록해 있다고 보고했다. 이들이 입학했을 때, 이중 89명은 "알파벳 하나도 모르는 무지한" 상태였고, 61명은 일부 단어를 말할 수 있을 정도의 상태, 그리고 65명은 초급독본의 기본 문장을 읽을 수 있었다. 단 10명 정도의 학생들만이 성경을 읽을 수 있었다. 이 학교에서 어느 정도 시간이 지난 후 그 교사는 55명의 학생이 알파벳 몇 글자를 읽을 수 있는 수준에서 간단한 문장을 읽을 수 있는 수준으로 진급했다고 보고했다. 52명은 단문 읽기 수준에서 초급독본의 좀 더 긴 문단을 읽어내는 수준으로 향상되었다. 12명의 학생은 성경을 읽는 수준으로 올라갔다.[31] 이런 숫자는 상당히 훌륭하게 들린다. 하지만 이사회는 이에 대해 아무런 질문을 던지지 않았다. 이사회는, 도대체 이 아이들이 이런 수준의 향상을 보이는데 얼마나 오래 걸렸는지, 랭카스터 학교가 아닌 다른 학교와 비교해 이런 향상 정도가 어떻게 비교되는지 묻지 않았다. 이사진들은 단지 확신에 필요할 만한 보고서가 필요했을 뿐이지, 진짜 증거가 필요했던 것은 아니었다.

엘리트들은 다른 부류의 증거를 보면서 시스템의 효과라며 좋아했다. 예를 들어, 필라델피아에서 학교위원회 위원장인 로버츠 보우는 도심 내 한 랭카스터 학교 학생이 보내온 감사 편지 하나를 구했다. 이 편지에서 학생은 수려하고 깔끔한 손 글씨로, "대중의 부담 중에서 가장 큰 관심사를 실현시키고자 여러분이 베푼 자비와 관심에 대해 롬바드가 학교(Lombard St. School)의 학생 한 명이 보내는 답례를 기쁘게 받으시기 바랍니다."라고 감사인사를 했다.[32] 이 학생이 감사를 표한 때는 1827년이었다. 그런데 이때는 이미 보우와 필라델피아의 여러 사람들이 서서히 이 시스템의 효과성에 대해 의문을 품기 시작했다. 하지만 보우는 이 시스템의 효과성에 대한 생각에 여전히 집착하고 있었다. 랭카스터 시스템에 대한 초기 열혈팬들, 예를 들어, 뉴욕무상학교협회 지도자들과 마찬가지로 보우는 증거와 물증을 원했다. 보우는 전 세계의 여러 열정가들과 마찬가지로 랭카스터가 저지른 범죄와 실수들에 대한 전체 이야기는 모른 채 그의 개성에 대해 아주 희미한 수준의 경고만을 받았다.[33] 전체 이야기 혹은 비교할 만한 나름의 준거도 없이 뉴욕, 필라델피아 및 주요 도시의 개혁가들은 찾아낼 수 있는 증거라면 뭐든 받아들이는 경향을 띠었다. 그런데 이들은 랭카스터가 내놓은 정교한 약속이 진짜인지 아닌지 시험해 보는 대신 랭카스터 시스템이 작동한다는 마음 속의 희망을 재확인하는 식이었다.

일반 대중 또한 지도자들을 따라 시스템에 대한 확신을 표명했다. 당시 인기있던 월간지 편집장에게 보낸 글에서 저자는, 뉴욕의 랭카스터흑인무상학교를 방문해 연간 점검을 실시했다고 증언했다. 이 저자는 "랭카스터 시스템"은 이런 방문 이외의 증거가 필요없다고 설명했다. 그는 방문시에 "가장 의문스러운 사항들에 대해 충분히 확신할 만한 것을 보았다"고 말했다.[34]

흑인자유학교(African Free School) 학생들이 학부모 및 지역 주민들 앞에서 자신의 재능 작품을 전시하고 있다. 이 작품은 M. Burns의 것으로 1812년 12월 2일 제작되었다. New York African Free School의 기록물 4권(p. 44)에서 가져옴. The New York Historical Society 제공.

역사학자 윌리엄 리즈(William Reese)의 연구에 따르면, 당시 미국 대중은 지역사회를 초청해 보여주는 학예회를 학교교육 평가의 수단으로 여겼다. 몇몇 당대 비평가들이 이런 학예회를 두고 수업 시간을 허비하는 쓸데없는 일이라고 비판하기도 했지만, 학부모 및 지역사회주민들은 어떤 학교든 전통적인 학예회를 학교교육에 대한 가장 공정한 평가방법이라고 여전히 생각하고 있었다.[35]

당시 뉴욕주의 학교들은 전부 인종에 따라 구분되는 학교였는데, 이런 학교들은 지역주민들 앞에서 학생들이 정교하게 준비한 공연을 성과로 보여주는 것에 더해, 시험 점수가 높은 우수 학생을 소개하고 매년 이들에 대한 보고서를 발간했다. 일반 대중들은 수학, 시, 수사법 및 예술에서 학생들의 성적이 어떤지 확인해 볼 수 있었다. 뉴욕의 흑인 랭카스터 교육개혁가들은 학생 에세이 실력을 보고 이것이 곧 랭카스터 시스템의 효과성을 보여주는 증거라고 여겼다. 이들은 학생의 교과 성적이 자신들이 랭카스터 시스템에 대해 갖고 있는 신념과 여기에 쏟아붓는 기금을 정당화시켜준다고 믿었다. 한 학생의 에세이를 보면, "이 곳의 여러 학교들은 계속 랭카스터 시스템에 따라 운영되고 있다. 학생들의 성적 향상은 학교를 찾는 방문객들에게 만족스러워보이듯 학교 이사진들에게도 상당히 만족스럽다."[36] 흑인 개혁가들은 이런 증거가 심히 인종주의적인 백인 사회에서 나름 비판적인 눈으로 검토되리라는 점을 알고 있었다. 간혹 적대적이기까지 한 방식으로 말이다. 당시 12세 학생이었던 조지 알렌(George Allen)은 1827년 학업 성적이 크게 올랐다. 이 학교는 "남부 및 전국 여러 지역의 신사들이 자주 찾는 곳"이었다. 시간이 지나면서 이 학생과 동료들은 그때마다 자신이 배운 것을 이들 앞에서 보여주도록 요청받게 되었다. 매번 학예회 공연을 하면서 방문자들은 "우리가 보여준 것에 대해 상당히 만족하다는 표현을 했다"고 알렌은 말했다. 백인 방문객이 이런 공연에 대해 약간이라도 의구심을 갖기라도 하면, 학교 지도자들은 다음과 같이 짤막한 내용을 덧붙였다. 이 에세이는 "누구의 도움도 받지 않고 조지 알렌이 독창적으로 작성한 것입니다. 순수 흑인의 피를 타고 난 알렌은 12-13세의 소년으로 이 도시에서 나고 자랐습니다."[37]

개혁가들은 알렌과 같은 학생들의 학업 성취에서 랭카스터 시스템의 증거를 발견할 수 있다고 보았다. 흑인, 백인, 남녀학생, 유럽인 및 미국인 등 모두 랭카스터 시스템의 탁월성을 보여주는 증거를 내보였다. 한 아일랜드 랭카스터 교육개혁가가 인정하고 있듯 이 증거에 대한 부담이 개혁가들을 짓누르고 있었다. 결국 이 시스템이 내놓는 주장은 화려하기 그지 없었다. 이 시스템은 최소한의 비용으로 가난한 아이들 수천 명을 위한 학교를 운영할 수 있다고, 위험하기 짝이 없는 소년 범죄자들을 생산적인 청소년 시민으로 바꿔놓겠다고 약속했고, 모든 학생에게 믿기지 않을만큼의 빠른 학업성취가 가능하다고 확약했다. 그리고 지금까지 도무지 성취할 수 없을 것 같은 숫자게임에서 마침내 승리할 수 있으리라고 약속했다. 이 아일랜드 개혁가는 신문 〈벨파스트 크로니클(Belfast Chronicle)〉의 한 기사에서 이런 랭카스터 시스템의 약속은 "너무도 이상해서 불가능이란 땅의 경계에 있었다."[38]

시스템의 시대

진짜 믿기 어려웠다. 역사적 관점에서 랭카스터 교육개혁모델에 대한 열정이 보이는 궤적은 도무지 설명하기 어려워 보인다. 클린턴과 같은 미국의 도시 지도자들은 제대로 확인 한 번 하지 않은 것을 당신들 눈으로 봤다고 확신했으며, 야심차고 새로운 근대 시대가 시작하는 자리에서 있다고 생각했다. 이 시대는 랭카스터 학교가 가난과 범죄라는 고대 이래의 재앙을 날려버릴 것이었다. 이들은 이 시스템이 영광스럽게도 잘 작동하는 것을 봤다고 믿었다. 사실 이들은 과장된 약속을 듣고 있었을 뿐이었다.

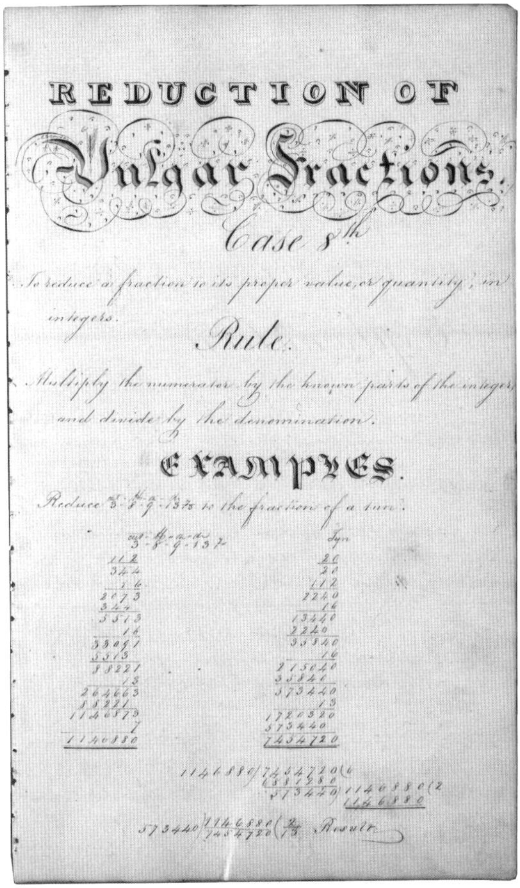
REDUCTION OF

Vulgar Fractions.

Case 8th

To reduce a fraction to its proper value, or quantity, in integers.

Rule.

Multiply the numerator by the known parts of the integer, and divide by the denominator.

EXAMPLES.

Result

학생 작품 전시회는 랭카스터 교수법에 대해 의구심을 품은 사람들을 안심시키기 위한 목적이었다. 서법체(Penmanship and Drawing) 수업에서 앤드루 스미스(Andrew R. Smith)의 "분수에서의 빼기" 작품. New York African Free School의 1817-1832년 기록물에서 가져옴. The New York Historical Society 제공.

다른 경우라면 그토록 논리적이고 합리적이었을 그 많은 사람들이 1810-1820년대 그렇게 뻥 튀겨진 랭카스터의 주장에 빠져들 수 있었을까? 당대 개혁가들은 랭카스터의 말을 단순히 있는 그대로 받아들인 것은 아니다. 우리가 봤던 것처럼, 랭카스터 교육개혁가들은 나름 증거를 찾아 헤맸고, 자신들이 확인한 것들을 내놓았다. 그러나 계속 반복해서 이 증거들은 자기확증적인 성격을 띠게 되는데, 랭카스터 교육개혁가들은 이미 확실히 믿을 준비가 되어 있었기 때문이었다. 당시 도시 개혁가들은 잘못된 길로 이끄는 랭카스터의 아주 상세한 이미지들에 빠져들었는데, 이들은 근대적이고 과학적인 해법이 존재해야만 한다는 것을 이미 믿고 있었다. 개혁가들은 세계사 속에서 아주 특별한 시대에 살고 있다고 생각했다. 즉, 이 시대는 기술과 사회 기구의 혁명적인 발전 덕분에 이전에는 도무지 다루기 어려운 인간 세상의 문제가 없어질 것이었다.

이후 메릴랜드대학교(University of Maryland)의 로스쿨이 되는 기관에서 일하던 한 열혈 랭카스터 교육개혁가는 다음과 같이 랭카스터 시스템에 관한 자신의 논문을 시작하고 있다. 새로운 19세기는 "대립과 극단의 시대"였다. "다양한 시스템"의 시대로 일부 시스템은 최고 수준으로 마음을 키우고 사람의 인격을 고상하게 만들도록 잘 계산되어 있었다". 랭카스터의 "동경해 마지않는 실용 교육 시스템"은 이런 근대적 시스템 중에서 가장 "탁월하다"고 할 것이었다.[39] 이와 유사하게, 뉴욕의 랭카스터 교육개혁가들은 "우리가 살아가는 시대"는 경이로운 것으로 가득한데, "모니터리얼(조교제) 기법은 이 중에서 가장 위대하다"고 했다.[40] 필라델피아 노동계층의 한 사람은 근대적 교육 시스템이 곧 "모든 어둡고 충분히 이해되지 않는 무지, 미신, 편협 및 범죄 덩어리"를 없애버릴 것이라는 자신의 신념을 설파했다. 이런 사악함은 "다시는 인류를 고통스럽게 하지 않도록" 곧 소멸되어 사라질 것이었다. 지난 수년 동안 "물리적이고 도덕적인 학문세계에 엄청난 발전"을 봐왔던 것처럼, 이 노동계층 출신 전문가는 새로운 시스템이 추정된 교육과학에도 똑같은 일을 해낼 것이라고 믿었다.[41]

랭카스터의 뻥 튀겨진 수사법은 세계를 변화시키는 시스템에 대한 신념의 시대에 딱 들어맞았다. 예를 들어, 가장 두각을 보이는 랭카스터 지지자 중 한 명은 자신만의 그 유명한 시스템을 갖고 있었다. 캔터키주의 클레이(Henry Clay) 의원은 영향력이 큰 하원의장으로 랭카스터가 워싱턴DC에 들어올 때 직접 맞았었다. 그는 기반시설의 증진 및 경제개혁을 위한 "미국 시스템"을 직접 만들었다. 랭카스터 시스템이 교육의 발전을 약속하고 있는 것처럼, 클레이의 시스템은 사회를 혁명적으로 바꾸고, 정체된 경제에 진보를 가져오며, 계층 간 갈등을 없애겠다고 약속했다.[42] 이와 유사하게, 스코틀랜드의 랭카스터 친구인 로버트 오웬(Robert Owen)은 시스템과 이를 통한 발전에 대한 거창한 약속을 들고 미국으로 왔다. 1825년 오웬은 인디애나주의 뉴하모니(New Harmony, Indiana)에서 공상적 공동체를 새롭게 시작했다. 그가 새롭게 세운 공동체는 "완전히 새로운 사회 시스템을 도입해 무지와 이기적인 시스템을 계몽된 사회 시스템으로 바꿔버리겠다"고 설명했다.[43]

이 열정의 시대를 살아가는 사람들은 이때를 곧 시스템의 시대로 생각했다. 많은 지식인들과 개혁가들은 교육 분야가 혁명적이고 체계적인 발전을 가능하게 할 수 있어야 한다고 생각했다. 마치 농업, 산업, 교통이 그러했듯이 말이다. 19세기가 시작하기 바로 직전, 미국철학회(American Philosophical Society)는 이런 시스템을 탐색하는 상황에서 한 에세이 대회를 후원했다. 이를 가능케 하는 시스템이란게 반드시 존재해야 한다고 생각하면서 말이다. 이 대회 참가자들은 "미국 대중사회의 복지를 진작시킬 수 있도록 가장 잘 계산된 자유교양교육의 시스템에 관한 에세이"를 작성해야 했다.[44] 주류 역사학자의 설명처럼, 이 시대 개혁가들은 "교육을 체계적이고, 과학적이며, 단순하고, 무엇보다 써먹을 수 있을만큼 실용적이어야 하는 것으로 이해"하고 있었다.[45]

도시의 개혁가들은 자신들이 살고 있는 근대적 도시에서 이런 시스템을 발견하리라고 생각했다. 1800년대 초 수십 년 동안 모든 미국인은 배경과 상관없이 도시가 이렇게 새로운 것이 탄생하는 곳, 즉 새로운 삶의 방향을 찾아내도록 하는 장소라는 점을 한점 의심하지 않았다. 한 역사가의 말에서처럼 "한껏 도시의 새로움을 즐길 수 있는" 그런 공간이었다.[46] 이런 흐름을 따르는 전 세계의 도시 중 런던은 가장 으뜸이었다. 필라델피아의 벤자민 러쉬(Benjamin Rush)는 1810년 자기 아들에게 이렇게 편지를 쓰고 있다. "위대한 그 도시(런던)는 전세계의 완벽한 본보기이다."[47] 미국 개혁가들이 자기 도시에서의 문제를 들춰내면서 이들은 좀 더 큰 도시에서 어떻게 이 문제들을 해결했는지 검토하게 되었고, 런던은 늘 이런 움직임의 첫 시작점이었다. 또 다른 역사학자는 "상인들은 런던을 눈여겨봤고, 학교 교사들 또한 마찬가지였다"는 방식으로 아주 간결하게 설명하고 있다.[48] "근대성의 중심"이라 할만한 런던과 같은 도시만이 근대적 문제에 근대식 해법으로 찾고 있는 곳이었다.[49] 개혁가들의 이런 가정과 내면 가득한 태평스런 자신감 때문에 당대 엘리트들은 자신들이 직면한 문제의 진짜 근원지가 어딘지 분별해 알아내기가 불가능했다.

제대로 된 상황을 파악하기까지 한참의 시간이 걸리게 되는데, 그것도 엄청 비싼 값을 치르고 나서 말이다. 랭카스터가 갑자기 대중 무대에 올라서면서 영국과 미국의 청중들은 그의 독특한 주장을 믿을 만반의 준비가 되어 있었다. 그것도 아주 잘. 그가 당면한 문제들을 값싸게 해결할 수 있다는 주장을 내세웠을 때, 그것도 런던과 같은 도시에서 근대적 마법을 활용해 이 일을 한다고 했을 때, 사람들은 거의 질문하지 않았다.

그토록 똑똑하다던 미국 사람들이 랭카스터 열병에 휘둘리게 된 이유의 일부분은, 이들이 변혁적 시스템을 당대 근대적이고 과학적인 시대의 예측가능한 이익으로 생각했기 때문이었다. 이들은 혁명적이고 새로운 발견, 즉 세상을 변화시킬 수 있는 잠재력을 가진 발견을 쉽사리 믿었다. 개혁가들은 랭카스터에게 이런 류의 단어로 말을 건넸다. 즉, 랭카스터는 운 좋게도 이 시스템을 발견한 사람이라면서 말이다. 예를 들어, 한 하원의원은 근대적 교육 시스템을 "랭카스터씨의 발견"이라고 지칭했다.[50] 랭카스터를 근대적 마법을 발견한 사람이라고 생각하는 사람은 그만이 아니었다. 스코틀랜드의 뉴라나크에서 혁신적인 공장을 만들어 운영하던 오웬 또한 랭카스터식 교육을 "지난 수백 년 동안 있었던 유용하고 가치 있는 발견 중 가장 대단한 것"이라며 칭찬을 아끼지 않았다.[51]

개혁가들은 랭카스터의 시스템이 마치 기술적 돌파구, 즉 근세의 또 다른 기계적 경이로움이라도 되는양 이야기했다. 예를 들어, 클린턴은 이 시스템을 "교육에서 노동과 비용을 줄이는데 기술적 기예로 거듭난 가장 완벽한 기계"라고 말했다.[52] 다른 랭카스터 교육개혁가들 또한 이와 유사한 언어를 사용하고 있다. 어떤 열혈 랭카스터 팬은 1811년 랭카스터에게 편지를 보내, 랭카스터 시스템을 "진정 기계적이고 한 치의 오차도 없이 정확한 시스템"이라고 칭찬했다.[53] 또 다른 랭카스터 교육개혁가는 그의 학교를 두고 "모든 것이 강력한 엔진과 같이 계속 움직이고, 엔진에 연결된 모든 기어가 다른 기어들을 계속 돌아가게 만든다"고 칭찬을 아끼지 않았다.[54] 근대적 기계는 매일 세계를 바꾸는 기술의 혜택을 제공해주었다. 학교라는 기계가 뭔가 비슷한 일을 하지 않을 이유가 있겠는가?

여러 지지자들이 생각했던 것처럼 랭카스터 시스템은 교육에서 놀랄 만한 근대 기술과 근대 과학의 혜택을 확장해 주었다. 실제, 랭카스터 교육개혁가들은 랭카스터 시스템의 과학적 특징을 가리켜 혁명적 중요성을 보여주는 증표라고 되풀이해 말했다. 랭카스터는 몬로 대통령에게 보낸 서신에서 자기가 창안한 시스템은 학교를 "과학계 내에" 자리잡게 해서 고대 이래 이어져 온 많은 저주들을 일소했다고 주장했다.[55] 발전의 시대, 기계의 시대, 과학 혁명의 시대에 랭카스터는 자기 시스템이 교육개혁을 "과학적 완벽함"으로 수행하겠다고 약속했다.[56]

개혁가들의 이런 열정을 도가 지나치다는 식으로 매도하고 싶기도 하다. 하지만 당대의 여러 근대적 경이로움은 이들의 행태를 나름 이해할 수 있게 해준다. 예를 들어, 최종적으로 랭카스터 교육개혁에 대한 클린턴의 판단은 잘못되었지만, 세계를 변화시키는 기술과 관련한 그의 판단은 옳았었다. 아주 극적으로 클린턴은 이리호운하 프로젝트에 대해 아주 유사한 방식의 강한 주장을 펼쳤었다. 뉴욕에서 그의 정적들은 그를 가리켜 '커다란 도랑'(big ditich. 대문자로 쓰인 경우에는 대운하를 일컫는 말임. 하지만 소문자로 쓰여서 삽들고 대책없이 도랑파는 바보라는 뜻으로 사용됨)이라고 놀렸지만, 클린턴은 이리호운하를 약속하던 때와 마찬가지로 열정적이고 긍정적인 랭카스터 교육개혁가가 되었다. 그는 이 운하를 "인류에 의해 만들어진 지금까지의 그 어떤 것보다 더 굉장하고, 더 장대하며, 더 유익이 되는" 운하라고 불렀다.[57]

랭카스터 학교교육을 적극 지원하는 데 있어 클린턴의 열정은 단추가 잘못 끼워져 있었다. 그가 운하에 대해 보인 열정은 이와 달랐다. 운하는 진정으로 세상을 바꿔놓았다. 나다니엘 호손의 표현대로, 그가 운하를 건설하는 일에 매달렸을 때, 클린턴은 "허드슨강에서 이리호까지 자신의 마술봉을 흔들어 댄 마법사"였었다.[58]

이리호운하는 만성적인 문제를 해결하는데 완전히 새로운 접근을 가능하게 했다. 오대호에서 대서양까지의 거리를 대폭 단축시켜주었는데, 대략 수주나 걸리는 시간을 수일 내로 줄였다. 시스템적인 조직, 근면한 노동, 투자, 근대적 기술로 인해 뉴욕 사람들은 진정으로 시간과 공간의 제약을 근본적으로 도전하고 극복해냈다. 클린턴의 열정, 즉 근대적 기술 세계와 시스템이 모든 것을 바꾼다는 점이 아주 훌륭하게 증명된 것이다. 클린턴은 이전에 진짜 운하를 본 적이 없었다. 하지만 그가 마음의 눈으로 본 것이 실제가 된 것이었다.

그는 랭카스터 시스템이 학교에 이와 똑같은 방식으로 작동하고 또 변화를 가져오리라고 생각했다.

충분하지 않은 학생수

1818년 랭카스터가 뉴욕시에 도착했을 때, 그의 시스템에 대한 미국인들의 열광은 극에 달해 있었다. 뉴욕, 필라델피아, 보스톤 등과 같은 도시에서 선의에 입각한 자선사업가들은 꽤 오랫동안 좀 더 많은 자선학교를 설립하려고 애쓰고 있었다. 수십 년 동안 이들의 노력은 그다지 큰 성과를 보지 못했다. 1818년이 되면 랭카스터의 약속이 이런 개혁가들에게 새 생명을 전해주게 된다. 1810-1820년대 동안 이들은 수업료를 받지 않는 새 무상학교를 더 많이 열었다. 이들은 점차 커지는 도시에서 가난하고 소득이 적은 가정의 아이들을 수용할 수 있는 충분한 수의 자선학교를 짓고자 숨죽인 채 학교 등록자 수와 수업 참석자 수를 표로 기록했다. 최종적으로 자신들의 이런 절실한 숫자 게임에서 승리하기를 바라면서 말이다. 무엇보다 이들은 자신들이 성공했다고 생각하게 된다.

개혁가들은 자신들의 성공을 숫자로 표시했다. 교육받은 학생수, 투입된 비용, 예방된 범죄자 수 등. 예를 들어, 필라델피아의 공립학교위원회(Controllers of the Public Schools, Philadelphia)가 펴낸 보고서에 따르면,

자신들의 열정을 보여주는 다음과 같은 결론을 대문자를 써가며 강조하고 있다. 이들의 랭카스터 학교들은 첫 3년 동안 "**칠천 팔백 구**(7,809)명"의 학생들을 교육했다면서 말이다.[59] 펜실베이니아 주 상원의회의 한 위원회 또한 필라델피아에서의 새로운 공립학교 시스템에서 출석자수 총계를 조심스레 기록하고 있다. 1818년 랭카스터 학교 시스템이 문을 열었을 때, 백인 남학생 수는 1,507명, 백인 여학생 수는 1,338명이었다. 이듬해 이 학교는 (흑백구분이 되어 있지 않은데) 남학생 1,677명, 여학생 1,591명을 받아들였다. 1820년이 되면 이 학교의 학생수는 남학생 2,594명, 여학생 2,775명으로 엄청나게 늘어있다. 하지만 1820년의 이런 성장세는 계속되지 않았다. 이후 출석생수는 곤두박질치더니 다시는 1820년의 정점에 이르지 못했다. 하지만 1820년대 초 상황에서는 향후 이런 앞날이 그리 분명하지 않았다. 펜실베이니아의 랭카스터 교육개혁가들은 무상공립학교에 수천명의 학생들을 몰아넣고는 자신들의 성공을 자랑해댔다. 이들 눈에 가장 중요한 것은 학생당 비용이 대폭 줄어들 수 있다는 가능성이었다. 랭카스터 방식의 학교교육을 실행한 이후, 필라델피아의 공립학교 예산은 연간 학생 1일당 4불 밑으로 떨어졌다. 이전에는 연간 공립학교 예산은 학생 1인당 11달러보다 높았었다.[60]

1818년 뉴욕에서 이 시스템은 나름 작동하는 것처럼 보였다. 랭카스터의 약속 하나에 영감받아 설립된 뉴욕무상학교협회는 1806년 랭카스터 매뉴얼에 따라 백인 아동을 위한 첫 무상학교를 설립했다.[61] 협회는 4년 뒤인 1810년 두 번째 무상학교의 문을 열었다.[62] 그리고 1819년까지 두 개의 무상학교를 더 열었다. 하나는 그리니치(Greenwich)에, 다른 하나는 리빙턴가(Rivington Street)에.[63] 협회에서 처음 개교한 무상학교는 남학교였다. 두 번째 학교는 남녀공학이었다. 세 번째와 네 번째 학교는 공학이기는 했지만, 남학생과 여학생은 각각 서로 다른 교실에서도 다른 교사의 지도를 받도록 분리되었다.[64] 몇 년이 지난 1825년 이 시스템은 총 6개의 무상학교로 네트워크가 만들어지고 등록한 학생수는 총 4,059명이었다.[65]

몇 년 동안 이 숫자들(등록생 수)은 나름 좋아 보였다. 협회 이사진들은 1822년 주의회에 폼재며 자랑을 늘어놓았다. 그동안 14,000명 이상의 아이들을 가르쳤다면서 말이다. 이사진들의 이야기에 담긴 이 아이들은 "사회에서 가장 낮은 계층에 속한" 아이들로, 이중 범죄자로 전락한 아이들은 단 한 명도 없었다. 또한 "이 중 누구도 법을 어겼다고 처벌을 받았다는 기록이 없다"며 이사진들은 힘주어 강조했다. 이사진들에게는 여전히 해야 할 일이 더 있었다. 이사진들은 의회의 의원들에게 아직 이 훌륭한 도시에 거기를 배회하는 배우지 못하고 가난한 아이들이 "6천 명 이상 있다"고 했다. 만약 주 정부로부터 더 많은 지원을 받지 못한다면 뉴욕 사람들은 이 숫자 게임에서 지게 되지 않을지 걱정했다.[66]

뉴욕주의 흑인들을 위한 마누미션협회(Manumission Society)는 흑인만을 위한 "흑인무상학교(African Free Schools)"를 뉴욕무상학교협회의 규모보다 작게 운영했다. 첫 학교는 1795년 문을 열었는데, 전통적인 방식으로 가르치는 학교였다.[67] 마누미션협회의 지도자들은 1817년 랭카스터식 방법을 따르는 학교 두 곳을 열고자 뉴욕무상학교협회 지도자들과 긴밀히 작업했다. 1834년 협회는 학교수를 7개로 늘렸고 나중에 이 학교들은 백인공립학교 시스템으로 통합되게 된다.

그리 오래지 않아 균열이 나타나기 시작했다. 모든 자선학교에 있어 등록 및 출석은 랭카스터식 기적을 측정해 주는 가장 중요한 지표였는데, 협회 지도자들은 절망스럽게도 흑인무상학교 두 곳에서의 등록학생수를 제대로 측정해 낼 수 없었다. 학교 방문자들은 협회 이사회에 출석자 수가 공식적인 등록생 수보다 한참 밑이라는 점을 말하게 되는데, 예를 들어, 1818년 7월 25일 한 방문자는 처음 설립된 흑인무상학교에 다음과 같은 쪽지를 전했다. "남학생 101명, 여학생 85명, 총 186명. 그런데 이 숫자는 어제 출석한 학생수보다 자그마치 50명이나 적다."[68] 모든 학교를 방문하는 모든 방문자들은 매년 이와 유사한 문제들을 확인하게 된다. 예를 들어, 1822년 2월 22일 두 번째 설립된 흑인무상학교를 방문한 사람은 당일 실제 참석한 학생수가 229명이라고 했는데, 등록학생을 등록한 공식표에는 414명으로 되어 있어 차이가 컸다.[69] 등록학생 수 및 출석학생 수가 급감하는 것은 뻥 튀겨진 랭카스터의 약속이 곧 허물어지리라는 첫 신호였다. 협회 지도자들은 이 난감한 상황을 나름 설명하려고 했다. 하지만 이들은 이 문제의 범위가 어느 정도인지 제대로 인지하지도 못한 상황이었다. 1822년 2월, 방문자들은 학생들의 낮은 출석상황을 날씨가 나빠서라던가, 학생들에게 따뜻한 옷이 없어서라고 둘러댔다.[70]

이때까지 랭카스터 학교들이 여러 도시에서 새로 문을 열고 있었고 성공의 정도는 천차만별이었다. 보스톤은 1818년 랭카스터식 초등학교들을 기존의 공립학교 시스템에 새로이 포함시켰다.[71] 볼티모어에서는 몇 년에 걸쳐 랭카스터 학교를 설립하기 위한 노력의 결과로 1825년 마침내 학교들을 세우게 되었다.[72] 이 운동은 대체로 북동부지역에서 가장 강하게 전개되었지만, 랭카스터 교육개혁가들은 이 운동을 다른 지역에서도 이어가고 있었다. 예를 들어, 조지아주의 사바나는 최소 1817년부터 랭카스터 학교 한 곳을 운영하고 있었다. 그런데 이 학교는 북부 지역 대부분의 도시에서 취하고 있는 공공 및 민간 재원의 복합재원이 아닌 완전히 개인 자선기관의 돈에 의지해 운영되었다.[73] 역사가 칼 캐슬(Carl F. Kaestle)이 추적하고 있듯, 미 전역에서 랭카스터 학교에 대한 논의 및 계획이 폭넓게 전개되었다. 노스캐롤라이나주 의회의 한 위원회는

1817년 랭카스터 학교를 제안하는 보고서를 제출했다. 물론 이후 아무런 조치가 취해지지는 않았다. 버지니아주에서는 8개 도시에서 랭카스터 학교를 설립했고 캔터키주에서는 2개 도시에서 설립되었다. 서부로 가면 디트로이트와 신시내티에서 랭카스터 학교들이 설립되었다. 1825년까지 개혁가들은 알바니, 포우킵시, 허드슨, 트로이, 쉐넥테이디, 우티카 등을 포함한 뉴욕주 전역에 걸쳐 랭카스터 학교에 관한 이야기를 주고 받았다. 코네티컷주의 뉴헤이븐, 하트포드, 길포드 등의 도시는 이들 지역의 랭카스터 학교들에 대해 자랑을 늘어놓았다. 헤리스버그, 이리, 뉴캐슬, 그리고 랭카스터 읍내까지 필라델피아 이외의 펜실베이니아에도 랭카스터 학교들이 세워져 운영되고 있었다.[74]

여러 면에 있어 필라델피아의 랭카스터 학교에 대한 이야기는 관련된 교육개혁의 궤적을 명징하게 이해하도록 하는 사례가 된다. 물론 모든 도시의 상황은 아주 달랐다. 각 도시는 주정부 및 자치체, 여러 다양한 자선단체, 그리고 꽤 많은 개인으로부터 다른 정도의 기금을 지원받았고, 이들은 각자 다른 계획 및 제안이 담긴 내용의 개혁을 종용했다. 따라서 필라델피아와 같은 도시의 사례가 랭카스터 교육개혁 전체를 대표한다고 단순화해 볼 수는 없는 노릇이다. 그러나 숫자에 지나치다 할 만큼 집착했던 필라델피아의 학교 지도자들이 염려스러운 마음을 담아 학생들의 학교 출석 상황을 꼼꼼히 추적해 놓은 자료 덕택에 필라델피아에서의 경험은 랭카스터 교육개혁의 추락이 어떠했는지 제대로 보여줄 수 있을 것이다.[75]

백인이건 흑인이건 필라델피아의 개혁가들이 자선학교를 통한 교육운동에 꽤 오래 헌신해 왔다는 점을 떠올려 보라. 라치드 알랜 및 많은 수의 노예 폐지를 주장하는 도시 단체의 지도자들은 흑인 학생들을 위한 무상학교를 운영해 왔었다.[76] 1800년대까지 교회학교, 특히 퀘이커교도가 운영하는 학교에서 수십명의 백인 빈곤층 아이들 또한 교육받고 있었다.[77] 1801년이 되면 필라델피아 자선학교협회(Philadelphia Society for the Establishment and Support of Charity Schools)가 랭카스터 학교교육의 기초를 닦았다. 1817년 협회는 무상학교 두 곳의 문을 열게 되는데, 하나는 백인 여학생을 위해서, 다른 하나는 백인 남학생을 위한 학교였다. 여학교는 최소 1813년 이후, 남학교는 최소 1817년 이후 랭카스터식 방법으로 학교교육을 했다.[78]

필라델피아 랭카스터 공립학교 등록생 수, 1819-1832

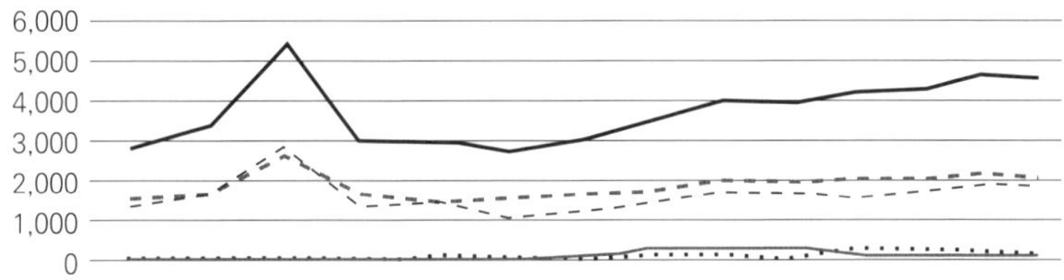

구분	1819	1820	1821	1822	1823	1824	1825	1826	1827	1828	1829	1830	1831	1832
전체	2,845	3,268	5,369	2,969	2,932	2,706	2,968	3,509	3,992	3,897	4,207	4,303	4,659	4,602
백인 남학생	1,507	1,677	2,594	1,624	1,398	1,472	1,621	1,709	2,003	1,972	2,055	2,060	2,230	2,177
백인 여학생	1,338	1,591	2,775	1,345	1,397	1,083	1,195	1,467	1,665	1,657	1,600	1,732	1,895	1,937
흑인 남학생	0	0	0	0	130	86	86	185	186	163	251	241	253	220
흑인 여학생	0	0	0	0	107	65	66	148	138	105	301	270	281	268

전체 백인 남학생 백인 여학생 흑인 남학생 흑인 여학생

1820년대 등록생 수에 집착하는 개혁가들에게 랭카스터의 약속은 곧 실현될 것처럼 보였지만 실망스러울 정도로 평범한 미래와 맞닥뜨리게 되었다. 본 자료는 Historical Society of Pennsylvania의 「Annual Reports of the Board of Controllers of Philadelphia's Public Schools」와 1822년 3월 1일 펜실베이니아 의회에서 발간된 「Reports on the Subject of Education, Read」(Harrisburghm, C. Mowry, 1822)에서 가져옴. 저자 Adam Laats 제공.

필라델피아에서 랭카스터 교육개혁가들의 환호가 가장 절정에 이른 시기는 1818년이었다. 이 해, 랭카스터가 미국 땅을 밟고 이주해 왔고,

펜실베이니아주 의회는 필라델피아 주민들에게 수업료가 없는 무상공교육을 의무로 제공한다는 법을 통과시켰다. 이 법으로 인해 필라델피아와 주변 군은 펜실베이니아주 최초의 공립 학교구가 만들어졌다. 이 지역의 교육감들이 선출되었고 이들에게는 새로운 교육위원회를 구성할 수 있는 권한이 주어졌다. 새로운 학교구 내의 학교들은 "가장 최신의 랭카스터 시스템의 학교교육 방식을 반드시 따르"도록 했다.[79]

Photo by F. D. E., 3-21-1913

THE MODEL SCHOOL
East Side of Chester Street, North of Race Street

필라델피아의 시범 학교. 이 학교는 1818년에 건축되었고, 사진이 찍힌 1913년에도 여전히 건재해 있다. 프랭크린 에드문드(Franklin Davenport Edmunds)의 『The Public School Buildings of the City of Philadelphia from 1745 to 1845』(1913: p. 52)에서 가져옴.

열정적인 로버츠 보우가 이끄는 교육위원회(Board of Controllers)는 즉각 6개의 학교를 지었다. 이들은 필라델피아에 랭카스터 교육의 장대한 약속을 도입하고 필라델피아의 신설 랭카스터 학교 교사들을 길러내기 위한 랭카스터 모델학교(Lancasterian Model School)를 새롭게 건축했다(앞장의 그림 참조). 물론 많은 돈이 들었다. 모델학교 비용은 건축 및 가구 비용을 포함해 전체 15,131.01달러였다.[80] 시대에 따라 들어간 비용을 비교해 평가하기는 늘 어렵다. 그러나 아주 보수적인 평가 기준으로 비교해 보더라도, 당시 모델학교에 투입된 비용은 21세기의 달러로 환산해 거의 2백만 불에 달한다.[81] 보우와 동료들은 이 비용은 그만한 가치가 있다고 생각했다. 이들은 아직 조셉 랭카스터와 함께 일하는 것이 얼마나 어려울지 전혀 알지 못했다. 더욱이 랭카스터 교육개혁의 성과를 증명해 보이는 것이 또 얼마나 어려울지도 몰랐다. 1818년 이들 눈에는 가능성이 끝도 없이 펼쳐져 있을 뿐이었다.

6개의 학교로 시작한 필라델피아의 공립 학교구에는 1820년 하나의 학교가 더해졌고 1822년 흑인학생들을 위한 학교가 하나 더 세워졌다. 무엇보다 등록학생 수가 1818년 전체 2,845명에서 1821년 5,369명으로 껑충 뛰었다. 1825년이 되면 이 지역의 공립학교는 총 9개로 늘었다. 이 중 2개교는 흑인학생만을 위한 학교였고, 남학교 하나, 여학교 하나가 있었다. 하지만 등록생 수가 곧 추락하는데 1821년 이후 등록생 수는 정점대의 학생 수를 다시 회복하지 못했다. 1821년 5,369명의 학생에서부터 이듬해 등록생 수는 2,969명으로 줄어들었다. 1824년 감소 폭은 줄어들었지만, 학생 수는 2,706명이 되었다. 이후 약간 등록생 수의 소폭 상승이 있기는 했다. 하지만 도시의 랭카스터 학교들은 가장 중요하게 생각하는 기대치의 학생수에 도달하지 못했다. 이 학교들은 저비용으로 수천 명의 학생들을 교육하지 않았다. 결국 이 학교들은 가장 중요하다고 여

겨지는 면에서 실패했다. 쉽게 이야기해, 이들은 숫자 게임에서 졌다.[82]

이런 실패의 이유를 설명하는 것은 간단하지 않다. 전혀. 학생, 교사, 학부모, 납세자 모두 부풀려진 랭카스터 교육개혁가들의 꿈에 대해 이런 저런 불평을 갖고 있었다. 필라델피아의 교육위원회는 1820년대 말 이전에 상상해 왔던 것과는 아주 다른 상황에 맞닥뜨렸음을 알게 된다. 이들은 랭카스터 교육혁명이 시작하던 시기 조셉 랭카스터를 곧 도시에 맞아들일 것으로 생각했다. 이들 생각에 이들이 맞닥뜨린 문제의 핵심은 폭발적으로 성장하고 있는 세계를 변화시키는 학교 시스템을 운용할 수 있는 충분한 수의 건물을 짓는 것이었다. 하지만 이들은 대신 랭카스터가 도무지 통제 불가능한 인물이고, 그의 시스템은 애당초 그가 내놓은 약속을 실현하지 못했다는 점을 알게 될 뿐이었다.

학생들은 더 이상 학교에 오지 않았다. 학부모들은 불평불만이 많았다. 그리고 교사들은 학교를 떠났다.

진 게임

필라델피아의 랭카스터 교육개혁가들은 주변에 랭카스터의 뻥 튀겨진 기대가 남긴 찌꺼기만 나뒹구는 상황에 맞닥뜨렸고, 이내 우왕좌왕하기 시작했다. 필라델피아와 모든 주요 도시에서 랭카스터 교육개혁운동의 장기적인 공헌은 랭카스터 방법이 가진 떠들썩한 과학적 정밀함에 있지 않았다. 오히려, 과학적이라며 내뱉는 랭카스터의 약속과 최신식의 값비싼 장비들이 유혹의 핵심이었다. 이것들은 약속대로 작동한 적이 한 번도 없었다. 물론 이곳저곳에서 나름의 성공 스토리를 약간 만들어내고 있기는 했지만 말이다. 그럼에도 불구하고, 이 시스템이 애당초 해 온 약속은 개혁가들에게 새로운 가능성에 눈뜰 수 있도록 유인했다. 필라델피아의 로버츠 보우나 뉴욕의 드 위트 클린턴 같은 지도자들은 이런 약속에 이끌려 돈을 쏟아붓고 프로젝트에 에너지를 발산시켰다. 이들은 학생 및 학부모들을 공교육의 가능성에 대한 자신들의 비전을 확장하도록 유인했다. 또한 이들은 주정부와 자치체에 공립학교 행정을 책임질 선출직 위원회를 세우도록 선동했다. 결국 랭카스터 시스템은 자신의 약속 중 제대로 지킨 것이 하나도 없었다. 랭카스터 자신과 마찬가지로 랭카스터 학교 시스템 또한 수도 없는 약속을 해댔지만 실현된 약속은 없었다.

다른 곳과 마찬가지로 필라델피아에서 랭카스터 방법의 중요성은 주로 우연적이었다. 부적절한 랭카스터의 자신감은 미국 주요 도시들이 나서 모두를 위한 무상교육이란 약속을 사도록 만들었다. 미국 주요 도시의 개혁가들은 말로 대충 때우는 증거에 따라 랭카스터의 구상을 실행하겠다고 달려들었다. 이들은 랭카스터의 약속을 아주 정밀하게 들여다보지 않았다. 이 구상이 지닌 근대적 세계가 랭카스터 시스템과 같은 것을 만들어 내리라고 생각했기 때문이었다. 개혁가들은 자기 도시의 모든 아이들에게 학교교육을 무상으로 제공해 주기를 오랫동안 희망해 왔다. 그리고 랭카스터 시스템이 지닌 근대적 해법을 통해 도무지 풀릴 것 같지 않은 문제를 이해하고 해결해 낼 수 있으리라 기대했다. 랭카스터의 약속에 근거해 지도자들은 모두를 위한 무상 학교교육을 약속했다. 일단 알라딘의 '지니'가 '호리병'에서 나오게 되면 로버츠 보우와 같은 지도자들은 이를 통제, 관리할 수 있을 뿐이다. 지니를 다시 호리병 속에 집어넣을 수 없기 때문에.

5장

무질서의 확산

5장
무질서의 확산

1809년 상식적인 관찰자들, 특히 아주 멀리 떨어져 이 상황을 지켜보고 있는 사람들에게 신식 랭카스터 학교는 상당히 인상적으로 보였다. 예를 들어, 바다 건너 상황을 주시하던 뉴욕의 드 위트 클린턴에게 런던의 교육시스템은 약속대로 아주 정확하게 굴러가고 있었다. 그는 랭카스터의 영국 학교들에서 듣게 된 "교수법의 전파속도"에 무척 들떠있었다. 그는 학생들의 "빠른 학업 향상"과 "도덕적 순수함"을 치하했다.[1]

그러나 랭카스터 학교를 아주 가까이에서 알고 있는 사람들에게 일부 근본적인 문제들은 너무도 분명했고 해결이 시급한 상황이었다. 1808년 한 여자 아이가 불평하는 이야기를 들어보면, 런던에서 서쪽으로 대략 100마일 떨어져 있는 메이든 브래들리(Maiden Bradley)의 랭카스터 학교에서 그녀는 도저히 조교로서의 임무를 수행하기 불가능했다. 이 학교의 "규칙은 여전히 강압"적인데도, 학교는 "산만하고 종잡을 수 없었다".[2] 유사한 사례가 또 있는데, 1811년 초 동런던에서 대략 40마일 정도 떨어진 메이드스톤(Maidstone)에 위치한 또 다른 랭카스터 학교를 방문한 사람은 학교에서 "무질서가 커지고 있다"는 경고의 메시지를 남겼다. 이 방문자는 뭔가 문제가 해결되지 않는다면, 그것도 빨리, 치명적으

로 "이 학교 시스템이 상하리"라고 걱정했다.[3]

미국 내 인사들 또한 랭카스터의 구상에 있는 허점들로 크게 실망하지 않을 수 없었다. 이런 허점들은 학교 시스템이 매뉴얼상의 문장에서 실제 학교로 옮겨 이행되면서 가슴 아프게도 즉각 나타났다. 예를 들어, 1817년 뉴욕에서 무상학교협회는 재앙과도 같은 구조적 문제에 봉착했다. 즉, 이들은 조교 일을 할 마땅한 조교들을 구할 수 없었다. 누구라도 모니터리얼(조교제) 시스템의 최고 등급에 오르게 되면 그게 남자든 여자든 대체로 학교를 떠났다. 비록 뉴욕의 랭카스터 교육개혁가들은 랭카스터 구상 중 일부 내용을 얼토당토 않다고 생각하기는 했어도, 이 문제에 대해서는 마땅한 해법을 끝까지 찾지 못했다. 당시 뉴욕 랭카스터 학교의 지도자들은 이런 걱정을 달리 표출하지 못하고 전전긍긍했다. 여전히 시스템의 문제를 조용히 해결할 수 있기를 기대하면서 말이다.

하지만 1820년대 중반이 되면 일반 시민들 또한 이 시스템이 공언한 대로 굴러가지 않고 있음을 알아차릴 지경이 되었다. 대부분의 외부 관찰자들은 시스템 운영자들이 조교들이 떠나지 않고 붙잡는데 얼마나 큰 어려움에 봉착했는지 알지 못했다. 하지만 이들 눈에는 다른 문제가 훨씬 중요하게 부각되었다. 당시 랭카스터 학교가 제 기능을 다하지 못한다는 문제는 극심할 정도여서 별일 아니란 듯 그냥 지나칠 수 있는 수준이 아니었다. 따라서 지도자들은 더 이상 낙관적인 기대에 의지한다거나 일시적이고 작은 문제를 탓하는 것으로 치부할 수 없었다. 예를 들어, 보스턴의 랭카스터 학교를 찾은 한 방문자는 학교가 형편없음을 알아채게 되는데, 랭카스터 학교를 홍보하는 책자에 그려진 늘 공부에 열심인 학생들과 달리, 현실 속 랭카스터 학교 학생들은 매일 "아무 것도 하지 않은 채 꽤 긴 시간을" 보내고 있었다. 그는, "전체적으로 이 학교는 아주 나쁜 상태에 처해 있다"고 결론지었다.[4]

1820년대 중반까지 이런 가슴 아픈 사실들은 모르는 사람이 없을 정도로 분명해졌다. 전체적으로 이 시스템은 아주 위험한 지경에 이른 것이다. 완벽하게 동기화된 교육 진보라는 꿈은 실제 학교에서의 복잡하고 엉망인 특성으로 생존할 수 없었다. 진급해 능력을 갖춘 조교들이 학교에 남지 않고 빠져나가리란 사실을 예측하는 일은 랭카스터의 실패 그 이상의 문제였다. 즉, 이 문제는 랭카스터가 보스턴의 사례처럼 게으르고 가르치는데 흥미가 없는 교사들이 저질러 놓은 피해를 상상하지 못했다는 것에 그치지 않았다. 이는 학교 지도자들이 그때까지 필사적으로 매달린 숫자 게임에서 계속 승산없는 싸움을 하는 것, 그 이상의 문제였다.

시스템의 문제는 랭카스터가 현실 세계의 학교에 대해 완전히 잘못 이해하고 있었다는 훨씬 기본적이고 훨씬 심각한 것이었다. 예를 들어, 뉴욕에서 새로운 랭카스터 고등학교는 1825년 학생들이 아주 깔끔하게 정리된 랭카스터식 범주에 전혀 들어맞지 않는다는 힘든 상황에 맞닥뜨렸다. 학교 지도자들은, 실제 학생들은 "학습 성취에 있어 정말 다양한 정도"로 공부한다고 설명했다. 따라서 이런 학생들을 "적절한 분류"에 따라 끼워 맞추는 것은 전혀 가능하지 않았다. 학생들은 랭카스터식 진급표에 따라 진급할 수 없었다. 실제 학생들의 생활을 들여다보면 진급표대로의 이런 순위는 존재하지 않았고, 다양한 능력 및 배경이 뒤죽박죽된 혼란스러운 상태로 학교 생활이 이어지기 때문이었다.[5]

볼티모어에 들어선 새 랭카스터 학교를 방문했던 한 인사는 앞서 이야기한 내용과 유사한 문제를 발견하게 된다. 이 방문자는 "인간 재능과 정신 발달의 다양성이 이런 방식으로 한꺼번에 내던지기에는 너무 다양하지 않은지 뭔가 의심스럽다는 생각을 떨쳐낼 수 없다"고 기록했다.[6] 루이스빌(Louisville)에 거주하는 이 사람은 운영되고 있는 랭카스터 학교를 보겠다고 뉴욕, 보스톤, 필라델피아를 거쳐, 볼티모어에 오게 된 것이었다. 이 방문을 시작할 때, 그는 랭카스터가 주창한 학교 시스템에 전율을 느낄 정도로 사로잡혔었다. 그가 방문을 마칠 때쯤, 그는 이 시스템에 대해 더 이상 확신을 갖지 못하게 되었다. 다른 문제들, 즉 조교 부족사태, 교사의 안일무이한 태도, 비용 증가, 학생수의 감소 등 방문자가 그 때까지 알지 못했던 여러 문제들과 상관없이, 그는 학교 방문을 통해 매뉴얼에서 읽고 상상했던 학교의 모습과 너무도 다른 학교를 눈으로 확인하지 않을 수 없었다. 그는 실제 삶에서 랭카스터 학교는 "분류의 원칙을 아주 해로운 방식으로 뒤섞는 일을 하는 것 같다"고 쓰고 있다.[7] 다른 말로, 이 시스템은 둥근 홈을 상정하는 이론상의 완벽한 네트워크에 학생들을 끼워 맞추려고 하는데, 대부분의 현실 속 학생들은 서로 다른 크기의 사각형 모습을 하고 있다.

1818년에서 1823년 사이에 랭카스터가 이런저런 당황스런 문제를 야기하면서 랭카스터 시스템 내 문제는 점차 확연해지게 되었다. 해결책이라곤 도무지 보이지 않았다. 가장 큰 문제는 구상된 시스템이 오로지 상상 속에서만 존재할 수 있다는 애초 제기되었던 바로 그 문제였다. 실제, 랭카스터가 주장한 값싼 해법은 전혀 값싸지 않았다. 자선학교를 위한 전통적인 재정의 혼합 충당방식, 즉 정부의 자선가 보조금에 자선기금과 수업료를 더하는 방식은 적절하지 않았다. 한 가지 더, 교사들은 적절한 급여를 받아야 했는데, 수업료 없이는 교사의 급여를 충당하기 무척 어려웠다. 비록 개혁가들이 어떤 방식으로든 교사들에게 지급할 돈을 찾는다고 하더라도, 교사들은 이 시스템이 돌아가는 방식에 대해 배워야 했다. 그런데 어떻게 배우게 할 것인가? 별로 놀랄 것도 없이, 랭카스터는 교사 훈련을 독점하려고 했었다. 하지만 그에게 정말 많은 개혁안의 내용을 익힐 필요에 부합할 수 있을만큼 많은 교사들을 훈련할 수 있는 방법은 없었다. 이 시스템에 대해 교사들이 알 수 없다면, 랭카스터의 꿈은 실현될 가망성이 없었다. 그런데 이것이 이 시스템이 가진 최악의 문제는 아니었다. 조교들은 공짜로 일하기를 단호히 거부했다. 랭카스터가 한 약속의 핵심은 너무도 단세포적인 망상 그 자체였다.

전혀 값싸지 않은

무엇보다 미국에서의 랭카스터 교육개혁가들은 이 문제들이 일시적이기를 바랬었다. 애초 예상되었던 비용보다 훨씬 더 많은 돈이 들어가는 상황에서도 일부 지도자들은 이 시스템이 곧 나아지리라 생각했다. 예를 들어, 필라델피아의 아델피 랭카스터 학교의 지도자들은 1810년 재정적으로 오래 견뎌내기 어렵다며 조바심을 냈다. 이들은 랭카스터 약속의 주문에 빠져 일 년에 고작 4달러 정도만의 예산을 책정해 두었었다. 하지만 그보다 훨씬 많은 비용을 지출해야 했다. 이들이 학교를 정원에 꽉 찰 정도로 운영할 수 있어야만 학생단 교육비 수준이 그 정도로 낮아질 것이라고 내다봤다. 하지만 이들은 계속해 숫자 게임에서 셀 수 없을 정도로 지고 있었다. 단 200명의 학생들을 가르치면서 원래 계획했던 예산보다 훨씬 많은 교육비를 부담하고 있었다. 만약 100명의 학생을 학교로 더 끌어들일 수 있다면, 이 시스템은 재정적으로 랭카스터가 약속한 대로 맞아떨어질 터였다. 그렇지 않다면 혁명적으로 값싸게 300명의 학생을 가르치겠다며 후원자들에게 한 약속을 지킬 수 없게 될터였다.[8]

10년이 더 지나, 필라델피아 공립학교의 지도자들 또한 "만약"이라는 한껏 애석해하는 덫에 갇혀 있었다. 이들의 보고서를 보면, 1820년 공립학교 운영비용이 애초 계획했던 예산보다 훨씬 높게 치솟는데, 다름 아니라 랭카스터 시스템과 연계된 초기의 과도한 비용 때문이었다. 가장 완벽한 형태의 시스템을 구현하기 위해서, 이들은 부동산을 사들이고 랭카스터 학교 건물을 주문에 맞게 지어야 했다. 이들의 수중에 있는 재정의 한도를 넘어섰지만, '만약' 시스템이 잘 운영되기만 한다면 이 모든 비용은 그만한 가치가 충분하다고 여겨졌다. '만약' 충분한 수의 학생만 학교로 불러들일 수 있다면 랭카스터가 약속한 비용의 절약을 곧 회복할 수 있을 것이었다. 정말 '만약' 그렇게만 된다면 말이다.[9]

이들의 첫 번째 대응은 랭카스터 매뉴얼에 따라 새로운 모델학교를 만드는 것이었다. 지도자들은 랭카스터가 직접 이들 지역에 도착할 때까지 이 일이 끝나기를 바랬다. 하지만 뭔가를 새로 짓는다는 게 쉽지 않았다. 모델학교 건축은 수많은 난관에 부딪혀 준공이 계속 미뤄졌다. 이들은 에드 베이커(Ed Baker)를 모델학교의 첫 교사로 채용하고는 1년 1,200불의 나름 넉넉한 급여를 책정했다. 베이커는 보로우학교에서 랭카스터의 견습생 중 한 명이었고, 가르치는 일을 하겠다고 랭카스터를 따라 바다를 건넜다. 이들은 교육구의 교육감이라는 나름 높은 급여의 지위로 랭카스터도 고용하고자 애썼다. 새로운 교사들을 훈련하고 학교의 일상적 운영을 감독하는 역할을 기대하면서 말이다. 필라델피아 사람들은 랭카스터에게 여학생들을 위한 새 학교도 운영해달라고 부탁했다. 지도자들은 필라델피아 교육개혁에 관한 모든 계획에 랭카스터를 포함시켜 넣으려고 무진 애를 썼다.[10]

하지만 랭카스터는 다루기 정말 까다로운 사람이었다. 우선 한 달에 120불이라는 전대미문의 급여를 랭카스터에게 제공하면서 학교위원회는 그에게 학교를 세우고 운영해달라고 했는데, 그는 이 제안을 단칼에 거절했다. 그는 위원회가 자신을 단지 학교나 운영하는 사람 정도로 생각한다는 것 때문에 크게 모욕당한듯했다. 그리고 그는 위원회의 위원장인 로버츠 보우에게 제안받은 자신의 급여가 "보통 학교의 교사 급여 수준보다 약간 높은 정도로 뉴욕이나 다른 곳의 교사들보다 한참 낮다"고 말했다.[11] 랭카스터가 이렇게 말하던 시기, 그는 자신이 얼마나 새빨간 거짓말을 하고 있는지 잘 알고 있었다. 우리도 봐왔듯이 교사들의 급여는 랭카스터 시스템이 전혀 작동하지 않았던 가장 중요한 이유 중 하나였다. 1817년 뉴욕은 최고의 랭카스터 학교 교사에게 연간 1000불의 급여를 제공했다.[12] 1819년이 되면 전국적인 재정 압박에 힘들어하면서 뉴욕무상학교협회 이사진들은 아무리 많아야 연간 800불 정도로 급여 수준을 내릴 수밖에 없다는 점을 깨닫게 되었다.[13] 가능하다면 이들은 연간 300불 정도로 적은 급여를 줘도 괜찮은 여교사들을 고용하려고 노력했다.[14] 랭카스터는 이 사실을 아주 잘 알고 있었다. 물론 로버츠 보우도 이를 잘 알고 있었다. 랭카스터는 보우가 이를 잘 알고 있었다는 점을 너무도 분명히 알고 있었다. 최악 아닌가? 하지만 그는 보우의 면전에서 아무런 양심의 가책도 없이 이런 거짓말을 했다.

필라델피아가 랭카스터에게 1819년 신설되는 여학교를 맡아주길 요청했을 때, 랭카스터는 또다시 망설였다. 랭카스터는 이들이 제안한 급여가 겨우 현재 자기 월급에 비추어 겨우 8불 높은 수준이라며 콧방귀 뀌듯 훌쩍거렸다.[15] 랭카스터는 "재정 문제를 두고 논쟁이나 논의가 있다는게 내겐 가슴 아픈 일"이라고 썼다.[16] 결국 잠시 동안이지만 그는 여학교에서 가르치는 일에 동의했다. 하지만, 그는 완전히 학교를 개교하는 일을 자꾸 늦추려고 했다. 1819년 3월 학교위원회가 마침내 그를 사임시킬 때까지, 그는 임시적으로 학교를 운영했을 뿐이다. 이 시스템을 배울 수 있도록 다른 교사들을 추가로 전혀 들이지 않은 채 말이다.

도대체 왜 랭카스터는 일을 이렇게 어렵게 만들었을까? 그의 경력을 죽 보면, 랭카스터는 자신을 적대시하는 사람들을 도처에서 봐왔다. 그는 마치 최선을 다해 자기파괴적인 방법으로 친구를 적으로 돌려세우는 것 같았다. 필라델피아의 학교위원회의 사례에서도 보듯, 위원회가 자신을 존경심을 갖고 대하지 않는다며 랭카스터는 부질없는 싸움을 하는듯했다. 정확하게, 그는 더 많은 돈을 원했다. 늘 더 많은 돈을 쫓았다. 아마도 이보다 더 중요한 것은, 그가 도시의 인사들이 자신 앞에 무릎을 꿇고 자신의 탁월한 천재성에 경의를 표하리라 기대했을 터였다. 그가 보우에게 쓴 글을 보면, 협상과정에서 위원들이 자신을 "점잖게 대하지" 않았다며 그는 놀랐다고 했다. 위원회의 다른 위원들이 자신에게 "자신이 무가치하다고 생각할 아무 이유가 없기에 자신이 기대하는 나름의 정중함을 받지 못했다는 점은 불쾌할 뿐만 아니라 가슴 아픈 일"이라고 그는 설명했다.[17] 랭카스터는 학교위원회가 자신의 일을 좌지우지 하는 것에 개인적으로 무시당한다고 느끼는 듯했다. 예를 들어, 1818년 11월 위원회의 몇몇 위원들이 랭카스터가 학교에 있는 동안 학교를 방문했다. 위원들은 학교를 돌며 둘러보았는데, 학교 건물은 아직 완성이 되지 않은 상황이었다. 랭카스터는 위원회에 건축 완료 및 정상적인 학교운영을 이전달까지 마무리짓겠다고 했었다. 학교를 방문한 위원들은 누구도 랭카스터에게 나름 경의를 표하기 위해 잠시 발걸음을 멈추지 않았다.[18] 사료에 근거한 이야기이니 뭐가 진실인지 분명하게 말하기는 어렵다. 랭카스터는 보우에게만 "몇몇 위원들이 학교에 다녀갔다"면서, "누구도 자신을 찾지 않았다"고 불평했다.[19] 하지만 그가 건물 모퉁이에 웅크려 있으면서 방문자들이 자신을 찾아주기를 기대하고 있는 모습을 상상하는 게 그다지 어렵지는 않다. 마치 그가 일에 열중해 바쁜 모습, 너무 바빠 뭐라 말을 건네기도 어려운 상황을 연출하고 있는 모습 말이다. 이어 그가 이들이 학교를 빠져나가면서 문이 쾅 닫히는 소리를 듣는 장면 말이다.

좀 더 이야기하자면, 랭카스터는 자신이 좀 더 좋은 선택지를 갖고 있다고 생각했다. 필라델피아 학교위원회는 첫 모델학교를 준비하면서 이 학교를 감독하는 일에 월 120불의 급여를 지급하겠다고 랭카스터에게 제안했었다. 이때 랭카스터는 좀 더 많은 돈을 꿈꾸고 있었다. 그는 딸 벳시(Betsy)에게 보스톤의 새로운 랭카스터 학교가 수업료 명목으로 첫해 6000불을 모을 것임을 약속했다고 말했다. 그는 보스톤의 지도자들이 필라델피아 지도자들이 한 것과 같은 방식으로 쓸데없이 트집잡지는 않으리라고 자랑을 늘어놓았다. 그는 오히려, "위원회는 모두 자기 것이 되리라"고 했다. 그는 보스톤의 도시 지도자들이 랭카스터가 요청하는 급여를 거절하지 않았다고 썼다. "자신이 부른 급여가 필라델피아 공립학교에서의 수준보다 두 배 많았는데도" 말이다.[20]

물론, 이 또한 사실이 아니다. 새로 설립되는 랭카스터 학교에 있어 보스톤은 필라델피아보다 랭카스터를 더 필요로 하지 않았다. 아마도 좀 더 점잖은 사람이라면 필라델피아에서 안식할 집을 찾았을테고, 시스템의 여러 도전적 요소와 자잘한 문제들에도 불구하고 새로운 학교를 성공적으로 만들고 운영하려고 애썼을 터였다. 물론 랭카스터는 이런 접근을 택하지 않았다. 대신, 런던에서 했던 것과 마찬가지로 랭카스터는 사악하고 완전히 불필요한 적대감을 갖고 자신에게 가장 친근하게 대하는 친구들조차 멀리했다. 그는 자기 주변의 모든 사람들을 공격했다. 예를 들어, 필라델피아에 도착한 직후 이 도시에서 고용된 첫 교사이고 자신의 견습생이었던 베이커(Ed Baker)를 맹렬히 비난했다. 세상에서 "가장 멍청하고 무식한 놈"이라면서 말이다.[21] 자신의 탁월한 천재성을 알아보지 못한다며, 그리고 이런 그에게 제대로 경의를 표하지 않는다며 그는 필라델피아 학교위원회를 "신사답지 못하고" 오히려 "한 무리의 얼뜨기들"이라고 욕을 해댔다. 랭카스터는 자신이 위원회를 공개적으로 파괴하지 않는 것은 오로지 로버츠 보우에 대한 개인적 충성심 때문이라고 주장했다. 만약 보우에 대한 자신의 충성심이 없었다면 자신은 신문지상에 위원회를 비난하는 내용으로 공격할 것이라고 하는가 하면, 자신의 비판으로 인해 상대는 즉각 정치적으로 신용을 잃게 되리라며 너스레를 떨었다.[22]

랭카스터의 신랄한 비판은 곧 학교위원회와의 사적 회합 수준을 넘어 확대되었다. 끊임없이 일의 마무리를 연기하는 랭카스터에 짜증이 난 학교위원회의 한 위원(Ebenezer Ferguson)은 1819년 2월 여학교를 방문했다. 퍼거슨은 랭카스터에게 몇몇 여성들이 실제 학교 수업장면을 돌아볼 수 있도록 해달라고 부탁했다. 이를 통해 이 여성들이 랭카스터 학교 시스템을 이해하고 배울 수 있으리라 기대했다. 랭카스터는 이를 거절했다. 랭카스터는 이 일에 대해 이렇게 말한다. 퍼거슨이 "이들을 내게 떠넘기려고 시도했다. 얼마나 미성숙하고 경솔한 일인가." 랭카스터에 따르면, 당시 퍼거슨이 "아이들이 보는 앞에서 나를 위협했다." 퍼거슨은 곧 "입에 담지 못할 욕지거리"를 내뱉었다.[23]

랭카스터는 위원회에서 퍼거슨을 제명하라고 요청했다. 그는 발끈성을 내며 로버츠 보우에게 가서는, 자신은 이런 모욕을 감내할 수 없다고 했다. 그는 대체로 망상, 분노, 도취적인 자존감이 뒤섞여 보우에게 "그 아니면 나 둘 중 하나는 학교를 그만두어야 한다"고 말했다.[24] 이 지점에 이르러 떠나겠다는 랭카스터의 위협은 아주 기민하게 받아들여졌다. 학교위원회는 그에게 보너스로 490불을 추가로 지급하겠다고 합의했다. 그가 학교를 완전히 그만둔다는 조건을 받아들인다면 말이다.[25]

뉴욕무상학교협회의 이사진은 어느 곳에서나 말썽을 피우는 랭카스터와 함께 다른 암울한 문제를 해결할 수 없었다. 협회 이사진은 사적 회합에서 솔직하게 자신들이 처한 재정의 곤경 상황을 털어놓았다. 1817년 초, 이사들은 현실적인 비용이 애초 랭카스터식 방법에 따른 기대치에 비해 훨씬 높다는 사실에 직면했다. 1817년 8월, 최소 경비를 제외하고 대대적인 예산 삭감이 단행되었다. 조교에 대한 금전적 보상이 없어졌고, 보조교사직을 없앴다. 그리고 위원회 내에 전임예산담당이라는 새 직위 하나를 만들고는 최선을 다해 절약하고 가능한 모든 지출을 최소화하도록 했다.[26]

그러나 일이 뜻대로 될리 없었다. 얼마나 많은 돈을 절약하든, 세워둔 목표에 부합할 수 없었다. 1819년이 시작되면서 이사진은 여전히 이사회 내부로 비난의 화살을 쏘고 있었다. 위원회의 한 보고서에 따르면, 당시는 이사회가 "랭카스터 교육 시스템의 재정문제에 좀 더 긴밀히 집착해야 할" 필요성이 긴급히 요구되는 때라고 했다.[27] 이들은 여전히 랭카스터가 묘사해 온 대로 이 시스템이 작동하게 만들 수 있다고 믿고 있었다. 이들은 랭카스터가 그려온 "청소년들을 위한 가장 값싼 학교"라는 꿈을 여전히 갖고 있었다.[28]

1820년 여름, 이사회는 혹독한 현실에 직면했다. 랭카스터의 꿈과 혹독한 재정 상황 사이의 격차를 줄이지 못한 것이다. 가장 엄격한 방식의 재정 지출에도 불구하고 랭카스터 학교를 랭카스터 매뉴얼에 따른 예산 방식으로 절대 운영할 수 없었다. 말할 필요 없이, 조교들은 무상으로 학교에서 일을 해야 했지만, 그렇게 한다고 해서 생기는 여유자금이 랭카스터가 상상했던 것만큼 결정적이지 않았다. 실제 조교들에게 임금을 지급하지 않는다고 하더라도 조교를 유지, 학교에서 가르치게 하는 일은 아주 값비싼 일이었다. 1819년 학교위원회는 가장 높은 수준의 조교를 지원하는데 연간 300불이 소요된다는 점을 확인했다. 이들에게 옷, 음식, 그리고 숙소를 제공해야 했기 때문이었다.[29] 위원회는 자신들이 할 수 있는 가장 엄격한 방식의 비용 절감 방안을 찾았지만, 1명의 조교에게 들어가는 연간 예산을 200불 밑으로 만들 수 없었다.[30] 임금을 지급하지 않고 아동에게 노동시키는 상황이었음에도 불구하고, 위원회는 자신들이 애초 잡아 놓은 목표 숫자에 한참 미치지 못하고 있음을 알게 된다. 1820년 여름, 이사회는 이 시스템이 유지해 왔던 가장 주요한 전제를 더 이상 붙들고 있을 수 없다는 사실에 처음으로 다른 방향의 행동을 취하게 된다. 물론 이들이 유지하는 시스템은 여전히 랭카스터가 구상했던 것에 기초해 있기는 했지만 말이다. 1820년부터 상급 조교들에게는 더 이상 방과 칠판을 제공하지 않게 된다. 학생들은 티켓과 그로 인한 상도 더 이상 받지 않게 되었다. 교사들은 상급반 학생들을 위해 별도의 수업을 해야 했다. 하지만 이들 수업은 계속 운영되지 않고 곧 중단되게 된다. 당시 협회의 이사진들은 이 시스템 전체를 버린다는 생각을 하지 않았다. 단지 몹시 심각한 재정 상황을 수정, 변경해 나가고 있다고 생각했다.[31]

이런 현실은 랭카스터 교육개혁가들이 상상했던 것보다 더 가혹했다. 그 이유는 이들이 학교 건물이나 조교에 대한 비용을 제대로 산정하지 못했기 때문이기도 했지만, 더 중요한 이유는, 랭카스터를 내세운 십자군 같은 교육개혁 운동의 초기에 뉴욕 및 필라델피아의 급진 개혁가들은 여전히 전통적인 자선 기관으로 이 학교를 구겨 넣으려고 했기 때문이었다. 이런 구조는 근대적 도시 생활의 긴급한 재정 사태를 절대 해결할 수 없었다. 역사가 마이클 카츠(Michael B. Katz)의 연구에서 볼 수 있듯, 랭카스터 교육운동 이전에는 도심에 위치한 전통적인 자선학교가 "가부장주의적인 자원주의"에 토대해 학교 시스템이 돌아갔었다. 필라델피아의 로버츠 보우나 뉴욕의 드 위트 클린턴 같은 지도자들은 자애로운 엘리트로서 이들에게 기대되는 역할의 일환으로 학교 행정에 관여했다. 이런 자발적 참여자들은 기관의 임시적 특징을 약함이 아닌 의도의 순수함으로 여겼다. 카츠의 표현을 보면, 이들은 "정교하게 구성된 기관, 주정부의 통제, 지원인력의 전문성을 경멸했다".[32] 하지만 랭카스터 시스템의 재정문제 및 조직적 흠결이 점차 분명해지면서, 자선학교교육의 모델에 내재된 취약점 또한 분명해지게 되었다.

한 가지, 로버츠 보우와 같은 자선사업가들은 단지 너무 얇게 퍼져 있었다. 보우는 정말 많은 단체의 일에 관여하고 있어서, "로버츠 보우가 봉사하고 있는 공공 사무실 및 협회"의 본인 친필 목록은 빽빽한 글씨로 자그만치 4페이지에 이르렀다. 그는 자연과학회(Academy of Natural Science)에서부터 펜실베이니아 병원(Pennsylvania Hospital)에 이르기까지 그야말로 모든 것에 관여했다.[33] 너무도 분명히, 보우뿐만 아니라 다른 누구라도 단 하나의 자선사업 단체에 완전히 전문적인 경영인으로 자신을 헌신하는 사람은 없었다. 보우와 같이 명망있는 시민은 자신의 이름과 위신을 가치있는 대의를 내세운 엄청나게 많은 기관에 기꺼이 빌려주려 했고, 이로 인해 치하를 받았다. 이들은 결코 자신의 역할에 관련있는 전문성을 발휘하리라 기대되지 않았다. 오히려, 이들에게는 다양한 기업에 이들의 승인사항을 알리고, 또 다른 부유한 엘리트들에게 이런 기관이 지원받아 마땅하다는 신호를 보내도록 기대되었다.

미국 개혁가들이 처음 자기 도시에 일군의 랭카스터 학교들을 만들겠다고 상상하던 시기, 이런 학교들은 전통적인 엘리트, 예를 들어 보우와 같은 인사가 운영하리라고 생각했었다. 예를 들어, 필라델피아무상교육협회(Philadelphia Society for the Free Instruction of Indigent Boys)가 1799년 첫 자선학교로 문을 열었을 때, 이 학교는 총 9명의 개인 협회 위원들이 갹출해 낸 후원금으로 설립되었다. 협회가 성장하고 좀 더 많은 학교가 설립되면서도 이런 오래된 기금 후원 시스템은 유지되었다. 1801년 위원들은 매달 1달러를 후원금으로 내 협회의 무상학교 비용을 충당하도록 했다.[34]

이와 유사한 자선사업 재정 모델은 모든 자선 기관이 따라야 할 규칙이 되었다. 물론 세세한 규정에 있어 약간의 차이가 있기는 했지만 말이다. 예를 들어, 한 기관은 흑인 아이들을 위한 학교를 재정적으로 지원하면서 백인 엘리트 회원들에게 매년 협회비로 1인당 3불을 갹출했다.[35] 여성 단체 또한 회의에 한 번 빠질때마다 25센트씩 벌금 형식으로 기부금을 부과했다.[36] 하지만 기부금을 내달라고 간청하는 형태가 가장 보편적인 모금 방식이었다. 모든 자선사업 단체들은 기부자들의 이름이 적힌 꽤 긴 목록을 발간했고 여기에는 엘리트들이 일반 대중에게 자신이 얼마나 많은 돈을 꽤 다양한 대의 명분을 위해 후원하고 있는지를 명시하고 있었다.[37] 예를 들어, 필라델피아의 아델피학교 설립자들은 1810년 5페이지에 이르는 기금후원자 목록을 편찬해 냈는데, 50달러를 기부한 사람들로부터 시작해 맨 마지막 25센트를 낸 사람들까지 기재되어 있다.[38]

상세한 내용은 도시에 따라 다양했다. 하지만 원칙은 동일했다. 랭카스터 시스템이 광범위하게 차용되기 전, 수업료가 없는 무상학교는 일반적으로 교회나 공익을 앞세운 엘리트들의 책임으로 간주되었다. 이후 한동안 오래된 자선사업 모델은 랭카스터 학교를 설립해낼 수 있을 만큼 자금을 대충 꿰맞출 수 있었다. 가끔은 부유한 후원자가 죽고 나서 갑자기 큰 돈이 굴러 들어오기도 했다. 예를 들어, 크리스토퍼 루드윅(Christopher Ludwick)이 1801년에 죽으면서 유산 중 일부인 8,000불이라는 큰 돈을 필라델피아무상학교협회에 유증으로 남겼다.[39] 자선사업단체들은 개인 인맥과 당대 유명 인사들을 이용해 각 학교마다 필요한 재정상의 필요를 맞추고자 했다. 예를 들어, 필라델피아무상학교협회는 1803년 새 학교를 세우기 바랬는데, 협회의 대표인 보우와 다른 유명 인사들은 당대 유명한 물리학자였던 벤자민 러시(Benjamin Rush)에게 기금홍보 캠페인을 이끌어 주도록 도움을 요청했다. 그 결과 러시는 아주 짧은 시간 동안 2,800불의 기부금을 모을 수 있었다.[40]

기부금, 유산, 후함

랭카스터에 미치다시피 한 사람들의 열정이 한창이던 시기, 엘리트들은 이 시스템으로 인해 생기는 자금의 여유로 기존 자선기금 모금의 전통을 근본적으로 바꾸지 않은 채 무상학교 네트워크를 확장해 낼 수 있으리라 생각했다. 이들은 거대하게 커진 학교 시스템에 기금을 댈 수 있는 유증 및 후원을 충분히 끌어모을 수 있으리라 생각했다. 학생당 교육비를 극적으로 줄일 수 있다는 랭카스터의 약속을 단단히 믿고 있었기 때문이었다. 하지만 이런 재정적 절감 효과가 망상에 불과하다는 것을 알게 되면서 랭카스터 교육개혁가들은 큰 딜레마에 봉착했다. 새로 설립된 학교 비용을 충당할 마땅한 방법을 찾아야만 했다. 이전에 믿고 있던 바와 달리 이 비용은 그다지 싸지 않았다. 우리가 7장에서 보게 될 것처럼 이들이 해결 방안을 마침내 찾아내기 전까지 랭카스터 교육개혁가들은 자기네 학교들을 재정적으로 파산하지 않도록 충분한 자금을 긁어모으려고 갖은 애를 썼다. 1820년에 발간된 보고서 속 뉴욕무상학교협회의 사례가 보여주고 있듯, 개혁가들은 "자선에 적극적인 개인의 후원과 유산, 시정부의 장려금, 주의회의 후의"에 큰 희망을 걸고 있었다.[41]

1818년 랭카스터가 미국에 도착해 본격적으로 교육개혁운동을 시작하기도 전에 뉴욕무상학교협회의 지도자들은 점차 많아지는 랭카스터 무상학교 비용을 감당하는 게 어렵다는 점을 알게 되었다. 예를 들어, 1817년 두 개 학교였던 네트워크를 세 개 학교로 확장하려 할 때, 이사회는 비용을 부담하는데 "기부금"에 의지하려고 했다.[42] 당시 이들은 자선사업가들의 정기 후원금, 매년 시정부가 제공하는 장려금, 부정기적으로 들어오는 큰 액수의 유증(1817년 블라르콤은 죽으면서 협회에 500불을 남겼

다) 등으로 간신히 학교 비용을 충당하고 있었다.[43]

무엇보다 협회의 이사진들은 자신의 역할을 기금 모집을 책임지는 일로 보았다. 이들은 도시 전역으로 흩어져 손에는 기부자목록이 든 노트를 든채 부유한 친구 및 연줄 있는 인사들에게 후원을 간청했다. 이들은 아주 구체적인 사안에 기금을 내기도록 했는데, 예를 들어, 세 번째 랭카스터 학교를 짓는데 필요한 기금을 내라는 식이었다. 이들은 기부자들의 이름과 기부금 액수를 대중들에게 홍보하겠다고 약속했다. 헨리 러트거스가 1818년 협회가 내건 목표에 100불을 후원했을 때처럼 말이다.[44]

하지만 이들은 이런 오래된 자선 행위기반 후원 네트워크가 확장되고 있는 도시 학교 시스템의 재정적 필요에 부합할 수 없다는 것을 알게 된다. 1819년 뉴욕 개혁가들은 대단히 심각한 재정 궁핍 상황에 처해 있음을 알게 된다. 새해 벽두에, 재정상의 적자가 11,465불로 아찔한 상황이었다. 회계 장부상의 잔금은 겨우 2,235불이었다.[45] 협회는 시정부로부터 자금을 정기적으로 받고 있었지만, 1819년 이 보조금은 겨우 3,519.20불이었다. 더 나쁜 상황은, 겨우 1월에 장부상 적자를 확인했을 때, 당해 9월까지는 시정부로부터 아무런 보조금을 받을 수 없다는 사실이었다.[46] 이들은 필사적으로 자신들이 생각하기에 알바니의 주의회에 일회성 신청서를 만들어 보냈다. 이때 신청한 지원금은 10,165불이었다. 이사회는 아주 오래된 자선 및 박애에 관련된 언어를 사용해 이 요청을 성공시키고자 노력했다. 뉴욕의 학교지도자들은 주의회가 주차원의 자선 활동의 일환으로 이 돈을 지원해주기를 간청했다. 일회성 비용을 지출하는 것으로 뉴욕이 "유럽 도시들의 사악함과 범죄가 우리 도시에 출몰하지 못하도록" 말이다. 1819년, 정부와 교육 간의 적절한 관계에 대해서는 오래된 전통적 관념이 여전히 우세했는데, 최소 뉴욕무상학교협회의 백발이 성성한 이사진들 사이에서는 그랬다. 정부 인사들은 정부가 세금으로 온전히 학교교육을 지원, 제공해야 한다고 여기지 않고 있었다. 오히려 다른 엘리트들과 함께 "자선의 손길"을 뻗기를 간청해야 하는 자선 단체의 하나 정도로 여기고 있었다.[47]

안타깝게, 주의회 의원들은 이 요청을 "엄청나게 반대"했다.[48] 하지만 이사회는 뉴욕주 정치가들의 이런 행태가 낯설지 않았다. 이사회는 알바니의 주의회 청사에 유력한 이사진을 보내 자신들의 요청을 로비하도록 했다. "학교교육을 증진하도록 의원들의 주목을 끌 수 있도록" 말이다.[49] 비록 상황이 이렇게 흘러가기는 했지만, 힘겨운 전투였다. 결과적으로 의회가 5,000불을 후원하는 데 합의하기는 했다.[50] 하지만, 이사회는 당장 치러야 하는 비용을 충당하기 위해 2,000불을 은행에서 대출하지 않을 수 없었다.[51]

이 과정에서 이사회뿐만 아니라 주의회가 얻게 된 교훈은 분명했다. 무상학교, 이를 자선학교라고 부르건 아니면 공립학교라고 부르건 상관없이, 학교교육의 확장에 들어가는 비용을 자선사업가들의 네트워크에 더 이상 의존할 수 없다는 점이었다. 주의회 의원들은 어중간한 조치로 대응했다. 예를 들어, 의회는 요청한 기금의 절반만 보냈다. 그리고 자선학교 기금을 위한 특별 복권을 발행했다.[52] 하지만 이런 미봉책은 전혀 충분하지 않았다. 1819년 뉴욕무상학교협회는 신설된 복권기금에서 1,000불을 기쁘게 받기는 했지만, 그 사이 충당해야 할 비용 및 채무는 훨씬 높아졌다.[53] 랭카스터 시스템이 이전에 수백명의 아이들을 교육하는데 들었던 비용 정도로 수천 명을 교육할 수 있다고 기대했던 사람들에게 이제 더 이상 실수란 허용될 수 없었다. 한마디로 이 시스템은 실패했다, 완전히.

자유 급여 + α

재정적으로 가장 실망스런 실패라면 교사 급여에 너무 많은 돈을 계속해 쓰게 된다는 점이었다. 이론상, 랭카스터 시스템은 필요한 교사 숫자를 극적으로 감소시켜 교육 비용을 극적으로 깎아낸다. 하지만 현실적으로, 교사 급여에 투입되는 비용은 늘 높았다. 심지어 교사 입장에서 그 월급이란 게 통탄할 정도로 낮다고 느끼는 상황에서도 그랬다. 교사 급여를 둘러싼 딜레마는 개혁가들에게 상당히 기만적인 상황에 놓이게 했다. 여기에 너무 많은 돈을 쓰게 되면 예산상 펑크가 날 수밖에 없었다. 그렇다고 돈을 너무 안 쓰면 교사들을 계속 머무르게 할 수 없었다.

이들의 예산 삭감을 향한 첫 번째 행동의 일환으로 뉴욕 이사회는 교사들의 급여를 하향 조정했다. 예를 들어, 1819년 이들은 신설된 첫 학교 교사의 급여를 연간 1,000불에서 800불로 내렸다.[54] 별로 놀랄 것도 없이 교사는 학교를 떠났다. 런던 보로우학교에서 랭카스터의 전 견습생이었던 베이커는 펄쩍뛰며 상당히 기분 나빠했다. 그는 최소 1816년부터 알바니의 랭카스터 학교에서 교사로 일하면서 뉴욕에서의 짧은 경력을 끝맺었다. 1817년 필라델피아에서 좀 더 나은 조건으로 교사 제안을 해오자 뉴욕을 떠났다.[55] 윌리엄 스미스는 협회의 첫 학교에서 최소 3년동안 교사로 일했는데, 그 또한 1817년 학교를 그만두었다.[56]

이런 상황에서 관계자들은 무엇을 어떻게 해야 했을까? 마땅한 대답은 상대적으로 쉽게 주어졌다. 관계자들은 상대적으로 싼 값의 급여를 위해 여성을 고용하면 된다고 생각했다. 협회 이사진은 1819년 수잔 픽튼(Susan Pickton)을 고용했는데, 교사였던 찰스 픽튼(Charles Pickton)의 아내로 급여 조건은 연간 300불이었다.[57] 보스턴에서도 랭카스터 교사들은 훨씬 값싼 여교사들을 찾아 고용했다. 보스턴에서 전형적인 여교사의 급여는 3개월 동안의 기간제에 39불이면 되었다.[58]

하지만 당대 개혁가들에게 전체적으로 낮은 급여를 받는 여교사를 동원해 이 문제를 해결하는 것은 완전한 해결책이 아니었다. 남교사들과 마찬가지로 여교사들도 학교를 그만두는 일이 잦았다. 결과적으로 여교사들이 들어오고 나가는 일이 잦아지면서 학생들은 매년 서너 명의 새 교사를 맞아야 했다.[59] 게다가 여교사들은 아주 낮은 임금 조건에서도 계속 일하고 싶어도 강제로 쫓겨나곤 했다. 예를 들어, 교사가 임신을 하게 되는 순간 교직을 떠나도록 종용되었다. 뉴욕의 수잔 픽튼에게 있었던 일이기도 하다.[60]

학교운영 관계자들이 교사를 붙잡아 놓는데 성공하더라도, 교사와 이사회 이사진들과의 관계는 상당히 험난했다. 이들 입장에서 볼 때, 학교의 형편없는 학업적 성과의 이유가 말그대로 형편없는 수준의 교사 자질 때문이었다. 1822년 뉴욕에서 이사회는 교사 존 미싱(John Missing)에 대한 비난을 내세웠다. 협회에서 설립한 두 번째 학교에서 학생 등록율이 낮은 이유를 설명하면서 협회 이사진은 교사 미싱을 "제 소임을 다하지 않았다"고 비난했다. 미싱이 게으르고 학생들에게 겁을 줘 학교에 오지 않게 만들었다는 것이었다. 뉴욕무상학교협회는 압력을 넣고자 무진장 애썼다. 이들은 교사 미싱에게 새로운 급여 조건을 제시했다. 즉, 월별로 정해진 급여가 아닌 학생 수별로 급여를 받게 되는 방식으로 말이다.[61]

안타깝게도 이 기록은 이런 급여 관련 새 조건에 대해 교사 미싱이 어떤 식으로 반응했는지에 대해 아무런 정보가 담겨 있지 않다. 그에 대한 비난에 대해 그가 어떻게 반응했는지 우리가 알 길은 없다. 비난 받아야 할 대상은 학교 시스템 그 자체란 게 분명했는데도, 그가 이런 자신에 대한 이사회의 부당한 비난, 혹은 혐의에 대해 분노를 표출했는지에 대해 우리는 알 수 없다. 그러나 다른 몇몇 사례에서 볼 수 있듯, 우리는 교사들의 감정을 추정할 수 있는 직접적인 증거를 갖고 있다. 예를 들어, 보스턴의 최소 한 사례에서 이들의 화난 상태를 보여주는 증거가 있다. 1829년 교사 조지 포울(George Fowle)이 교직을 그만둔다. 조지는 좀 더 유명했던 보스턴시의 교사 윌리엄 포울(William B. Fowle)의 동생이었다. 이 윌리엄 포울의 교사 경력에 대해서는 7장에서 좀 더 자세하게 살펴보게 될 것이다. 조지는 윌리엄의 경우와 달리 교직에 오래 있지 않았다. 조지가 학교를 떠나기 전에 그는 자신이 몸담고 있던 랭카스터 학교의 관계자들에게 편지를 공개적으로 써보냈다. 그는 자신이 지난 2년 동안 랭카스터 학교의 성공을 위해 최선을 다했다고 했다. 그는 누구도 인정해 주지 않는 자신의 이런저런 일로 인해 자기 학교의 등록생 수를 최대치로 올릴 수 있었다고 썼다. 그는 학교위원회가 "미온적인 모습", 즉 결과적으로 학생들을 내쫓은 열정과 열의가 부족했다고 비난했다. 그는 학교위원회가 급여를 낮추었고 자신의 지난 시간 열정적인 노동이 제 결실을 맺지 못하게 했다고 비난했다. 포울은 자신의 청년 시절을 "이런 썩어빠진 곳에서 일하는 것으로 채우고 싶지 않다"고 했다.[62]

역사가들에게는 불행한 일이지만, 대부분의 교사들은 이런 자신들의 경험에 대해 아무런 기록을 남기지 않았다. 교사와 학교관계자 사이에 있었던 협상은 대체로 훨씬 미묘했다. 예를 들어, 1828년 학교위원회 위원 한 명이 뉴욕흑인무상학교를 방문했을 때, 교사는 별 생각 없이 그에게 다른 랭카스터 학교에서 제안받은 교사 자리를 서너 개 보여주었다. 그 교사는 자신의 상관에게 자신이 "우리 가난한 꼬마 애들"에게 헌신하고 있다는 점을 확인시켜 주었다. 하지만 그는 이 방문자가 자신에게 얼마나 많은 다른 취업 기회가 있는지를 알게 해주었을 뿐이다. 여기에는

다른 학교에서 자신에게 제안했던 "자유 급여 + α"가 있다는 사실도 포함되었다.[63]

사범학교

흑인무상학교와 같은 곳에서 교사로 있는 사람들은 자기 상관들이 곤경에 처해있음을 아주 잘 알았다. 일단 교사가 랭카스터 시스템에 대해 아주 잘 알게 되었다고 하면, 그 교사는 이 바닥에서 아주 귀중한 인적자원이 된다. 남자든 여자든 상관없이 말이다. 조셉 랭카스터는 아주 초기부터 자신의 학교 시스템이 필요한 교사들을 아주 많이 길러낼 수 있다고 약속했다. 하지만 실제로는 전혀 그렇지 않았다. 개혁가들은 끗끗하게 이런 종류의 교사 훈련이 필요하다는 데 동의하지 않았다. 잔뜩 굶주린 행정가들은 교사는 단 몇 주 동안의 단기 훈련으로 시스템을 배울 수 있다고 주장했다. 다른 개혁가들은 이 훈련에 수년이 걸릴 것이라 주장하기도 했다. 놀랄 것도 없이 조셉 랭카스터는 이런 교사훈련을 독점하려고 무진 애를 썼다. 자신이 개인적으로 훈련시킨 견습생들만이 적절한 랭카스터 학교의 교사가 될 수 있다고 주장하면서 말이다.

랭카스터의 초기 책을 보면, 랭카스터는 저절로 지속하는 교사 훈련 네트워크를 상상해내고 있다. 학생들이 조교가 되고, 조교가 가르치는 일에 능숙해지게 되면, 각 랭카스터 학교는 다음 세대의 랭카스터 학교 교사를 만들어내게 된다. 물론 이론상으로는 그랬다.[64] 그러나 현실의 랭카스터 학교에서 교사 훈련의 과정은 훨씬 더 느렸다. 1812년으로 거슬러 올라가보면, 점차 커지는 미국 랭카스터 학교 네트워크는 충분한 수의 교사를 찾지 못해 골머리를 앓았다. 조지타운 학교에서 랭카스터의 전 견습생이었던 로버트 오울드(Robert Ould)는 가능한 많은 수의 새 교사들에게 가능한 빨리 "자격을 부여했다". 그럼에도 요청되는 교사 숫자를 맞추지 못했다. 1812년 그는 랭카스터에게 "학교 교사에 대한 요청이 엄청나다"고 했다.[65]

이런 문제는 늘 그러했듯 랭카스터 때문이었다. 그는 가는 곳마다 이 학교 시스템에서 새로운 교사를 훈련시킬 수 있는 권한이 자신에게 있다고 주장했다. 그가 미국으로 떠나자, 그는 영국 전역에서 많은 편지들을 받았다. 제발 훈련받은 교사들을 보내달라는 내용을 담아서 말이다.[66] 랭카스터는 전에 견습생으로 데리고 있던 사람들 중에 일부를 골라서 영국, 아일랜드 등의 여러 학교에 보냈다. 하지만 요청된 수를 충족할만큼 충분히 빠르게 대처하지 않았다.

그런데 미국 전역에서 훈련받은 랭카스터 학교 교사들은 개혁가들에게 일종의 생각하지 못했던 병목현상이 되었다. 예를 들어, 조지아주 사바나의 자선사업가들은 새로운 랭카스터 학교를 세우기 위해 필요한 모든 일을 했다. 최소 이들 생각에 모든 일은 다 실행되었다. 기금도 모았고, 매뉴얼도 구입했으며, 학교 교실도 빌려놓았다. 이 교실에 랭카스터가 구체적으로 적시한 물품 목록에 따라 다 구비해 두었다. 그러나 학교 문을 열기 전, 이들은 제대로 훈련받은 교사를 찾을 수 없다는 사실을 깨닫게 되었다. 이들은 뉴욕의 동료 개혁가들에게 이런 걱정을 담아 편지를 보냈다. 이 학교 시스템에 대해 배울 수 있도록 뉴욕의 한 랭카스터 학교에 견습생 한 명을 보내도 될지를 조심스레 문의했다.[67]

사바나 인사들은 자신들이 파견해 훈련과정 중에 있는 교사들이 이 시스템을 2-3개월이면 배울 수 있다고 생각했다.[68] 하지만 그랬으면 좋겠다는 그들의 희망이었을 뿐이다. 델라웨어의 한 열혈 랭카스터 교육개혀가는 만약 훈련기간이 최소 5년이 되지 않으면 진정한 랭카스터 학교의 교사라고 할 수 없다고 주장했다. "서너주 혹은 서너달 동안의 훈련으로의 훌륭한 교육 시스템이 지닌 전체 방식과 정신을 배울 수 있다는 것은 도무지 타당하지 않다"고 코웃음을 쳤다.[69]

절망적인 상황에 처한 뉴욕무상학교협회의 관계자들은 이 사안을 좀 다르게 보았다. 이들은 원하는 사람 누구라도 랭카스터 학교의 교사 자격을 취득하게 하기 위한 속성과정을 만들고자 했다. 이렇게 할 만한 이유는 너무도 분명했다. 1818년 이들은 교사가 되고 싶어하는 사람들을 위한 무료 훈련원으로 학교를 열었다. 아무런 비용을 받지 않았기 때문에 교사가 되고자 하는 사람이라면 6주 동안의 경험을 위해 뉴욕에 올 수 있었다.[70] 6주가 끝나갈 무렵, 이 예비교사들은 "몇 등급의 조교 과정을 거치면", "학교장 및 국장의 서명이 담긴 공식 자격증"을 신청할 수 있었다. 단기간의 무료 훈련은 "랭카스터 학교 시스템에 완전히 정통한" 새 교사들을 만들어내기에 충분하다고 이사진들은 믿었다.[71]

매뉴얼 맹신자들, 특별히 사리사욕에 사로잡혀 잠재적 경쟁자들에게 나름 길고 비싼 훈련을 고집하는 사람들은 이런 상황을 비웃었다. 이전에 멘토였던 조셉 랭카스터와의 불화가 있기 전, 교사 베이커는 교사 훈련은 엄격하고 또 길어야 한다고 주장했다. 1816년 교사 베이커는 "[랭카스터 학교에서] 나온 일부 학교에서 훈련받지 않은 누구도 [랭카스터 학교 시스템에서] 가르칠 자격을 갖추었다고 할 수 없다"고 했다. 그는 랭카스터의 폭력적인 지도 아래 수고하면서 수년을 보냈기에 신참자 누구라도 (자신이 겪은 이런 고통과 학대의 경험 없이) 지름길의 혜택을 얻기 바라지 않았다. 베이커는 공들여 자기의 자격을 증명하는 서류 일체를 차곡차곡 모았다. 이는 "베이커 본인이 수백 명의 학부모를 만족시키고자 런던의 커다란 학교에서 가르쳤음을 증명하는 문서"라고 부른 서류뭉치

였다.[72]

좀 더 긴 시간이 요구되는 교사 훈련은 개혁가들이 랭카스터 학교 시스템의 확산 역량을 축소시킬 터였고, 더욱이 돈 많이 들어가는 일이었다. 하지만 이렇게 되면 새로 훈련받고자 하는 신규 예비 교사들의 수를 크게 늘릴 것이었다. 늘 그렇듯, 이런 그의 구상을 확산하는 것과 여기에 돈을 투입해야 하는 상황 사이에 딜레마가 생기면 랭카스터는 후자, 즉 자금을 투입하는 일에 전력을 다해 달려들었다. 그는 미국으로 건너간 이후, 미국 전역에서 향후 교사가 되고 싶어 하는 사람들로부터 엄청난 요구들을 받게 되었다. 오하이오주 칠리코테(Chillicothe, Ohio)의 한 교사의 말에 따르면, 지역 학교위원은 자신이 랭카스터 밑에서 직접 훈련을 받지 않으면 자신을 "천재" 랭카스터 교육개혁가로 보지 않겠다고 했다. 이 교사는 랭카스터는 제대로 된 훈련에 얼마나 많은 비용을 부과할 것인지 묻고 있다.[73] 랭카스터는 이 이슈가 얼마나 중요한지 금방 알아차렸다. 교사 훈련이 자기가 구상한 시스템의 수익성에 좋은 부분이 된다면 랭카스터는 이 과정을 통째로 쥐고 흔들기 위해 싸움에 나설터였다. 그는 단지 단기간 학교를 관찰하는 것만으로는 교사가 되는데 충분하지 않다고 주장했다. 그렇다고 누구나 이 학교 시스템에 대해 배우도록 받아들이는 것도 안 될 일이었다. 그는 1818년 로버츠 보우에게 "교사 훈련은 이 거대한 목표를 이루는데 가장 중요한 부분"이라고 말했다. 자신이 직접 훈련시키는 사람들만이 랭카스터 학교에서 신뢰할 만한 교사가 될 수 있었다.[74] 그는 충분히 많은 수의 교사들을 훈련시키겠다고 필라델피아 인사들에게 약속했다. 하지만 실제로는 예비 교사들이 자신의 학교 운영 및 교육을 참관하도록 허용하지 않았다.[75]

실패를 향해

그러나 필라델피아에서 랭카스터가 고전을 면치 못하면서 미 전역의 랭카스터 교육개혁가들은 점증하는 문제에 봉착했음을 깨닫게 되었다. 훈련받은 교사의 부족은 이런 문제들 중 하나에 불과했다. 이런 교사 시장은 급여 수준을 올리는 것뿐만 아니라, 가난한 집 학생 수천 명에 대한 저비용 교육이란 꿈을 산산이 박살냈다. 랭카스터의 완벽함을 달성하는데 걸리적거리는 현실 세계의 엄청난 장애물과 함께, 좀 더 근본적인 문제가 등장했다. 즉, 이는 랭카스터 교육시스템의 핵심 전제를 허물어뜨리게 할 문제였다.

지금까지 살펴본 것처럼, 이 시스템은 즉각적으로 거의 붕괴되었다. 하지만 관계자들이 처한 문제가 얼마나 처치하기 어려운 문제인지를 알고 수용하기까지는 시간이 좀 더 필요했다. 시스템이 도입된 아주 초기부터 상급 조교들은 학교를 떠났다. 이들이 배우는 일을 그만두는 순간 이들은 학교에서의 공부가 종료되었다고 생각했다. 그럴만하지 않은가? 일단 조교들이 학교가 자신들에게 가르쳐줄 것이 더 이상 없다고 생각하게 되면, 학부모는 이들을 더 이상 학교에 보내지 않게 된다. 학교를 떠난 이들은 돈을 받고 비랭카스터 학교에서 교사 일을 했다. 랭카스터 학교에서 공짜로 가르치는 것 대신에 말이다. 간혹 이 아이들은 다른 일을 찾기도 하는데, 나름 큰 돈을 벌 수 있는 기술을 사용해, 전문적인 비서라거나 보험계리사, 혹은 사업매니저 등을 했다.[76] 돌이켜보면 이런 결과가 당연해 보이지만, 랭카스터나 그를 존경해마지 않는 추종자들 입장에서는 그리 바람직한 결과가 아니었다.

이런 결과는 랭카스터 학교 시스템이 제대로 굴러가는 방향과 맞지 않았다. 시스템이 제대로 굴러간다면 급여를 받지 않는 모든 연령대의 조교 노동이 차고 넘쳐야 했다. 이런 노동 없이 시스템은 절대 근대적 기적을 가져올 수 없었고 단지 전통적인 학교 실패의 연장일 뿐이었다. 1817년 말까지 뉴욕무상학교협회 이사진들은 이 문제의 심각성을 인지하게 되었다. 여기 저기의 학교에 한두 명의 조교가 있느냐 혹은 이들을 어떻게 구할 거냐의 문제가 아니었다. 이는 미 전역의 모든 랭카스터 학교에 일반적으로 내재된 문제였다.[77]

이사회는 직관적으로 이 문제를 해결하겠다고 본격적으로 덤벼들었다. 귀중한 아동 노동의 상실을 막기 위해 이사진들은 아주 전통적인 처방을 꺼내들었다. 조교를 견습생으로 묶어두는 방법 말이다. 결국 이 방법은 영국에서 랭카스터 학교에서 일종의 규칙이 되었다. 랭카스터는 적어도 영국 및 세계학교협회와의 불화로 갈라서기까지 자신의 견습생들을 특정 기간 동안 자기 옆에 있도록 묶어두었다. 그를 지지하던 한 사람은 오래된 용어를 써가며, "랭카스터는 이 사내놈들 위에 주인으로 권력을 행사했다"고 했다. 1813년 당시, 랭카스터의 견습생들은 학부모가 서명한 공식 "고용계약서" 양식을 랭카스터에게 제출하면서 그에게 자신의 노동에 대해 완전한 법적 권한을 이양했다. 대체로 남조교들의 경우 21살, 여조교들의 경우 18세가 될 때까지 말이다.[78]

랭카스터는 이를 가장 잘 활용했다. 영국에 랭카스터 학교가 점점 더 많이 생겨나면서 랭카스터는 자신이 원하는 대로 견습생들을 선발해 이 학교들에 파견했다. 젊은 교사들에게 랭카스터는 완전한 권력자로 군림할 수 있었다. 이들의 훈련, 이들의 일, 그리고 이들의 수입에까지 영향을 미치면서 말이다. 랭카스터를 만족시키지 않는 누구라도 교사 자리에서 제거될 수 있었고, 결과적으로 미래 수입에 대한 약속을 잃게 될 터였다. 모든 권한은 랭카스터의 손아귀에 있었다. 아이들은 누구에게도 이에 대해 조언을 듣거나 질문할 수 없었다. 이들의 일은 고용계약서에 명시된 기한이 끝날 때까지 자신이 결정할 수 있는 것이 아니었다.[79]

자연스럽게, 일부 조교들은 불평을 털어놓았다. 결국 구식의 견습 시스템은 1800년대 초 극적으로 붕괴되었다. 인종에 상관없이, 노예든 자유인이든 상관없이, 나이가 들었든 아직 어리든 상관없이 모든 노동자에게 자유롭지 않은 노동자로 일하는 것은 점차 불쾌한 일이 되어갔다. 특히 백인 아이들을 고용하려는 고용자들은 점차 구식 견습계약서에 근거해 이들을 고용하기 힘들어졌다.[80] 여기에 더해, 백인 아이들에게는 좀 더 매력적인 선택지가 있었다. 출간된 매뉴얼과 현금 급여는 오랜 공예품의 비밀 및 개인 특유의 특징을 벗겨냈다. 사회에서 인정받는 스승의 손에서 헌신적으로 오랫동안 훈련을 받는 대신, 젊은이들은 점차 자기 노동의 댓가를 현금으로 받고, 출간된 다양한 매뉴얼 및 지침서로부터 장사에 대해 배우기를 바랬다.[81] 1813년 한 학부모가 랭카스터에게 보낸 편지에는 랭카스터가 학부모들과 협의할 아무런 이유가 없다는 내용이 들어있다. 편지를 보낸 이 아버지는 오래된 이 견습 시스템이 적어도 아주 잘 작동한다고 생각했다. 이 아버지는 아들에게 "네 스승이 원한다면 너를 내칠 수 있겠지"라고 말하면서, "나는 진실한 마음으로 그에게 그럴 권한이 있음을 인정한다"고 했다. 이 아버지는 랭카스터에게 맹세하듯, "당신의 자유에 따라 내 아이를 처리해주시고, 당신에게 축복이 영원하기를 기원합니다"라고 했다.[82]

재정난에 처한 뉴욕무상학교협회 이사회는 부러운 맘으로 당시의 이런 상황을 기억하고 있었다. 만약 법적으로 인정되는 구속성 견습계약이라는 방편으로 이 모든 문제를 해결할 수 있다면 어떻겠는가? 이사회는 1818년 여름, 이 구상을 구체적으로 고민하게 되었다. 이들은 모든 조교들이 "이사회 산하 학교위원회 소속 견습생"이 될 수 있다고 상상했다.[83] 이렇게 되면 견습생들은 자기 희망대로 언제든 그만두고 떠날 자유가 없었다. 뿐만 아니라, 이들 부모 또한 랭카스터 학교에서 자녀들을 끌어낼 법적 권한조차 갖지 못하게 된다.

가을이 되어, 부속 위원회가 고개를 맞대고 이 계획에 대한 세부 사항을 논의했다. 이들은 고용계약서 양식을 하나 만들고 "아동을 뉴욕무상학교협회에 견습생으로 집어넣는데" 아동과 학부모가 동의하게 할 터였다. 아동은 "교사로서의 기술 및 관련 사항(비지니스)"을 배울 것이고, 결과적으로 견습생은 정해진 햇수동안 머물 것을 약속해야 했다. 혹은 남학생의 경우 21세, 여학생의 경우 18세가 될 때까지 떠날 수 없었다. 부속 위원회는 이 규칙, 예를 들어, 섹스 금지, 결혼 금지, 선술집 혹은 오락실 출입금지, 기타 주의를 돌리게 하는 장소 출입 금지 등을 포함해 좀 더 상세하게 정리했다. 가장 중요한 것은, 견습생들은 그 어떤 취업 기회가 생기더라도 절대 학교를 떠날 수 없었다.[84]

이는 공정하고 표준적인 견습생 합의서였지만, 뉴욕은 런던이 아니었고, 시기도 1813년이 아닌 1818년이었다. 이 제안은 이사회를 당황시키기에 충분했다. 몇몇 이사진들은 기록하지 말 것을 주문하면서 강한 어조로 이 구상에 반대했다.[85] 이들은 더 이상 이 방안에 대해 논의하지 않았고, 1819년 3월 이 계획을 조용히 덮어버렸다.[86]

하지만 합법적인 구속성 견습생이라는 절대 작동할 수 없는 해결책을 포기하는 것은 나름 작동할 것 같은 해결책과 함께 사라지지 않았다. 협회의 학교위원회는 이런저런 모든 것을 시도했다. 더 많은 돈이 들지 않는다는 조건에서 가능하다면 조교들의 업무 환경을 증진시키려고도 해봤고, 임금이 아닌 상을 얼마 안 되는 현금으로 주면서 나름 비싼 숙식을 제공하는 것도 해 봤다. 동시에 이들은 조교들이 학생으로 보내는 기간을 좀 더 길게도 해봤는데, 그 이유는 학부모들에게 랭카스터 학교가 이들에게 가르쳐야 할 것이 많다고 생각하도록 만들려는 것이었다.[87] 이사회는 학부모들을 압박하고자 했다. 그래서 학부모들에게 간단한 "합의서"에 서명하게 할 계획을 세웠다. 고용계약서가 아닌 학생들이 학교에 남아 있도록 하는 일종의 합의서 말이다.[88] 학부모들에게 설득을 위한 강연도 시도했다. 이들은 학생들의 집에 긴 글을 보내 학부모들에게 무지의 위험성을 경고하고 학부모들이 "이토록 귀중한 학교의 친구 및 후원자들에게 막중한 의무감을 가지지 않을 수 없음"을 상기시켰다.[89] 그러나 학부모들은 이사진들이 바라는만큼의 막중한 의무감을 거의 느끼지 않았다. 하지만 이사회는 가혹한 강연과 일방적인 합의서로 아주 큰 이득을 얻게 되리라는 것만 생각했다.

이사회는 계속해서 비용을 삭감하지 않을 수 없었다. 1820년 이들은 조교를 더 혹독하게 쥐어짤 수밖에 없었다. 이들에게 더 이상 공짜 숙식을 제공할 수 없었고, 이들이 사용하는 칠판을 계속 제공할 수 없었다. 이들의 학업적 향상에 주어지는 현금 시상도 계속 이어갈 수 없었다. 간단히 말해, 이들은 랭카스터 학교를 더 이상 운영해낼 자금이 없었다.[90] 이후 수개월 동안 이사회는 불가능한 재정 상황을 붙잡고 어떻게든 발버둥쳐보려고 했다. 1821년 초가 되면 이들은 새로운 계획을 내놓게 된다. 간단히 말해 이는 조교들에게 일정한 급여를 제공한다는 계획이었다.[91]

그렇다고 많은 급여를 생각해서는 안 된다. 1821년 일하고 있던 세 명의 상급조교들(monitors-general)은 1년에 각각 100불을 급여로 지급받았다. 앞으로 조교가 될 사람들은 매주 50센트씩 받을 것이었다.[92] 이렇게 작은 급여에 대한 약속이라도 무상학교협회 입장에서는 실제 감당하기 무척 어려운 것이었다. 1821년 말, 마침내 세번째 흑인무상학교의 수석 조교가 학교를 떠났다. 매 분기마다 9불을 받게 되리라고 확약했지만, 그는 1년 동안 한 푼도 받지 못했다. 그가 랭카스터 학교에서 봉직한 지난 6년간의 무임금 노동 이후 14세가 된 이 교사는 뉴욕에서 새로운 직장을 잡고자 학교를 벗어났다.[93]

약속한 대로 급여가 지급되지 않았음에도 조교들에게 임금을 지급하도록 한 전환정책은 랭카스터의 약속에 사망 선고를 한 셈이 되었다. 랭카스터 학교 시스템은 혁명적인 효율성에 토대해 혁명적인 자금 절약을 실현할 수 있다는 생각에 따라 만들어졌다. 이론적으로 랭카스터 학교는 교사 한 명에게 지급하는 급여로 거의 천여 명의 학생을 가르칠 수 있었다. 이론상, 아이들은 자기들의 조교로서의 가르침이 학생 학습의 본질적인 일부라는 점을 알고 있는 상태에서 열정적인 노동을 공짜로 제공할 것이었다. 그러나 현실에서 아이들과 부모들은 랭카스터의 거창한 상상 속 교육 기계에서 이론에 따라 움직이는 톱니바퀴가 아니었다. 이들은 엘리트들의 약속에 대해 애써 얻은 회의적 태도를 보인 상당히 합당한 사고를 하는 사람들이었다. 이론이 현실과 만나면 이론은 거의 즉각적으로 죽어버린다. 하지만 이론의 죽음이 일종의 뉴스로 퍼지는 데는 시간이 걸리기 마련이다.

누구도 이론의 죽음에 대해 큰 소리로 떠들지 않았다. 그때까지는. 하지만 랭카스터 학교 시스템은 자체의 실행불가능성이란 무게를 못 이기고 붕괴되었다. 뉴욕무상학교협회 이사진들이 맞닥뜨린 난망한 상황은 다른 곳에서도 광범위하게 그리고 암울하게 나타났다. 뉴욕, 필라델피아 및 랭카스터 교육개혁가들이 포진한 도시에서의 지도자들은 랭카스터 학교를 유지하고자 랭카스터가 제안했던 핵심 이론을 버려야 했다. 학생들은 절대 공짜로 신명나게 일하려 하지 않았다. 교사를 찾는 일은 무척 어려웠다. 비용 절감은 랭카스터의 교묘한 속임수와 같은 약속과 맞아 떨어지지 않았다.

엘리트 지도자들이 실패를 인정하지 못했음에도 학교, 학부모들은 이를 소리 높여, 그리고 반복해서 떠들어댔다. 아주 초기 단계부터 학생들은 랭카스터의 상상 속 시스템이 지닌 비현실적 제약 사항을 무시했다. 간혹 학생들은 단순히 랭카스터 학교에 발길을 끊는 것으로 랭카스터 구상에 반대표를 던졌다. 학생 및 학부모들은 다른 방식으로 자신들이 염려하는 내용을 알리고자 애썼다. 즉, 근대적인 도심 공립학교 시스템을 만들어낼 변화를 강하게 주장하면서 말이다.

6장

무단결석 전략

6장 무단결석 전략

학교 관계자들이 이 문제를 공개적으로 시인하기까지는 한참 걸렸다. 이들은 수년 동안 이 문제를 끌어안고 씨름하면서 대중이 눈치채기 전에 랭카스터 시스템의 근본적 실패를 해결해보려고 했다. 하지만 학생 및 학부모들은 대체로 문제가 발생하는 즉시 이를 알게 되었다. 아주 처음부터 이들은 가용한 가장 효과적인 방법을 써서 자신들의 불만을 제기했다. 그 방법이란 랭카스터 학교에 발을 들여놓지 않는 것이었다. 쉽게 이야기해 무단결석하는 것이었다. 엘리트 개혁가들은 도대체 왜 이 문제가 발생하는지 그 이유를 찾지 못한채 한참 헤맸다. 이들의 직감에 따른 첫 행동은 시스템을 비난하기보다는 학부모들을 비난하는 것이었다.

간혹, 학부모 및 학생들은 랭카스터 학교개혁가로부터 듣게 되는 무자비한 무관심에 분통이 터지지 않을 수 없었다. 예를 들어, 1810년 조셉 랭카스터는 자신의 처벌 방법을 가리켜 "어리석은 광란"이라 한 비판에 불을 뿜듯 강력히 반발했다.[1] 학부모, 특히 흑인 학부모들은 3장에서 이미 본 바와 같이 발목에 족쇄를 차고 긴 체인에 매여 교실을 퍼레이드하듯 돌아다니게 하는 등 아이들을 모욕적인 방식으로 훈육하자는 제안에 크게 실망했다. 돌아보면, 이렇게 하는 이유는 너무도 분명했다. 당시 가장 참혹한 미국 노예체제의 이미지는 흑인노예들이 긴 사슬에 묶여 있는 장면으로, 족쇄와 사슬에 묶인채 강가에서 팔리고 있다든지, 자기 문화와 가족에게서 찢기듯 떼어져서는 말할 수 없는 고통을 겪게 될 미래로 채찍질당하는 모습이었다. 백인 가정에서도 발목 족쇄는 가난한 집이라던가 빈민구호소와 같은 사회적 적대감 및 부정의한 제도를 보여주는 것이었다. 랭카스터 개혁이 한창이던 시기, 백인 학생들에게는 신체적 체벌이 거의 사용되지 않았었지만, 신체적 체벌에 대한 이미지는 자비라는 이름으로 가난한 사람들에게 언제든 가해질 수 있는 모욕의 잠재적 상징으로 남아 있었다. 따라서 당시 신체적 체벌은 자기 향상이라던지 혹 경제적 발전의 수단이라는 의미가 아닌 야만적이고 엄청난 부담이란 냄새를 풍기고 있었다.[2]

학부모가 랭카스터의 "나무 족쇄, 사슬, 한 줄로 늘어서서 퍼레이드하는 방식"으로 자기 자녀들이 처벌받을 수 있다는 조항을 거부하는 장면에서, 우리는 랭카스터와 그의 동조자들이 이를 나름 이해하고 받아들였으리라 생각할 수 있다. 거기다 학교 지도자들은 아이들의 발목에 족쇄를 채워 긴 사슬로 묶어 학교를 행진해 돌아다니도록 하는 것은 끔찍하고, 트라우마를 가져올 수 있는 경험이라는 점을 인정하고 사과하지 않았겠는가? 하지만 이런 기대와는 달리, 랭카스터는 분노하는 학부모들을 "청소년 교육을 망치는데 가담하는 공모자"라고 흉봤다. 그는 자기 학교에서 "**행복한(HAPPY)** 아이들"에게 이런 처벌 수단을 사용하는 것을 제대로 이해하지 못했다고 비웃었다.[3]

랭카스터와 그의 동조자들 눈에 학생들이 전혀 행복해보이지 않는다는 점이 분명해지는 데 그리 오랜 시간이 걸리지 않았다. 결국, 학생들은 랭카스터의 방법을 절대 좋아하지 않는다는 점이 분명해졌다. 뉴욕의 흑인무상학교에 다니던 한 학생은 처벌이 아주 불쾌했다는 내용의 시를 작성했다. 이 처벌이 어린 아이들에게 노예제라던가 빈민구호소를 연상케하는 장치를 사용한게 아니었음에도 불구하고 말이다. 1819년 작성된 시를 보면,

> 누군가 무단결석하겠다고 계획을 짜면
> 다음 날 벌을 받는다.
> 입고 있는 옷을 뒤집어 입도록 해서
> 학교 교실 주위를 행진하게 된다.[4]

학생들 사이에서 "무단결석"은 흔한 일이었다. 학생들은 떼지어 학교에 나타나지 않았다. 이들의 결석은 랭카스터 학교에 자신들이 절대 좋아하지 않는 사람들과 대화하기 위해 활용하는 가장 효과적인 방법으로 판명났다. 1820년대 내내 엘리트 개혁가들은 학생 및 학부모들이 랭카스터 학교의 교수법 및 학교 관계자들의 태도에 불만을 쏟아낼 때 귀담아 듣지 않으려고 했다. 개혁가들은 문제의 원인이 학교 시스템이 아닌 학부모에게 있다고 생각했다. 학부모와 학생들은 학교 지도자들이 자신들의 말에 주의를 기울이게 할 수 없었다. 혹 그렇게 할 수 있다고 해도 정말 어려운 일이었다. 하지만 학생들이 학교를 결석하면서, 학생들이 무단결석을 궁리하면서 드디어 개혁가들이 신경을 쓰기 시작했다. 부랑아 집단이 학교에 오기를 거부하는 상황에서 부랑아들을 교육하는 것은 불가능했다.

가난한 대부분의 가정은 일반적으로 학교와 공교육을 정말 중요하고 가치로운 일이라고 생각했다. 그러나 이들이 랭카스터 학교를 피하려고 하는 데는 정말 많은 이유가 있었다. 모욕적이고 가학적인 처벌방식은 그 이유 중 하나였을 뿐이다. 게다가 학부모들은 종종 랭카스터 학교

에서 제공되는 수업 내용이 너무 기초수준이라고 생각했다. 이들은 자녀가 읽고 쓰는 법을 배우는 것과 함께, 좀 더 고급 수준의 교과를 배울 기회를 갖게 되기를 바랐다. 더욱이 학부모들은 무상학교가 일반적으로 의미하는 치욕스런 낙인에 분노했다. 자신들에게 자녀를 자선학교에 보내는 "극빈자"라는 꼬리표가 달리는 것을 원치 않았다. 이들이 원한 학교는 도시 외곽에 보통 수준의 학교 정도였다. 학부모들의 요구에 응하고 교육에 좀더 많은 재원을 쓸 수 있는 그런 마을 학교말이다. 아마도 학부모들에게 가장 중요한 부분은 수업료를 내지 않는 학교였지만, 사실 그 또한 무상은 아니었다. 학교에 다니는 학생들은 가족 수입을 늘릴 수 있는 임금 노동을 할 수 없었고, 그렇다고 가정에서 더 어린 동생들을 돌본다거나 다른 무임금 노동에도 관여할 수 없었다. 많은 저임금 가정에게 학교는 여타 일터에 자녀를 내보내야 하는 상황을 극복할 수 있을 정도로 매력적인 곳이어야 했다.

흑인들에게 이 모든 이유는 백인 개혁가들의 뿌리깊은 인종차별의식과 뒤범벅이 되었다. 랭카스터와 마찬가지로 대부분의 백인 엘리트들은 자신들이 내세웠던 "족쇄, 사슬, 줄로 묶인 행렬 등"이 흑인 학부모들에게 모욕적이리라는 점을 이해하지 못했다. 수년에 걸쳐 뉴욕 마누미션협회와 같이 뉴욕의 흑인랭카스터학교협회를 이끌었던 백인 엘리트가 핵심을 차지하고 있던 단체들은 더 이상 노예가 아닌 뉴욕 거주 흑인들을 태평스럽게 모욕하면서, 1808년 이들의 "방만한 태도, 타락한 행실" 성향에 대해 경고했다.[5] 이런 모욕에 더해, 일부 백인학교 지도자들은 흑인 학생들이 보이는 학업적 재능에 놀라움을 숨기지 않았다. 이들이 고용한 교사들은 자기 학교의 비백인 학생들을 대놓고 경멸하곤 했는데, 이를 시정하라는 학부모들의 요구에 결코 귀를 기울이지 않았다. 더욱이 이들은 흑인 학부모가 자신들의 태도에 대해 분노하리라고는 생각조차 하지 않았다. 랭카스터 학교에 대한 가난한 흑인 가족들의 회의는 오랫동안 물밑에 가라앉아 있던 도심 흑인 사회 내의 긴장으로 더욱 고조되었다. 일부 가족들은 랭카스터 학교를 수용하면서 학교 시스템의 이런저런 문제들을 고쳐나가려고 했지만, 그렇지 않은 가족들은 랭카스터 학교를 외면했다. 학부모들이 랭카스터 학교에 요구한 변화와 개선사항은 특별히 별난 것도, 그렇다고 놀랄 만한 것도 아니었다. 이 장에서 죽 봐왔듯, 적절한 공교육의 목표와 역할이 어떠해야 하는가에 대한 생각은 수십 년 동안 변해왔는데, 어떤 과정을 거쳤는지 추적해내기는 어렵지만, 어떤 부분이 바뀌었는지를 확인하는 것은 그리 어렵지 않았다. 특별히 도심 바깥 공립 학교는 그 수가 점차 많아졌고 그 형태 또한 진화해왔다. 독립혁명이 있기 전부터 말이다. 하지만 랭카스터 교육개혁가들은 오로지 런던에서 일어나는 일에만 관심을 기울이면서 자기 주변 동네에서 무슨 일이 일어나고 있는지에 대해서는 별 관심을 기울이지 않았다.

엘리트가 아닌 일반 대중들은 다양한 방법으로 자신들의 목소리를 전달하려고 노력했다. 역사가들은 도시 내 자유흑인 및 백인 노동자들의 정치력 혹은 정치력의 부재에 대해 꽤 오래 논쟁을 이어왔다.[6] 모니크 부르게(Monique Bourgue)는 1810년대 가난한 사람들은 "자신들의 요구에 따른 복지 시스템을 만드는 데 적극적인 역할을 한다"고 주장한다.[7] 어느 정도로 사회의 빈민층이 정치적 목소리를 냈는지와 상관없이, 하나 분명한 것은 랭카스터 학교에 대해 절대 실패할 수 없는 자신들의 목소리를 내는 방법을 갖고 있었다. 엘리트들은 이 방법을 절대 무시할 수 없었는데, 바로 "무단결석 전략"이었다. 1820년대 말까지, 학부모, 학생, 백인 노동계층 출신 전문가, 흑인 지역사회 지도자들은 깊이 고민하지 않을 수 없었다. 학부모 및 학생들이 백인 엘리트 개혁가들, 심지어 일부 흑인개혁가들의 자기 확신적인 도취감에 구멍을 내는 데는 상당히 오랜 시간이 걸렸다. 하지만 1820년대 말까지 가장 헌신적인 랭카스터 교육개혁가들은 자신들이 품고 있는 랭카스터의 꿈이 결코 실현가능하지 않다는 점을 깨달아야 했다. 자신들이 사랑해 마지 않는 시스템은 그렇게 찾고 찾던 근대의 기적이 아니라는 점을 인정하지 않을 수 없었다. 결국, 등장하고 있던 도심 공립학교의 형성에서 가장 중요한 것은 엘리트들이 그토록 확신해 왔던 전제들이 아니었다. 대신, 공립학교가 이런 근대적 형성을 책임져야 한다며 밀어붙이는 학생 및 학부모들의 가열찬 집단행동이었다.

변화를 향한 격전

1810년대 랭카스터 교육개혁가들의 꿈은 보편적으로 공유된 생각을 표현한 딱 한 가지였다. 즉, 도심의 엘리트 개혁가들뿐만 아니라 정말 많은 미국 사람들은 공립학교가 바뀌어야 한다고 생각했다. 어떤 방식으로든 말이다. 도대체 공립학교의 변화가 왜 필요한 것이었을까? 학교를 뺀 나머지는 다 바뀌고 있었다. 시민성에 대한 새로운 생각, 가족, 경제 등 모든 것에 대해 새로운 사상이 등장했다. 랭카스터 교육개혁가들의 약속이 망상에 불과하다는 것이 밝혀졌을 때, 새로운 부류의 공립학교를 향한 꿈조차 그렇게 시들어버린 것은 아니었다. 랭카스터 학교의 변화를 밀어붙였던 가족, 혹은 활동가들은 허공 속에서 자신들의 요구를 발명해 낼 필요가 없었다. 이들은 공립학교는 불충분한 랭카스터 교육개혁가들의 비전이 제공한 것보다 조금 나은 뭔가가 될 필요가 있다는 생각에 가닿을 수 있었다.

이를 가장 단순하게 말해 1800년대 전반 수십 년 동안 더 많은 사람들이 공립학교에 뭔가 더 많은 것을 기대하게 되었다. 우선, 사람들은 정부가 공립학교를 제공하는 주체로 뭔가 더 하기를 바랐다. 일반적으로 사람들은 할 수 있는 한 공립학교 비용의 일부를 낼 용의를 갖고 있었다. 이들은 도심의 공립학교가 먼 기억 속에 있던 읍내나 시골 지역의 요구에 마을학교가 부응하는만큼만이라도 부응하기를 기대했다. 물론 이들은 공립학교에 뭔가를 더 요구했다. 좀 더 고급수준의 교과, 좀 더 연장된 학교일수, 학생들 선택지의 증가 등. 그리고 더 자주 미국인들은 완전한 미국인이 된다는 것은 곧 특정한 종류의 공립학교에 다닌다는 의미로 받아들였다. 부잣집이든 가난한 집이든 모든 아이를 건강한 공화주의적 제도의 하나인 학교에 들여놓는 것, 모두에게 열린 학교, 적어도 백인 남아들이라도 모두가 학교에 갈 수 있어야 한다는 생각 말이다. 무엇보다 이들은 공립학교가 자신들의 목소리에 귀를 기울여야 한다고 생각했다. 이들이 수용할 수 있는 공립학교란 대중 그 자체의 필요를 반영하는 것이었다. 다음 장에서 살펴보겠지만, 시민들의 목소리에 귀기울이는 학교에 대한 요구는 너무도 강력해서 랭카스터 학교들은 학교 지도자들이 지역사회의 요구에 귀를 기울이려 애썼다면 수십 년 동안은 더 번영할 수 있었다. 이 장에서, 우리는 랭카스터 학교 모델을 거부한 도시민들의 이야기를 들어볼 것이다. 이들은 공교육을 향한 꿈을 확장하려던 사람들이었지만, 랭카스터 교육개혁가들의 청사진 속에서는 이런 꿈을 담아 낼 수 없었다.

특정한 유형의 공교육을 향해 커지는 욕구는 당대의 두드러진 특징 중 하나였다. 한 역사가가 기술하고 있듯, "교육의 팽창"은 1800년대 초 다른 변화상들과 "밀접히 연관되어" 나타났다. 예를 들어, "종교 대각성운동, 과학에 대한 관심, 기술의 진보 등"과 같이 말이다.[8] 1812

년 전쟁이라던가, 1819년 대공황과 같은 사건은 미국인들이 학교에 대해 생각하던 방식을 중요하게 변화시켰다. 역사가 마크 분쇼프트(Mark Boonshoft)에 따르면, 대공황은 "공립학교가 재분배를 위한 경제개혁에 비추어 좀 더 긴급하지만 덜 급진적이도록 만들었다."[9] 이런 변화는 너무 포괄적이어서 무엇에 초점을 맞추고 있는지 특정하기 상당히 어렵다. 하지만 1830년대 한 저자의 다음과 같은 기억할만한 말에서 그 의미를 확인할 수 있다. 당시 사회 분위기는 "우리 공립학교에서 개혁과 변화를 둘러싸고 격론이 끊이지 않았다. 절대로."[10]

지금까지 검토한 바와 같이, 로버츠 보우나 드 위트 클린턴과 같은 엘리트 개혁가들은 성공적인 개혁 사상의 원천이 다른 도시에, 특히 자기들 도시보다 더 큰 도시에 있다고 생각했다. 좀 더 자세하게 이야기해보자면, 이들은 랭카스터 시스템이 런던에서 시작했다는 사실에 사로잡혀 있었다. 거대 도시는 근대 도시 생활이 가져다주는 위험과 함께 이를 완성할 거대한 약속을 동시에 갖고 있다는 말과 같았다. 개혁에서 소위 선도적인 도시의 역할에 대해 제대로 검토되지 않은 생각은 랭카스터 학교개혁운동이 추락하고 실패한 이후에도 한참 남아 있었다. 한 세기가 지난 이후에도 유명한 역사가였던 아더 슐레징거(Arthur Meier Schlesinger)는, 도시는 문화의 "역동적인" 역할을 맡고 있으며 "정적인" 시골을 이끌어 미래로 나가게 한다고 보았다.[11]

이후의 역사가들은 이 문제를 제대로 인식하고 있었다. 즉, 미국 도시들과 "내륙지역"은 경제 및 정부가 진화하면서 자주 통합되고 있었다.[12] 이 말은 도시가 근대적이고 마을은 그렇지 않다거나 도시는 실현되어야 할 해답이고 마을은 척결해야 할 문제만 있는 곳이라는 의미가 아니었다. 오히려 도시와 마을, 즉 이 둘 모두 미래를 향해 평탄하지 않고 울퉁불퉁한 길 위에 다 같이 올라있는 처지에 있었다. 최소한 랭카스터 교육개혁의 사례에서 도시와 시골 사이의 연계성은 아주 중요했다. 엘리트 개혁가들은 런던과 다른 세계적 도시의 동료들과 아주 긴밀하게 연결되어 있었다. 하지만 도심 공립학교를 이용하는 가족들은 근처 시골에 살고 있는 친구 혹은 친척들과 좀 더 긴밀하게 연결되어 있었다. 역사가 토마스 더블린(Thomas Dublin)의 연구에서 보듯, 시골 혹은 작은 읍 소재지에서 도시로 이주해 온 아이들은 확대 가족의 중요한 부분으로 계속 남아 있었고 "이들 삶에서 무슨 일이 일어나고 있는지를 늘 다른 사람과의 연결 속에서 공유하고 있었다".[13] 랭카스터 학교에 등록해 다니고 있는 아이들의 가족은 작은 읍 혹은 시골 지역의 변화상황에 대해 도시라는 담벼락 안에서 나몰라라 하지 않았다. 이들은 시골의 사촌들이 다양한 부류의 공립학교에 다니고 있다는 사실을 아주 잘 알고 있었고, 랭카스터의 학교 구상이 근대 학교의 문제를 해결하는 유일하고 가능한 해결책이 아니라는 점도 잘 알고 있었다.

도심 공립학교 시스템에서 랭카스터식 개혁의 실패를 극복해 내는 해결책은 런던에서 수입된 것이 아니라 미국 시골 지역의 창조적 산물이었다. 랭카스터 학교교실이 텅 비어 있는 것과는 달리, 작은 읍내 아이들은 점점 더 많은 학생들이 꽤 오랫동안 보통학교에 등록해 다니고 있었다. 예를 들어, 칼 캐슬, 마리스 비노브스키(Maris Vinovskis), 낸시 비디(Nancy Beadie)과 같은 역사가들은 뉴욕주에서 공립학교의 출석은 19세기가 시작하기 전에도 이미 점차 높아지고 있었다고 보고한다. 하지만 도시가 아닌 도시 바깥의 시골지역이 그랬다는 점이 중요하다. 예를 들어, 뉴욕시를 제외하고 뉴욕주 23개군 중 16개 군의 가용한 자료들을 분석해 보면, 일년 중 최소 일부라도 학교에 등록해 다니는 20세 이하 인구 비중은 1798년 37.1%에서 1815년 47.5%, 그리고 1820년에는 57.4%로 급증했다.[14] 뉴욕 중부의 한 읍내에 위치한 학교는 1825년 읍내의 모든

아이 전부가 출석해 꽉 들어찼다. 흥미롭게 여기에는 일부 유아들과 십대 후반의 청소년들도 있었다.[15]

여기보다 좀 더 큰 읍이나 도시의 학교 상황은 달랐다. 이들 지역의 학교는 공립학교와 수업료를 부과하는 기업형 학교들이 뒤섞여 있었다. 하지만 공립이 아닌 학교들까지 포함해 출석률을 셈하더라도 도시 아이들은 시골의 사촌들보다 학교에 덜 출석했다. 예를 들어, 뉴욕시의 사례를 보면, 1796년 아동의 24.7%가 학교를 다녔고, 이 중 90%의 학생들이 다니는 학교는 공립이 아니었다. 1829년이 되면 출석률이 오르기는 하는데, 그래봐야 32% 정도까지였다. 그런데 수업료를 부과하는 학교 학생의 비중은 62.2%로 낮아지게 된다.[16] 매사추세츠주에서도 양상은 상당히 비슷했다. 1826년 거주민 수가 1,250명보다 적은 읍에서의 공립학교 출석률은 75.9%였다. 이보다 좀 더 큰 읍 혹은 도시에서 이 숫자는 상당히 낮다. 인구 12,875명의 도시 세일럼(Salem)에서는 단 20.9%만의 학생이 공립학교에 출석했다. 보스톤(인구 54,154명)에서 학교 출석률은 겨우 30%였다.[17] 캐슬과 비노브스킨의 결론에서도 볼 수 있듯, 1800-1830년 동안의 출석률 급등은 "사립학교를 감안한더라도 상당했으며, 도시가 아닌 작은 읍지역 혹은 내륙의 시골 동네 학교에서 일어났다."[18] 랭카스터식 교육 공장이 점차 비어가는 것과는 달리 마을 학교는 별 볼일 없는 교실 한 개까지 미어 터졌다. 도대체 왜 그런가?

그 이유가 무엇인지 단 하나의 원인을 골라낼 수는 없다. 하지만 일부 특징은 너무도 분명해 보인다. 시골 학교가 좀 더 수준 높은 교과수업이나 좀 더 잘 훈련된 교사라는 도시에 거주하는 사람들의 요구를 충족시켜줄 수 있지는 않았다. 분명히, 시골 학교들은 제한된 자원과 부실한 자격의 떠돌이 교사들로 악명이 자자했다.[19] 역사가 칼 캐슬이 오래 전 기록해 둔 것처럼, 이런 작은 읍내 혹은 시골 학교들은 랭카스터 학교가 제공하던 방식의 근대적 학교교육 시스템을 제공해 줄 수 없었다.[20] 절대로. 하지만 이런 모든 단점에도 불구하고, 시골 학교는 랭카스터 학교에는 없는 두 가지 특징을 지니고 있었다. 이들 학교는 지역주민들의 요구에 귀를 기울였다. 그리고 이들 학교는 구시대의 자선사업가들에서 긁어 모은 기금이 아닌 세금 기반 재정지원을 점점 더 많이 받게 되었다. 지역주민들은 지역 학교에 통제력이 있다고 더 크게 느끼면서 이들 학교를 좀더 강하게 지원하고 지지했다. 경제학자였던 썬고(Sun Go)와 피터 린더(Peter Linder)의 연구에 따르면, 북부의 시골 지역에서와 같이 정치 권력이 상대적으로 폭넓게 주민 모두에게 공유되는 곳에서 공립학교에 대한 지지와 지원이 더 컸었다.[21] 벤자민 저스티스(Benjamin Justice)는 예를 들어, 뉴욕주의 작은 읍 혹은 시골에서는 1814년 이후 즉각적으로 공립학교의 인기가 높아지게 되는데, 그 이유는 새로운 자금 조달 계획이 "지역사회의 교육 통제권의 수단을 확보해 주고, 이런 노력의 영속성에 대한 감각을 가져다주었기" 때문이었다.[22] 조한 님(Johan Neem)이 주장한 바대로, 1803-1853년 사이, 최소 오하이오주에서 일련의 요인들이 사람들로 하여금 공교육에 더 많은 투자를 하게 만들었고, 공립학교로부터 뭔가 더 많은 것을 기대하게 했으며, 결국 더 많은 재정지원을 공립학교에 지원할 수 있도록 이끌었다.[23] 랭카스터 교육개혁의 실패에 대한 해결책은 런던이나 다른 근대적인 도심 한가운데서 발견된 것이 아니라 작은 읍 혹은 시골에서의 학교와 지역사회 간의 끈끈한 연관성 속에서 찾아졌다. 사람들은 공립학교로부터 뭔가 더 많은 것을 기대했다. 하지만 자기들 목소리에 귀기울이지 않거나 확장된 교육적 야망을 제공하지 않는 그런 학교를 더 많이 요구한 것은 아니었다. 랭카스터 교육개혁가들의 꿈이 갈갈이 찢겨나가면서 도시 가족들은 지역사회의 기대에 귀기울이는 공교육 모델을 찾아 시골 혹은 작은 읍 지역으로 눈을 돌렸다. 도시

외곽에 사는 친척들의 더 많은 수가 랭카스터 학교와는 사뭇 달라 보이는 학교에서 훨씬 더 많은 시간을 보내는 것을 보면서 도심 가족들은 랭카스터 교육개혁가들의 개혁 구상이 자기들이 처한 교육적 문제를 풀 수 있는 유일하고 가능한 해법이 아니라는 점을 알게 되었다.

빈 자리들

역사적 관점에서 이런 동향 및 전면적인 사회변화가 비교적 분명해 보였음에도 불구하고, 당시 개혁가들에게는 전혀 그렇게 보이지 않았다. 열렬한 랭카스터 교육개혁가들이 더 이상 시스템을 땜빵해 고쳐쓸 수 없고, 가족의 요구에 부합하도록 자기들의 구상을 수정해 내기 어렵다는 것을 깨닫기까지 수십 년이 걸렸다. 우선, 개혁가들은 무단결석 문제를 금방 해결할 수 있다고 생각했다. 학생들은 학교에 오지 않았다. 아마도 뉴욕무상학교협회 이사진들은 1818년 학부모들이 자녀들의 출석을 보장하는 협약을 상호간 체결할 수 있다고 보았다.[24]

이미 우리가 잘 알고 있듯, 그 해결책은 전혀 간단하지 않았다. 1820년대 초, 새로운 학교를 세운다는 문제가 하루하루 학교를 운영하는 문제로 바뀌면서 랭카스터 학교 개혁가들은 이 학교들의 출석 문제가 절대 사라지지 않으리라는 것을 깨닫게 되었다. 1821년 뉴욕의 랭카스터 학교 지도자들은 왜 적은 수의 아이들만 학교에 출석하는지 이해하고자 사투를 벌이고 있었다. 개혁가들은 학부모를 비난했는데, 이들은 “빈곤 계층의 학부모들은 교육의 중요성에 대해 둔감하다”고 자기들끼리 주고받았다.[25]

이런 일은 뉴욕에서만의 일이 아니었다. 워싱턴DC의 랭카스터 학교에서 이전에 랭카스터의 견습생이었던 교사 오울드(Robert Ould)는 왜 정말 소수의 학부모들만 자녀들을 학교에 보내고 있는지 도무지 이해하지 못하고 있었다. 오울드는 랭카스터에게, 아마도 이들 학부모들은 "편협한 사람들"로, 편견 가득한 눈 때문에 랭카스터 학교 시스템의 영광에 눈을 감고 있다고 말했다. 아마도, 오울드는 이들 학부모가 단순히 랭카스터의 구상에 대해 충분히 노출되지 않았고, 따라서 이들 학교의 혁명적인 잠재성을 충분히 가치롭게 여기지 않는다고 생각했을 것이다.[26] 편협한 사람이든 그렇지 않든, 학부모들은 자녀들을 랭카스터 학교에 보내지 않았다. 필라델피아에서 공립학교 관계자들은 1821년 공격적인 랭카스터 교육개혁 이행에 있어 "후회되는 일의 단 한 가지 원인"은 학생들이 "규칙적으로 출석"하지 않아서라고 발표했다.[27]

상황은 백인 학생이든 흑인 학생이든 다를 바가 없었다. 뉴욕에서 흑인무상학교로 설립된 첫 학교에서 백인 지도자들은 낮은 수의 출석 상황을 즉시 기록해 두었다. 1818년 이 학교를 방문한 사람들은 공식 등록자 수가 당일 실제 학교에 출석한 학생 수보다 훨씬 크다는 것을 알아채지 않을 수 없었다.[28] 이들은 그 이유를 도무지 짐작조차 할 수 없었다. 예를 들어, 1821년 3월, 백인 방문자였던 로버트 코넬(Robert Cornell)은 잠깐 들러서는 자기 말로, "등록부상의 학생 숫자와 학교에 출석한 학생 숫자의 차이가 왜 발생하는지 조사"했다. 교사는 몇가지 생각해낼 만한 이유를 내놓았는데, 아픈 학생들이 많았다든지, 부모가 가정 대소사를 하도록 시켰다든지, 당일 학교를 들락날락하는 학생이 있었다든지 등.[29] 시간이 지나면서 방문객들은 계속 이 학교에 "학생수가 너무 적다"[30], "학생들이 학교에 잘 오지 않는다"[31]는 등의 실망을 기록했다. 1820년 두 번째 흑인무상학교가 개교하면서 백인 방문객들은 이곳에서의 출석도 너

무 "적다"고 했다.[32]

랭카스터 개혁가들은 이 문제가 외부에 누설되지 않기를 바랐지만, 머지 않아 점점 더 많은 대중이 이 문제를 알게 되었다. 익명의 한 "랭카스터 개혁가"는 1822년 한 필라델피아 신문에 왜 학교 관계자들은 적은 수의 학생 출석 문제를 인정하지 않고 있냐고 물었다. 이 익명의 평론가는 자신이 "공교육에 대한 이 구상"을 지지하지만, 랭카스터 학교를 방문했을 때 결석한 학생 숫자는 눈에 띌 정도로 많았다고 했다. "랭카스터 교육개혁가"가 말할 수 있는 관점에서 볼 때, 방문한 당일 학교 관계자가 등록명부에 있다고 주장한 수에 비추어 겨우 절반 정도의 학생만이 학교에 출석했다.[33]

1823년 필라델피아의 랭카스터 학교 지도자들은 이 점을 인정하지 않을 수 없었다. 정말 많은 "가난한" 아이들은 학교 출석을 할 수 없었다. 필라델피아 공립학교 관계자들은 이런 가난한 집 아이들은 "공립학교에 다니는 대신, 거리나 포구를 배회하면서 구걸하는데 능숙해지고, 좀도둑질에 익숙해지며, 음란하고 불경한 언어에 물들어 갔다."[34] 해가 가면서 학교 관계자들은 이와 똑같은 문제를 알게 되었지만, 도대체 왜 이런 문제가 발생하고 있는지 제대로 설명하지 못했다. 1824년 왜 이토록 많은 아이들이 수업료도 없는 학교교육의 기회를 "제 발로 걷어차는지" 의아해했다.[35] 1825년 이들은 "정말 많은 수의 남녀 청소년들이 삐뚤어진 부모들 때문에 교육의 혜택을 보류하고 있다"고 탄식했다.[36] 1826년, 이들은 또다시 너무 많은 아이들이 "부모들에 의해 학교에 나오는 일을 보류하고 있다"고 기록했다.[37] 1829년 이들은 공개적으로 왜 그렇게 많은 아이들이 무상교육이라는 "풍부한 기회가 있음에도 불구하고" 대신 "완전히 내팽개쳐져서 떠돌아다니고 있는지" 의아해했다.[38]

필라델피아뿐만 아니라 여러 곳의 개혁가들에게 이는 분명 엄청나게 절망스런 상황이었다. 이들은 도심 거리 및 포구를 배회하는 엄청나게 많은 수의 못 배우고 가난한 아이들이 걱정스러웠기 때문에 이 문제를 해결할 수 있는 딱 맞는 학교를 세웠다. 약간의 의구심이 없었던 것은 아니지만, 이들은 조셉 랭카스터의 황홀한 약속에 귀를 기울였고, 마침내 그가 제안한 과학적으로 작동하리라는 시스템을 과감히 믿게 되었다. 수 년간 이들은 부유한 백인 친구들과 연줄있는 사람들을 꼬드겨 무상 공립학교라는 건전한 프로젝트에 기부하도록 했다. 1820년대까지 이 학교들은 엄청난 노역과 비용을 들여 개교하게 되었는데, 학생들이 갑자기 오지 않게 된 것이다. 결국 랭카스터 교육개혁가들의 수년에 걸친 노력 끝에 랭카스터가 말했던 약속의 땅에 다다르지 않았다. 대신, 근대적이고 새로운 학교는 자리의 절반이 비어 있었고, 그럼에도 이들이 바랐던 것보다 두 배나 비싼 비용이 들었다.

필라델피아의 랭카스터 교육개혁가들은 자기들끼리 이런 낮은 출석 숫자를 둘러싼 이유 해명과 해결책에 대해 의견을 나눴다. 로버츠 보우의 친구이자 동료 개혁가였던 제임스 로날드슨(James Ronaldson)은 왜 학부모들이 자녀들의 규칙적인 학교 등교에 그토록 마음 내켜 하지 않는지 의아해 했다. 아마도 학교가 학부모에게 학비 일부를 내라고 한다면, 아주 상징적인 수준에서의 학비, 학교는 학부모가 사들이는 것이 되지 않을지 의견을 개진했다. 결국 로날드슨은 무상교육의 경우, 빈곤 계층 학부모들은 "자녀들이 학교를 빠지게 되었을 때 돈을 갖다 버리게 된다"고 생각하지 않는다고 조바심쳤다.[39] 로날드슨은 아마도 보우가 구식의 "졸업 학예회"를 개최할 수 있으리라 생각했다. 공개 전시회는 보우와 같은 개혁가들의 값진 노력과 수고에 학부모들의 감사 마음을 키워줄 것이라고 주장했다.[40]

부적절한 처벌

필라델피아, 워싱턴DC, 뉴욕, 기타 주요 도시의 랭카스터 학교 지도자들이 실망스런 학교 등록자 수의 이유를 밝히겠다고 신중하고 조심스러운 탐문을 시행하고 있을 때조차, 놀랍게도 이들은 너무도 분명한 대답을 무시했었다. 앞서 살펴본 대로, 가장 일반적인 불평 중 하나는 랭카스터 학교 교실에서의 훈육이 너무 잔악했다는 점이었다. 이런 불평불만에 있어 비밀이랄 것도, 그렇다고 뭔가 새로울 것도 없었다. 영국에서 전문가 및 비평가들은 신체적 체벌을 공개적인 모욕을 주는 체벌로 바꾸는 것이 가져올 예상되는 결과에 대해 되풀이해 말해왔었다. 시인이었던 사무엘 콜러리지(Samuel Taylor Coleridge)는 1811년 공개 강연회에서 학생이나 학부모가 랭카스터 학교의 벌주는 방식에서 실망하지 않을 수 있겠는가라고 반문했다. 콜러리지는 여러 사람 앞에서 모욕을 당하며 돌아다니는 것보다 빠르고 단순하게 매를 맞는 것이 훨씬 더 나은 처벌방법이라고 믿었다. 콜러리지는 이렇게 표현하고 있다. "자기 자녀가 랭카스터식 방법으로 벌 받고 있는 모습을 학부모가 보게 된다면 그는 도대체 뭘 생각하겠는가?" 아이들의 감정이 학대당하고 있다고, 그 모욕적인 상황으로 인해 "아이들이 가장 혐오하는 범죄에 대한 처벌과 관련되어 있다"고 느끼게 된다면 그 부모들의 마음은 어떻겠는가?[41]

랭카스터 학교에서 이런 천하태평스런 차분함으로 아이들을 벌주는 상황을 조심스레 떠올려 보면 진짜 충격적이다. 학생 및 학부모가 족쇄에 채워진, 좀더 나쁜 경우로 교실 위의 큰 바구니나 새장 같은 곳에 갇혀 매달려 있는 아이들이 또래 아이들의 놀림감으로 전락한다는 생각을 절대 좋아하지 않으리라는 것에 어떤 부가적인 설명도 필요해 보이지 않는다. 하지만 랭카스터 학교개혁가들은 이런 비판을 단순히 흘려들을 수 있는 놀라운 능력을 지니고 있었다. 예를 들어, 뉴욕무상학교협회의 이사진들은 학생들로부터 "처벌이 부적절하다"는 점에 대해 정말 많은 불만의 목소리를 들었다. 1821년이 되면 이런 불만은 이사회가 더 이상 무시할 수 없을 정도로 쌓이게 되었다. 이사회는 이 문제를 담당할 위원회를 만들고 학생 불만의 진실성에 대해 조사하게 했다. 하지만 1821년 10월, 위원회는 학생들의 불만이 논의할 가치가 없는 문제라고 보고했다.[42] 이사회는 랭카스터 학교에서 무슨 일이 있었는지를 조사하는 대신 학생들이 단순히 공부하기 싫어한다고 결론지었다.

흑인학교들의 경우 처벌은 더 가혹했는데 백인 개혁가들은 학부모들의 불만을 무시하는데 좀 더 충실한 듯했다. 1817년, 랭카스터 학교 시스템에 대해 발간된 매뉴얼에는 더 이상 이렇게 터무니없이 지독한 처벌을 권고하는 내용이 담겨있지 않다. "바구니"라는 말은 사라졌다. 랭카스터가 1810년 매뉴얼에서 권장하던 "우스꽝스런 광대 옷"도 없어졌다.[43] 랭카스터 교육개혁가들은 최소한 백인 아이들에게는 이런 처벌이 나름 효과가 있다고 하더라도 너무 잔인하다는 데 암묵적으로 동의했다. 1812년 이후 랭카스터의 매뉴얼은 보상과 벌점에 관한 아주 복잡한 시스템을 권고하게 되는데, 여기에는 최악의 경우에 "방과 후 감금당하는 벌"이 포함되어 있었다. 족쇄를 차고 사슬에 매여 교실을 돌아다니는 행렬에 관한 내용도 매뉴얼에서 빠졌다. 놀림감으로 동료들에 의해 벌로 얼굴에 글씨를 새기도록 하는 내용도 없어졌다. 대신 1817년 랭카스터 개혁가들은 좀 더 온화한 방식의 보상 티켓 시스템을 들여왔다. 1817년 이후 백인아이들에게 무단결석에 따른 처벌은 보상 티켓 네 장의 박탈이었다.[44]

흑인 아이들의 경우에는, 구식의 장치들이 훨씬 더 오래 남아 있었다. 처음 문을 연 흑인무상학교에서 1819년에 있었던 학생 한 명의 불만 사항을 회상해보자. 그와 함께 결석한 다른 친구들은 백인 아이들에게 했던 방식대로 보상 티켓 네 장을 박탈당한 것과 함께 겉옷을 뒤집어 입고는 교실을 돌아다니는 랭카스터식 퍼레이드로 공개 모욕을 당했다. 또 다시 무단결석을 하게 되면 "이보다 좀 더 심한 처벌"을 당할 것이었다. 물론 그게 무엇인지 이 학생은 자세하게 밝히지는 않았다. 거짓말하다 들킨 학생은 누구라도 "다른 학생들 앞에서 망신당했다". 아이들이 입고 있는 셔츠에 "거짓말하는 혀 표시"라는 말이 적힌 게시판을 붙여놓았다.[45]

또한 비공식적으로 뉴욕에서 처벌과 가혹한 감독 체제는 백인 아이들을 위한 랭카스터 학교들보다 흑인무상학교들에서 더 힘들었다. 예를 들어, 흑인들만 다니는 학교에서 백인 방문객들은 흔히 규칙을 지키지 않은 학생들에게 벌을 주면서 깜짝 점검을 실시했다. 좀 늦은 시기인 1827년에도 한 방문객이 학교에 들어서서는 제멋대로 구는 일부 학생들 "때문에 놀라 자빠질 지경"이라고 느꼈다.[46] 백인 전용 학교에서는 이런 일이 없었다. 따라서 백인 방문객들은 주로 흑인 학생들을 "꾸짖었다."[47]

비록 훈계나 벌을 가하지 않는다고 해도, 백인 방문객들은 학생 및 이들 부모에 대해 비하하는 말을 담아 일장 연설을 하곤 했다. 예를 들어, 1821년 두 명의 백인이 학교를 방문해 흑인 학생이 학업에 뛰어나다는 점 때문에 상당히 놀랐다고 크게 말했다. 이들 방문자들은 전에 있던 학생 한 명이 "자신들에게 보여준 모습을 통해 그 학생이 시에 대단한 재능이 있다는 것"을 알게 되어 "놀랍다"고 보고했다.[48] 흑인무상학교 중 두 번째 학교의 백인 교사는 가끔 지독히 나빴다. 예를 들어, 1822년 공개 전시회에서 교사였던 앤드류스(C.C. Andrews)는 교사가 만든 지독히도 어색한 대화를 학생 두 명에게 공연하게 했다. 한 무리의 백인 엘리트와 뉴욕 최상층 흑인 엘리트들, 나머지는 가난한 흑인 가정의 부모들이 참여한 청중 앞에서 학생들은 무상학교교육이라는 선물이 흑인들에게 합당하지 않다고 말했다. 공연 속 대화 중, 한 학생이 학교로 서둘러 떠난다. 다른 학생은 늑장을 부리고 질질 끈다. 첫 학생이 두 번째 학생의 태도에 대해 호되게 나무라는데, 두 번째 학생은 자기가 학교에 갈 필요가 없다고 말한다. 자기 부모가 "자기 학교 가는 일에 별로 신경을 쓰지 않기" 때문이라고 설명하면서.[49] 그 결석생은 계속해서, 자기 부모는 단지 "공교육의 가치를 모르고 있다"고 말했다. 청중 중 누구라도 이야기의 핵심을 놓친 경우라면 교사 앤드류스는 마지막에 그 결석생에게 다음과 같이 열변을 토하는 장면을 보면 된다. "부모는 대개 학생 잘못의 진짜 원인이다. 비록 바로 확인할 수는 없지만 말이다."[50]

당시 흑인 학부모들이 이런 공개적인 모욕을 참아낼 수 있었다고 해도, 이들에게는 훨씬 더 심각한 걱정 거리가 있었다. 뉴욕에서 랭카스터 학교가 가장 분주하게 움직이던 시기, 대략 1817-1822년 사이, 흑인 학생들은 백인 학생들보다 훨씬 더 많이 학교에서 쫓겨났다. 기록된 자료가 정확하지는 않지만, 흑인무상학교의 흑인 학생들은 절대적인 학생 수 면(1817-1822년 사이 쫓겨난 흑인 학생은 9명, 백인 학생은 6명이었다)에서도, 인종간 등록학생 비중 면(연간 등록한 평균학생수는 흑인의 경우 400명, 백인 학생은 1200명이었다)에서도 훨씬 더 자주 쫓겨났다. 이 기간 퇴학당한 전체 백인학생들은 1817년 10월 단 한 달간 퇴학이 이뤄졌었다. 이후에는 단 한 명도 백인학생은 퇴학당하지 않았다. 1818년 이사회가 무단결석하는 백인 학생들도 "즉각적이고 공개적으로" 퇴학시켜야 한다고 경고하는 새로운 정책을 도입했음에도 불구하고 말이다.[51] 그러나 백인 학생들은 이런 처벌을 당하지 않았다. 대신 교사들은 가정에 편지를 보내 학부모들에게 "학교 규칙은 ○○가 앞으로 학교에 규칙적으로 출석하지 않으면 퇴학당할 것임을 학부모에게 공지하도록 한다."고 경고했다.[52] 하지만 흑인 가정에는 이런 편지가 발송되지 않았다. 흑인 학생들은 그냥 쫓겨났고 가끔은 냉혹한 백인 방문객들에 의해 곧바로 퇴학당했다.[53]

1820년 내내 흑인 학부모들과 흑인 전문가들은 이런 저간의 상황에 대한 불만사항을 접수했는데, 그 성공여부는 그 정도가 아주 다양했다. 흑인이 감내해야 하는 반복되는 모욕, 차별, 불평 등의 모든 유형 중에, 가장 쓰라린 것은 바로 이것일 것이다. 엘리트 백인 개혁가들이 흑인들의 불만사항을 무시하고 흑인 학생들에게 더 가혹한 처벌을 내린다고 해도, 이들은 흑인 학생들의 행실이 간혹 백인 학생들보다 더 훌륭하다는 점을 알게 되었다. 무상학교협회 이사회는 이미 1818년에 뉴욕 제1학교의 백인학생들이 학교에서 쫓겨나 퇴학당할 때 왜 반복해 자신들을 "괴롭게 하는지" 궁금해했다. 학교 주변 사람들은 이들이 버리는 "시끄러운 행동거지"에 불만이 많았다. 백인들로 구성된 이사회에게 백인 학생들을 통제하는 것은 불가능해 보였다. 이사회 표현에 따르면, "흑인 학교의 아이들은 학교 주변에 불쾌감을 주지 않고 내보낼 수 있었다".[54]

집단 차원에서 흑인 학생이 백인 학생보다 더 행실을 낫게 한다는 사실을 받아들일 수 있다면, 뉴욕이나 필라델피아 등 대도시의 백인 엘리트 개혁가들은 다른 사실 또한 충분히 잘 알고 있었다고 생각할 수 있을 것이다. 아마도 이들은 학생들의 결석문제가 모욕감을 주는 처벌 문제의 지속과 연계된다는 점을 알고 있었을 것이다. 또한 이들은 백인 학교와 흑인 학교에 대한 불평등한 상황 또한 알고 있었고, 어쩌면 학교 교실이 왜 텅 비어가고 있는지에 대해서는 해당 학교 내의 상황에서 설명될 수 있지 않을까 궁금해 했으리라 짐작할 수 있다. 하지만 개혁가들은 그렇게 하지 않았다. 1820년대 중반, 불만을 표출했던 지역사회가 그토록 이들 학교에 대한 인기가 없는 진짜 이유를 이들이 알아보도록 종용하기 전, 엘리트 개혁가들은 랭카스터 학교 시스템의 문제가 뭔지 확인하지 않았다. 오히려 이런 저런 소란의 원인은 가난한 사람들에게 있다고 생각했다.

"이런 부류의 사람들"

이런 상황은 가혹할 뿐만 아니라 보복적으로 들릴지 모르겠다. 하지만 학생과 이들의 학부모에게 모욕과 험한 말을 해대던 랭카스터 교육 개혁가들은 단지 있는 사실을 가감없이 전달했을 뿐이라고 생각하는 듯했다. 1820년대 초, 백인, 흑인 가릴 것 없이 개혁가들은 랭카스터 학교가 말라 죽어가는 이유가 가난한 집 학부모들 때문이라고 비난했다. 예를 들어, 1823년 필라델피아의 교육 위원들은 "흑인 학생들을 위한 학교(School for the Instruction of Coloured Children)"라는 약속을 한껏 찬양했다. 모두가 백인인 학교위원회는 이런 적절한 교육을 통해 "이런 부류의 사람들"이 나름 개량될 수 있으리라고 설명했다. 이들은 "무지와 무지해서 생기는 타락으로부터" 구원받을 수 있게 될터였다.[55] 하지만 백인 개혁가들에게는 상당한 충격일 수 있겠지만, 백인 학부모들은 이런 공짜 선물을 전혀 달가워하지 않는듯했다. 랭카스터 학교에 등록될 수 있을 가난한 집 흑인 아이들의 부모는 새로운 랭카스터 학교에 무관심하거나 어쩌면 적대적인 태도를 보이는듯했다. 이에 엘리트 개혁가들은 학교의 문제가 이런 부모들의 "무지"와 "타락"에 있다고 여겼다. 개혁가들의 눈에, 문제는 학교가 아닌, "이런 부류의 사람들"에게 있었다.

그 이후로도 계속해 개혁가들은 학부모들을 압박하거나 위협해 혹은 이들을 모욕하고 그래서 아이들을 학교에 보내게 만드는 것으로 학교의 결석자 문제를 해결할 수 있다고 생각했다. 예를 들어, 1819년, 뉴욕 흑인무상학교 협회의 이사회는 학생 및 이들의 가족 전체를 소집해 회의를 개최했다. 이사회의 백인 이사들은 문제를 일으키는 학생들의 명단을 읊었다. 문제 학생이란 주로 학교를 빼먹는 아이들이었다. 그리고 이사회는 학부모들에게로 화살을 돌려 어떻게 하면 좀 더 나은 학부모가 될 수 있을지에 대한 "적절한 조언"을 주었다.[56] 지금 우리는 그 적절한 조언이 무엇이었는지 잘 모른다. 하지만 그 회합에 참여했던 많은 학부모들이 끊이지 않는 비난을 받으면서 어떻게든 자신을 바꾸겠다고 했으리라 짐작하기는 상당히 어렵다.

우리는 "적절한 조언"을 통한 접근이 제대로 작동하지 않았다는 점을 잘 알고 있다. 1820년대 초 흑인무상학교의 출석률은 계속 좋지 않았기 때문이다. 아마도 개혁가들은 이들에게 좀 더 훌륭한 대변인이 필요하다고 느낀듯하다. 1823년 백인 방문객들은 미국에서 흑인 엘리트로 가장 명망있다는 43명을 단체로 초청해 학생들을 방문하도록 했다. 여기에는 필라델피아 흑인 감리교회(Philadelphia's African Methodist Episcopal Church)의 주교였던 리차드 알렌도 포함되어 있었다. 알렌 주교는 한 무상학교에서 학생들에게 "이들이 지금 받고 있는 교육기회의 중요성"에 대해 일장 연설을 했다.[57]

물론 그렇다고 상황이 달라지지는 않았다. 여전히 출석률은 낮았다. 학생 및 학부모들은 랭카스터 학교를 계속해 거부했다. 1827년 말까지 흑인과 백인 개혁가들은 자녀를 자신들의 무상학교, 특히 두 번째 지어진 흑인무상학교에 보내도록 가난한 흑인 가정의 학부모들을 압박할 좀 더 거슬리는 방안을 내놓았다. 흑인무상학교의 백인 지도자들과 상의한 후 12명의 흑인 엘리트 개혁가들로 구성된 한 그룹은 "특별 임무자"를 고용하겠다고 했다. 이 대원은 흑인 가정을 방문해 "자녀들을 학교에 보

내도록 종용하고 또 간청함"터였다.[58]

몇 주가 흐르는 동안 임시 흑인 엘리트 위원회(도시의 존경받는 흑인들로 구성)는 결국 한 사람을 찾아냈다. 그의 이름은 사무엘 코니쉬(Samuel Cornish)였다. 사무엘은 전도 유망한 흑인 지식인으로, 주간신문 프리덤 저널(Freedom Journal)의 전 편집자이자, 전직 목사였다. 사무엘은 또한 무상으로 제공되는 랭카스터 교육이란 복음을 전파하는데 아주 적합한 인물로 보였다.[59] 그는 도시의 모든 흑인 가정을 차례로 방문할터였다. 여기에 각 지역사회 2명의 흑인 주민들이 매번 그와 동행할 계획이었다. 사무엘은 흑인 뉴욕 주민들에게 학교교육의 가치를 설명할 것이었고, 기초 문해 및 수셈을 교육받는 것은 지역사회의 모든 이들의 삶을 향상시키는 일이라고 전달할 계획이었다.[60]

이사회의 일부 백인 이사들은 이 계획이 나름 잘 먹혔다고 생각했다. 1828년 내내 방문자들은 학교의 출석률이 올랐다고 보고했다. 1828년 3월, 한 방문자는 학교가 학생들로 가득찼다면서 "학부모들을 설득해 자녀를 학교에 보내도록 이사회에서 고용한 특별임무자의 영향" 때문이라고 치하했다.[61] 하지만 진실은 그리 간단하지 않았다. 아주 짧은 시기 동안 학교 출석률이 높아졌다가 곧 위험한 수준으로 다시 곤두박질쳤기 때문이다.

이 일은 백인 개혁가들이 가난한 백인 가정에 대해 이와 똑같은 교훈을 배우는데 걸린 시간만큼이나 오래 걸렸다. 미국에서 랭카스터 열혈 옹호자들이 일을 벌이기 시작하던 아주 초기부터 부유한 엘리트들은 가난한 집 학부모들은 결함 많고 부족한 것 투성이인 사람들이라고 생각했다. 1810년 초로 거슬러 올라가면 필라델피아에서 아델피학교를 운영했던 자선사업가들은 가난한 집 아이들은 다루기 어렵다고 서로 이야기를 주고받았다. 그러면서 이들은 "아이들의 이런 습관은 주로 학부모들 때

문"이라고 설명했다.[62]

우선 엘리트 개혁가들은, 백인 학부모들에게 형식교육의 가치를 잘 전달하면 이 문제가 해결될 수 있다고 생각했다. 이들 엘리트 개혁가는, 학부모들이 자녀들을 무상학교에 보내지 않는다면 틀림없이 학부모들이 학교교육의 가치를 제대로 알아채지 못하는 무지함 때문이라고 생각했다. 예를 들어, 1818년 뉴욕무상학교협회 이사회는 학교를 빠지는 무단결석생들의 집에 서신을 보냈다. 이 서신을 살펴보면, "학교에서 배우는 일은 틀림없이 자녀를 위한 것으로 커다란 혜택이라는 점을 학부모들은 제대로 새겨들어야 한다"고 되어 있다. "공짜로 제공되는" 자선학교는 이들 가정에 엄청난 "기회"가 되는 것이었다. 하지만 학부모가 자녀들에게 출석을 독려하지 않는다면 자녀들 또한 이런 값비싼 선물을 무지하게 낭비해버릴 터였다.[63]

학생 출석률 문제가 전혀 개선되지 않는 것에 절망한 나머지 이사회는 이듬해 좀 더 길고 좀 더 공격적인 서신을 각 가정에 보냈다. 이 서신에 따르면 이사회는 학부모들에게 무상학교를 운영하는데 "당신들의 협조가 너무 중요하다"고 설명했다. 학부모가 자녀들에게 매일 학교에 가도록 좀 더 애써주는 일은 단지 권면의 문제가 아니라, 의무와도 같은 일이었다. 서신의 내용을 보면 "당신 자녀가 진득하게 학교에 출석하는 것으로 얻게 되는 이익을 활용하는 것은 도덕적 의무가 아닐 수 없다"라고 되어 있다. 서신의 내용에서 학교가 할 수 있는 일은 정말로 많았다. 학부모들이 "신명한 묘약(Spiritous Liquors)"을 남용하면 자녀들이 그대로 따라 할 것이었다. 학부모들이 좋은 본을 갖추는 것이 무엇보다 중요했다. "그렇지 않다면 자녀들의 복지를 증진시키려는 우리의 노력이 헛될 것"이라고 위협했다. 여기에 더해, 너무 많은 어머니들은, (특별히 콕 찍어 어머니라고 하는데) 자녀들이 용모 단정해야 한다는 점을 모른다고 했다. 이런 어머니들의 "절제와 경제의식"의 결여 때문에 이들은 거칠게 판단받아야 한다고 이 서신은 밝히고 있다. 이사회가 설명하고 있듯, "학생들의 용모를 보면 엄마의 인성을 알 수 있다"고 했다. 이사회는 너무 많은 학부모들이 자녀에게 적절한 수준의 신경을 쓰지 않는다는 점에 대해 확신하고 있었다. 결국 이사회는 긴 시간, 많은 돈, 그리고 엄청난 노력을 들여 이 무상학교를 설립하고 운영해 왔다. 이들은 학부모들이 "이토록 소중한 교육기관의 친구이자 후원자에게 나름의 의무감을 느껴야 한다"고 생각했다. 이사회는 아주 긴 이 서신의 내용을 위협이 담긴 비난으로 끝맺고 있다. 학부모들은 자녀가 매일, 정시에 학교에 등교하도록 해야 했다. "그렇지 않으면 당신들이 방치했다는 이유로 자녀들이 처벌당할 것이다."[64]

뉴욕과 마찬가지로 필라델피아의 엘리트 개혁가들은 우선 자신들의 랭카스터 무상학교에 대해 좀 더 감사하게 여겨달라고 학부모들에게 강연할 수 있다고 생각했다. 1820년, 필라델피아 공립학교위원회는 "학부모들이 자녀들을 학교에 보내도록 좀 더 훈계할 것"을 권고했다.[65] 이듬해, 필라델피아 지도자들은 또다시 낮은 학교 출석률 문제를 끄집어 냈다. 이들은 다시 한번 무지하고, 가난한 학부모들에게 학교 교육은 중요하다는 점을 설명하는 것으로 문제를 해결할 수 있다고 제안했다. 1821년 위원회의 제안에 따르면, 개혁가들의 목표는 "학부모 및 보호자들의 마음에 의무감을 심어주는 것"이어야 했다.[66]

이런 한바탕 모욕과 훈계의 대상이 된 가난한 집 부모들의 심정이 어땠을지 짐작하기는 어렵지 않다. 그러나 엘리트 개혁가들이 자신들이 건사해 온 생각들에 문제를 제기하기까지는 이후로도 몇 년이 더 걸렸다. 엘리트 개혁가들은 대신 1820년대 초 각 가정에 보낸 초기 서신들이 너무 부드럽다거나 혹 너무 정중하다고 여겼다. 뉴욕무상학교협회의 이사회가 1821년 결론 내린 바에 따르면, 이들은 학부모들에게 간곡히 협조를 요청하는 대신 "무지한" 부모들이 순종할 수 있도록 하는 다른 방안을 찾는 것이었다. 개혁가들은 "가난한 집 사람들을 종용해 자녀들을 무상학교에 보내는 예의범절"을 강제해야 했다. 만약 부모들이 "구호" 자금을 받고 있다면, "이런 조언"에 귀 기울이지 않는 학부모들의 자금을 잘라버릴 수 있었다.[67] 이는 처음 등장한 방안은 아니었다. 1818년 보스톤 사람들도 이와 유사한 제안을 했던 적이 있다. 가난한 집 부모들이 자녀를 학교에 보내지 않는다면 이들은 기금 지원을 끊어버릴 수 있었다.[68]

필라델피아 교육위원회는 1822년 학교를 무단결석하는 아이들의 가정에 재정지원을 합법적으로 중지시키자고 "결정하는 것이 심히 어렵다"는 점을 걱정했다.[69] 그러나 1826년 필라델피아 엘리트 개혁가들은 또다시 새로운 방안을 들고 나왔다. 만약 가난한 가정 부모들이 너무 무지해 교육의 가치를 제대로 알아채지 못한다면, 이들에게 아무리 훈계해 봐야 소용없는 일이었고, 따라서 다른 가능한 방안을 찾아야 했다. 로버츠 보우와 같은 개혁가들은 좀 더 가혹한 접근을 생각해 냈다. 아마도 "법적 장치"를 통해 "이런 게으르고 쓸데없는 학부모들"의 "사악한 자식들"이 알아야 할 것을 배울 때까지 교육적인 "난민보호소"에 가둘 수 있도록 하자는 것이었다.[70]

가족 일

보우가 걱정하는 것은 자녀를 거리에 방치하는 부모들만이 아니었다. 그를 포함한 엘리트 개혁가들은 "임금 유인책"에 넘어가 자녀들을 공장에서 일하게 내보내는 부모들 또한 걱정했다.[71] 이들은 급성장하는 공장들이 품삯을 준다는 명목으로 아이들을 학교에서 빼내 간다며 경고 섞인 보고를 하고 있다.[72] 1820년대 초 필라델피아의 한 백인 아동은 이런 공장 어느 곳에서라도 일주일에 50센트에서 1.25불까지 벌 수 있었고, 공장주는 늘 좀 더 많은 노동자들을 긁어 모으자고 서성거렸다.[73] 필라델피아 공립학교위원회의 보우와 그의 동료 개혁가들은 정말 많은 부모들이 이런 단기적인 금전적 이익(보우는 이를 "사적 수입"이라고 불렀다)에 눈이 멀어 형식교육이라는 장기적인 사회적 혜택을 멀리한다는 사실에 개탄을 금치 못했다.[74]

랭카스터 교육개혁가들은 도시의 많은 아이들이 임금 유인책에 넘어가 공장으로 들어가고 있다는 사실을 알고 있었음에도 불구하고, 이들은 훨씬 더 큰 문제에 봉착했다는 점을 알지 못했다. 예를 들어, 비록 아이들이 정식으로 공장 노동자로 채용되지 않는다고 하더라도, 가족은 애들을 학교에 보내지 않는 것으로 금전적 이익을 챙기고 있었다. 흑인 아동의 경우, 엘리트 개혁가들은 이들이 학교 바깥에 머무르게 하는 대부분의 계산을 잘못 이해하고 있었다. 대체로 흑인 아동들은 높은 임금을 지급하는 공식 공장 취업이 제한되고 있었다.[75] 하지만 이런 현실이 흑인 아동들로 하여금 돈을 벌자고 거리에 나가지 않게 하지는 못했다. 흑인 아동들은 누구도 하지 않을 가장 힘들고, 가장 더러우며, 가장 위험한 일들을 맡아 해야 했다. 아마도 가장 잘 알려진 일은 굴뚝 청소였다. 굴뚝 청소는 뉴욕 및 필라델피아의 수직으로 길쭉한 벽돌터널을 기어들어 갈 정도로 작은 흑인 남자애들을 주로 고용했다.[76] 1808년에 발간된 어느 뉴욕 여행책자는 여행객들에게 가난하고 작은 굴뚝 청소부들은 “보기 역겹고, 넝마같은 옷을 입고 있으며, 검댕이로 뒤덮여 있다”고 기술한다. 당시 여행자들 또한 한탄하고 있듯, “필요하지만 고통받고 있는 이들 인간 부류”는 “교육을 받아 좀 더 나은 곳에 취업하게 될 것”이지만, 근대 도시생활의 금전적 위급함으로 인해 이들은 교육 대신 끔찍한 노동 전선에 내몰리고 있었다.[77]

1800년대 전반기, 미국 주요 도시의 거리는 돈을 벌겠다고 배회하는 아이들로 북적였다. 아이들은 거리에서 모든 종류의 물건을 팔겠다며 돌아다녔다. 과일, 성냥, 차를 위한 빵비스킷, 기타.[78] 여행 가이드는 이런 거리에서의 물건 판매가 흑인 및 백인 아이들에게 가능하다는 점을 확인해 주었다. 예를 들어, 뉴욕에서 여행객들은 길거리에서 구운 콩을 팔고 있는 흑인 여자애들과 맞닥뜨렸다.[79] 이런 “명예롭고 정직한” 일은 모든 “백인이나 흑인” 아이들에게 귀감이 되는 것으로 떠받쳐졌다. 그렇지 않았다면 이들은 범죄와 절도 생활에 빠져들었을 것이기 때문이었다.[80]

애들이 현금을 집으로 가져가지 않는다고 해도, 이들은 가정 경제에 다른 방식으로 도움을 주었다. 관련 자료를 추적해 찾아내기는 어렵지만, 엘리트 개혁가들은 아이들이 학교에 올 수 없는 다수의 금전적 이유에 대해 대략이나마 알고 있었다. 예를 들어, 흑인무상학교를 방문했던 한 인사의 기록에 따르면 어느 한 날 출석률이 저조한 것은 “아이들이 땔감을 주우러 다녀야 한다며 부모들이 학교에 가지 못하게 해서”였다.[81] 마찬가지로, 학교를 방문하는 인사들은 종종 학생들이 다른 여러 가지의 일로 집에 있었다고 기록하고 있다. 예를 들어, 1800년대 5월 1일은 뉴욕시의 “이삿날”이었다.[82] 같은 날 이사해야 하는 세입자들에게 셋

집은 늘 동이 나 있었다. 한 방문 인사가 기록하고 있듯, 결과적으로 학교 출석률은 "낮았는데, 이사철이었고, 아이들이 이사하는 부모들을 돕느라 학교에 오지 않았기" 때문이었다.[83] 아이들이 학교에 오지 않고 집에 머물며 하는 그다지 재미 없어 할 일은 훨씬 더 많다. 예를 들어, 어린 동생이나 조카, 혹 이웃 애들 보살피기, 청소하고 장보거나 요리하는 부모들의 일 돕기 등. 이 목록의 내용은 아마 끝도 없을 것이고, 정말 그랬을 것이다.

그러나 랭카스터 학교를 세우고 운영했던 엘리트 개혁가들은 이런 가난한 집 상황에서의 금전적 계산에 대해 제대로 알지도, 인정하려 하지도 않았다. 삯을 치르든 그렇지 않든, 부모들이 아이들을 일하라고 집에 묶어둔다며 깊은 유감을 담아 글에 적고 있음에도 불구하고 보우와 같은 개혁가들은 도시에 거주하는 가정의 소박한 경제적 상황을 제대로 인정하지 않았다. 즉, "무상" 학교라고 해도 사람들에게는 진짜 무상이 아니었다. 사람들은 냉혹한 선택상황에 처했다. 애들로부터 경제적 도움을 포기하거나 애들에게 학교 교육을 제공하거나. 보우와 같은 개혁가들은 진짜 해결책을 제시하는 대신 각 가정의 부모들을 강제해 자녀를 랭카스터 학교에 보내도록 압박했다.

1822년, 보우는 펜실베이니아 주의회에 아동의 공장노동을 금지하게 해달라는 입법안을 제출했다.[84] 보우가 알고 있듯이, 이 문제는 분명히 강력한 해결책을 필요로 하는 것이었다. 보우는 이기적인 부모들이 아동 노동으로 돈벌기를 바란다고 생각했다. 하지만 그의 눈에 "이 나라에는 청소년 노동을 벌어들이는 자잘한 돈보다 건강한 인종의 도덕 문화가 더 중요"했다.[85] 보우는 일부 대안적인 방법을 생각하고자 했다. 예를 들어, 그는 "어린애들을 다수 고용"하고 있는 공장들은 그 아이들에게 건전하고 아주 기초적인 수준의 교육을 제공하도록 해야 한다는 구상을 지지했다.[86] 그러나 일반적으로, 보우는 부모를 압박해 자녀를 학교에 보내도록 하는 방안을 가장 선호했다. 이는 가난한 집에 부과되는 필사적인 경제 상황에 대해 완전히 신경쓰지 않는 태도였다.

교사들에게 의존하기

로버츠 보우가 1828년 펜실베이니아 주의회에 관련 법안을 제출하기는 했지만, 랭카스터 학교를 둘러싼 대중의 여론은 이 즈음 달라져 있었다.[87] 1820년대 말까지, 가난한 계층의 학부모 및 이들을 대변했던 전문가들은 엘리트 개혁가들에게 랭카스터 학교의 기본 가정에 대해 재고해 줄 것을 요구했다. 흑인 신문 및 백인 노동계층 언론의 저자들은 학부모 및 학생들이 왜 랭카스터 학교에 모여들지 않는지 많은 이유를 설명하고 있다. 이 이유들을 살펴보면, 이들은 교육의 가치를 소홀히 여겨서가 아니라, 랭카스터 학교 시스템 자체의 문제 때문에 학교에 가지 않는다고 설명하고 있다.

흑인 전문가들은 최소한 자신의 공동체가 교육을 가치롭게 여기지 않는다는 비난 자체를 논박하고 싶어했다. 뉴욕에서 프리덤저널과 같이 흑인을 대상으로 한 신문들은 모든 흑인 아동에게 좀 더 진전된 교육을 제공해야 할 필요를 자주 반복해 요구했다.[88] 편집자는 "경제" 및 "화합"과 함께 "교육"을 해방된 흑인 공동체에 반드시 필요한 세 가지로 제시하고 있었다.[89] 다른 공동체 구성원들도 이에 동의하고 있다. "도덕적 권고"라는 개념은 중산층 및 좀 경제적 사정이 좋은 도시 흑인들을 상대로 한 강력한 호소했다. 단지 충분한 수의 흑인이 건전하고 부지런한 삶을 살 능력이 있다고 한다면, 시간이 지나면서 백인 편견은 분명히 시들어 버릴 것이라고 한 인사는 쓰고 있다.[90]

프리덤저널에 글을 쓴 한 자선사업가(Philanthropos라는 필명)에 따르면, 공식적인 학교 교육은 너무 오랫동안 버려졌던 흑인들에게 가장 중요했다. 이 글의 저자는, 교육받은 흑인 아이들이 비록 몸을 써서 하는 직업을 갖게 된다고 해도, 이 아이의 가족은 교육 자체의 가치에 헌신할 만큼 중요하다고 보았다. 결국, 이 글의 저자에 따르면, 교육은 투지와 헌신적인 희생을 통해 "편견"을 파괴해 버릴 것이었다.[91] 교육 자체를 위한 교육의 영예는 프리덤저널 지면에서 가장 흔하게 등장하는 내용이었다. 1827년 익명(Amicus라는 필명)의 글을 보면, "교육이란 대의는 인간(남성)에게 정말 위대한 대의가 아닐 수 없다."[92] 일부 저자들은 여성에게도 교육이 정말 중요한 대의라고 했다. 익명(Matilda라는 필명)으로 발표한 동 신문의 글에서, 저자는 흑인 여성들은 백인 여성과 같은 이점을 갖고 있지 못하다고 했다. "하지만 우리가 가진 이 적은 것을 우리는 너 늘려갈 수 있다." 그녀는 만약 우리가 교육의 기회를 갖지 못한다면, "우리 젊은 애들의 다음을 갈고 닦을 수 있기를 기대할 수 있겠는가"라며 교육의 필요성을 간청했다.[93]

미국 전역의 도시에서 흑인 공동체들은 흑인 아동을 위해 좀 더 높은 수준의 교육에 점점 더 많이 접근할 수 있도록 다 함께 압력을 행사했다. 이때 법률은 이들의 편에 종종 서주었다. 예를 들어, 보스턴에서는 법적으로 모든 흑인 학생들이 공립학교를 받을 수 있는 기회를 부여했다. 심지어 보스턴의 1789년 학교법(School law)이 통과되기도 전에 말이다.[94] 뉴욕에서는 1795년 학교법(School Act)에 따르면 특별히 "백인 부모, 혹은 흑인 및 인디언 부모"를 둔 모든 아동은 무상교육에 접근할 수 있도록 규정하고 있다.[95] 펜실베이니아에서는 1802년, 1809년, 1812년,

1818년의 학교법(School law)을 통해서 무상공립학교는 모두에게 개방되어야 한다고 규정하고 있다. 단, 인종과 성별이 분리된다는 조건을 달고 있기는 했다.[96]

점차 시간이 흘러가면서, 흑인 활동가들은 이 법의 실행을 요구하는 자신들의 노력이 그다지 성공하지 못하고 있음을 깨닫게 된다. 예를 들어, 필라델피아에서 흑인을 위한 무상공립학교는 1822년이 될 때까지 한 학교도 세워지지 않았다.[97] 흑인들은 법적 권리가 시행되기를 한 없이 기다리는 대신 자신들만의 흑인 학교를 세웠다. 당시 이런 노력은 단지 '느리다'는 말로 표현할 수 없을정도로 꽤 지난한 과정을 거쳤다. 역사가 카브리아 바움가트너(Kabria Baumgartner)의 연구에 따르면, 1830년에서 1845년 사이 미북동부 지역의 흑인 학교에 최소 열 차례 이상의 물리적인 폭력이 가해졌다.[98] 랭카스터 교육개혁운동이 한창이던 시기에도 흑인학교를 세우려던 지도자들은 이에 반대하는 백인들이 휘두르는 폭력을 감당해야 했다. 로드아일랜드의 프로비던스(Providence, Rhode Island)의 흑인 운동가들은 소위 "확실히 실망스런 상황" 속에서도 돈을 모으고 학교 건물을 지었다.[99] 결국 1820년, 이들은 "일부의 폭력적인 반대를 무릅쓰고" 간신히 학교 문을 열 수 있었다.[100]

이 프라비던스의 흑인 공동체는 오하이오주 칠리코테(Chillicothe, Ohio)의 흑인 공동체와 마찬가지로 흑인들만을 위한 학교 건립에 나섰다. 공동체 모든 구성원들이 이 과정에 참여하는데, 여기에는 나름 부유한 흑인들만 참여한 게 아니었다.[101] 뉴욕과 같은 큰 도시에서 지역민들은 모든 연령대의 아이들을 위한 학교를 세우자고 다같이 흑인상호교육협회(African Mutual Instruction Society), 흑인유아학교위원회(African Infant School Committee)와 같은 단체를 조직했다.[102] 브루클린에서는 강을 가로지르는 지역민들은 인종이 분리된 공립학교에서 재정이 열악한 상황을 타개하고자 자신들만의 학예회를 열기도 했다.[103] 필라델피아의 스테픈 글루세스터 학교(Stephen Gloucester's School)처럼 수업료를 부과하는 학교에서조차 "관대한 대중으로부터의 자유로운 후원"에 대체로 의존했다.[104] 대단한 부가 없이도, 그리고 당대 "폭력적인 반대"에 직면해서도 모든 경제 계층 및 모든 교육 수준의 흑인들은 자기 공동체를 위해 학교에 기금을 헌신적으로 제공했다.

1800년대 초 십수 년 동안 미국 북부 도시의 흑인 공동체 문화에 조금이라도 익숙한 사람이라면 학교교육 및 형식교육이란 대의에 이들이 얼마나 헌신적이었는지 잘 알고 있을테다. 흑인 부모 및 지역사회 지도자들이 교육을 그다지 중요하게 여기지 않는다던 백인 랭카스터 개혁가들의 비난은 이들의 악랄함과 함께 무지에서 비롯되었을 것이다. 그러나 이런 쟁점 이외에도 흑인 지도자들은 랭카스터 학교에 충분하지 않은 기금지원에 대해 불만을 제기할 나름의 이유가 있었다. 예를 들어, 뉴욕에 위치한 흑인 여학교에서 학생들은 바느질에서 좀 더 고급 기술을 배우게 해달라고 했다. 하지만 학교를 방문했던 백인 엘리트 인사들로부터 공개적인 좌절감을 맛보게 되는데, 이들은 여학생들에게 "장식용" 일에 신경을 끄라고 경고했다. 백인 방문자들은 학생들에게 이런 기술은 백인 여학생들의 교육에는 중요하지만, 흑인들에게 "근본적으로 필요한" 일이 아니라고 일장 연설을 늘어놓았다. 백인 여성들의 눈에 흑인 여학생들은 "뜨개질과 아주 간단한 바느질"만을 배워야 했다.[105]

남학생들의 사정도 그다지 다르지 않았다. 뉴욕의 흑인 활동가들은 인종 분리된 랭카스터 학교들은 오로지 "수박 겉핥기식" 교육만을 제공한다고 불만을 제기했다. 랭카스터무상학교들에는 지성을 고양시킬 수 있을 "상급학교"가 포함되어 있지 않았다.[106] 지역사회 인사들은 부러운 눈길로 필라델피아를 바라보았다. 필라델피타의 스테픈 글루세스터 학교는 아주 기초적인 문해부터 자연철학, 라틴어, 그리스어 등 모든 영역의 다차원적 수업을 제공하고 있었다.[107] 하지만 이와 대조적으로 뉴욕의 흑인무상학교에서는 프리덤저널의 편집자들이 한탄하고 있듯, "고급 지성을 겸비할 수 있는 공적 기회란 없었다." 대신, 뉴욕의 흑인들은 아주 기초적인 수준의 문해교육에 만족해야만 했다. 프리덤저널의 편집자들에게, 이는 결코 충분하지 않았다. 이들 계층이 어느 수준이건 상관없이 말이다. 편집자들은 모든 흑인 아동이 "과학이란 가파른 언덕을 향해" 힘껏 발을 내딛기 바랐다.[108]

뉴욕의 흑인랭카스터무상학교에 얼마 안 되는 교육만 제공되는 것에 불만을 제기한 사람들은 프리덤저널의 편집자들만은 아니었다. 1808년으로 거슬러 올라가면, 이 무상학교의 한 졸업생이 공개적으로 자기 교육은 그다지 신통치 않았다며 불만을 표출했다. 이 학교의 졸업생들은 수십 년 동안 교육 프로그램이 아주 제한적이었다고 지적하면서 학교 지도자들을 몰아세웠다.[109]

이런 일은 뉴욕에서만의 문제가 아니었다. 프리덤저널의 편집자들은 미 전역의 무상학교에서 제공되는 교육 프로그램에 대해 조사하면서 전국적으로 교육 프로그램이 심하게 부족하다는 점을 확인했다. 이들은 전국의 랭카스터 개혁가들이 흑인 공동체에 "둔하고 무식한 교사들"을 떠안긴다고 고발했다. 편집자들은 랭카스터 학교의 실패는 지금껏 늘 비난받아 왔던 내용대로 학생들의 "둔함과 무지함" 때문이 아니라고 지적하면서, "학생만큼이나 교사들에 너무 의존하는 문제" 때문이라고 설명했다. 이들은 굼뜬 사람들을 교사로 고용하는 타성에 젖은 정책을 규탄했다. 이런 교사들이 오로지 "흑인학교에만 배치되면, 이들은 입에 풀칠도 제대로 못 하게 될 것"이라고 비난했다. 불행하게도, 백인 지도자들은 "몇몇 자격을 가진 사람이라면 누구라도 자신들을 위해 학교를 맡을 수 있다"고 믿는 듯했다. 이들은 수준 이하의 랭카스터식 수업은 흑인 아이들에게 "불평등한 교육"을 만들어 낸다고 규탄했다.[110]

하지만 흑인 공동체 구성원들이 이에 모두 동의한 것은 아니었다. 자녀를 유상 학교에 보내던 상층 엘리트들과 선택지가 없이 랭카스터무상학교에 자녀들을 보내야 했던 하층 사람들로 갈라져 있는 백인과는 달리, 흑인들에게는 선택지란 게 거의 없었다. 물론 수업료를 받는 흑인학교들이 있기는 했다. 하지만 학교 수가 적기도 했고, 학교와 학교 사이가 멀었다. 결과적으로, 마누미션협회가 운영하는 뉴욕흑인무상학교와 같은 랭카스터 학교는 얼마 안 되는 흑인 전문가 계층의 자녀들뿐만 아니라 가난한 집 아이들을 함께 받아들였다. 충분히 예상할 수 있듯이 서로 다른 계층을 뒤섞어 놓은 학교에서는 긴장이 높아졌다.

마누미션협회의 부유한 백인 지도자들은 학교의 이런 긴장을 한편으로는 말로, 다른 한편으로는 행동으로 악화시켰다. 예를 들어, 백인 지도자들은 자신들이 뉴욕 흑인공동체에서 "가장 심각하고 영향력 있는" 사람들이라고 부른 흑인 중산층과 가난한 계층 사람들 사이를 계속해서 갈라놓았다. 백인 지도자들은 흑인 엘리트들이 "일부 흑인들의 무질서하고 소란스런 행동거지"를 통제하기 위해 뭔가 더 해야 한다고 반복해 경고했다.[111] 게다가 마누미션협회의 백인 지도자들은 1809년 흑인무상학교에서 오랫동안 교장으로 일했던 존 태스만(John Taesman)을 즉각적인 노예해방을 공개적으로 옹호했다는 이유로 해고하면서 전체 흑인 공동체와 소원하게 되었다.[112] 대신 마누미션협회의 백인 지도자들은 점진적으로 노예해방이 이뤄져야 된다는 입장을 취했다.

백인 엘리트 학교 지도자들의 태도는 흑인 지식인들을 아주 난감한 상황에 놓이게 했다. 말할 필요 없이 흑인 지식인들은 존 태스만을 해고한 일에 대해 백인 협력자들에 동의하지 않는 듯했다. 이들은 흑인 학생들의 학업적 재능에 놀라는 백인 학교 지도자들의 목소리를 듣고 움찔하지 않을 수 없었다. 앞서 보았던 것처럼 사무엘 코니쉬와 같은 흑인 지도자들은 좀 더 다양하고 고차원의 수업을 제공하는 더 좋은 무상학교에 대한 요구를 감추지 않았다. 역사가 패트릭 라엘(Patrick Rael)이 주장하듯, 사무엘 코니쉬와 같은 흑인 지도자들은 여기서 더 나아가 "고양과 진전"에 대한 자신들의 구상을 만들어갔다. 하지만 당시 이들의 구상은 백인 엘리트들의 구상과 별반 다르지 않았다.[113] 예를 들어, 코니쉬는 뉴욕 마누미션협회의 백인 협력자들과 마찬가지로 개혁의 첫째 목표는 반드시 "사회의 진보"여야 한다고 믿었다.[114] 즉, 코니쉬는 가난한 흑인들이 개별적으로 자기 생활을 개선해야 한다고 생각했다. 그는 가난한 사람들은 열심히 일하고 희생해 자신들과 자녀들을 위해 더 나은 세상을 만드는 부담을 짊어져야 한다고 믿었다. 그는 한참 뒤떨어져 있는 자유 흑인들을 불쌍히 여기지 않았다. 코니쉬는 그의 백인 협력자들과 마찬가지로 "교육받고 계몽된 사람"(자기 자녀들을 학교에 꼭 등록해 출석하게 하는 사람)과 "야만인"(자녀 교육에 신경쓰지 않는 사람) 사이를 명확하게 구분해 발언했다.[115] 시기적으로 다른 때에 코니쉬는 나름 부유한 흑인들은 가난한 흑인 형제들을 지원해 줄 의무가 있다는 데 동의하기는 했다. 하지만 이 의무는 엄격히 제한적인 것이었다. 흑인들이 아주 나쁘게 행동한다면, 아니 그렇게 행동할 때 "우리는 마음에 동정심이 일어나는 것 반, 그들의 필요를 채워주는 것 반 정도로 행동할 것이다."[116] 코니쉬는 너무도 자주 가난한 흑인들이 아주 간단한 예의범절을 무시하는 것으로 소란을 피운다고 주장했다. 가난한 흑인들은 술 마시고, 흥청거리고, 자녀들을 학교에 빠지게 하는 등의 행동을 통해 다른 자유 흑인들뿐만 아니라 자신들까지도 다치게 했다.

사무엘 코니쉬는 광역 흑인 공동체의 가난한 흑인들을 위협하고 모멸감을 주는 나름 유명한 흑인 중산층 인사 중 한 명이었다. 1827년 "필란쓰로포스(필명)"는 프리덤저널의 지면을 빌려 또다시 가난한 흑인 부모들의 무지와 무관심에 넌더리가 난다고 목소리를 냈다. 이 글에서, 필란쓰로포스는 자녀 교육에 계속되는 이들의 무관심은 "우리 형제들에게 굴욕"을 안겨준다고 했다. 그는 일부 나쁜 사과가 느슨하고 부패한 습성에 물들게 되면 "우리 전체 공동체"에 치욕을 가져오리라고 했다. 도대체 왜 그토록 많은 흑인 아이들이 학교를 빠지는가 말이다. 도대체 왜 자신들을 위해 제공되는 무상교육기회를 내팽개치냐는 말이다. 백인 엘리트들이 그러하듯, 필란쓰로포스는 부모들을 정면으로 겨냥해 비난했다. 그는 애들이 "아무것도 관리하지 않는 부모들의 관리통제"로 인해 버릇이 없다고 썼다.[117]

이런 비난은 뉴욕의 흑인 엘리트들이 내세우는 단골 메뉴였다.[118] 예를 들어, 1828년 미 성공회 성직자이자 흑인무상학교 졸업생 피터 윌리엄스 목사는 뉴욕의 흑인 부모들에게 자녀들을 학교에 보내라고 간곡히 부탁했다. 자녀들이 학교를 무단결석하게 내버려두는 부모들은 "태만죄"를 짓는 것이라고 윌리엄스는 주장했다. 흑인 아이들이 학교를 빼먹는다면 무상학교로 제공되는 사회적 진보의 기회를 날려버리는 것으로 공동체 구성원 누구라도 이런 아이들을 보면 "부모들에게 영향을 끼쳐 자녀들을 지혜의 분수대로 보내게 하라"고 촉구했다.[119]

흑인 개혁가들은 백인 엘리트 개혁가들과 마찬가지로 숫자 게임에 필사적으로 매달렸다. 윌리엄스가 조바심낸 것과 같이, 뉴욕에는 대략 2,500명의 학령기 흑인 아이들이 있었다. 이중 겨우 600명 정도만이 무상학교에 다니고 있었다.[120] 당시 이런 수치는 사실 뻥 튀겨진 것으로 보이는데, 어느 날 방문해 조사한 보고에 따르면 실제 흑인무상학교에 출석한 학생들의 수는 600명에 훨씬 못 미쳤다. 2,500명 중 600명도 안되는 아이들만이 학교에 다니고 있다는 생각은 흑인 엘리트들을 괴롭혔다. 예를 들어, 1828년 말 사무엘 코니쉬는 이런 숫자들이 "대체로 우리 공동체에 불명예를 안겨준다"고 걱정했다. 코니쉬가 보기에 극심한 무단결석 문제는 "가장 열정적인 친구들을 실망시킨다"고 걱정했다.[121]

통계수치에 대한 이 모든 강렬한 관심에 있어 흑인 엘리트들은 백인 엘리트들이 했던 것과 같이 일부 사실을 완전히 무시했다. 사무엘 코니쉬와 같은 지도자들은 흑인 가정은 나름 존중받을 만한 규준에 따라 살아야 한다고 주장했는데, 이 말은, 아빠는 일해 돈을 벌고 엄마는 집에서 자녀들을 돌보는 것을 의미했다.[122] 당시 냉엄한 현실은 이런 촉구를 아무 짝에도 쓸모없는 것으로 만들었다. 예를 들어, 많은 흑인 가정에게 단독 가정을 유지하는 것은 거의 불가능한 일이었다. 아주 단순한 현실적 문제 때문이었는데, 당시 암울한 취업시장 구조에서 많은 흑인들은 가정부와 같은 낮은 급료의 직업을 가질 수밖에 없었고, 대부분의 가정부들은 백인 집에 들어가 살아야 했다. 1800년 필라델피아에서는 흑인 인구의 거의 절반이 이런 상황에 놓여있었고, 1800-1820년 사이 뉴욕에서는 전체 흑인인구의 1/3 정도를 웃돌았다.[123] 부모 중 한 명이 일 때문에 다른 집에 가서 살고 있는데, 도대체 어떻게 두 부모가 모두 거주하는 가정이 만들어질 수 있겠는가? 게다가, 뉴욕과 같은 도시에서는 노예제의 유산으로 도시 전체의 흑인 인구 중 여성이 55%를 차지했다.[124] 여성이 남성보다 숫자가 많고, 가족 전체를 먹여 살릴수 있을만큼 사정이 좋은 취업의 기회가 제한된 상황에서 작은 핵가족 형태, 즉 성인 여자가 바깥에 나가 노동하지 않으면서도 아주 작은 규모의 가족형태를 유지해 살아가는 것은 간단히 말해 불가능했다. 역사가 제인 다벨(Jane A. Dabel)의 연구에서 볼 수 있듯, 1800년대 뉴욕시 흑인 가정의 거의 절반은 다양한 형태의 "수가 늘어난" 모습을 띄었다. 이들 가정은 주로 여러 명의 성인 여자, 하숙생들로 구성되고, 해당 가정의 재정상황에 맞추면서 가족 관계를 수시로 바꾸는 상황이 연출되었다.[125]

프리덤저널에 글을 게재한 흑인 지도자는 아마도 흑인 여성의 합당한 역할은 "집을 진짜 가정답게 만들고 또 가꾸려는 온전한 필요"에 따라 나름 존중받을 만한 가정을 만드는 것이라고 주장하고 싶어한 듯하다. 하지만 이런 조언은 도심 흑인 가족들의 생활 여건과는 전혀 맞지 않는 것이었다.[126] 가난한 흑인들은 백인 엘리트들이 자신들을 향해 던졌던 조언, 간혹 경멸을 가볍게 무시한 것과 마찬가지로 흑인 엘리트들에게도 똑같이 했다. 이들이 랭카스터 학교에 보인 태도를 보여주는 가장 중요한 증거는 계속 무단결석 전략을 썼다는 점이다. 학교가 자신들의 필요에 부응하지 않을 경우, 학교가 자기 자녀를 홀대하거나 경멸하는 경우, 학교에서 배운다는게 겨우 기초적인 문해 및 산술 수준인 경우 가난한 학부모들은 자녀들이 학교에 가지 않겠다고 하는 것을 막지 않았다. 학교는 들인 돈만큼의 가치를 보여야 했다. 비록 등록금을 내지 않는다고 하더라도 말이다. 남겨진 사료 속에서 이런 가난한 계층의 사람들이 어떤 결정을 했는지 추적해 내기는 어렵지만, 이들 가난한 부모들은 주기적으로 랭카스터 학교에 대한 자신들의 못마땅함을 표출했다.

예를 들어, 1827년 뉴욕의 한 흑인은 프리덤저널 편집진에게 한 편의 글을 기고했다. 분명히 교육은 좋은 것이다. 그는 학교를 확장하는 것이 가치로운 목표라고 썼다. 하지만 그는 글에서 사무엘 코니쉬와 같은 흑인 엘리트들에게 경고를 날리고 있다. 그는 "모든 사람은 자기 일에 쓸데없이 참견받지 않아야" 한다고 했다. 어떤 가족이 자녀를 집에 머물게 결정했다면, 이는 그 집안 문제란 것이다.[127] 신문 기고문의 저자가 갖는 절망감은 너무도 분명했다. 그는 코니쉬와 같은 부류의 흑인 엘리트들로부터 강연이랍시고 잔소리를 들을만큼 들었다. 뉴욕의 부유한 흑인들이 같은 공동체의 흑인들을 경멸하는 소리를 집어치울 시간이 된 것이다.

좀 더 흥미로운 점은, 뉴욕의 흑인 엘리트들은 뉴욕의 흑인 공동체가 여럿으로 구분되어 있다는 암시를 내비쳤다. 1828년 익명의 여성 개혁가는 프리덤저널의 지면을 빌어 흑인공동체의 일부 구성원들 곁의 백인 학교 지도자들이 지닌 "의심"과 "박해"에 경고장을 날렸다. 이 여성은, 가난한 흑인들은 "자기 이름과 행동이 모든 지혜와 선함으로부터 경멸당하지 않으려면 제발 조용히 있어야 한다"고 훈계했다.[128] 수가 얼마 되지 않는 흑인 중산층 출신의 이 익명 저자의 눈에 가난한 흑인들은 너무도 불평불만이 많았다. 아마도 그녀는 주변 가난한 이웃들로부터 백인 엘리트들이 불쾌하게 한다며 걱정하는 불만을 많이 들었을테다.

가난한 흑인계층의 부모들이 "지혜롭고 선한 사람들"(백인이든 흑인이든 상관없이)로부터 계속되는 모멸에 분개했으리라는 것은 쉽게 짐작이 된다. 하지만 당시 흑인 공동체에서 있었을법한 분열을 너무 과하게 강조하지 않는 것이 중요하다. 1820년대 개혁가들의 공동체 내에서 감정의 상처가 깊어졌다거나 의견의 대립과 충돌이 분분했던 문제는 동정심이라곤 별로 없는 백인 그룹으로부터 훨씬 가혹한 공격이 이뤄졌다는 난폭한 맥락 속에서 발생했다.[129] 그러나 프리덤저널과 같은 언론매체에 공개적으로 발표되는 입장문이 드물기는 했지만, 가난한 흑인계층은 아주 다양한 방식으로 자신들의 태도를 알렸다. 이들이 제기하는 불만은 중산층 흑인들의 걱정을 살만큼 충분히 시끄러웠다. 무엇보다도, 랭카스터 학교들이 가난한 계층의 요구를 충족시켜주지 않는다는 점에서 이들은 간단히 학교에서 물러나 있었다. 가난한 계층의 목소리는 역사 기록에서 거의 찾아보기 어렵다. 하지만 이들 자녀의 출석은 상대적으로 추적해내기 쉽다. 우리는 이 자료를, 가난한 집 사람들이 랭카스터 학교에 그다지 흥미를 보이지 않았다는 결정적 증거로 삼을 수 있다.

학부모 및 학생들의 태도가 변하면서 랭카스터 학교 출석률은 올랐다가 떨어졌다. 백인이든 흑인이든 간에 엘리트 개혁가들은 가난한 집 아이들을 자기 학교에 붙잡아 두고자 갖은 애를 다 썼다. 앞서 살펴보았듯, 1827년 백인 및 흑인 엘리트들은 뉴욕의 모든 흑인 가정을 일일이 방문하는 공격적인 프로그램을 시행했다. 분명히 사무엘 코니쉬는 자신의 방문이 의도한 성과를 만들어내리라 생각했을테다. 그리고 그를 고용한 마누미션협회의 위원들 또한 그렇게 믿었다. 하지만 기대했던 숫자 게임에서 그다지 성과를 올리지 못했다. 학생 출석률이 크게 오르지 않은 것이다. 흑인무상학교를 방문했던 한 백인 인사의 견해에 따르면, 1820년대 말 그나마 약간 오른 출석률은 "사무엘 코니쉬 혹은 다른 여타 요원과는" 아무런 관련이 없었다.[130] 불행하게도 이 방문객은 불같이 화를 냈지만 그다지 수다스럽지는 않았다. 그는 1820년대 마지막 해에 약간 늘어난 출석 상태의 진짜 원인을 자신만의 이론으로 설명하지는 않았다. 몇몇 분명한 요인들이 이를 가능하게 했다고 본다면, 코니쉬가 별 영향을 끼치지 않았다는 그의 말은 맞다고 보인다. 코니쉬와 다른 엘리트 요원들의 가정방문이 늘어난 학생 출석률의 진짜 원인이 된다면, 우리는 당연히 이런 방문이 가능한 오랫동안 지속되리라 기대할 수 있다. 하지만 상황은 그렇게 흘러가지 않았다. 대신, 1830년대 학교 출석률은 다시 곤두박질쳤다.[131]

도대체 왜 그런가? 1830년에는 또다시 학생 출석률이 곤두박질친 상황에서 1828-1829년 사이 도대체 왜 학부모들이 자녀를 학교에 더 많이 보내게 된 것인지 확실히 파악하기는 어렵다. 아마도 코니쉬와 다른 요원들의 가정방문이 이를 설명할 수 있는 한 요인이 되기는 하겠지만, 코니쉬의 영향력을 혹평한 백인 방문객의 분노는 대체로 타당했다고 보인다. 결국 이런 결과에는 다른 원인이 중요하게 작동했을 것이다. 예를 들어, 우리가 7장에서 자세히 살펴본 것처럼, 1825년 뉴욕의 백인 랭카스터 학교들은 계층과는 상관없이 모든 백인 자녀들을 받아들이게 하는 극적 변화를 거쳤다. 아마도 흑인들 또한 이와 유사한 변화가 지역사회의 랭카스터 학교에 일어나기를 바랐을지 모른다. 어쩌면 1827년 뉴욕의 노예해방이 꽤 큰 역할을 했을지도 모른다. 뉴욕주는 1799년 법안을 제정, 통과시키며 점진적으로 노예해방을 추진해 왔는데 1827년 노예해방법이 최종적으로 통과되면서 뉴욕주의 노예들은 비로소 법적으로 완전한 자유를 얻게 되었다. 도시의 흑인 공동체가 이를 축하하는 가운데 뉴욕에서는 노예해방 이후 시대에 대한 낙관적인 전망이 흑인들 사이에서 봇물처럼 쏟아졌다.[132] 아마도 낙관적 미래가 가져다줄 희망을 부여잡고자 더 많은 사람들이 자녀를 학교에 보내겠다고 마음 먹었을 것이다.

온전한 시민성을 갖추도록 하는 것은 이런 희망 속에 빠지지 않는 항목이었다. 힐러리 모스(Hilary Moss)의 주장에서 볼 수 있듯이, 18세기 미국 백인들은 공립학교는 공화주의적 시민성을 훈련하는데 꼭 필요한 부분이라는 데 동의했다. 하지만 백인들 사이의 광범위한 합의는 흑인들에게 동등한 방식으로 가 닿지 않았다. 많은 백인 지도자들은 다음과 같이 생각했다. 시민성을 갖추도록 한다는 것이 오로지 백인 남성들에게만 해당하는 것이라면, 흑인 자녀들에게 학교교육을 제공하는 것은 그다지 중요한 사안이 아니었을테다.[133] 실제, 시민권과 문해력 사이의 연관성은 너무도 강해 1820년대까지 미북부 주들에서는 백인 지도자들이 흑인 시민성의 부상 가능성을 염려해 흑인 아이들에 대한 학교교육의 기회를 줄이도록 이끌었다. 하지만 똑같은 이유로 도시 거주 흑인 자녀들을 위한 시민성과 문해력 사이의 연관성은 많은 흑인 활동가들과 협력자들을 추동해 자녀들의 학교교육이 얼마나 중요한지에 대해 더 강하게 밀어붙이게 했다.[134]

1828-1829년 동안 많은 수의 흑인 아이들이 흑인무상학교에 출석하게 된 이유야 어떠하든지, 백인 교사 앤드류스(CC Andrews)의 정책과 태도는 곧 또다시 흑인 부모들을 절망시켰고, 1830년 학생들의 출석 상태는 급격히 악화되었다.[135] 앤드류스는 흑인 공동체의 분열을 부추겨 상황을 악화시켰다. 흑인전문가층의 부유한 사람들 사이에서 앤드류스는 도덕적 계몽과 사회적 진보란 장기 전략에서 아주 중요한 협력자로 비춰졌다. 예를 들어, 저명한 의사였던 맥쿤 스미스(McCune Smith)는 앤드류스 교실에서의 수업을 경험하고 후일 이 경험에 대해 밝힌 회고에서 앤드류스의 엄중한 교육은 수세대의 가난한 흑인 아이들에게 큰 영감을 전해주었다고 증언했다. 그의 교육은 가난한 흑인 아이들 또한 사회의 교육받은 성원이 될 수 있다고 믿게 했다.[136] 맥쿤 스미스는 앤드류스가 진심을 담아 "배우는 학생들에게 공감해"주었다고 믿었다. 이후 맥쿤 스미스가 기억하기로 일부 학생들은 이 백인 교사가 "자신의 흑인 학생들을 백인 학생들보다 더 똑똑한 아이들"로 간주했다고 믿었다.[137]

맥쿤 스미스와 같은 팬에게 교사로서 앤드류스의 효과성은 자기 학생들의 학업상, 그리고 직업상의 놀라운 성공으로 증명된 듯하다. 1830년, 손에 꼽을만한 수의 흑인들이 암허스트(Amherst), 콜럼비아(Columbia), 부두인(Bowdoin)과 같은 대학을 졸업했다.[138] 필립 화이트(Philip Augustus White) 같은 몇몇 흑인들은 앤드류스가 있었던 흑인무상학교를 거쳐 의사 및 공무원과 같은 경력으로 나아갔다.[139] 한 역사가가 밝히고 있듯, 무상학교는 흑인들의 성공을 키워냈고, 또 적극 장려했다. 흑인무상학교는 "미북부의 저명한 흑인지도자 집단을" 키워냈다.[140]

하지만 앤드류스는 자녀를 둔 흑인들 사이에 그다지 인기있는 인물이 아니었다. 그는 공개적이고 자랑스런투로 지역의 가난한 흑인 계층을 차별적으로 대했다. 예를 들어, 그는 중산층 자녀들을 칭찬하며, "이 학생들의 말쑥한 옷차림 및 행색, 예의 바른 태도, 편안한 탈 것" 등을 떠벌리기 좋아했다.[141] 한편 이런 말쑥함과 예의범절을 차릴 만한 여유가 안 되는 가난한 집 아이들은 앤드류스의 뿌리 깊은 경멸을 맞대해야 했다. 그는 어린애들의 겉모습에 넌더리를 내면서 "거리의 해충만큼이나 비참한 것들을 끄집어 내는" 존재라고 불러댔다. 그는 가난한 집 학생들을 "교양없고, 지저분하며, 야만적"이라고 손가락질했다. 앤드류스가 보기에, 가난한 집의 자식들은 "게으르고, 멍하며, 멍청한 모습"을 감출래야 감출 수 없었다.[142]

앤드류스는 자기 앞의 학생 및 이들의 가족이 당면한 도시 생활의 도전적 문제들을 완전히 도외시한듯하다. 1820년대 전체적으로 많은 뉴욕의 흑인들에게 살만하고 또 비용을 부담할 만한 주택을 찾는 일은 불가능했다. 1820년, 흑인 가구의 1/5는 눅눅하고 감방같은 아파트에 모여 살아야 했다.[143] 한 아파트 거주민은 이 시기를 회상하며 가난한 사람들은 작고 "습하며 시끄러운 굴" 속에 빽빽이 들어찼다고 했다.[144] 이 거주민이 신문기자에게 말한 바와 같이, 이들의 아파트 내 거주공간의 바닥은 "헐거운 판지"로 만들어져 있었는데, "여기저기 나 있는 틈 사이로 검은 진흙과 점액 등이 삐져나오곤 했다." 아파트에는 전등도, 시원한 공기도 없었고, 연기 자욱한 어둠은 습기가 가득했고, 늘 유해했다. 면담에 응했던 이 거주민은 "습한 공기는 주로 벽에서 나왔는데 수년에 걸쳐 크고 젤리와도 같은 방울이 벽에 남아있었다"고 묘사했다.[145]

이런 환경에서 살면서 아이들은 건강문제 때문에 집에 있어야만 했다. 예를 들어, 1820년 정확한 병명이 알려지지 않은 "열병"이 뉴욕시를 휩쓸었다. 뉴욕의 한 동네에 살던 흑인 562명 중 112명이 지저분하고 습한 아파트에 살았었는데, 이런 열악한 거주환경 때문에 50명 이상이 죽었다.[146] 이 열병이 대다수 많은 학생들에게는 그다지 치명적이지는 않았다. 하지만, 이 열병은 당시 뉴욕과 같은 도시를 괴롭힌 많은 건강문제 중 하나에 불과했다. 도시의 아이들, 특히 이렇게 습하고 해로운 공기로 가득한 아파트에 모여사는 아이들은 콜레라, 장티푸스, 천연두와 같은 질병에 시달렸다. 이런 환경을 고려해 보면, 뉴욕의 가난한 흑인 가정이 자녀를 학교에 보내는 일은 말할 필요 없이 엄청난 수고와 희생이 따라야 하는 일이었고, 아이들은 질병, 추위, 각종 결핍에 직면해야 했다. 아주 기초적인 문해력과 산술능력을 키우기 위한 배움에 집중하려고 애쓰면서 말이다.

교사 앤드류스가 애들이 입고 있는 값싸고 때 묻은 옷차림을 놀리고 업신여기는 상황에, 그리고 학생들이 뭔가 해보겠다고 노력을 기울이지만 잘되지 않을 때, 학부모 및 학생들의 절망감이 얼마나 컸을지 상상하기는 어렵지 않다. 앤드류스가 나름 부유한 가정의 아이들의 기를 북돋고 또 그들에게 도전감을 심어주었을지 모르지만, 가난한 집 부모들은 자신의 "교양 없는" 자식들에 잔악함과 편견으로 대하는 앤드류스의 태도에 분노를 감추지 못했을 것이다. 이들 부모만이 그렇게 느낀 것은 아니었다. 백인 개혁가들은 교사로서 앤드류스가 보이는 성과를 오랫동안 미심쩍게 바라보고 있었다. 수년간 앤드류스의 학교를 방문했던 백인 인사들은 앤드류스의 보고 및 기록이 부정직하다는 노트를 남겼다. 사람들이 방문할 때마다, 그는 자리를 지키고 있지 않았다. 즉 두 번째 흑인무상학교를 여전히 아이였던 조교들의 손에 맡겨두고만 있었다. 물론 앤드류스에게는 늘 변명거리가 있었다. 가끔은 아프다고 했고, 또 가끔은 가족을 방문하려고 외출했다고 주장했다.[147]

그러나 앤드류스는 수년에 걸쳐 교사로서의 자기 직위를 유지했다. 아마도 자신의 중요성을 이사회에 확신시키고자 충분한 수의 학부모 및 학생들을 행복하게 한다고 하지 않았을까 싶다. 하지만 1832년 앤드류스는 넘지 말아야 할 선을 넘었고 흑인 엘리트들로부터의 마지막 지지 마저 잃게 되었다. 쫓겨나는 앤드류스의 마지막 모습에 대해서는 여러 이야기가 존재한다. 몇몇 이야기에 따르면 1832년 앤드류스는 노예에서 해방된 자유흑인들의 식민화를 지지, 발언했다고 알려져 있다. 1830년 뉴욕의 흑인 엘리트들 사이에서 이런 아이디어는 파문을 일으킬만큼 금지되는 이야기였다. 따라서 강력한 시위가 일어나 앤드류스를 쫓아 냈다.[148] 다른 이야기에 따르면, 앤드류스가 학생 한 명에게 채찍질을 했을 때 학부모들은 더 이상 참지 못했다. 흑인 부모들을 분노케한 것은 채찍질이 아니었다. 채찍질은 일의 발단이었을 뿐이었다. 이 학생은 앤드류스에게 학교를 한 방문한 인사를 "신사"라고 표현했는데, 이 방문객이 흑인임을 본 앤드류스는 불같이 화를 냈다. 앤드류스는 흑인 남자를 "신사"라고 표현하는 것이 아주 심각한 규칙 위반이라고 여겼다. 이 이야기가 퍼져나가면서 흑인 부모들은 또다시 시위를 벌였다. 당시 학교를 비우고 그 자리에 없었던 교사는 흑인무상학교에서 쫓겨난 사실을 알게 되었다.[149]

이유야 뭐든, 앤드류스의 축출은 뉴욕의 가난한 흑인들 사이에서 그가 얼마나 인기 없는 인물이었는지를 증명한다. 마누미션협회가 1832년 앤드류스를 제임스 아담스라는 다른 흑인 교사로 교체하자, 학교 등록률 및 출석률은 또다시 큰 타격을 입었다.[150] 뉴욕의 가난한 흑인들의 목소리가 어떠했는지 사료를 찾아 추적하는 일은 어렵지만, 랭카스터 학교에 대한 이들의 수용 및 거부는 무단결석을 무기로 사용하는 이들의 전략을 통해 쉽게 확인할 수 있다. 랭카스터 학교와 이들 학교의 교사들이 자녀를 모욕하고 모멸감을 안겨주면, 혹 어디에도 써먹을 수 없을 아주 기초적인 교육에만 시간을 낭비하는 듯하면 사람들은 가차없이 학교를 떠났다. 다른 한편, 무상학교라고 해도 이들에게 직업적 성장에 필요한 진짜 기회를 제공하고, “백인애들보다 더 똑똑할” 수 있다는 느낌을 갖도록 해주었을 때 흑인들은 교육에 열정적으로 참여했다.

이런 상황은 우리 이야기를 앞지르는 것처럼 보이지만, 학교 출석생 수의 급증과 급감이 보이는 양상은 1830년대 내내 이어졌다. 이에 대해 다음 장에서 좀 더 자세하게 살펴볼 것이다. 1834년 마누미션협회는 흑인무상학교를 공립학교협회가 운영하고 있는 광역의 백인 공립학교 네트워크에 편입했다. 공립학교협회의 백인 지도자들은 흑인학교들 중 단 한 곳에서만 학업을 이어나가도록 축소하고 많은 흑인 교사들을 해고했다. 안타깝지만, 이런 결과는 이미 예고되어 있었다. 출석률과 등록률은 또다시 곤두박질쳤다. 해고당한 흑인 교사들 중 한 명이 사립학교를 신설하면서 그에 따라 등록, 출석생 수가 늘어났는데도 말이다.[151]

자선사업가들의 위선

백인 학생들에 있어 자녀를 둔 가족들과 엘리트 랭카스터 개혁가들 사이의 긴장은 사뭇 다르게 작동했다. 하지만 쟁점의 많은 부분이 유사했다. 뉴욕 및 필라델피아와 같은 도시에서 백인 노동계층이 주로 거주하는 지역사회는 랭카스터 학교의 이런저런 실패에 목소리를 높였다. 엘리트 백인 랭카스터 개혁가들은 불만을 제기했던 흑인들에게 했던 것과 마찬가지로 당대 소위 “기계공”, “노동자” 혹은 “직공”으로 불리던 계층의 사람들에게 귀에 거슬리는 비난을 듣지 않으려고 했다. 점점 커지는 백인 노동자들의 정치력은 다양한 방식으로 그 효력을 드러내게 되는데 그 하나가 공교육의 특성을 둘러싼 싸움이 되었다.[152]

백인 노동자 계층의 불만에 엘리트들이 귀를 기울이지 않은 것은 노동계층이 과묵해서가 아니었다. 노동계 지도자들은 아주 명료한 언어로 자신들의 의견을 개진했다. 예를 들어, 노동계층이 모인 한 회합의 연사는 랭카스터 학교개혁을 주도했던 필라델피아의 엘리트들을 몰아세우며 이들이 도시의 공립학교를 "반자유적이고 위법적으로 관리"한다고 비난했다. 이 연사는 이 학교들이 "위선가득한 자선사업가들"의 손에 맡겨지면서 공립학교의 목적에 부합하는 자선적 목표에 봉사하지 않고 "직공들의 자녀에게 해"를 크게 끼쳐왔다고 주장했다. "우리에게서 뺏은 돈"인 세금으로 운영되는 공립학교들은 대중에 의해 운영되어야 했다. 이 연사가 보기에, 로버츠 보우와 같은 엘리트 개혁가들은 "각 세대의 아이들을 보호하라고 맡기에는 가장 믿지 못할 사람들"이었다.[153]

불행하게도 보우와 같은 개혁가들은 필라델피아에서 이런 메시지를 가장 늦게 전해 들을 만한 사람이었다. 보우가 말한 가난한 사람들은 자녀 교육을 중시하지 않았던 것이 아니다. 다양한 사례를 통해 우리는 노동계층 지도자들이 부유한 개혁가들의 과장된 유토피아적 신념을 공유했음을 알고 있다. 흑인 지도자들과 마찬가지로 백인 노동계층 비평가들은 랭카스터 학교의 잔악하고 비상식적인 처벌을 비난했다. 이들은 랭카스터 학교가 기본적인 읽기 이상의 다른 배움을 제공하지 않는다며, 학교를 너무 기초적이라고 비난했다. 백인 노동계층 비평가들은 흑인 비평가들과는 달리 랭카스터 학교를 비미국적이라고 비웃곤 했는데, 노동계층 아이들을 독립된 학교에만 고립시킨다는 것이 그 이유였다. 흑인 지도자들은 일반적으로 마지못해 혹은 전략적으로 인종을 구분해 교육하는 학교를 수용했었다. 단, 이 학교들이 개선된다는 조건을 붙여서 말이다. 이와 대조적으로 백인 노동계층 비평가들은 가난한 아이들만을 위한 독자적인 학교라는 원칙을 공격했다. 1820년대 말까지, 백인 노동계층은 공교육에 대한 새로운 비전을 요구했다. 모두가 돈을 내고 모두가 교육받을 수 있는 그런 학교 시스템 말이다. 물론 백인만이 포함된 주장이었다.

당시, 노동계층 비평가들은, 엘리트들의 태도가 그러했던 것처럼 보편 교육의 잠재성에 대해 낙관적인 듯 보인다. 필라델피아의 한 노동자가 1828년 노동계 신문이었던 미케닉스프리프레스(Mechanic's Free Press)에 보낸 글에서 그는 근대 학교가 곧 "어둠과 이해되지 않는 무지, 미신, 편협, 악덕 무리"를 쓸어낼 수 있으리라고 믿는다. "자연과학 및 도덕" 분야의 근대적 발전 덕분에 대담하고 새로운 날이 "가까이 있다"고 주장했다. 비록 근대적 배움이란 복음을 퍼뜨리는데 할 일이 많기는 하지만 말이다.[154]

노동계층 비평가들은 부유한 이웃들과 마찬가지로 공화주의 사회가 기능하는데 보편교육이 핵심이라고 생각했다. 1829년 "요릭(Yorick)"이란 필명의 글에서 저자는, "모든 자유민은 교육을 받아 자신을 공직 후보자 자격을 갖추었다고 판단할 수 있어야 한다"고 했다. 노동계층 신문 지면에 실린 이 글은 아주 통상적인 논조의 청원이었다. 또 다른 글에서 저자는 "당시 지배자들의 특징은 그가 지배하는 사람들의 특징에 달렸다"고 했다. 오로지 교육을 통해서만 미국은 훌륭한 지도자를 길러낼 희망을 품을 수 있었다.[155] 그의 주장에 따르면, 투표할 수 있는 모든 유권자가 배우는 것은 "도덕적 의무"로, 이는 사회가 이들 유권자들에게 훌륭한 교육을 제공하는 의무를 지는 것과 마찬가지였다.[156]

1820년대 노동계층 지도자들은 보편교육이 제대로 된다면, 기계공 및 직공의 자녀들이 자기 운명을 개선해 나갈 방법을 제공하리라 주장했다. "R.D.O."를 필명으로 하는 한 노동자는 교육을 "사람들에게 가장 중요한 대의"라고 불렀다. 그는 훌륭한 공립학교만 있으면 가장 가난한 부모들조차 편히 쉴 수 있다고 했다. 자녀들이 좀 더 향상된 미래를 맞을 것을 알고 있기 때문이었다. 또한 훌륭한 공립학교를 통해 자녀들은 "이 땅의 부유한 집 애들과 마찬가지의 혜택에 참여할" 것이었다.[157]

하지만 실제로, 이런 혜택은 고르게 배분되지 않았다. 1820년대 말, 백인 노동계층 비평가들은 랭카스터 학교를 강하게 비난했다. 교육이 아주 가치롭기는 하지만, 랭카스터 학교는 학부모 및 지도자들의 요구에 부응하는 교육을 제공하지 않고 있었다. 가장 일반적으로 제기된 불만은 1810-20년대 랭카스터 학교들이 가난한 집 아이들만을 따로 가르친다는 불만이었다. 노동계층 비평가들은 공립학교에는 반드시 모든 백인 아이들을 섞어 놓아야 한다고 주장했다. "부잣집 애들을 가난한 집 애들과 동등하게" 섞어야 한다면서 말이다.[158] 초기 가난한 집 아이들만 받아들이던 랭카스터 학교와는 달리, 노동계층 비평가들은 공립학교가 진정한 공적 기관이라면 "부자와 가난한 자" 모두가 참여해야만 온전히 기능할 수 있다고 주장했다. 그렇지 않다면 우리는 "불평등"의 씨앗을 뿌리게 될 것이었다.[159] 필라델피아 시군구 노동자들(Working Men of the City and County of Philadelphia)의 1830년 회합에서 한 연사는 "우리 시스템의 핵심 기둥은 일반 교육이 맞다"고 했다. 하지만 이 기둥이 "가난한 집 애들과 부잣집 애들" 모두를 아우른다면 비로소 지붕의 무게를 지탱해 낼 수 있었다.[160] 뉴욕에서도 "기계공과 노동자(Mechanics and Working Men)" 앞에 선 한 연설자는 이와 똑같은 주장을 반복했다. 이 사람은 독립일 기념 연설에서 "**공교육(PUBLIC EDUCATION)**"을 강조해 발음하면서 공교육이 "부잣집 애들과 함께 가난한 집 애들의 손에 가 닿을 수 있다"면 제 역할을 다할 수 있으리라고 주장했다.[161]

공정하게 말해, 랭카스터 교육개혁가들 사이에서 공화주의적 평등주의는 늘 사소한 주제였었다. 예를 들어, 1812년으로 거슬러 올라가보면 랭카스터의 견습생이었던 로버트 오울드(Robert Ould)는 "주지타운의 자기 랭카스터 학교는 사회의 모든 계층에게 유용한 것으로, 부유한 사람들에게도 이롭고 가장 궁핍한 이들도 기회를 누릴 수 있는 것"이라고 자랑했다.[162] 1817년 필라델피아의 개혁가들은 랭카스터식 혁명을 꿈꾸었는데, 이 꿈은 미국 공화주의의 약속을 영원히 지속시키는 것이었다. 이들은 랭카스터 학교에서 "동네 혹은 지역사회의 모든 아이들이 다 함께 한 장소에서 만나"리라고 약속했다. 이런 훌륭한 학교는 "지금까지 그 어떤 시스템도 할 수 없었던 공평함"을 만들어 줄 것이었다. 필라델피아인들은, 랭카스터가 약속한 기적이 **모든 아이들(ALL CHILDREN)**, 즉 "부자와 가난한 집안의 자식들을 교육하는 공립학교"를 만들어 낼 것이었다.[163] 이와 유사하게, 뉴햄프셔주의 포츠머스 랭카스터 개혁가들은 새로운 종류의 공교육으로서 랭카스터 학교를 상상했다. 이는 자선학교에서 가난한 집 애들을 따로 떼어 수업하는 대신, 모든 계층을 한꺼번에 불러 모아 교육하는 시스템이었다. 1818년 이들은 랭카스터 학교 시스템의 효율성으로 인해 공립학교가 인위적으로 만들어진 사회적 차이가 "평탄해지"길 희망했다.[164] 이들은 새로운 학교에서 모든 계층의 아이들이 "어울리고" 궁극적으로 "단결하리"란 꿈을 꾸었다. 이들이 꿈꾼 새로운 학교는 "모두가 평등하게, 그리고 지식을 추구하는 넓고 흥겨운 장에서 만나는" 곳이었다.[165]

그러나 비평가들은 랭카스터 학교가 가장 좋은 것을 얻을 수 있는 아이들을 위해 단지 울타리가 된다고 비난했다. 학교교육에 대한 생각이 변하면서 분리된 학교 시스템이란 개념은 많은 이들의 마음을 괴롭혔다. 1800년대를 지나면서 점점 많은 수의 미국인들에게 공립학교는 모두를 위한 것이 되어야 한다는 생각, 최소한 모든 백인을 위한 것이어야 한다는 점이 분명해졌다. 역사가 마크 분쇼프트(Mark Boonshoft)의 연구에 따르면, 19세기가 저물어 가면서 더 많은 미국인들은 새로운 공화국을 위한 새로운 종류의 공립학교를 원하게 되었다. 소수를 위한 엘리트 학교나 다수를 위한다며 등장한 랭카스터 학교공장과는 뭔가 다른 학교말이다.[166]

노동계층 사상가들이 동의하고 있듯 백인 아이들을 다같이 뒤섞어 놓는 것만으로 공교육은 계층 분리된 "자선학교"나 "극빈자학교"라는 지독한 오명을 벗을 수 있었다. 예를 들어, 1829년 필라델피아의 노동계층 회합에 참여한 한 연설자는 랭카스터 학교를 비난하며 "가난한 사람들만을 위한다며 자선 혹은 공적기금의 원칙에 터해 우스꽝스럽고, 수치스러우며, 모욕감을 주는 시스템"이라고 맹렬히 비난했다. 그는 진짜 공립학교라면 가난한 사람들에게 마치 선물처럼 주는 것이 아니라, "지금까지 부패하고 귀족적 권위에 찌든 입법가들에 의해 보류되었던 기본 권리"여야 한다고 주장했다.[167] 또 다른 강연자는 미국 "노동자들(남자)"에게 진정한 교육을 받을 자격이 있는지, 단지 "자선이란 이름의 수박 겉핥기식의" 저급 학교만이 제공되어야 하는지 날카롭게 질문했다.[168] 이 회합에 참여했던 한 강연자는, 1830년대까지도 엘리트 개혁가들은 이토록 많은 가난한 학부모들이 자녀들을 랭카스터 학교에 보내지 않는 이유가 무엇인지 이해하지 못하고 있다면, 자신이 그 이유를 분명히 해주겠다고 했다. 랭카스터 학교에 출석하는 어떤 아동이라도 "궁핍한 집안"의 아이라고 여겨지기에, 모든 미국인은 일견 불명예로 받아들이라고 내밀어진 "하사품을 거부할" 의무가 있었다. 이 발언을 한 강연자는 엘리트 랭카스터 개혁가들에게, 랭카스터 학교의 문제는 학부모에게 있지 않다고 했다. 그 문제는 학교 자체에 있었다.[169]

교육받은 흑인 지도자들과 마찬가지로 백인 노동계층 비평가들은 랭카스터 학교교육의 구체적인 요소를 둘러싼 쟁점을 끄집어냈다. 처벌은 너무도 가혹했다. 비록 신체적 체벌을 하지 않는다고 해도 말이다.

1828년에 개최된 또 다른 노동계층 회합에 나섰던 강연자는 랭카스터 학교에서 "아이들은 구빈원에 수용된 원생들처럼 취급받는다"고 설명했다.[170] 또 다른 기고자는 랭카스터 학교의 "처벌 시스템"이 공화주의와 전혀 맞지 않는다고 하면서, 이를 "폭정을 더럽히는" 잔악한 훈육이라고 혹평했다.[171]

노동계의 백인 비평가들 또한 다른 흑인 비평가들과 마찬가지로 랭카스터 학교의 수업이 너무 기초적인 단계에 머물러 있다고 공격했다. 한 비평가는 "노동자(남자)들은 읽고, 쓰고, 셈하는 것만 배우기를" 바라는 게 아니라고 주장했다. 진정한 미국 학교들은 가장 가난한 집 아이라고 해도 모든 경력, 모든 직업을 준비할 수 있도록 해주어야 했다.[172] 또 다른 비평가는 "랭카스터의 교육 구상"은 "별생각 없이" 단지 기계적인 반복만을 가르치고 있다고 경고했다. 이 저자에게 랭카스터 학교 시스템은 너무도 기초적이어서 뭔가 의도적이라 하지 않을 수 없었다. 그는, "교육이라며 허울만 그럴듯한 쇼로 노동계층을 눈멀게 하도록 고도로 계산된" 계획으로 이 거대한 구상을 규정하면서, 결과적으로 노동계층을 무지와 정신적 박약 상태에 묶어두려 하는거 아니냐고 따졌다.[173] 뉴욕 출신의 한 인사는 노동계층 아이들에게 소위 고급 과정이란 전혀 없다고 했다. 그는 글에서 제공되는 교과가 "수학, 천문학, 역사, 근대 언어, 화학, 생리학, 비교 해부학, 미술, (혹은) 음악", 뭐든 간에, 부자 애들에게 좋다면, 가난한 집 애들에게도 좋은 것이었다.[174]

1820년대 말까지, 백인 노동계층 비평가들은 이 모든 사항들을 요구했다. 어쩌면 그 이상을 요구했다. 이들은 진정한 공립학교, 자신들 눈에 백인 대중 모두를 뒤섞어 아우르는 학교를 요구했다. 게다가 이들은 "자선"이란 꼬리표를 없앤 학교, 그러면서도 공공 재정으로 운영, 지지되는 학교를 원했다. 1829년 말, 한 비평가는 진정한 "공화주의적 교육"에는

"공공 재정의 지원"이 요구되었다. 이로써 "부모들이 자녀 교육 비용에 대한 부담에서 해방될 것"이었다.[175] 노동계층 지도자들에 따르면 공교육에 사용할 수 있는 공공 기금은 상당히 많았다. 1829년 한 인사는 공공 토지를 매각한 돈을 사용하는 것이 어떠냐고 제안했다. 만약 이 돈으로도 충분하지 않다면, 필라델피아의 공립학교를 위해 간단히 "세금 징수"를 하자고 제안했다. 게다가 이런 학교들은 공적으로 운영되어야 했다. 소위 자선사업을 하는 엘리트들이 아니라 각 지역의 주민들이 직접 "선출한 지도자"들이 학교운영을 책임지도록 말이다.[176]

실제로, 1830년 노동계층 지도자들이 요구한 것은 (우리가 머리 속에 그리는) 딱 근대공교육 체제였다. 하지만 이들의 이런 요구는 난데없이 어느 날 갑자기 등장한 몽상이 아니었다. 적절한 공립학교교육의 특징이 어떠해야 하는가에 대해 수십 년 동안 끊임없이 변화하는 사유들 중 나름 대중성을 얻게 된 결과물이었다. 1820년대 말까지 이런 수정과정을 가져오도록 한 랭카스터 학교의 구조상의 총체적 실패는 나름 가치있었을 뿐만 아니라, 꼭 필요한 일이었다. 심지어 가장 열렬한 랭카스터 교육 개혁가들조차 비평가들의 정당한 주장을 어쩔 수 없이 인정해야 하긴 했지만 말이다.

모든 계층을 위한 수업

1820년대 말까지 엘리트 랭카스터 개혁가들이 저조한 출석률에 대해 실재하고 분명한 이유를 제대로 알아차리지 못했다. 하지만 이들이 왜 그랬는지는 나름 분명해 보인다. 학교에 무단결석하는 학생들 및 다양한 목소리를 냈던 학부모 및 대표자들은 대부분의 엘리트 개혁가들에게 이토록 분명한 진실을 인정하도록 압박했다. 즉, 낮은 출석률은 학부모들의 "무지함" 때문도, 그렇다고 이들의 "부도덕함"이나 "흉폭함" 때문도 아니었다. 간단히 말해, 낮은 출석률의 원인은 아주 단순했지만, 이를 고치는 일은 정말 어려웠다.

각 가정은 자녀를 위한 학교교육을 소원했지만, 그렇다고 랭카스터 학교를 원하지는 않았다. 이들은 자녀들을 다른 애들과 분리해 가르치면서 "가난한 집 애들"이라고 낙인찍거나 이런 학교를 "자선학교"라고 부르는 것을 원하지 않았다. 이들은 읽고, 쓰고, 셈하는 아주 기초적인 기능만을 가르치는 학교를 바랐던 것이 아니었다. 이들은 랭카스터 학교가 권장했던 고통스럽고 모욕감 치미는 처벌을 전혀 기꺼워하지 않았다. 자녀들이 학교에서 아무런 보상 없는 교사로 일하며 시간을 보내기 원치 않았다. 자녀를 학교에 보내는 데 필요한 재정적 기여를 해야 한다면, 이들은 자녀가 학생으로 학교에서 배워야지, 적어도 조교같은 직위는 아니었다. 간단히 말해, 이들은 랭카스터 교육개혁들이 내세웠던 낡아빠진 환상이 아니라 근대적인 공립학교를 원했다.

시간이 지나면서 도시 지도자들은 학부모들의 불만과 무단결석으로 어쩔 수 없이 변화를 감내해야 했다. 이 과정은 절대 간단하지도, 그렇다고 깔끔하지도 않았다. 일련의 수많은 고뇌와 시행착오를 거치면서 각 도시의 지도자들은 우왕좌왕하며 자신들이 한 번도 최우선으로 고려하지 않았고 또 인정하지도 않았던 문제를 풀어갈 해법을 찾아갔다. 즉, 근대적 도심 공립학교 시스템의 탄생은 학부모들의 불만, 학생들의 무단결석, 그리고 공립학교에 대한 실험 등이 복잡하고 혼란스럽게 뒤섞이면서 이뤄졌다. 랭카스터 교육개혁운동은 이 일이 시작되도록 한 계기가 되었다. 물론 랭카스터의 아주 잘못된 처방에 기초하긴 했지만 말이다. 랭카스터와 그를 따르던 개혁가들이 해법이라고 내놓은 것들이 형편없을 정도로 잘못된 것임이 밝혀졌을 때, 그 잘못의 요소들은 랭카스터 학교의 부분 부분에서 비롯된 것들이었다. 여기에는 학교 건물이라든가, 배우는 애들이 가르친다는 문제, 특별히 보편적 출석이라는 목표 등이었다. 즉, 근대적 공립학교는 바로 여기서 등장했다.

7장

공립학교협회

7장
공립학교협회

랭카스터 교육개혁가들은 랭카스터 학교가 그다지 성공적으로 운영되지 않으리라는 것을 처음부터 알고 있었다. 모든 대도시에서 초기의 열정이 식어가면서 랭카스터 학교는 등록자 수가 정원의 절반 이하 혹은 그보다 더 나쁜 상황에 처했다. 학생들은 랭카스터가 묘사했던 이론상의 작은 로봇처럼 행동하기 거부하는 방식으로, 혹은 아예 학교에 무단결석하는 방식으로 랭카스터 학교 시스템을 거부했다. 학부모와 전문가들 또한 에세이, 서신, 청원, 혹은 민원 등의 여러 형태로 이 시스템을 거부했다. 망상과 다름 없는 랭카스터의 약속에 홀딱 빠진 개혁가들은 이 문제에 어떻게 대처해야 할지 알지 못했다. 실패가 분명한 사실로 굳어졌지만, 이를 해결할 수 있는 해법은 요원했다. 열혈 랭카스터 교육개혁가들은 초기에 이 문제들이 임시방편적인 수완이나 땜질 처방으로 해결될 수 있으리라 느긋하게 생각했었다. 이곳저곳에서의 세세함으로 고쳐나가면서 가난한 계층 사람들의 대항에 나름 대응할 수 있기를 바라면서 말이다. 랭카스터 교육개혁가들은 상급반을 몇 개 더 만들고, 조교 급여 및 이들에 대한 훈련을 정식화하고, 세금으로 이들 학교에 대한 일부 지원을 함으로써 학교 운영의 안정성을 확보하고, 중산층 가정들에게 마찬가지의 무상학교를 제공하는 등 몇 가지 변화를 가져오는 것으로, 최초의 근대적인 공립학교 시스템을 만들어냈다. 이들이 이런 변화를 공개적으로 인정하기까지는 다시 시간이 더 필요했는데, 1820년대 이런저런 땜질 처방으로 이뤄진 급박한 상황에서의 해법은 향후 수백년에 걸쳐 발전하게 되는 시스템의 탄생으로 이어졌다.

별로 놀랄 것도 없이 조셉 랭카스터를 포함한 일부 개혁가들은 랭카스터 학교 시스템이 쏟아내는 문제를 해결해야 한다고 생각하지도, 이런 문제를 해결하는 것이 얼마나 중요한지에 대해 인정하지도 않았다. 이들은 끼리끼리 어울리며 이들 문제는 랭카스터의 비전과 상관 없으며, 오히려 시스템의 혁명적 잠재력을 훼방하려는 잘 드러나지 않는 흑암의 세력이 짜놓은 음모, 혹은 이 시스템을 좌절시키기 위한 광범위한 공모자들 때문이라고 이야기했다. 여기 간단한 이야기가 하나 있다. 1818년 랭카스터가 런던에서 출발한 배를 타고 미국에 도착하자마자. 그는 자칭 "랭카스터의 친구"라는 익명의 인사로부터 다음과 같은 경고를 받았다. 이 정보원은 랭카스터에게 '조심하라'고 말했다. 그는, "당신의 학교 시스템은 만약 제대로만 가르쳐진다면 아주 훌륭하게 인정받을 수 있을 것"이라고 하면서도, 미국에 사기꾼도, 모사꾼도 많다고 했다. 그는 랭카스터에게 "어떤 교사들"은 마치 랭카스터 학교 시스템에 대해 잘 아는 것처럼 행동하지만, 사실은 "재능도, 자격도, 통상적인 정직함도 없는" 사람들이라고 말했다. 허황된 랭카스터 교육개혁가들이 차고 넘치게 되면, 이 "친구"는 "(랭카스터) 학교 시스템은 남용되어 크고 존경받을 만한 **학교**(대문자, 이미 존재하는 특정 학교 지칭하는 듯함)가 줄어들어 결국 없어질 것"이라고 설명했다.[1]

이 사람이 말한 "크고 존경받을 만한 **학교**"가 정확하게 무엇을 의미하는지 알 수는 없지만, 그게 중요하지는 않았다. 대부분의 랭카스터 학교들은 그가 말한 대로 그렇게 줄어들어 결국 없어졌다. 아마도 많은 이들은 랭카스터 학교들의 낮은 출석률에 대해 이런 부류의 음모론적 설명을 받아들이고 싶었다. 비난의 화살이 문제 많은 시스템이 아닌 능력 없고 사악한 교사들에게 향해지기 때문이다. 하지만 대부분의 랭카스터 교육개혁가들은 이런 문제보다 훨씬 더 큰 문제에 봉착하지 않을 수 없었다. 이들이 랭카스터의 꿈에서 봐왔던 아름답고 완벽한 학교 시스템은 밝은 대낮의 혹독함 속에서 살아남을 수 없었다. 어린 나이의 조교들이 공짜로 가르쳐주는 시스템에 의존하는 이 상상 속의 구상은 교사들에게 봉급을 제공하는 데 많은 돈을 써야 했다. 현실 속 아이들은 절대 랭카스터가 묘사하고 있는 발랄한 수벌처럼 행동하지 않았다. 랭카스터 학교가 이들의 요구에 제대로 응하지 않자, 아이들은 두말없이 학교에 발길을 끊었다. 그리고 이게 전부가 아니었다. 조셉 랭카스터는 자신이 런던에서 거친 이런저런 경험에서 아무런 것도 배운게 없었다. 그가 당한 모욕은 그를 겸손하게 만들지 못했고, 너그러움이란 교훈을 얻도록 하지 못했다. 대신 그는 자신의 이기적인 꿈, 그리고 결코 이루지 못한 황금 노다지를 계속해 좇았다. 랭카스터의 불쾌함이 없었는데도 무상학교는 가장 미약한 수준의 정치적 지원에 머물렀다. 뉴욕무상학교협회는 적절한 수준의 예산을 확보하기 위해 꽤 오랫동안 구걸하고 또 긴축적인 상황을 감내해야 했다. 협회는 겨우 1825년이 되어서야 이 예산을 승인받게 된다. "무상학교를 지원하라고 세금을 내는 학부모들은 무상교육의 혜택에서 거부당하고 있다며 불평에 불평을 늘어놓고 있다. 이들은 학교교육에 공헌해야 할 법에 의해 강제되고 있다."[2]

그동안 랭카스터는 도대체 무엇을 했나? 랭카스터는 이들에게 아무런 도움도 주지 않았다. 미국에서 그가 한 일이라곤 암울한 위선자 노릇에 지니지 않았다. 그는 현실에서 방향을 틀어 아주 멀리 자신을 돌봐주던 가족과 견습생들을 남겨두고 떠났다. 랭카스터 교육개혁가들은 홀로 남겨져 해 볼 수 있는 일이라곤 전부 해봤다. 예를 들어, 뉴욕에서 랭카스터무상학교협회의 이사회는 단체 이름을 "공립학교협회(Public School Society)"로 바꿨다. 이들 학교를 가난한 백인 가정의 아이들로 제한하는 대신, 이들은 모든 백인 아이들에게 학교에 올 수 있도록 했다. 지금까지 불평이 많았던 중산층 아이들을 포함해서 말이다. 공립학교협회의 지도자들은 이런 변화가 "무단결석" 문제를 충분히 해결할 수 있으리라 기대했다. 이들은 모든 소득 수준의 백인 학부모들이 랭카스터 학교로 자녀들을 보낼 것으로 확신했다.

뉴욕에서의 실험은 1820년 내내 랭카스터 교육개혁가들을 꽤 오래도록 괴롭혔던 곤란한 전개과정이었다. 각 도시에서 학교 지도자들은 지역사회 사람들에게 귀기울지 못하는 태도, 학부모 및 지역사회의 요구에 부응하는데 굼뜬 모습을 보였고, 이런 것들로 실험의 성공이 방해받았다. 이들은, 제대로만 운영한다면 랭카스터 학교 시스템이 여전히 완벽한 시스템이라고 생각했다. 이들이 맞닥뜨리는 문제들은 약간의 수정, 교정, 개선으로 사라질 것이라고 여겨졌다. 하지만 이들의 수정은 상황을 바꾸는 수정이 아니었고, 공립학교 시스템의 기본 골격으로 향하는 핵심적인 변경이 되었다. 학교지도자들은 근본적으로 랭카스터의 약속이 품고 있는 전제들을 버리고, 대신 향후 지속될 일종의 근대적 학교 시스템을 건설하게 되었다. 아주 곤경에 처했던 1820년대 동안 랭카스터 교육개혁가들은 자신이 이런 혁명적인 변화를 만들었다고 인식하지 않았다. 대신, 자신들은 이 시스템을 그다지 많이 바꾸지 않는다고 시치미를 떼면서, 폐기하거나 재건하지 않고 땜질하고 수정하는 데 몰두했다. 이 학교에 대한 구상이 신기루에 지나지 않는다는 생각, 즉 랭카스터의 약속이 불꽃을 튀기며 지평선 너머로 가라앉고 있다는 생각이 이들에게는 생기지 않았다.

2백 년 전의 일이기는 하지만, 개혁가들이 왜 혼동 속에서 오랫동안 헤어나오지 못했는지 이해하는 것은 비교적 어렵지 않다. 이들은 돈 문제라든지, 교사 훈련, 혹은 교사 월급과 같은 구조적 문제들에 관심을 기울이기보다, 랭카스터 교실에서의 교수법을 보다 정밀하게 조정해나가는데 초점을 맞추고 있었다. 당시 개혁가들은 랭카스터 학교에서 가장 중요한 부분이 교수법 매뉴얼에서 그가 제시한 여러 이슈들이었다. 예를 들어, 교실을 어떻게 만들 것인지, 학교 건물은 어떤 모양이어야 하는지, 교실 내에 어떤 기술적 요소들이 들어가야 하는지, 그리고 쓸데없이 화려하고 상세한 훈육의 절차들은 어떠해야 하는지 등. 개혁가들은 랭카스터와 마찬가지로 이 시스템을 완벽하게만 이행할 수 있으면 이 학교들은 완벽하게 작동하리라 예상했다.

하지만 교수법은 이 시스템에서 주요 문제가 아니었다. 절대로. 당시 랭카스터식 교수법은 나름 멋지게 작동했다. 예를 들어, 뉴헤이븐이나 코네티컷에서 랭카스터의 견습생이었던 존 러벨(John Lovell)은 수년간 랭카스터 학교를 운영했고, 나름 번성했다. 보스톤에서도 많은 랭카스터 공립학교들이 앞서 언급했던 문제들로 진행이 더디기는 했지만, 윌리엄 포울(William B. Fowle)은 이 랭카스터식 교수법을 채택해 학교를 상당히 성공적으로 운영했다.

포울과 러벨의 성공은 당시 랭카스터 학교의 통상적인 모습과는 거리가 멀었지만, 랭카스터 교육개혁의 문제 많은 이야기를 이해할 수 있도록 하는 핵심을 제공해 준다. 이들의 성공은 이 시스템을 완벽하게, 좀 더 완벽하게 만들려는 시도의 결과가 아니었다. 대신, 이 성공은 학교 주변 지역사회의 이런 저런 요구에 부응하고 각 가정들의 다양한 교육에 대한 필요에 적절한 자원을 헌신적으로 동원했기 때문에 달성된 것이었다. 앞서 살펴본 것처럼, 학부모들이 랭카스터 학교를 승인하지 않은 상태에서 학부모들은 이 학교들에 대한 거부권을 효과적으로 행사했다. 가난하건 그렇지 않건, 백인이건 흑인이건 모든 학부모들은 자녀를 학교에 보내지 않음으로써 엘리트 교육개혁가들의 구상에 훼방을 놓을 수 있었다. 학교에 학생들이 없다면? 말할 필요 없이, 학교는 쓸모없어진다. 랭카스터 학교 교실의 세세한 문제들을 고쳐나가는 데 초점을 두었던 도심 개혁가들은 뭐가 진짜 중요한지 모르고 있었다. 이들은 학교 교실의 구성을 좀 바꾸는 것으로는 충분하지 않다는 점을 전혀 모르고 있었다.

엘리트 개혁가들은 자기 방식대로 랭카스터 학교의 문제를 해결하기 위해 별별 시도를 다 해봤다. 예를 들어, 랭카스터 학교가 단지 초급의 문해 및 산술 교육만을 제공하는 것이 아니라, 좀 더 고급 과정을 제공할 수 있도록 했다. 전혀 충분하지는 않았지만, 학교에 좀 더 나은 재정지원을 할 방도도 강구했었다. 게다가 이들은 조교제를 포기하지 않으면서도 이 조교들의 관심을 증대하고 유지할 수 있기를 바랐다. 그때까지 한 번도 제대로 답변되지 않은 질문에 나름 답변을 해보려고도 했다. 아마 이게 이들의 가장 중요한 노력이었다고 생각하는데, 예를 들어, 이들은 자신들이 제공하려는 무상학교가 모든 아동, 최소한 가장 가난한 아이 모두를 위한 것임을 재삼 확인하고자 했다. 이들은 가장 가난한 아이들만을 위해서 자선학교를 여는 것으로 보편적인 교육을 제공하려고 했던 것일까? 아니면 모두를 위한 공립학교를 시작하는 것으로 보편적인 교육을 제공하려고 했던 것일까?

이미 우리는 그 답을 알고 있긴 하지만, 이들 좋은 의도를 내세운 개혁가들이 너무도 뻔해 보이는 것을 알아채지 못하는 모습을 바라보는 것은 상당히 마음 아프다. 앞으로 지속되게 될 단 하나의 해법이란 결국, 각 가정의 실질적 관심사를 인정하고 또 이에 부응하는 것임을 우리는 잘 알고 있다. 공립학교는 대체로 오늘날 우리가 알고 있는 방식대로의 학교로 만들어졌을 때 성공했다. 적절하게 훈련받은 어른 교사들이 있는 학교, 교사가 이끄는 여러 교실로 나뉘어져 있는 학교, 운영 재정이 세금으로 나름 충분히 제공되는 학교, 단 배타적인 특정 학교만이 아니라 모든 학교에, 그리고 모두가 참여하고 모두에게 개방된 학교의 모습 말이다. 물론 이런 말을 하자고 하면 짐짓 빼놓고 싶은 사항들이 있다. 랭카스터 교육개혁가들은 수년 동안 비랭카스터 공립학교에서 랭카스터 교육개혁가들의 약속이 이행된 것인양 행동했었다는 점 말이다. 우리는, 뒤늦은 깨달음만큼이나 명시적인 이런 해법을 발견하는데 개혁가들이 어려움을 겪었다는 사실을 바라보면서, 그리고 이들 개혁가들이 랭카스터 교육개혁가들의 꿈을 포기하길 완강히 거부했다는 점을 인식하면서 학교개혁의 꿈과 훨씬 복잡하고 혼란스런 현실 사이의 관련성을 제대로 이해할 수 있다.

공립학교 시스템은 랭카스터의 펜 끝에서 태어난 게 아니다. 따라서 랭카스터의 열정이 잘못된 방향이 아니었다면, 공립학교의 출생에 대한 이야기는 완전히 다른 것이 된다. 우리는 1820년대 학교개혁가들의 주저하던 갈짓자 행보를 제대로 검토해야만 미국 도심 공립학교의 복잡한 기원을 제대로 밝혀낼 수 있을 것이다. 미국의 공립학교는 누군가 심사숙고해 의도적으로 고안해 낸 시스템의 일환으로 만들어진 게 아니라, 있는 그대로의 불쾌한 현실과 화려한 랭카스터 교육개혁가들의 약속 사이에 있었던 부단한 협상 과정의 결과로 만들어졌다. 이들 공립학교는 조셉 랭카스터라는 천재에 의해 고안된 것이 아니라 랭카스터의 오만함이 현실 속 사람들의 실제 요구에 부합할 수 있도록 꺾이고 총체적으로 점검되면서 등장했다.

금전상의 이득

그런데 조셉 랭카스터는 새로운 망상과 자아도취의 단계에 들어섰다. 그는 이 시스템의 문제를 해결하는 데 전혀 관심이 없었고, 자신을 위한 부정 축재에만 관심을 기울였다. 그의 목표는 늘 똑같았다. 자신의 평판과 명성을 이용해 부와 안락한 삶을 탐하는 것. 교사가 부유해지기 희망한다는 점이 21세기의 독자들에게는 상당히 충격적일지 모르겠지만, 랭카스터가 살던 시기에는 완전히 이상한 일은 아니었다. 역사가 킴 톨리(Kim Tolley)가 밝혀주고 있듯, 1800년대 학교교사들은 일반적으로 높은 봉급을 받을 수 있기를 기대했다. 특별히 음악교육에서 훈련을 제공하는데 마땅한 교습기술을 갖고 있다면 말이다.[3] 실제 1800년대 초기, 랭카스터를 존경하는 한 사람은 슬픈 듯이 이렇게 말한다. 너무 많은 교사들이 단지 "금전적인 이득"을 좇아 명망을 가지려 한다.[4]

랭카스터 교육개혁 운동이 도심 공립학교교육을 바꿔놓기 전에 일반 교사들은 시장이 허용하는 정도로 돈을 벌 수 있었다. 이들이 수업료를 기꺼이 내려고 하는 사람들을 불러 모으는만큼 기업가적 교사들은 최소한 좋은 삶을 얻기를 기대할 수 있었다. 약간의 운과 얼마 안 되는 자격증으로, 교사들은, 특히 남성 "스승"들은 재산을 얻을 기회를 갖게 되고, 도심 전문가 집단의 상위 계층에서 편안하게 살 수 있었다.[5]

랭카스터는 늘 이런 상황 이상의 보상을 자신이 받아야 한다고 생각했다. 사람들은 랭카스터가 이타적인 이유로 자신의 경력을 시작했지만, 이후 나이가 들어가면서 탐욕적으로 변했다고 생각할 수 있다. 안타깝지만 랭카스터는 그렇지 않았다. 가장 초기에 작성된 런던에서의 노트를 보면, 랭카스터는 "남교사 및 여교사들의 봉급을 가져라"고 자신을 상기

시키고 있다.[6] 랭카스터의 눈은 늘 최종 결산액에 맞춰져 있었다. 그는 학교를 운영하는데 소요되는 재정을 결코 능수능란하게 익혀본 적이 없다. 단지 그는 은행계좌에 돈을 쌓고자 자신의 시스템을 이용한다고 생각했다.

초기에 이 일은 성공한 듯했다. 랭카스터가 런던에서 왕립랭카스터협회에 사기를 치고 있는 동안 미국에서 그를 추종하던 동료들은 미국에서의 횡재 가능성을 언급하며 그를 꾀었다. 예를 들어, 그 밑에서 견습생으로 있었던 로버트(Robert Ould)와 핸리 오울드(Henry Ould)는 1812년 워싱턴DC에서 런던으로 편지를 한 통 보낸다. 랭카스터 학교 시스템이 이 도시에서 워낙 유명해, 이 두 형제는 랭카스터에게 아주 짧은 수주 동안 개혁가들은 새로운 랭카스터 학교를 세우기 위한 기금으로 30,000불이라는 엄청 큰 돈을 모았다고 썼다.[7]

1818년 랭카스터가 미국에 도착했을 때, 그는 이런 돈의 규모가 그리 통상적인 일이 아니라는 점을 발견하고 크게 실망했다. 하지만 그는 이 시스템을 통해 자신의 부를 쌓을 수 있다고 기대했다. 우리가 앞서 봐왔듯이 랭카스터는 필라델피아의 관문으로 안내되었고, 그는 다른 도시들이 곧 자신의 화려한 금전적 요구를 채워줄 것이라고 기대했다. 랭카스터가 1819년 보스턴에서 자기 딸에게 보낸 편지에서, 자기가 구상한 교수법에 대한 사람들의 열망이 너무도 커, 그는 곧, 그리고 극적으로 모든 빚을 청산할 계획이라고 했다. 랭카스터가 딸인 벳시(Betsy)에게 말한 내용을 보면, 보스톤의 다른 사립학교들은 랭카스터가 일 년 내내 청구할 만한 큰 금액을 한 학기에 청구했다. 그는 곧 "2-3,000불의 현금을 만들어낼 만큼 충분한 학생들"을 확보하리라고 생각했다.[8]

그의 꿈은 엄청 컸다. 별로 놀랄 것도 없이 그는 벳시에게, 그녀가 14세의 나이에 어른으로 감당해야 할 책임을 짊어져야 한다고 말했다.

벳시는 식료품가게 주인 및 집주인에게 비용 지불을 늦추어야 했을지 모른다. 또한 벳시는 빚쟁이들을 피해, 채무자로서의 처벌을 면하고자 이 도시 저 도시를 떠돌아야 했을지도 모른다. 하지만 겁먹을 필요는 없었다. 랭카스터는 미국으로 건너가 살면서 초기 몇 년 동안 딸에게 늘 이렇게 말한다. 자신들의 시간은 곧 올 것이라고. 1819년 여름, 벳시는 필라델피아에서 가정을 지키고자 사력을 다하고 있었는데, 랭카스터는 뉴욕에서 중요한 모임에 가야한다는 내용을 딸에게 일방적으로 전달했다. 랭카스터는 벳시에게, 새로 알게 된 부자 친구가 곧 집안의 부를 늘려 줄 것이라고 했다. 그는 "내가 그 부자 친구(Jewell)에게 말하게 되면 네 집을 갖게 될 시간이 아주 멀리 떨어져 있지 않다"고 딸에게 말했다.[9]

이후 그해 여름에 랭카스터는 자신이 곧 "부유해지고 독립하게 될 것"이라고 약속했다. 그는 딸 벳시에게, 자신의 첫 번째 일은 "너를 위해 작은 집"을 사는 일이 될 것이라고 했다.[10] 그는 자신의 안위도 잊지 않았다. 자신에게 정당한 몫을 받게 된다면 그는 "자신만을 위한 마차"를 구매할 계획이었다.[11]

늘 그렇듯, 랭카스터는 꿈을 꾸는데 시간을 보냈지, 그 꿈을 상세하게 실행하기 위한 계획에 에너지를 쓰지 않았다. 1819년 여름 몹시 흥분된 시간을 보내면서 랭카스터는 자신이 그해 기이할 정도의 큰 돈인 50,000불을 벌 계획이라고 딸에게 말했다. 그리 힘들게 일하지 않고도 말이다.[12] 당시의 재정적 상황 속에서 이 돈의 의미를 생각해보자면, 필라델피아 학교위원회는 랭카스터에게 그해 "대단히 후한" 수준이라며 초기에 1,440불의 급여를 제안했었는데, 이 돈은 당시 랭카스터 학교 교사에게 제공되었던 교사 급여의 두 배보다 많고, 뉴욕무상학교협회의 수석 교사가 급여로 받았던 연봉 1,000불보다 훨씬 큰 액수였다.[13] 랭카스터는 필라델피아 이사회와의 불화로 이 수준의 안정적인 급여 기회를 놓친다. 만약 랭카스터가 진짜 단 일 년에 50,000불을 얻을 수 있었다면 그는 벳시에게 했던 금전상의 약속을 정말로 이행할 수 있었을 것이다. 하지만 그는 곧 이런 탐욕의 꿈을 누그러뜨리지 않을 수 없었다. 예를 들어, 1821년 그는 필라델피아의 로버츠 보우에게 곧 2,000불을 벌게 될 것이라고 말했다. 이렇게 엄청나게 줄어든 금액이지만 랭카스터의 계산상 이 돈은 자신에게 "여생을 유용하고 가정적으로 편안하게 해 줄 자본금"이 될 터였다.[14] 랭카스터가 추정한 지불금의 실제 액수는 머릿속에서 전혀 정리되지 않았던 것 같다. 하지만 유령 같은 재정의 단 한 요소만큼은 변하지 않고 남아 있었다. 그는 반복해서 벳시에게 엄청난 지불금이 한 번에 굴러 들어 올 것이라고 약속했다. 그 돈은 눈덩이처럼 커지는 집안의 빚 문제를 "단 한 순간에 해결할 수 있도록 할" 횡재가 될 것이었다.[15]

"빚이 연체되었다"

그나저나 랭카스터의 부자 친구, 그런 날은 결코 오지 않았다. 어린 벳시는 그 어떤 재정 지원이나 살림을 꾸려나가기 위한 지도를 아버지로부터 받지 못한 채 어렵게 가정을 꾸려나가야 했다. 엘리자베스라고 알려진 그의 엄마는 오랫동안 정신병을 앓아 오고 있었다. 엘리자베스의 신체적 건강 또한 오랜 정신건강 문제로 온전치 못했고, 미국에서의 시간은 잘해야 몇 년이 아닌 몇 달 정도로 예상되었다. 1820년 그녀가 죽기 직전, 엘리자베스는 어른으로서 딸에게 그 어떤 삶의 지도도 할 수 없었다. 오로지 벳시는 앞에 닥친 일을 스스로 처리해야 했다.

우선, 랭카스터 가정은 뉴욕에서 살기를 바랐다. 이들이 1818년 8월 뉴욕에 도착하자마자 조셉 랭카스터는 일련의 강연을 핑계로 집에서 도망 나갔다. 행복하게도 말이다. 한편 벳시는 데이가(Dey Street)의 한 아파트에 집을 꾸렸다.[16] 그러나 그해 말, 랭카스터는 필라델피아로 집을 옮기라고 했는데, 거기서 보다 유리한 대접을 받게 되리라고 벳시에게 확신에 차 말했다.[17] 당시 이 집안은 늘 집에 없는 아빠 조셉과 엄마 엘리자베스, 벳시, 그리고 런던에서 견습생이었던 두 명, 리차드 존스(Richard Jones)와 존 러벨(John Lovell)로 구성되어 있었다. 필라델피아에서는 조셉의 동생인 윌리엄도 함께 살게 되었다. 이런 상황은 결코 행복하지 않았다. 윌리엄은 기록된 사료 속에서 드문드문 발견되고 있지만, 그 또한 벳시가 가정을 꾸려나가도록 하는데 계속해 곤란하고 이상한 상황을 만들어 내는 또 한 명의 성미 급하고 짜증 많은 랭카스터였다. 미국에서의 첫 1년 동안 존스와 러벨은 그의 강연을 돕는다는 취지에서 종종 조셉 랭카스터와 함께 여행에 나섰다.[18] 하지만 이 둘은 결국 자기들 학교를 찾아 옮겨갔다. 러벨은 1822년 코네티컷주의 뉴헤이븐에서 랭카스터 학교를 열었다. 이 장의 뒷부분에서 자세히 보겠지만, 러벨의 성공은 랭카스터 교육개혁의 수수께끼를 설명해 주게 될 것이다. 존스는 필라델피아와 볼티모아로 이어지는 고난의 과정에서 좀 더 오래 랭카스터 가족과 머물렀다. 하지만 다음 장에서 살펴보겠지만 벳시와 존스는 멕시코시티에서 이들의 새 삶을 시작하게 된다.

이주 초기, 미국에서의 고단한 삶을 살아가면서 이들 어린 벳시, 리차드, 존스에게 미래란 전혀 예측할 만한 게 없었다. 대신, 이들은 하루 벌어 하루 먹고 사는 날이었다. 어른 구실 못하는 엄마를 돌봐야 했고, 아빠에게는 늘 마음에 없는 말로 별일 없음을 알려야 했고, 화난 채권자들과 전혀 예측할 수 없는 성격의 삼촌 윌리엄을 필사적으로 피해야 했다. 조셉 랭카스터에 대해 이야기하자면, 그의 행동 방식은 런던에서의 행동과 비교해 나아진 게 하나도 없었다. 그는 대부분의 시간을 거리에서 교육에 대한 강연을 하며 보냈다. 그런 자리에서 행인들의 비위를 맞추며 그들로부터 알듯 모를 듯한 칭찬을 받았다. 그는 깊어질 대로 깊어진 채무 적체와 점차 세지는 채권자들의 위협과 협박에 휩싸여 있었다. 인쇄업자에게, 바느질 도구 판매상에게, 그리고 집주인에게 빚이 늘어갔다.[19] 랭카스터는 식료품점 주인에게도 돈을 빌렸고[20] 런던에서 대양을 건너온 존 러벨의 배 삯을 선주에게 갚지 못했다.[21] 한마디로 그는 주변 모든 사람에게 빚을 지고 있었다.

랭카스터는 1820년 필라델피아에서 더 이상 둘러댈 핑계가 고갈된 상태에서 벳시에게 가족을 데리고 볼티모어로 이사하라고 했다. 거기서 그는 좀 더 우호적인 대접을 받으리라 기대했기 때문이었다.[22] 물론 그곳이라고 상황이 다를 리가 없었다. 1822년이 시작하면서 이 가족에게 세를 준 볼티모어 집주인은 더 이상 참지 못했다. 그 집주인은 조셉 랭카스터에게 "당신들 집세가 연체되었다"고 경고했다. 집주인은 체납된 220불의 집세를 더 이상 참아줄 생각이 없었다. 여기에 곧 125불의 집세가 더해질 참이었다.[23] 봐줄 수 있는 시간은 더 이상 남아 있지 않았다. 집주인은 곧 법적 고발 절차에 돌입했다. 심지어 당시 기울어져가고 있던 랭카스터의 볼티모어 학교에 감정인을 보내 가구 값을 매기기도 했다. 이에 랭카스터의 변호인은 랭카스터에게 뭐든 빨리 조치를 취하라고 경고했다. 안 그러면 곧 모든 것이 압류될 상황이었다.[24]

랭카스터가 떠올릴 수 있는 단 하나의 해결책은 또다시 도망가는 것뿐이었다. 그의 전략은 일단 피하고, 연기하고, 자기에게 짐 지워진 책임을 딸과 이전의 견습생들에게 전가하고 지평선 너머 장밋빛 미래 전망을 담아 입에 발린 약속을 내뱉는 것뿐이었다. 할 수 있는 한, 그는 법정에 출두하지 않을 만큼만 채권자들에게 일부 변제를 해왔다.[25] 그는 온갖 잔꾀와 교묘한 농간을 부렸는데, 예를 들어, 지불할 돈을 이미 우편으로 부쳤다는 식의 끊임없는 희망적 약속을 던지는 식이었다.[26] 그는 아주 뻔뻔하게도 얼마 남지 않은 친구들을 자신의 재정 문제에 말려들게 만들었다. 예를 들어, 데이비드 홀트는 영국 맨체스터 출신의 랭카스터 지지자로, 랭카스터가 미국으로 이주할 수 있도록 여행비를 모금했었다. 그런데 랭카스터는 필라델피아 채권자들에게 자신의 가계 지출 비용에 따른 빚을 계속해 홀트에게 직접 받으라고 말했다. 랭카스터는 이런 거래를 승인하는 듯한 홀트로부터의 편지를 갖고 있다는 가짜 약속으로 외상을 졌다. 이런 상황에 절망한 필라델피아 상인 한 명은 랭카스터에게 이렇게 쓰고 있다. "(홀트에게서) 이 편지를 받는다면 기쁠 겁니다. … 하지만 이 문제로 그에게서는 아무런 편지가 없습니다."[27]

이런 상황에서 친구들은 더 이상 친구로 남아 있지 않았다. 벳시와 랭카스터 집에 거주하는 청년들에게는 불행하게도, 탈출구가 없었다. 이들은 생존하기 위해 랭카스터를 조종하는데 나름 능숙한 전문가가 되었다. 미국에 도착한 이후 몇 년, 대체로 1818-1823년 사이에 아버지에게 보낸 편지에서 벳시는 도움을 요청하는 글 속에 엄청난 아첨으로 포장해야 했다. 예를 들어, 벳시는 편지에서 "아버지께"라거나 간단히 "조셉 랭카스터씨"라고 쓰지 않고, "교육의 아버지 조셉 랭카스터(Joseph Lancaster, Founder of Education)"라는 호칭으로 불렀다.[28] 벳시가 아버지에게 쓰는 편지는 늘 그가 겨우 보내주는 아주 소량의 금액에 감사하는 말로 시작했다. 벳시가 보낸 그 어떤 편지를 보더라도 냉소적인 말투를 빼고 읽기가 어렵다. 예를 들어, 벳시는 수백달러의 빚 문제를 해결하기 위해 돈을 달라고 애걸하면서 랭카스터가 보낸 겨우 11불의 돈에 감사하다는 말을 빼놓지 않는다.[29] 랭카스터는 제대로 된 도움도, 그렇다고 조언도 해주지 않았지만, 벳시는 늘 랭카스터에게 결정을 묻고, 허락을 구했다. 예를 들어, 1819년 여름(이 여름동안 열병과 전국적인 금융위기로 아주 힘든 시간을 보내고 있었다), 필라델피아에서 이들이 빚더미에 빠져 허덕이고 있을 때, 벳시는 아버지에게 집 사람들이 좀 더 작고 좀 더 값싼 주택으로 이사할 수 있도록 허락해달라고 간청하고 있다. 랭카스터는 벳시에게 체면을 유지하라면서 나름 합당한 벳시의 이사 제안을 승인하지 않았다.[30]

이렇게 혼자 내던져진 사람은 벳시만이 아니었다. 런던에서 랭카스터의 견습생이었던 존 러벨은 1819년 랭카스터의 가족을 따라 미국으로 건너오면서 랭카스터가 자신의 여비를 내줄 것이라고 생각했다. 실제 랭카스터는 러벨에게 그러겠다고 약속했었다. 그는 러벨에게 뉴욕에 오면 줄 돈이 기다리고 있으리라고 말했다. 하지만 러벨이 뉴욕에 도착하자, 기다리고 있던 돈은 없었다.[31] 대신 러벨은 자신의 배 삯을 달라는 선주의 화난 요구에 시달려야 했다. 이런 와중에 러벨은 랭카스터의 부인을 돌봐야 하는 부담을 떠안았다. 당시 랭카스터 부인은 점차 변덕이 심해지고 위험한 행동도 하곤 했다. 게다가 러벨은 돈 문제와 관련해 절대 화나지 않았다는 점을 랭카스터에게 확인시켜줘야 했다.[32] 러벨은 자신의 먹고 살 길을 막막하게 만들었다면서 랭카스터에게 응징을 하는 대신, 랭카스터가 필라델피아 학교위원회와 협상하는 도중 그를 위로해야 했다. 러벨은 랭카스터에게, 아마도 필라델피아 사람들이 "당신의 능력을" 제대로 알아보지 못한다면서 "저들은 그냥 사람일 뿐" 천사가 아니라고 말했다. 러벨은 랭카스터가 자신의 열등감에 너그러워야 하고, 자신이 "성공을 향한 정도"에 있다는 데 확신을 가져야 한다고 쓰고 있다.[33]

그러나 이 가족과 오래 살면 살수록, 러벨은 이들의 재정 문제와 랭카스터의 무관심 때문에 실망감이 더 커지게 되었다. 필라델피아에서의 1년 생활이 지나면서 러벨은 랭카스터에게 직설적으로 이렇게 경고했다. "집세와 관련해 뭔가 해야 하는거 아니에요?" 러벨은, 집주인이 밀린 빚을 받겠다며 "폭력적인 수"라도 쓰겠다는 경고장을 날렸다며 경고했다. 재단사 또한 자주 집을 찾아와 밀린 대금을 갚으라고 요구했다. 이에 러벨은, "상황이 상당히 급박한 듯" 하다고 했다.[34]

1820년대 초 이 가족이 볼티모어로 옮겨간 것으로 문제가 해결될 리 만무했다. 몇 달 내에 지불해야 할 대금 고지서가 또다시 잔뜩 쌓였다. 8월, 러벨은 랭카스터에게 볼티모어 은행이 최소 117.06불을 내라고 하고 있고, 만약 이를 이행하지 않으면 아주 심각한 결과가 뒤따르리라고 했다.[35] 벳시의 편지에서와 마찬가지로 도움을 요청하는 러벨의 편지를 읽다보면 씁쓸한 투로 빈정대는 말을 피할 수 없다. 하지만 랭카스터에게 편지를 보낼 때면 러벨은 완벽하게 신실한 모습을 취했다. "선생님께서 즐겁다고 하시니 저는 아주 기쁩니다." 그러나 집 문제로 돌아가게 되면 러벨은 랭카스터에게 상황이 아주 절박하다는 점을 상기시켰다. 러벨은 은행이 강제 퇴거 협박을 한다면서 "다음 편지를 보내주실 때 1, 2불이라도 꼭 보내주세요."라고 썼지만, 랭카스터는 즐겁게 강연 여행을 계속했다. 당시 러벨은 미래에 대해 무서울 정도의 불확실성을 갖고 있으면서 "겨우 50센트밖에 없다"고 말했다.[36]

황당무계

랭카스터는 집에서 손가락 하나 까딱하지 않았다. 겨우 한다는 것이 애매한 말이나 현실과는 동떨어진 제안만 내놓을 뿐이었다. 예를 들어, 벳시와 집안 청년들은 좀 더 저렴한 집으로 이사하게 해달라고 간청했지만, 랭카스터는 대신 하숙인을 들여 비용을 지불하게 하자고 제안했다. 러벨이 랭카스터에게 조심스럽게 이런 계획은 이제 겨우 15살 밖에 안 된 벳시에게 더 큰 문제를 안게 되리라고 말했다. 벳시의 엄마는 전혀 자기 통제가 안 되는 인물이었기에, 만약 하숙생이 들어온다면 그(들)에게 나름 점잖게 말할 수 없을 것이었다. 이들을 위한 음식과 방 정리 또한 제대로 해내기 어려울 터였다.[37]

이와 유사한 방식으로, 랭카스터는 자기 동생인 윌리엄이 집안 재정에 도움이 될 수 있도록 해보자고 제안했다. 벳시는 이 제안을 정말 싫어했다. 벳시는 1819년 여름 아버지에게 편지를 써서, 마침내 삼촌에게서 돈을 빌릴 수밖에 없었다고 했다. 삼촌에게 좀 더 많은 돈을 얻어내는 것에 대해 벳시는 염려하고 있었는데, 삼촌은 벳시가 그를 위해 "시중과 잡일을 해주리라" 기대하는 상황을 알았기 때문이다. 집안을 건사하게 위해 벳시가 온갖 수모를 다 감당하고 있기는 했지만, "삼촌에게 굴종적이어야" 한다는 생각은 더 이상 참을 수 없는 문제였다. 벳시는 아버지에게 "저는 삼촌이 얼마나 함께 하기 어려운지 알만큼 그와 충분히 같이 살았습니다."라고 쓰고 있다.[38]

정말 많은 불가능한 상황 속에서도 벳시는 홀로 삼촌과 엄마 사이를 중재해야만 했다. 그의 엄마는 갑자기 목소리를 높여 고함을 질러댔고, 예측할 수도, 통제할 수도 없었다. 삼촌은 이런 벳시 엄마의 행태를 그냥 참고 듣지 않았다. 윌리엄은 나이 많은 엘리자베스의 고함소리에 즉각 화난 모습으로 대응했다. 벳시는 아버지에게 하소연하듯이 자기와 엄마가 두려움 속에서 살아가고 있다고 말했다. 그러면 조셉 랭카스터는 어떻게 대응했을까? 늘 그렇듯, 그는 아무 것도 하지 않았다. 보스톤에서 정말 쓸모없는 충고를 전달하는 것, 즉 벳시에게 엄마를 조용히 시키라는 식으로 말하는 것을 제외하고는 말이다. 랭카스터는 별 설득력 없는 말로, 만약 엘리자베스가 "집에서 방해가 될만한" 일을 하지 못하게 되면 윌리엄은 "엘리자베스와 다투지 않을 것"이라고 했다.[39]

벳시가 자기 엄마와 삼촌 사이에 나름 심판 역할을 해야만 하던 시기, 랭카스터는 아내의 정신 건강 문제에 대해 모른다고 발뺌할 수 없었다. 엘리자베스가 겪고 있던 정신병이 구체적으로 어떤 것이었는지는 1800년대 초 제한적으로 기술되고 논의된 내용이라서 분명하지 않다. 하지만 요즘 기준으로 생각해봐도, 아내 정신병에 대한 조셉 랭카스터의 대응은 가학적이고 또 냉담했다.

예를 들어, 랭카스터는 엘리자베스와 딸 벳시를 구분하면서 아내를 "엘리자(Eliza)"라고 불렀다. "멍청한 자"라는 뜻이었다.[40] 게다가 랭카스터는 엘리자베스의 상태를 이용해 동정을 사고 후원을 받고자 했다. 예를 들어, 한 대중 서신에서 그는 "엘리자베스의 이전 정신병이 재발해" 재정상 "어떻게 더 곤란하게 되었는지" 한탄하고 있다. 일반적으로 그는 대중 앞에서 재정 지원을 해달라고 애걸하면서, 엘리자베스의 정신병으로 인해 벳시의 교육에 "쓸 비용이 궁핍해졌다"고 한탄했다.[41] 그러나 그는 사적으로 아내의 문제에 대해 아내를 책망했다. 늘 그렇듯, 멀리 떨어져서 그는 딸에게, 엄마가 진짜 원한다면 "게으름과 부정한 의심에 사로잡힌" 버릇을 끝내고, "자기 마음을 고칠" 힘이 엄마에게 있다고 했다.[42]

우리는 엘리자베스의 정신건강과 문제에 대해 아주 제한적인 정보만 확인할 수 있다. 예를 들어, 엘리자베시의 정신병은 1804년 벳시가 태어난 이후 시작되었다. 아마도 산후 우울증을 앓지 않았을까 싶다. 그래서 아이를 제대로 돌보지 않았고, 오히려 이런저런 학대를 했던 듯 싶다. 누군가 엘리자베스의 병을 진단하면서, "모든 환희, 모든 행복이 그에게는 너무 컸다"고 했다. 1807년 그 동네 의사는 엘리자베스의 병을 두고, "도무지 고칠 수 없을 정도로 미쳤다"고 했다.[43]

1820년 12월 6일 엘리자베스가 죽기까지 그녀의 삶에는 간혹 제정신과 마음의 평정이 찾아오기도 했지만, 불규칙한 행태로 곧 다시 돌아갔다. 1807년 조셉 랭카스터는 아내를 위해 자신이 "은퇴자를 위한 장소"라고 부른 요양원을 알아봤었다. 하지만 그 요양원은 그녀를 "제대로 돌봐주지" 않았고, 다시 아내를 집으로 데리고 왔다. 자신이 창안했다는 기적과도 같은 학교 시스템에 대해 강연한다며 영국을 두루 돌아다니면서, 랭카스터는 아내를 보로우학교의 견습생들에게 맡겨두었다. 여전히 어렸고 이런 일을 하기에는 제대로 준비된 게 없는 아이들이었는데 말이다. 이들은 엘리자베스를 지역의 퀘이커교도 시설로 데리고 갔는데, 이들은 정신병이 있는 사람들을 돌본다는 소문이 자자했었다.[44]

런던의 엘리트들에게 나름 존경을 받던 시절, 소위 런던에서 랭카스터가 영광을 누리던 시절, 왕족의 일원이 엘리자베스가 "음악 치료"를 받아보면 어떻겠냐고 제안했었다. 사실 이 처치법은 조지 3세의 정신병 증상을 상당히 완화시켰었다. 랭카스터가 보기에 "아내가 완전히 회복되었다"고 할만큼, 이 방법은 한동안 효과가 있는 듯했다. 하지만 엘리자베스의 정신병은 곧 재발했다. 조셉 랭카스터의 아버지와 엘리자베스의 남동생과 같은 주변 사람들이 보기에 엘리자베스의 병은 도무지 치료될 수 있는 것이 아니었다. 엘리자베스는 이 둘에게 "계속 돌보기 어려운" 그런 골칫덩이였다.[45]

가족이 미국으로 이주하겠다고 결정했을 때, 랭카스터는 아내의 정신이 잠시 온전해졌다고 주장했다. 하지만 뉴욕에 도착했을 때, 그는 아내가 "도무지 사회에 어울리지 않는다"고 낙담했다. 엘리자베스는 화가 나서 씩씩대다가 만나는 모든 사람에게 폭력적으로 대했다. 딸인 벳시와 가족의 나머지 사람들에게도 예외는 아니었다. 엘리자베스는 아마도 영국 여왕을 무척 싫어했던 듯하다. 그녀는 랭카스터의 반복되는 실패가 영국 여왕 때문이라며 영국 여왕을 비난했다.[46] 아니 영국 여왕이 도대체 왜? 누구도 그 이유를 알 길이 없다. 가족의 그 누구도 이런 엘리자베스의 행동을 설명하거나 혹 통제할 수 없었다. 존 러벨에 따르면, 필라델피아에서 사는 내내 엘리자베스는 완전히 자제력을 잃었고 상식적으로 행동할 수 없었다.[47]

랭카스터는 전혀 신경쓰지 않았다. 이런 상태의 아내에게 그는 그 어떤 에너지도 동정심도 보이지 않았다. 랭카스터는 아내를 돌보려고 사투를 벌이는 벳시, 존, 리차드에게도 별 신경을 쓰지 않았다. 그는 아내가 계속해 자기 유발적이려고 사투를 벌인다고 여길 뿐이었다. 1819년 여름, 랭카스터는 딸에게 "엄마가 억누를 수 있지만 그렇게 하지 않는 황당무계함"을 이제 더 참지 않겠다고 말했다. 그렇다고 벳시에게 어떤 도움이나 조언을 해 준것도 아니다. 그러면서도 "엘리자베스가 다시는 화를 내게 하거나 편안함 혹은 집안 일을 훼방하지 못하도록 하겠다"고 주장했다. 그는 벳시에게, 엄마가 너무 힘들게 하면, "엄마는 떠나가야 한다"고 약속했는데,[48] 도대체 어디로 가야 할 지에 대해서는 알 길이 없었다.

랭카스터가 엘리자베스 본인에게 한 일이라곤 힐난이 전부였다. 그는 1820년 초, 아내의 "정신이 병약하다"며 혼냈다. 랭카스터는 아내의 건강이 아니라, 지적 허약함이 진짜 문제라고 주장했다. 그는 "당신이 지성을 사랑했었는지" 두렵다고 말했다. 만약 엘리자베스가 그렇지 않다면, "지성은 당신에게 그토록 오래, 그토록 많이 굴복하지 않았을 것"이었다. 벳시는 아버지에게 엄마가 집 여기저기에 뭔가를 숨켜놓았다고 했다. 그러자 랭카스터는 딸에게, 엄마는 말도 안 되는 이런 "비상식적" 행동을 당장 멈춰야 한다고 말했다.[49]

이런 꾸지람이 엘리자베스에게 도움이 될리 없었다. 오히려 병의 깊이를 더할 뿐이었다. 그녀가 죽기 전 잠시 제정신으로 돌아와 있을 때,

엘리자베스는 조셉 랭카스터에게 하염없이 사과했다. 엘리자베스는, 자신이 남편에게 그 어떤 화를 내게 했건 그것은 "부주의했거나 우발적으로" 일어난 일이라고 했다. 아내의 목표는 "당신의 사랑과 자신에 대한 존중을 다시 찾는 것"이었다.[50]

슬프게도, 엘리자베스는 이 목표를 결코 이루지 못했다. 남편은 아내가 죽는 날까지 감정적이고 신체적으로 냉담한 태도를 바꾸지 않았다. 사실 랭카스터가 집에 오고 또 이런 저런 일에 개입하려 하지 않는다면 그가 할 수 있는 일이란 거의 없다. 한가지 가능한 일이 있었지만, 그는 하지 않았다. 그는 사람들과 약속한 돈을 보내주지 않았다. 절대로. 그는 동생 윌리엄의 성질에 대해 애매한 말로 사과했지만, 말 뒤에 변명을 늘어놓았다.[51] 가족이 볼티모어로 이사한 이후 리차드 존스에게서 온 편지를 주머니에 넣어버린 것처럼 그는 편지들을 주머니에 집어 넣었다. 리차드는 빚에서 벗어나려면 최소 400불은 필요하다는 내용을 포함해서 가족의 생계가 아주 곤란하다고 썼다. 리차드는 "선생님께서 한 번에 이 돈을 구해주실 수 있다면 아주 유용할 것"이라고 간청했다.[52] 벳시, 러벨과 마찬가지로 어린 리차드는 돈 문제와 랭카스터 부인의 안전 및 건강보다 랭카스터의 위신을 지켜주고자 최선을 다했다. 그는 벳시가 불가능한 상황을 헤쳐나가는 데 도움이 되고자 애썼다. 랭카스터는 전혀 반응하지 않았다. 자식에게 보낼 돈이 없었고, 집으로 돌아가 가족을 염려하고 돌볼 시간을 낼 수 없었다.

고집스런 집착

랭카스터가 채권자와 비난을 피해 다니는 동안, 그를 따르던 추종자와 열혈 지지자들 또한 그의 학교 시스템이 긴말 필요 없이 작동하지 않는다는 명백한 사실을 애써 외면했다. 대략 1810년대 말부터 1820년대 초까지, 수년 동안 랭카스터식 교육개혁가들은 이 시스템의 문제를 제대로 훈련받지 못한 교사를 비난하거나 얼마 되지 않는 성공사례들을 부풀리는 방식으로 설명하려 애썼다. 1819년 뉴욕무상학교협회의 이사회가 했던 것처럼, 당시 개혁가들은 한동안 랭카스터 학교 시스템의 세세한 부분에 대해 "고집스럽게 매달"렸다.[53] 이들은 서로, 시스템의 세부사항을 잘 다듬는다면 당면한 이런저런 문제들을 한꺼번에 다 해결할 수 있으리라고 다잡았다.

특별히 1810년대 열혈 랭카스터 지지자들은 대체로 기존 랭카스터 학교에서 이들이 보게 되는 극단적인 문제들은 단지 훈련부족 때문이라고 여겼다. 그게 의도적인 것이든 혹 우연한 것이든 상관없이 말이다. 예를 들어, 1815년 런던에서 보내온 편지에서 랭카스터 교육개혁을 지지하는 한 인사는, 아무리 훌륭한 학교라도 "적절한 행정관리에 의존해야 한다"고 했다.[54] 이 지지자는, 문제는 시스템 그 자체가 아니라, 이 시스템의 관리체계에서만 발견될 수 있다고 주장했다. 이 지지자도 인정하고 있듯, 일부 영국 학교들은 전혀 양호한 상태에 있지 않았다. 하지만 이런 문제들은 "학교 시스템에서의 어떤 결함때문이라고 해서는 안 되고, 이 시스템의 불완전한 관리 때문"이었다.[55]

미국의 랭카스터 교육개혁가들도 인정하고 있듯, 이 완벽한 시스템의 명성은 너무도 자주 "불완전한 관리" 때문에 손상되었다. 예를 들어,

뉴욕주 알바니에서 전직 견습생이었던 교사 베이커가 보내온 편지에 따르면, 단지 랭카스터의 가이드북을 읽는 것으로는 충분하지 않았다. 베이커는 정말 많은 독자들이 새로운 학교를 열고 싶어 하지만, 이들은 이 시스템에 대해 "사실상 아무 것도 모른다"고 경고했다.[56] 베이커는 취미 삼아 한번 해보려는 이런 경향이 너무 심각하다고 생각했다. 베이커는 실제, "권리를 주장하는 사람들의 무지"가 랭카스터 학교의 평판을 계속 "더럽힌다"고 쓰고 있다. 베이커가 보기에, 교육개혁가들이 이런 사기꾼들을 주의 깊게 솎아 내지 않는다면, "보편교육이라는 대의"는 이런 "무능한 교사들의 불완전한 시도"로 고통을 겪어야 했다.[57]

랭카스터에 대한 미국에서의 열정이 불타오르던 초기, 일부 개혁가들은 가짜 랭카스터 교육개혁가들의 사기 행각에 대해 투덜댔었다. 예를 들어, 루이지애나주의 랭카스터 학교교사는 편지에서 오로지 돈을 벌겠다는 상대 교사 때문에 고전을 면치 못하고 있다고 했다. 랭카스터 학교의 교사가 보기에 문제는 사기꾼 혹은 협잡꾼들이 가짜 랭카스터 교사 자격(면허)를 "밀거래 대상"으로 바꾸고 있다는 점이었다. 랭카스터 학교 시스템을 진짜로 배우기 위해 까다롭고 어려운 일을 해나가는 것보다 가짜 랭카스터 교사 자격을 사는 것이 훨씬 쉽고 또 저렴했다. 루이지애나의 이 교사는 랭카스터에게 보낸 편지에서, 자신의 학교는 랭카스터 매뉴얼에 기술된 엄격한 요구사항들을 단단히 잘 지키고 있지만, 자신의 상대 교사들은 그렇지 않다고 했다. 이 교사는 싸고 위조된 자격을 둘러싸고 전혀 통제되지 않는 시장이 이렇게 번성하면서 "시스템에 대한 피해가 일어날 수밖에 없다"고 했다.[58]

랭카스터를 좀 안다는 사람들에게 그가 이런 부류의 설명을 받아들인다는 점은 그리 놀랄 만한 일이 아니었다. 그는 계속해서 자기 시스템의 실패와 문제에 대한 비난을 피해다녀야 했다. 그는 이런 실패를 앞서 이야기한 "피해"와 사기 행각 탓으로 돌렸다. 1820년 그가 몬로 대통령에게 경고하면서 이 시스템의 실패는 시스템 자체의 문제 때문에 발생하는게 아니라, "냉혈한이자 돈에 집착하는 사람들"의 교묘한 책략 때문이라고 경고했다. 실제 미국 도시들을 괴롭히는 가짜 랭카스터 교육개혁가들이 있었다. 랭카스터는 몬로 대통령에게 "이들은 유럽에서 이 시스템을 수입했다고 속이고 가짜 자격을 과시하고 다닌다"고 했다.[59]

랭카스터는 다른 누구보다도 더 오랫동안 이런 음모론적 설명에 집착했다. 도시의 주요 인사들조차 이 시스템의 뻔한 문제에 대해 인정하게 되는 1820년대 말까지도 그는 이런저런 문제에 대해 "시스템을 잘못 운영해" 생긴 일이라며 비난했다. 랭카스터가 1829년 주장한 잘못된 학교 운영은 그가 만들어 온 진정하고 완벽한 시스템과는 별 관계가 없이 변변찮게 훈련받고 돈벌이에 집착하는 협잡꾼들이 만들어 낸 결과였다. 랭카스터는, 진짜 시스템을 애둘러 침해하는 일들이 이 시스템의 평판에 "심각하고 대단한 피해를 입히고" 있었다. 여전히 이런 문제들은 시스템 그 자체 때문에 생기는 일이 아니었다.[60]

1829년이 되면 대부분의 랭카스터 교육개혁가들은 랭카스터가 유지하고 있던 이런 망상을 포기하게 된다. 대신, 이 시기까지 미국 주요 도시의 개혁가들은 시스템 내부의 심각한 결함을 다루기 위해 시스템의 조정 및 수정에 나섰다. 이 시기 초반, 일부 개혁가들은 여전히 소소한 교정을 통해 이 시스템을 고쳐쓸 수 있기를 희망했다. 예를 들어, 뉴욕에서 흑인무상학교를 방문했던 한 백인 인사는 1818년 이 학교는 통탄할 만큼 출석 학생 수가 적다고 했다. 그럼에도 출석한 학생들은 "근면한 공부, 순응적인 태도, 아주 만족스런 행동거지 등의 보기 좋은 모습"을 보이고 있다고 했다. 더 좋았던 점은, 이 방문자가 마지막으로 학교를 방문한 이후 학생들이 "공부에 일정한 진전"을 보였다.[61]

이와 유사하게, 1819년 백인 학생들을 위한 뉴욕무상학교협회 이사회의 학교위원회는 계속해 자신들의 계획이 나름 잘 작동한다고 했다. 학교를 방문했던 한 위원은 위원회에 두 번째 학교는 나름 번성하고 있다고 하면서, 자신의 방문시 학생들은 "몇몇 활동에 성실 근면하게 임하고" 있고, 학교는 아주 만족스런 수준으로 "질서"를 유지하고 있다고 했다.[62]

1820년대 말, 그리고 1820년대 초 필라델피아에서도 랭카스터 교육 개혁가들은 이들의 꿈이 지켜질 수 있으리라는 희망을 피력했다. 학교위원회는 1819년 일반 시민들에게, 학생들은 "공부에 큰 진전이 있으며, 이들의 도덕 발전을 보여줄 유망한 증거"가 나타났다고 했다.[63] 1820년, 이 위원회는 애초 예상했던 것보다 학교들에 훨씬 많은 돈이 든다는 점을 시인하게 된다. 이런저런 초기 문제에도 불구하고 위원회는 결국 이 시스템이 가치로운 것이 되리라 희망하고, 또 그렇게 만들겠다고 약속했다. 일단 구겨진 주름을 다리미로 펴고 점차 커지던 고통을 완화시키고 나자, 위원회는 랭카스터가 약속했던 "사회의 상태를 개선시킬 방법을 꼭 찾아내리라"고 기대했다.[64]

그러나 1820년대 초, 이들의 자신감은 흔들리게 된다. 1823년, 필라델피아의 학교위원회는 아주 방어적인 태도를 취하게 된다. 맞다. 이들은 아주 심각한 문제 상황에 봉착한 것이었다. 즉, 예산이 지나치게 초과되었다. 모든 가난한 학생들을 교육하겠다는 이들의 꿈은 낮은 출석률 및 등록률로 방해되었다. 이들은 1823년 랭카스터 학교 시스템의 엄청난 약점을 알게 되었지만, "실현하려던 교수법 양식을 권해야 한다는 의무감에 계속 사로잡혀" 있었다. 1823년이 될 때까지, 필라델피아의 지도자들은 1810년대의 의기양양하던 모습과는 달리 이 시스템은 만병통치약이 아니라는 점을 알게 되었다. 하지만 이들은 이 시스템을 버리지는 않았다. 오히려 이들은 이 시스템을 계속 믿고자 했다. 이전과 달리 방어

적이고, 간단히 미안해하는 태도를 보이면서 말이다.[65]

진정한 랭카스터 학교

1810년에서 1820년대 동안 랭카스터 교육개혁가들의 첫 고민은 대체로 이 시스템을 어떻게 고칠 것인가였다. 이를 위해 문제를 확인하는 것과 동시에 시스템을 아예 없애지 않으면서 문제를 해결할 수 있는 방안을 찾았다. 결과적으로, 이 시기 몇몇 아주 잘 알려진 성공 사례가 등장하게 된다.

물론 드물기는 하지만, 이런 성공 사례들은 랭카스터 교육개혁의 짐짓 역설적인 경로를 설명하는데 아주 중요한 역할을 했다. 랭카스터 교육개혁가들 중 범상치 않은 이런 성공 이야기는 랭카스터의 구상이 지닌 결정적인 문제가 교수법 자체에 있지 않다는 점을 보여준다. 제대로 된 환경이 갖추어진다면 랭카스터가 구상했던 학교는 진실로 만들어질 수 있었다. 그러나 대부분의 개혁가들은 이런 성공의 가능성으로 이끈 조건이 무엇이었는지 제대로 살피지 않았다. 대신 이들은 랭카스터의 허황된 약속, 즉 어느 곳에서나 제대로 된 환경만 갖춰지면 성공할 수 있으리라는 말만 믿었다. 많은 랭카스터 교육개혁가들은 이런 믿음에 근거해 이 시스템에 전제된 구조적 문제를 바꿔야 할 필요가 있음을 인식하는데 꽤 오랜 시간이 걸렸다. 예를 들어, 마땅한 수준의 재정 지원이 결핍되어 있다든지, 훈련받은 교사를 고용하는데 예상에 없던 돈이 들어가야 한다든지 하는. 미세한 부분을 일부 조정하고 고치는 것으로는 결코 충분하지 않았다. 존 러벨과 윌리엄 포울의 사례에서 볼 수 있듯, 랭카스터의 매뉴얼에서 시스템상의 구조적 문제를 해결하려 했던 개혁가들은 핵심을 짚지 못하고 헛발질만 했다.

존 러벨은 새로 문을 연 코네티컷주 뉴헤이븐에 위치한 랭카스터 학교에 초빙되어 가게 되면서 1822년 랭카스터 집안의 끊이지 않는 문제에서 벗어났다. 이 학교는 저명한 신학자이자 전 대학 총장이었던 티모시 드와이트(Timothy Dwight)와 같은 예일대학교(Yale College) 지도자들의 꿈이었다.[66] 러벨이 마운트프레즌트학교(Mount Pleasant Classical Institution)에서 교사로 일하기 위해 매사추세츠주 암허스트로 옮겨가게 되는 1828-1831년 사이를 제외하고, 러벨은 1857년까지 뉴헤이븐에서 랭카스터 학교를 아주 인기있고 또 성공적인 학교로 운영했다.[67] 아마도 우리는 러벨이 랭카스터 교육이 내건 약속, 즉 조셉 랭카스터 자신에 의해 수도 없이 반복해 깨졌던 약속을 실현하게 되었다는 쓰디쓴 만족감에 젖었으리라 생각할 수 있다. 여기에 랭카스터의 산만한 지도 아래 수년간 겪었던 고통에 대한 일종의 복수로서, 러벨이 그의 역할을 가로채고자 했을 것이라고도 추측해볼 수 있다. 하지만 러벨은 결코 그렇게 하지 않았다. 도시들은 이 시스템을 폐기 처분하던 시기였던 1838년 랭카스터가 죽었을 때에도, 러벨은 랭카스터의 이름을 계속해 찬양해댔다. 즉, 랭카스터는 이 시스템의 성공 뒤에 가려진 진정한 천재라고 하면서 말이다.[68]

대도시에서의 랭카스터 학교와는 달리, 러벨의 학교는 학생수가 감소해 벌어지는 일을 겪지 않았다. 학교 문을 열었을 때, 교실 정원을 꽉 채워 학생등록을 받았고, 어쩔 수 없이 60명 가까운 지원자들을 돌려보냈다고 보고했다.[69] 게다가 드와이트 총장이 지휘하고 있는 이 학교의 지도자들은 1823년 러벨의 급료를 연봉 1,000불로 올려주는 데 동의했다. 이는 뉴욕무상학교협회에서 고용한 교사들의 연봉과 동등한 수준이었다.[70] 뉴욕 및 필라델피아와 같은 대도시에 고전을 면치 못하거나 실패하고 있던 학교 시스템이 뉴헤이븐에서는 성공했다. 정말 많은 수의 학생들이 학교로 몰려들었다. 러벨의 급료를 올려줄 돈이 충분히 있었다.

그렇다면 무엇이 러벨 학교의 성공 요인이란 말인가? 가장 잘 알려진 것은, 뉴헤이븐 랭카스터 학교는 결코 그 도시의 가장 가난한 아이들만을 뽑아 교육하겠다고 내세우지 않았다. 오히려 학교가 위치한 해당 지역사회와 이웃 동네 사람들이 이 학교를 만들고 또 운영했다. 이 학교는 전통적으로 이어져왔던 수업료를 받아 운영되는 학교로 재정 건전성이 흔들리지 않았다. 물론 수업료를 낼 수 있을 것 같다고 생각하는 가정으로부터만 수업료를 징수했다. 게다가, 랭카스터와는 달리 러벨은 학교 지도자들이 원하는 이런저런 것들을 만들기 위해 학교위원회와 기꺼이, 그리고 긴밀히 협력했다. 랭카스터가 충격적인 수준의 급료를 요구한다거나 저명한 지도자들에 대들어 싸우는 방식으로 필라델피아 공립학교 지도자들을 안달나게 하거나 노심초사하게 한 것과 달리, 러벨은 뉴헤이븐의 학교위원회가 희망하는 바에 재빠르게 반응하고 또 대응했다.[71] 그는 이들의 의견에 귀를 기울였고, 위원회의 비전에 자신의 학교 운영 계획을 맞추었다. 러벨은 광역의 뉴헤이븐 지역에서 포괄적인 지지를 얻도록 노력했다. 예를 들어, 1824년 뉴욕 및 필라델피아 지도자들은 학부모들로부터 진정되는 불만사항을 무시했지만, 러벨은 학생들의 학예회를 구상, 조직했다. 러벨이 랭카스터에게 쓴 편지에 따르면, 이 전시회는 "엄청 많은 수의 청중"을 끌어 모았다. 러벨은 이런 이벤트가 "이 학교에 좀 더 새로운 지지자들"을 얻게 해주리라 기대했다.[72] 러벨의 전략은 그의 태도가 랭카스터의 태도와 얼마나 어떻게 다른지 보여주는 것이었다. 자신이 잘 아는 랭카스터의 교수법을 주저하는 학부모나 학생에게 코 앞에 들이밀며 강요하는 대신, 그는 가족들이 원하는 방식의 교육을 전달하면서 이들로부터 우호적인 지지를 얻고자 노력했다. 예들 들어, 학부모들이 수학 공부를 좀 더 시켜주었으면 좋겠다고 요청하자, 러벨은 즉시 이를 수업에 반영했다. 1826년이 되면 러벨은 산술 공부를 위한 자신만의 가이드북을 출판하게 된다.[73]

1820년 말부터 1830년대에 걸쳐 대도시 학교구들이 랭카스터식 개혁 접근을 폐기하게 되는 와중에도, 러벨의 뉴헤이븐 학교는 그렇게 하지 않았다. 러벨은 자랑스럽게 자기 학교를 "진정한 랭카스터 학교"라고 홍보했다.[74] 그는 자신의 교육과정이 "진짜 랭카스터식 원칙"에 따라 지도된 것이라고 자랑을 늘어놓았다.[75] 적어도 뉴헤이븐에서 이런 원칙은 대중들에게 계속 인기 있었다. 뉴헤이븐 학부모 및 학교위원회는 이런 랭카스터 학교를 사랑했다.

랭카스터 구상의 문제들은 그의 세세한 교수법에 있지 않았다. 문제는 교사 대신 조교를 활용한다거나 학생이 다른 학생을 가르친다는 데에 있지 않았다. 그 문제는 커다란 한 교실에 아이들을 몰아넣어 가르친다거나, 벽 주위에 읽기 공부를 위한 원을 만들거나, 혹 모래판에 쓰기 공부를 하는 방법에 있지 않았다. 존 러벨 같은 교사들 또한 이런 방법들을 활용했지만, 이 방법들은 지역사회의 요구에 세심하게 부응하는 방식으로 사용되었다. 이런 학교들은 다른 도시에서 랭카스터 학교가 결코 하지 않았던 방식을 차용하며 성공할 수 있었다.

러벨과 마찬가지로, 윌리엄 포울 또한 거대 도시의 학교 시스템에 대한 호의적 태도가 저물어간 이후 랭카스터 방식을 활용했다. 포울은 1823년 보스톤의 공립학교에서 교사경력을 시작하게 된다. 보스톤 학교 시스템에서 1년을 보낸 후 포울은 한 후원인이 돈을 내어 세우고 학생들이 수업료를 내는 자신만의 랭카스터 학교를 운영하겠다고 떠났다.[76] 러벨이 근무했던 뉴헤이븐의 학교와 마찬가지로 확실한 수업료 기반 재정은 당시 대도시 공립학교 시스템이 할 수 있는 것보다 더 견고한 재정 기반을 포울에게 마련해 주었다. 그러나 포울의 성공은 이 학교에서의 건전한 재정 상황 때문만은 아니었다. 러벨과 마찬가지로 포울은 자기 학교 및 랭카스터 교수법에 대한 지역사회의 지지를 얻기 위해 상당한 수고를 아끼지 않았다.

예를 들어, 학부모들은 포울의 학교에서 "무질서"가 판을 친다며 불만을 제기하는데, 포울은 이들이 제기한 불만사항을 무시하지 않았다. 그는 이들을 초대해 이들이 염려하는 문제를 자신이 처리하고 있는 모습을 보여주었다. 포울은 이들 학부모에게 랭카스터 학교 시스템은 무질서와는 정반대의 교육을 지향한다고 말했다. 포울은 이 학교 시스템이 질서 있고 공손한 태도로 자연스럽게 학생이 행동하도록 "대단한 사랑과 조화"로 이끌 것이라고 약속했다.[77] 포울은 학부모와 지역사회의 지도자들이 제기하는 문제를 잘 이해했다. 그는 자신의 랭카스터 학교 시스템이 "교육을 증진시킬 수 있는 양식인지 혹은 쉽게 믿는 학부모들의 특성을 이용한 투기인지"에 대해 이들이 궁금해한다는 점을 알고 있었다.[78] 그는 이 시스템이 제공할 수 있는 증거와 알아들을 만한 설명을 내놓았다. 그는 학부모들이 잘 속아 넘겨진다거나 혹 존중받지 못하고 있다는 생각에 빠지지 않기를 바랐다.[79]

아마도 가장 중요한 문제는, 포울이 자신의 교수법은 늘 유연하게 바뀔 수 있음을 약속했다는 점이다. 그리고 그는 학부모 및 지역사회 인사들의 바램에 귀를 기울이겠다고 약속했다. 1828년, 대도시 공립학교 시스템의 지도자들이 랭카스터 시스템이 유지해 온 전제들에 대해 사과하고, 이들 학교교실을 폐기 처분하게 되었을 때, 포울은 자기 학교는 랭카스터식의 꿈에 진실되게 남아 있겠다고 주장했다. 그러나 이 학교들에서 랭카스터 학교 시스템은 그다지 엄격하게 적용되지 않았다. 오히려 포울은 "학교가 지역사회의 환경에 맞도록 계속 수정해 나가겠다"고 약

속했다.[80]

포울은 자기가 한 약속을 지켰다. 학부모들이 랭카스터 학교 교실의 자녀들이 훈련받은 성인 교사로부터 그다지 충분히 주목받지 못한다고 걱정하자, 포울은 이런 염려를 달래주기 위해 애썼다. 그렇다. 포울도 인정하고 있듯 교실 수업은 다른 아이들이 맡았다. 하지만 이 어린 아이들의 손에 가르침의 모든 것을 혼자 맡겨두지는 않았다. 랭카스터 학교에서 모든 아이는 성인교사들로부터 충분한 주목과 관심을 받게 되리라고 포울은 학부모에게 확인시켜 주었다. 자기 학교의 아이들은 "사려깊은 교사"가 늘 지켜보고 있다고 포울은 주장하면서, 교사의 사려깊은 눈은 "조교들 눈에 띄지 않는 사각 지대의 이런저런 문제들을 발견해 내리라"고 했다.[81]

이와 유사하게, 학부모들이 좀 더 고급교과 지식을 학교에서 가르쳐달라고 요청하자, 포울은 이들의 뜻을 따랐다. 예를 들어, 1826년 학부모들은 라틴어를 가르쳐 달라고 했는데, 포울은 라틴어를 교육과정 내에 포함시켰다. 학부모들이 프랑스어, 천문학, "자연철학(Natural Philosophy)"을 요구하자, 이 또한 교육과정에 포함시켰다. 랭카스터 학교의 접근은, 학생들이 아주 기초적인 공부에 제한되지 않고 가장 최근의 과학에 노출되고 이를 배울 수 있도록 하는 것이라고 포울은 주장했다. 포울은 자기 학교에서 학생들은 "직접 실험을 수행한다"고 자랑을 늘어놓았다. 학생들은 파리에서 직접 보내준 "아주 귀하고" 보기 드물게 수집된 광물에 대해 공부할 수 있었다.[82]

간단히 말해, 포울의 랭카스터 학교 학생들은 공부에 있어서 뭐 하나 빼놓고 배우는 것이 없었다. 1830년대 내내 포울이 계속 주장하고 있듯, 자기 학교의 학생들은 랭카스터식 교육법에 관한 포울의 탁월한 활용으로 더 많은 혜택을 입고 있다고 주장했다. 다른 랭카스터 학교들이 버려지고 폐기되는 과정을 겪는 것과는 반대로 말이다. 1834년 포울은 대도시 학교 시스템이 조교에게 적지만 급여를 주는 제도를 도입함으로 학교 시스템을 약간 고쳐나가려 한다고 설명했다. 그런데 포울이 보기에, 어린 교사에게 봉급을 주도록 전환한 이 선택은 랭카스터 시스템의 아주 핵심적인 전제를 무너뜨리는 것이었다. 대신, 포울은 자칭 “여전히 멀쩡한” 랭카스터식 접근을 내놓았다. 포울은, 어린 교사들을 사용하는 것이 다른 대도시 학교 시스템에서와 같이 돈을 절약하려는 것이 아니라고 주장했다. 그는 다른 랭카스터 교육개혁가들이 하지 않는 것을 이해한다고, 즉 아이들이 다른 아이들을 가르칠 때 이 아이들은 가르치는 일뿐만 아니라 동시에 배우는 과정이기도 하다는 점을 역설했다. 가르치는 아이들은 어른이 하는 말을 단지 수동적으로 듣는 것으로만 배우는 것보다 더 깊게 배우게 된다. 이 조교들의 의무는 이들 배움이 가닿는 불행한 도착지가 아니라, 최상의, 그리고 가장 발달한 학습법이었다.[83]

포울은 도시 학교 시스템이 누리지 못하는 호사스런 경험을 자신이 하고 있음을 결코 알아채지 못했다. 포울은 자신의 학교가 꾸준히 수업료를 받아 재정이 건전할 수 있었다는 사실에 토대해 근본적으로 성공할 수 있었다는 점을 공개적으로 알지 못했다. 아마도 이런 재정상의 건전함 때문에 포울은 러벨과 마찬가지로 다른 랭카스터 학교에 전염병처럼 퍼져 있던 많은 문제들을 해결할 수 있었다. 그는 자신의 계획을 실현하기 위해 학부모들의 지원을 호소하고 또 회유했다. 그는 학부모들의 불만에 귀를 기울였고, 이를 처리하고자 노력했다. 그는 언제든 필요하면 자신의 방법을 바꾸겠노라고 약속했다. 랭카스터 교육은 포울의 손에서 대도시 학교를 몹시도 괴롭히던 함정을 벗어났다.

포울의 성공은 러벨의 성공과 마찬가지로 무엇이 중요한지에 대해 귀중한 논의거리를 제공해 준다. 랭카스터 교육개혁모델의 실패는 교실

설계나 조교의 교수법에 관한 세세한 내용에 있지 않았다. 자금이 안정적으로 제공되고, 지역사회의 협조가 잘 이뤄지는 학교에서 이런 방법들이 사용되었을 때, 이 학교운영 모델은 수십년 동안 나름 잘 굴러갔다. 랭카스터 학교교육의 실패는 다른 곳에서 발견되는데, 바로 랭카스터의 터무니 없는 약속에 있었다. 랭카스터는 홀로 굴러가는 시스템, 교사의 전문성도 필요없이 독립적으로 굴러가는 시스템을 약속했다. 그는 거의 돈이 들어가지 않는 학교운영시스템을 약속했다. 어느 도시에서나 턱하고 내놓을 수 있으며, 그 어떤 수정도 필요없이 즉각 운영될 수 있는 표준화되고, 근대적이며 과학적인 학교 시스템을 약속했다.

이런 랭카스터의 거짓말은 교육개혁가들이, 1820년대 쓸어 없애버려야 할 엉망인 상태를 만들어냈다. 포울과 러벨의 각 학교들에서 이뤄낸 보기 드문 랭카스터 학교의 성공담을 제외하면, 뉴욕이나 필라델피아 등의 도시에서 활약하던 열혈 랭카스터 지지자들은 학교의 여러 문제들을 고치느라 애를 먹었다. 1820년대 말을 거치면서 지도자들은 이런저런 처방과 각종 임시조치를 실험적으로 도입했다. 결국 당대 누구도 알아채지 못하지만, 이런 실험이 우연하게도 근대적인 공립학교 시스템을 창안하도록 이끌었다. 교육기회의 제공을 확대하고, 훈련도 받지 못하며 월급도 없는 조교시스템으로부터 벗어나면서, 확실한 교육 예산을 공적으로 확보함으로써, 그리고 중산층 학생들 또한 포함하는 공립학교를 세움으로써 랭카스터 교육개혁가들은 실패한 랭카스터의 꿈을 성공적인 실제 공립학교의 모습으로 뒤바꿔 놓았다. 그렇게 할 의도가 전혀 없었음에도 불구하고 말이다.

고급수업

학교 지도자들은 단지 기초적인 것을 가르치는 수준을 넘어서도록 랭카스터의 교육과정을 확장시켰다. 놀랄만하다고 보이기는 하지만, 랭카스터 흑인무상학교 학생들은 이 시스템에 내면화되어 있는 인종차별적 특성 때문에 상당히 높은 수준의 교육과정을 교육하는 좀 더 오랜 전통을 갖고 있었다. 정확히 흑인 가정에게 학교교육의 기회가 훨씬 더 적었기 때문에 부유한 정도에 차이가 있는 여러 계층이 같은 학교에 등록해 함께 다녔다. 결과적으로 뉴욕에서 문을 연 두 번째 흑인무상학교에서 교사 찰스 앤드류스(Charles C. Andrews)는 서로 다른 두 차원의 교육과정을 꽤 오랫동안 가르쳐 왔다. 하나는, 학생들이 아주 기초적인 공부(읽기, 쓰기, 셈하기)만을 하도록 가르쳤다. 그러나 앤드류스는 다른 학생들에게 지리, 천문학 등과 같이 좀 더 고급 수준의 수업을 진행했다. 앤드류스에게 교육받았던 한 학생은, 교사 앤드류스가 과학 및 항해 교과를 아주 잘 가르쳤으며, 심지어 이런 고급 강좌를 가르치기 위해 부가적으로 해당 전문가들을 교사로 초빙해 오곤 했다고 기억했다.[84]

백인들을 위한 랭카스터무상학교는 이런 교육과정을 고급수업으로 전환하는데 좀 늦었다. 예를 들어, 뉴햄프셔의 어느 랭카스터 학교 지도자들은 랭카스터 교수법을 이용해 학생들에게 라틴어와 그리스어를 가르칠 수 없다고 생각했다. 이런 언어는 당시 대학에 가는데 필수적으로 요구되던 수업이었기 때문에 지도자들은 별도의 비랭카스터적인 모델의 무상학교를 설립하자는 계획을 마련했었다. 이들은 이런 새로운 학교를 통해서만 "가난한 아이들이 대학 입학에 필요한 공부를 할 수 있으리"라고 생각했다.[85] 어쨌든간 1810년대 뉴햄프셔의 랭카스터 지지자들은 랭카스터의 교수법은 아주 기초적인 수준의 읽기, 쓰기, 셈하기만을 위해 활용될 수 있다고 생각했다.

1820년대 중반까지 랭카스터 지지자들은 실패의 기운이 확연한 학교를 고쳐보겠다고 좀 더 뻔뻔한 처방을 해댔다. 많은 개혁가들은 기존 랭카스터 학교 시스템에 좀 더 고급수업을 더하는 방식으로 학부모들을 꾀어낼 수 있기를 희망했다. 어느 정도, 이들은 중산층 가정이 새로운 시대 변화하는 경제적 상황에 대처하도록 자녀들을 준비시키기 위해 이들을 위한 "고급수업"을 원하고 있음을 이해하고 있었다.[86] 예를 들어, 1824년 뉴욕의 한 랭카스터 고등학교(Lancasterian high school)는 "유용하면서도 고차원적인 과학 교과들"과 함께 라틴어와 그리스어를 포함해 고급반 학생들이 원할 수 있는 모든 것을 제공할 것이라고 했다.[87] 이들은 랭카스터 교수법은 쓰기, 읽기 및 기초 수준의 셈법을 가르치는데 사용되고 있지만, 천문학, 지리학, 라틴어를 가르치는데도 훌륭하게 사용될 수 있다고 주장했다. 마찬가지로 1820년대 중반 보스톤에서 랭카스터 개혁가들은 이들 교수법은 어떤 학생, 어떤 교과, 학생의 학습 수준에 다 맞춰질 수 있다고 약속했다. 1826년 한 랭카스터 지지자에 따르면, 이 교수법은 기초적일 뿐만 아니라 고급 수준의 공부에 모두 성공했다. 이 교수법은 곧 대학 강단을 장악하게 될 것이고, 어느 교과든, 공부의 수준이 어떠하든 가르침을 위한 표준 방식으로 자리잡게 될터였다.[88]

일부 개혁가들에게 이런 고급 수준의 교과를 제공하는 것은 랭카스터 학교들이 지니고 있던 문제를 해결하는 것으로 보였다. 예를 들어, 앞서 언급했던 뉴욕의 한 랭카스터 고등학교 지도자들은 1825년 학교등록률이 기대했던 것보다 훨씬 더 높아졌다고 기쁨에 겨운 보고를 하고 있다.[89] 이들 랭카스터 개혁가들의 약속이 마치 실현된 것처럼 말이다. 이를 두고, 한 보고서는 "모니터리얼 교수법이 승리했다"고 했다.[90]

하지만 이는 좀 이상한 승리라고 해야 하는데, 랭카스터 교육개혁가들은 조용히 랭카스터 교수법을 폐기하면서도, 그 껍데기인 이름은 유지하고 있었기 때문이었다. 한 예로, 뉴욕의 한 랭카스터 고등학교는 교육과정에 고급반을 만들면서 학생들을 유인했지만, 이런 고급반들은 랭카스터 교수법이 아니라 전통적인 교수법을 사용하고 있었다. 예를 들어, 뉴욕의 랭카스터 고등학교 지도자들의 눈에 랭카스터 교수법이 승리했다고 하더라도, 교사들은 철학, 과학, 프랑스어, 라틴어와 같은 교과를 가르치는 데 일반적인 강의법을 사용했다. 뉴욕의 랭카스터 교육개혁가들은 또래의 다른 아이들을 가르치면서 단 한 명의 성인 교사가 지도 관리하는 조교를 두는 대신, 여러 다양한 고급 강좌를 가르칠 다수의 성인 교사들을 고용했으며, 이들 각각은 특별한 훈련과정을 거쳤고 또 그에 따른 급여를 받았다.[91] 이런 고급반은 한 인사가 "상급반 수업"이라며 요령있게 표현한 것처럼 그에 걸맞은 수업을 받았다.[92] 1826년 여학생을 위한 새로운 고등학교가 문을 여는데, 개혁가들은 이들에게 랭카스터 교수법을 활용해 교육하겠다고 했다. 하지만 실제 이들은 또래 조교가 다른 학생을 가르치는 것 대신, 소그룹으로 학생들을 분반하고 각 소그룹을 성인 교사가 직접 가르치게 했다.[93]

극적인 출생의 역사를 갖는 위대한 꿈은 전혀 극적이지 않은 죽음을 맞게 되었다. 있지도, 그렇다고 없지도 않은 애매모호한 방식으로 제대로 인정조차 받지 못하면서 말이다. 랭카스터 개혁가들은 랭카스터 교수법을 일찌감치 폐기 처분했다는 사실을 제대로 알아채지 못한 채 수년 동안 갈팡질팡했다. 학부모들의 염려에 부응하려 땜방과 수선을 해가면서 여기저기에서 변화가 만들어졌다. 이 과정에서 이전과 다른, 혹은 전혀 새로운, 혹은 조셉 랭카스터가 아예 상상조차 하지 않았던 뭔가가 생겨났다. 그러나 한동안 이러한 변화는 랭카스터 학교 시스템의 실패 대신 오히려 그 시스템의 대단한 승리라고 여겨졌다.

읽을 줄 아는 아이

처음이면서 가장 큰 변화라면 같은 벤치에 앉아 있던 또래의 조교를 특별히 훈련받은 교사로 교체한 사건이었다. 조교 시스템은 대도시에서 전혀 작동하지 않았다. 좀 더 고급교과를 제공하는 방식으로 시스템이 전환되면서 급여도 없고 훈련이라곤 받아본 적 없는 또래 조교를 없애버리는 것은 사실 전혀 계획된 것이 아니었다. 오히려 일종의 미봉책으로 들여온 해결책이었는데, 이후 도심 공립학교 시스템의 영구적인 핵심 조건이 되었다.

되돌아보면, 조교를 더 이상 활용하지 않고 이 시스템을 폐기하는 것은 말할 필요 없이 랭카스터 학교 시스템을 통째로 폐기 처분하는 것을 의미했다. 하지만 1820년대 교육개혁가들에게는 이 점이 그리 분명하지 않았다. 이들은 이 조교 시스템을 일부 변경해 랭카스터 학교를 유지해 낼 수 있다고 생각했다. 훈련도, 월급도 없는 또래 조교를 두는 것은 랭카스터가 애초 제시했던 약속 중 가장 핵심이었기 때문이다.[94] 현실 속에서 랭카스터 학교는 해결 가능하지 않은 문제 상황에 봉착했다. 실제 수업을 하는데는 전문적인 훈련이 꼭 필요하다는 점을 개혁가들은 인정하지 않을 수 없었다. 그리고 현실 속 교사에게는 봉급이 필요했다. 따라서 이런 문제에 대응하는 첫 단계로, 개혁가들은 이 문제를 아주 구체적이고 상세하게 다루었다. 물론 이들은 랭카스터 학교 시스템의 영혼이자 정수라 할 이 요소를 실제 버린다고 생각하지 않았다.

훈련받은 교사만을 고용, 수업에 들이는 방식으로의 전환은 1820년대에 걸쳐 천천히 일어났다. 이 교사가 아직 학생이든 그렇지 않고 성인이든 상관없이. 좀 이른 1821년, 뉴욕무상학교협회는 원래의 랭카스터 교육 접근을 폐기했다. 급여 없는 조교를 유지한다는 것은 한마디로 실행 가능하지 않았다. 당해, 협회 이사회는 성인교사에게 하듯 모든 조교에게 일정한 급여를 제공한다고 동의했다.[95] 1820년대 후반까지 조교들에게 급여를 지급하는 이런 기조는 뉴욕에서 일반적인 절차로 자리잡았다. 실제 1827년 "조교(monitor)"와 "보조교사(assistant teacher)"를 구별하기는 어렵다. 사라 티갈(Sarah Tigall)의 사례에서 보듯, 조교들은 일정한 급여를 주기적으로 받을 수 있었고 대부분의 시간을 가르치는 데 썼다. 적어도 티갈에게 있어 "조교"라는 직함은 별 의미 없는 이름이 되어버렸고, 추후 "교사(teacher)"라는 다른 이름으로 불리게 되었다.[96]

좀 더 정확하게 말해, "조교"라는 명칭은 대체로 '급여가 낮은' 교사를 가르치는 말이 되었다. 1830년대에 끝나기까지 급여를 받지 않는 아동 조교라는 오래된 랭카스터 교육개혁가들의 꿈은 뉴욕공립학교에서 흐릿한 기억 속으로 사라져갔다. 예를 들어, 뉴욕에 처음 생겨 유지되었던 흑인학교의 1835-1836학년도 급여 수준을 생각해 보시라. 이 학교는 연봉 600불에 주임 교사(lead teacher) 한 명을 고용했다. 또 한 명의 보조교사는 1년 동안 200불을 받았다. 반장 조교(head monitor)의 급여는 1년에 100불이었고, 보조 조교(assistant monitors)들은 1년 동안 각각 50불을 받았다.[97] 당시 성인교사는 대형 학교에서 주임 교사를 하는 사람들보다 조교에 좀 더 가까운 급여를 받았던 듯하다. 물론 학교에 따라 상황이 다르기는 했다. 예를 들어, 1836년 초등학교 26(Primary School 26)에서 성인 교사는 연봉으로 160불을 받았고, 뉴욕의 첫 번째 흑인학교(African School Number One)에서 반장 조교는 60달러를 받았다.[98]

급여 시스템은 아주 체계적이었다. 교사들의 급여는 다양한 요인들을 반영하고 있는데, 교사 및 조교로 참여하는 학생들의 젠더, 학생들의 나이, 학생 및 교사들의 인종 등에 따라 다른 급여가 제공되었다. 하지만 아주 분명한 것이 하나 있다. 급여 체계에서 가장 중요한 특징이라면 더 이상 "조교"와 "교사"를 구분하고 있지 않다는 점이었다. 이들의 직함이 무엇이냐보다, 오히려 고용된 사람들의 다양한 특징 혹은 유형에 따라 급여가 결정되었다. 예를 들어, 1836년, 한 학교의 남성 주임 교사는 남학생들을 가르치는 데 연봉 1,000불을 받았다. 이에 비해, 그를 보조하는 보조(lead male assitant)는 500불을 받았다. 남성이었던 조교 반장은 100불을 받았다. 같은 시기 같은 건물에서 여학생들을 가르쳤던 주임 여교사(lead female teacher)의 급여는 400불 정도였고, 초등수준의 학생들을 가르치는 주임 여교사의 급여는 고작 240불 정도였다.[99] 15번 공립학교(Public School No. 15)에서 1840년대 말이 되면 "선임 조교(senior monitor)" 자격으로 불린 남교사는 연봉으로 200불을 받게 되는데, 이 정도의 급여는 다른 학교에서 가르치고 있는 여교사들의 급여 수준보다 높았다.[100]

필라델피아의 공립학교들은 급여를 주지 않는 조교 시스템에서 앞서 뉴욕의 사례와 유사하면서도 조금은 엉망인 방식으로 전환되어갔다. 1828년 필라델피아의 교육 지도자들은 조교가 더 이상 벤치에서 끄집어내져 급여가 없는 교사로 일하는 아동이 아니라고 선포했다. 대신 필라델피아에서 랭카스터 학교들은 지도자들이 소위 "영구 조교(permanent monitors)"라고 완곡하게 지칭하는 직함을 사용하기 시작했다. 이들 교사 중에는 아이들도 있었지만, 이들은 학생이 아닌 교사로서 훈련을 받았다. 이들은 교사로서의 역할을 수행하기를 요청받았다. 물론 조교라는 직함을 여전히 달고 있기는 했지만 말이다.[101]

앞으로 8장에서 좀 더 자세하게 살펴보기는 하겠지만, 1830년대 말까지, 필라델피아와 같은 지역은 이런 경향을 완전히 공식화했다. 뉴욕과 마찬가지로 필라델피아 공립학교는 이 일에 있어 수년 동안 갈팡질팡했다. 조교에게 급여를 지급하고 훈련을 제공하면서도 여전히 "조교"라는 직함을 떼지 않았다. 아마도 꽤 오랫동안 지도자로 군림했던 로버츠 보우가 1836년 죽고 이듬해 토마스 던랩(Thomas Dunlap)이 새로운 위원장으로 들어서면서 이 변화가 몇 년 앞당겨 생기게 된 것이다. 그는 위원장 취임을 알리는 연례보고서에서 필라델피아의 공립학교는 더 이상 "청소년 조교라는 말을 교실에서 사용하지 않을 것"이라고 천명했다.[102]

이런 선언이 있기까지 꽤 오랜 시간이 걸리기는 했지만, 이는 지난 수년 동안 진행되어 온 일들을 단지 인정하는 것에 지나지 않았다. 랭카스터 교육개혁가들은 또래 아동 조교를 활용하던 행태에서 정식으로 급여를 받고 또 교사로서 훈련을 제공하는 교사 고용 체제로 전환해갔다. 이런 와중에 새로운 교사의 위계체계가 만들어지곤 했고, 급여가 적은 나이 어린 교사들은 한동안 여전히 "조교"라는 딱지를 떼지 못했다. 하지만 이런 모습이 있다고 해서 변화의 방향을 되돌리지는 못했다. 랭카스터가 1818년 뉴욕항에 발을 내디딘 직후 그의 약속은 너무도 분명히 뻥으로 가득차 있었고, 따라서 그의 학교 시스템은 무수한 구멍이 뚫린 채 운영되었다. 최소한 대도시 학교구에서 훈련받지 않은 파트타임 아동이 나서 가르치는 일은 사라졌다.

몇 푼 안 되는

교사 급여와 같은 질문과 마찬가지로, 랭카스터 개혁가들의 딜레마를 푸는 가장 힘든 해결책은 결국 돈 문제로 귀결되었다. 아주 초기부터 몇몇 주에서는 공립학교교육을 위해 세금에서 교육비를 제공했다. 하지만 아주 세부적인 사항에 있어서는 이 또한 아주 달랐고, 그 돈의 정도라는 것도 늘 부족하기 마련이었다. 1830년에서 1840년대에 걸쳐, 도시 및 각 주는 여러 방식으로 새로운 접근을 펴나갈 계획이었다. 즉, 공립학교는 수업료가 아닌 세금으로 운영되도록 한다는 것. 하지만 1820년대 내내 교육개혁가들은 새로운 세금을 매기지 않고, 랭카스터가 약속한 학교에 돈을 어떻게 댈지 앞다퉈 방안을 찾고자 했다.

세금에 기반한 학교로 학생들에게 수업료를 징수하지 않는 학교의 진화를 추적하는 일은 쉽지 않다. 역사가 칼 캐슬의 연구에 따르면, 1800년대 초 수십 년간 각 주 및 도시들은 이런 저런 다양한 접근을 취하게 된다.[103] 시골에서와 마찬가지로 도시에서도 "돈을 쫓는 일"은 쉽지 않았다고 낸시 비디(Nancy Beadie)는 주장한다.[104] 공립학교를 위한 통합적으로 구상된 일련의 정책이 무엇이었는지, 그리고 세금기반 교육지원으로의 전환이 언제 있었는지를 찾는 일에 어려움을 느끼는 것은 꼭 역사가만의 문제는 아니었다. 1830년 당대 한 인사 또한 "좀 더 오랜 주에서 학교 시스템을 둘러싼 이론과 실행에 있어 정확하고 종합적인 지식"을 찾는 게 "불가능하다"고 느꼈다. 이 인사는 뉴욕, 코네티컷, 펜실베이니아, 매사추세츠 등의 주가 어떻게 공교육에 재정을 지원하고 또 이를 위해 기금을 조직하고 있는지 살펴보고자 캔터키주에서 파견되었다. 하지만 1830년 그는 찾아 검토할 만한 "자료가 너무 없다"고 불평하면서

두 손 두 발 들었다.[105]

분명히 자료는 별로 없었다. 하지만 상황은 그보다 더 나쁜데, 이런저런 주에서 다양한 시기의 얼마 안 되는 고문서들을 보면 공립학교를 위한 예산지원은 단일하고 일관된 계획에 따라 제공되지 않았다. 예를 들어, 뉴욕에서 주의회는 1795년 공립학교에 세금에 기반한 교육비지원을 하도록 법률을 통과시켰다.[106] 뉴욕시에서는 이 법은 많은 부분에서 여전히 불분명하게 남아 있었다. 교회가 운영하는 자선학교도 이 법의 지원 대상에 포함되는가? 각 학교는 세금 지원도 받고 수업료도 징수할 수 있는 것인가?[107]

뉴욕무상학교협회는 공적 지원을 좀 더 많이 받고자 늘 사투를 벌였다. 하지만 이런저런 정치적 성공에도 불구하고 세금을 통한 공교육비 지원은 늘 충분하지 않았다. 예를 들어, 1807년, 협회는 주정부로부터 4,000불이라는 거액을 한 번 받았고, 이후 첫 랭카스터 학교를 세우자는 명목으로 연회계에서 1,000불을 한 번 받았다.[108] 앞서 살펴본 것처럼 무상학교협회는 주의회에 예산지원을 명목으로 반복해서 로비를 벌였다. 물론 그 결과는 그때 그때 달랐다. 1822년, 협회는 뉴욕시와 주의회에 새로운 제안서를 제출했다. 랭카스터 무상학교를 확장하려는 야심찬 계획을 계속 이어가기 위해 이사회는 신규 특별세를 징수하자고 제안했다. 거주자의 재산 중 아주 적은 부분만 세금으로 더 걷게 된다면, 협회는 금방 5,000불을 모금해 건물을 연이어 지을 수 있다고 했다. 정치적 요령에 능숙한 이사회는 이 세금이 어떻게 작동할 수 있을지에 대해 여러 다양한 비전을 내놓았다. 한 가지 방법은 시민들의 전재산에 비례해 징세 규모를 정하는 것이었다. 이 방안에 따르면, 뉴욕 시민 중 가장 가난한 축에 속한 사람들은 세금이 아주 적게 된다. 그리고 당시 연간 세금으로 1불을 내고 있는 사람들은 여기에 1.6센트만을 추가해 내게 된다. 만약 1년에 20불을 세금으로 내고 있는 사람이라면 기존 세금에 더해 32센트를 내게 될 것이었다. 혹은 거주민들은 모두 공평하게 4센트를 내도록 하는 방안도 제안되었다. 만약 이것이 애시당초 가망성이 없는 방안이라면, 대신 부동산에 세금을 매겨 볼 수 있을 터였다. 간단히 말해, 뉴욕시의 랭카스터 개혁가들은 필요한 돈을 모으기 위해 뭘 어떻게 해야 할 지 몰랐다. 하지만 돈이 필요하다는 사실에는 변함이 없었으며, 이들은 이 돈이 추가 징세를 통해 확보되기를 바랐다.[109] 적어도 1822년까지 이들은 이 희망을 달성하지 못했다. 시장은 즉각 이 제안을 억눌렀다. 징세를 어떻게 구조화해 제안하건 한마디로 정치적 실패임에 분명했다.[110]

다른 곳에서도 이와 유사한 노력이 뉴욕시와 아주 유사한 방식의 이런저런 다양한 결과들을 내고 있었다. 예를 들어, 펜실베이니아의 랭카스터 개혁가들은 학교에 필요한 돈을 좀 더 공적 기금으로 확충하고자 사투를 벌였다. 펜실베이니아주의 헌법은 초기부터 가난한 아이들에게 수업료가 없는 무상교육을 세금으로 지원하도록 했다. 하지만 실제 돈이란 게 그렇게 안정적으로 마련되기 어려웠다. 1828년 주의회는 새로운 기금 확보 방안을 고려하게 되는데, 뉴욕주 및 코네티컷주에서와 일견 유사한 것이었다. 만약 이들이 서부 땅을 팔아 주 전체의 학교 기금을 대게 되면 가난한 집 아이들에게 교육 기회를 증진하는 데 상당한 효과가 있으리라 주의회는 믿었다.[111] 최소한 의회 의원들에게 이 방안은 상당히 그럴듯하고 인기 있는 방안이었다. 하지만 1830년대 내내 이 구상은 실현되지 않고, 주의회에서 여전히 통과되기를 기다리는 방안 중 하나로 남아 있었다.[112]

미 전역에 걸쳐 개혁가들은 이와 유사한 기금 마련 문제로 골머리를 앓고 있었다. 예를 들어, 볼티모어의 개혁지도자들은 랭카스터 학교를 연다며 기금 마련에 돌입하지만, 주정부는 한 푼도 지원하지 않았다. 대신 볼티모어의 랭카스터 개혁가들은 학교를 지지, 지원해달라며 공명심을 지닌 자선사업가들에게 개별 후원을 간청하고 다녔다.[113] 1829년 루이스빌에서도 이와 유사한 일이 있었는데, 시민들은 14세 이하의 모든 아동이 다닐 수 있는 랭카스터 학교를 설립했다. 볼티모어와는 약간 다르게, 이 학교는 세금으로 지원되었는데, 오로지 도시 경계 내의 아이들만 학교 등록이 가능했다.[114] 이들은 주의회에 예산 지원을 간청하게 되지만, 당시 주정부의 "교육 기금(Literary Fund)"은 너무 적어서 충분히 도와줄 수 없었다.[115] 이들이 희망할 수 있는 최대 수준은 주의회가 랭카스터 학교를 위해 보조 자료 비용을 대주는 것 정도였다. 마치 고급반 교과를 가르치는데 도움이 되도록 특별 "자료"를 제공하는 것 정도로. 예를 들어, 루이스빌 학교는 태양계가 그려진 거대 벽도안지를 사는데 주정부의 공공기금을 사용했다.[116]

자 모두 함께

어찌되었건 이런 재정 지원은 반길 일이었다. 하지만 이 정도로는 1820년대 공립학교를 운영, 유지하는 일이 어려웠고, 모든 아동을 가르치도록 학교를 확장하기에는 턱없이 부족했다. 다양한 도시의 세세한 내용은 서로 달랐지만, 1820년대 세금으로 모든 아동에게 교육을 제공한다는 구상은 일종의 허황된 꿈과 같았다. 학교에 대한 재정 지원을 둘러싼 정치학이 영원히 바뀌게 되는 것은 개혁가들이 가난하지만, 이 일에 매달리는 전문가들의 불만에 대처하기 시작하면서였다.

앞서 본 것과 같이, 백인 노동계층 전문가들은 공립학교가 모든 계층을 아울러 함께 공부하는 곳이어야 한다고 주장했다. 이들이 랭카스터 학교를 거부한 이유는 이런 "자선" 학교가 근본적으로 비미국적이고, 비공화주의적이기 때문이라고 설명했다. 이들 전문가들은 이를 입증하고자 도시 바깥의 포용적인 공립학교교육의 오랜 전통을 끌고 와, 도대체 공립학교가 제공해야 하는 것이 무엇인지에 대해 폭넓게 변화하고 있는 이야기를 짚고자 했다. 간단히, 이들은 근대적인 공립학교교육은 랭카스터 개혁가들이 껴안았던 자선학교 모델과는 뭔가 다른 것이어야 함을 주장할 수 있었다. 하지만 미국에서 랭카스터를 앞세운 개혁 전사들이 활개 치던 초기, 대부분의 엘리트 개혁가들은 이런 구상에 별 반응을 보이지 않았다. 이들은 랭카스터 학교가 미국에서 문을 연 시기까지 완고한 태도로 가난한 사람들을 위한 학교교육이란 오랜 구상, 정말 구식의 구상에 사로잡혀 있었다. 예를 들어, 뉴욕무상학교협회는 1805년까지 거슬러 올라가는 시기부터 특별히 "궁핍한 환경에 있는 사람들의 자녀들"에게 무상학교를 세워 교육하겠다고 서약했다.[117] 당대 다른 많은 개혁적 사상가들과 마찬가지로 무상학교협회의 공동설립자였던 드 위트 클린턴은 가난한 아동만이 "무상교육의 대상"이 된다고 생각했다.[118] 필라델피아에서도 1818년 공립학교 교육위원회(Board of Controllers)가 되는 단체의 원래 명칭은 "가난한 소년들을 위한 필라델피아 무상교육협회(The Philadelphia Society for the Free Instruction of Indigent Boys)"였다.[119] 필라델피아의 개혁가들에게 랭카스터 학교 시스템이 "생활이 궁핍한" 아동들만을 위한 학교교육이란 자신들의 생각과 일치했다.[120]

다수의 랭카스터 교육개혁가들, 특히 1810년대 초반 전위부대 역할을 자임했던 이들에게 이점은 굳이 말로 정의내릴 필요조차 없을 정도로 강한 신념으로 자리잡고 있었다. 개혁가들은 이런 학교들은 교육 기회의 다른 선택지가 전혀 없는 아이들만이 다닐 수 있는 곳이어야 했다. 예를 들어, 1814년, 뉴욕무상학교협회는 협회에 소속된 학교들은 "가난한 사람들"만을 위해 만들어졌다고 강조해 말했다.[121] 그리고 필라델피아주 사람들을 위해 공적 비용으로 랭카스터 학교교육을 제공한다고 규정한 1818년 펜실베이니아법 또한 이 학교들에 참여할 수 있는 부류의 학생들을 명시하고 있다. 즉, "가난한 고아, 혹은 가난한 부모를 둔 아이들"만이 이 학교에 다닐 수 있었다.[122]

하지만 1820년대에 이르러 엘리트 교육개혁가들은 이런 자신들의 비전에 변화가 필요함을 깨닫게 되었다. 이들에게는 여러 유형의 아동이 다닐 수 있는 학교가 필요했다. 아마도 이들은 부자와 가난한 사람들을 뒤섞는 것을 통해 "의도적 결석"이라는 랭카스터 학교의 문제를 해결할 수 있으리라 희망했다. 물론 이때 뒤섞는다는 말의 의미는 오로지 백인들만이 대상이었다. 늘 그래왔듯이 말이다. 예를 들어, 1824년 뉴욕에 신설된 랭카스터식 무상고등학교는 "사회의 모든 계층이 함께" 공부할 수 있는 학교가 되겠다고 약속했다. 이 학교는 "사회의 모든 계층, 즉 결핍과 불운에 내놓인 아동들뿐만 아니라, 유능하고 부유한 집 자식들에게도 열린" 공간이 될 것이었다.[123] 1820년대 중반에 뉴욕 교육개혁가들이 꿈꿨던 랭카스터 보통학교는 이런 고등학교만 있었던 것이 아니었다. 1825년 무상학교협회의 지도자들은 이런 무상학교가 "엄청난 수의 가난한 집 자식들에게 교육이란 축복을 전해"주게 될 것이라고 했다. 그러나 이들이 진정으로 원했던 것은 좀 더 온전한 의미의 "공립학교"로, "부자와 가난한 자들이 함께 만나는 곳"이었다.[124]

뉴욕무상학교협회 지도자들은 자신들이 내세우게 된 이런 새로운 목표를 달성하고자 상당히 서투른 실험과정에 착수했다. 물론 이런 실험에 나선 사람은 이들만이 아니었다. 수년에 걸쳐, 여러 도시의 랭카스터 교육개혁가들은 새로운 종류의 공립학교, 즉 새로운 보통교육이란 이름으로 백인 학생들을 다 함께 한 곳에 불러 모아 가르치는 "보편적" 교육이란 새 비전을 만들어내기 위해 랭카스터 매뉴얼에서 지시하는 처방을 훨씬 넘어섰다. 이들은 랭카스터 교수법의 곤혹스럽고 치명적인 실수들을 수정하는 새로운 시스템을 들고 나왔다.

몇몇 랭카스터 학교들은 다양한 바우처 프로그램을 통해 부자와 가난한 아이들을 다함께 수용해보려고 했다. 예를 들어, 필라델피아의 아델피학교(Adelphi School)는 학생들이 평등한 방식으로 뒤섞이도록 하기 위해 바우처 시스템을 활용했다. 매일 학교에 와 수업받으며 직접 수업료를 내도록 하는 대신, 필라델피아인들은 1807년 학생들이 학교 입학에 사용할 수 있는 티켓을 발행했다. 이런 티켓은 학부모들이 구입하게 되지만, 부유한 자선사업가들이 이 티켓을 사들이고 가난한 집에 나눠주기도 했다. 적어도 이론상으로 이런 바우처 시스템을 활용함으로써 학생들의 배경이 가난한지, 부유한지 알 길은 없었다. 모든 학생이 똑같은 티켓을 갖고 있었는데, 각 가정은 자녀의 수업료를 내거나 혹 그렇지 않았다.[125]

또다른 랭카스터 교육개혁가들은 버지니아에서 이와 유사한 바우처 방안을 시도했다. 이전에 랭카스터의 견습생이었던 엘리사 웨일즈(Elisha Wales)는 피터스버그(Petersberg, Virginia)에 랭카스터 학교를 하나 세우고 다양한 학생들을 한 곳에 뒤섞어 가르친다는 구상을 통해 랭카스터 학교가 오로지 "가난한 아이를 위한다거나 혹 자선학교"라는 학부모들의 딱지에서 벗어날 수 있기를 기대했다. 웨일즈는 랭카스터 학교에 등록하기를 꺼리는 빈곤 계층의 학부모들이 "별다른 곤혹을 겪지 않고도 좀 더 부유한 가정의 아이들과 함께 랭카스터 시스템으로 운영되는 학교에 참여할 수 있으리"라고 생각했다. 웨일즈는 아델피학교에서와 같이 아동의 출신을 밝힐 필요 없는 바우처 시스템을 제안했다. 학교운영위원회(School Committee)는 입학에 요구되는 바우처를 발행할 것이었다. 이 바우처를 살 만한 경제적 여유가 되는 학부모들은 비용을 부담할 것이었지만, 가난한 가정의 학부모들은 무상으로 이 바우처를 받게 될터였다. 이 티켓은 유상으로 얻든 무상으로 얻든 똑같았다. 누구도 돈을 내고 티켓을 얻은 학생들과 그렇지 않은 학생을 구분할 수 없었다. 단 학교운영위원회를 제외하고는 말이다. 웨일즈의 상상 속에서 이 시스템은 최소한 랭카스터 학교에 등록하기를 꺼리는 학부모들의 두려움을 해결할 수 있었다. 그는 랭카스터에게 "(이들 학교는) 가난한 이들의 학교라거나 혹 자선학교라는 이름으로 더 이상 불리지 않을 겁니다. 앞으로 이 학교에 대한 인기는 따놓은 당상이지요."[126]

랭카스터는 이런 제자의 구상을 가로채고는 마치 자신이 이런 시스템을 처음 만든 것처럼 행세했다. 뭐, 그리 놀랄 일도 아니잖은가. 아동의 출신배경을 감춘 바우처시스템이 제자의 구상에서 비롯되었다거나 혹 랭카스터 교육을 되살리겠다는 이전의 시도에서 시작되었다는 언급없이, 랭카스터는 보스턴의 학교위원회(Boston School Committee)에 유사한 시스템을 제안했다. 모든 계층의 아동을 랭카스터 학교에 불러 모으기 위해, 랭카스터는 10불짜리 바우처를 판매할 수 있다고 제안했다. 학부모들은 자녀 학교교육을 위해 이 바우처를 구입할 수 있었고, 혹 자선사업가들 또한 이 바우처를 구입할 수 있었다. 누구도 학생 개인의 바우처 취득 경로를 알 수 없었다. 랭카스터의 낙관적인 전망에 의하면 이 시스템은 "자선학교 혹은 무상학교"와 관련된 문제를 완전히 해결할 것이었다.[127]

이런 티켓 혹은 바우처 구상은 그리 오래가지 않았다. 그리고 이런 구상이 어느 정도 오래 지속되었다는 성공 사례 또한 보고되지 않았다. 아마도 이 시스템을 옹호했던 이들이 희망한 대로 계층간 형평성있는 교육제공이 이뤄지지 않았을 것이다. 다른 랭카스터 교육개혁가들은 학생들을 한 학교에 불러모아 교육할 수 있는 다른 다양한 방법을 제안했다. 많은 개혁가들은 모두가 일정한 수업료를 부담하도록 하는 것이 최선의 방안이라고 여겼다. 일부 개혁가들이 구상한 바와 같이 이 목표는 돈을 모으는 것이 아니라, 자선학교에 다닌다는 낙인의 문제를 해결하는 것이었다. 아무리 적은 돈이라도 모든 학부모가 수업료를 부담하게 된다면 학교에 대한 헌신 및 자녀들의 출석에 열심을 내리라 여겨졌다. 1822년 펜실베이니아주의 유니온타운(Uniontown, Pennsylvania) 출신의 한 랭카스터 개혁가는 서신을 통해 이런 수업료 부과 방안이 학생 등록에 가장 중요하다고 했다. "왜냐하면 자녀를 무상으로 교육받게 하는 것보다 아예 가르치지 않는 것이 낫다고 여기는 사람들에게 이 시스템이 나름 자부심을 갖게 해주기 때문"이었다.[128] 아주 약간의 돈이라도 수업료를 부담하게 한다고 해서 랭카스터 학교의 재정 부담이 줄어들지는 않겠지만, 다양한 계층 및 배경을 가진 아동을 학교로 불러들일 수 있게 할 터였고, 랭카스터 학교가 가장 가난한 아이들이 연필을 쥐어볼 수 있는 유일한 학교라는 딱지를 떼어낼 수 있으리라 여겨졌다.

뉴욕무상학교협회 또한 이와 유사한 목표를 내걸고 수십 년에 걸친 전혀 체계적이지 않은 실험에 돌입했다. 대다수 도시의 엘리트 지도자들과 달리 뉴욕무상학교협회의 이사회는 수업료를 징수할 수 없었다. 물론 이들은 그렇게 하고 싶어했지만 말이다. 주정부의 학교 기금을 마련하도록 한 1795년 법은 무상학교협회에 배타적으로 매칭기금을 대라고 주문했다. 하지만 더 많은 수의 엄청난 유상학교에는 이런 요구를 하지 않았다. 이 규정은 아주 간단했다. 모든 무상학교는 주정부 예산으로 재정지원될 수 있었다.[129] 이런 애초의 헌장하에, 무상학교협회는 수업료를 부과하는 방침이나 바우처 판매와 같은 방안을 고려할 수 없었다. 절반은 비어있는 학교 문제를 해결하기 위해, 즉 학교에 학생들을 꾀어내기 위해 협회는 뭔가 다른 방안을 마련해 내야만 했다.

랭카스터 학교에 대한 학생 및 학부모들의 불만 및 청원 내용에 수긍하는 대신, 이사회에서 시도한 첫 실험은 학생들의 낮은 출석 문제에 대해 교사들을 비난하는 것이었다. 1822년, 이사회는 교사들의 급여를 학교에 출석하는 학생수에 직접 연계해 지급하려는 구상으로 학생들의 출석률을 높이겠다는 구상을 내놓았다.[130] 만약 교사(여기서 교사란 "태만한 교사")가 게을러 가르치는 자신의 직업을 한직 정도로 여긴다면, 이들은 애써 학생들을 모으고자 노력하지 않을 것이었다. 이사회는, 이 무상학교에 학생들이 오지 않는다면, 아마도 이런 게으른 교사들이 좀 더 기업가적인 역할을 감당해야 할 것이라고 생각했다. 교사들은 "가난한 집 아이들 중에서" 학교에 올만한 예비 학생들을 찾아내야 했다. 이 구상에 따라, 텅빈 학교의 게으른 교사들은 보상을 지급받는 대신 학생 출석 수에 따라 급여를 지급받게 될 터였다. 당시 이 구상이 의미하는 바는, 교사는 최대 200명 정원의 학교에서는 학생 1명이 1년 동안 출석하는 대가로 2불을 지급받게 되고, 최대 정원이 200명에서 600명에 이르는 학교에서는 학생 1명이 1년 동안 출석하는 댓가로 1.5불을 지급받게 될터였다. 정원이 600명이 넘는 학교에서는 학생 1인당 1년 동안 출석하는 대가로 1불을 지급받게 될터였다. 전통적인 뉴욕의 학교 시스템에서 가장 많은 급여를 받는 교사의 급여는 연간 1,000불 정도였다. 그런데 새롭게 제안된 이 구상에 따르면, 교사 한 명이 이 정도의 급여를 받기 위해서는 학교가 미어터지도록 가득 채워야 했다.[131]

물론 이 임금 구상은 제대로 작동하지 않았다. 단지 교사가 아동의 출석률을 높일 힘을 가졌다고 잘못된 가정에 비롯한 것만이 문제가 아니었다. 그럼에도 이런 생각은 엘리트 교육개혁가들에게 상당히 인기있는 생각이었다. 예를 들어, 필라델피아에서 로버츠 보우의 친한 친구이자 동료였던 한 인사는 이런 학생수당 교사 급여의 연계 구상이 낮은 학생 출석률 문제를 해결할 수 있는지에 상당한 의구심을 던졌다. 보우의 이 친구는 교사들이 정해진 금액의 급여를 받게 된다면 "교사들이 좀 더 노력할 유인가를 받지 못할" 것이라고 주장했다. 이 시장친화적인 인사는 친구 보우에게 교사가 학생 유치를 두고 다른 교사와 경쟁한다면 모든 교사가 "높은 인격과 대중성"을 실현하는 데 최선을 다해 일할 것이라고 말했다. 이 과정에 좀 더 많은 돈이 주어지면 학교를 좀 더 인기있고, 좀 더 대중적인 공간으로 만드는 데 "모든 교사가 알아서 힘쓸 것"이었다.[132]

아동의 출신을 파악할 수 없게 한 바우처 구상과 마찬가지로, 이 교사 임금지급 계획은 아무런 성과를 내지 못했다. 1820년대 중반까지 뉴욕무상교육협회 이사회는 낮은 학생 등록 문제에 대한 보다 명시적이고 효과적인 해결책이 무엇인지 깨닫게 되었다. 학부모들이 자선학교가 오로지 가난한 아이들만 다니는 학교라는 낙인이 싫고, 그곳에서는 간단한 기초 교육만 받게 된다는 오명 때문에 자녀를 집에 매어둔다면 학부모들은 부유하고 또 가난한 아이들이 다 함께 섞여 공부하는 학교에 자녀들을 보낼터였다. 결국 뉴욕의 협회 이사회는 양면성을 지닌 전투에서 계속 패하고 있었다. 한편으로 이들은 랭카스터 학교의 교실 벤치를 채울 아이들을 공들여 찾고 있었고, 다른 한편으로는 여유있는 집안의 자녀들이 이 학교에 등록하는 것을 강력하게 또 곤란할 정도로 막고 있었다. 1819년, 이사회는 나름 부유한 가정의 학부모들에게 자녀들이 무상학교에 다닐 수 없다고 못박았었다. 즉, "학교교육을 위해 수업료를 낼 수 있는 가정의 자녀들은 학교 등록이 불가하다"고 공지되었다.[133] 1824년이 되어 이사회는 이 상황의 문제를 분명히 인지하게 되었다. 이들은 "무상교육을 받게 될 대상이 누구인지 확인하는데" 너무 많은 시간을 투입했다.[134] 이 두 문제를 한꺼번에 해결할 수 없겠는가? 이미 학교 입학을 청원하던 나름 경제적 여유가 있는 학부모의 자녀들을 받아들이는 방법으로 학생 등록을 보강할 수 없겠는가?[135]

1825년 무상학교협회에는 일대 전환이 있었다. 물론 쉽지는 않았다. 이사회는 주의회에 기존의 헌장을 바꾸어 줄 것을 간청해야만 했다. 이들이 추구하려던 목표는 이중적이었다. 먼저, "무상학교 혹은 자선학교"를 "공립학교 혹은 일반학교"로 바꾸는 방식으로, 이들 학교가 궁핍한 자들만 다니는 학교라는 오명에서 벗어날 수 있었다.[136] 여기에 더해, 이 학교들은 자녀들을 입학시켜달라고 이미 청원해 왔던 학부모들의 자녀를 받아들임으로서 학생 등록문제를 해결할 수 있었다. 이런 학부모들이 굳이 빈곤 계층이어야 할 필요는 없었다.[137] 더욱이, 다양한 계층의 아이들이 뒤섞인 학교는, 한 뉴욕 랭카스터 교육개혁가가 "완전한 민주주의"라고 칭한 공동체를 만들게 할 수 있었다.[138] 뉴욕시가 이런 유형의 공립학교는 랭카스터 학교 시스템의 고질적인 모든 문제를 해결할 수 있으리라 이사회는 기대했다. 그러면서도 이들은 랭카스터 교수법은 온전히 유지하기를 바랐다.

이 구상은 나름 작동하는 듯했다. 적어도 당분간은 말이다. 이사회는 제안서를 승인받는 데 성공했다.[139] 이들은 무상학교협회를 공립학교협회로 이름을 바꾸고, 1826년 공립학교라는 새로운 비전이 출발되었다. 가난한 아이들만을 위한 학교 대신 새로운 공립학교는 모든 백인 학생을 받아들이고 이들에게서 수업료를 징수하면서 학교 출석을 독려할 계획이었다. 그러나 학교 등록 및 출석률은 또다시 곤두박질쳤다. 1825년 대략 4,059명에 이르던 출석학생은 등록금을 내는 학교 시스템에 출석한 학생 수를 포함해도 3,759명으로 떨어졌다.[140]

학생들이 등록하지 않은 것도 문제지만, 등록한 학생들이 수업료를 내려고 하지 않는 것 또한 문제였다. 1827년 출석생 수는 4,565명으로 받들하게 되지만, 이 중 2,874명은 반드시 내라고 하는 수업료를 내지 않았다.[141] 이런 상황에 처하고 보니, 개혁가들이 구상은 또다시 이와 관련된 모두를 불행하게 만들었다. 가난한 학생들은 수업료를 내지 않는다고 낙인찍히는 것에 분노했고, 수업료를 낸 학부모들은 왜 자신들만 수업료를 내야 되는지 의아해했다. 1827년 공립학교협회 회계는 모두에게 수업료를 내도록 하는 학교 시스템은 실패작이라고 단정지었다. "상대적으로 아주 적은 금액"이 수업료로 들어왔지만, 학부모들 사이에서 수업료 징수를 둘러싸고 불만이 폭주했다.[142] 이에 대해 1832년 공립학교협회는 마침내 향후 계속 이어지게 될 계획을 내놓게 된다. 공립학교는 모든 백인 학생들에게 문호를 개방하며, 누구도 수업료를 내지 않게 될 것이다. 이 방법만이, 가난하다고, 그래서 수업료를 낼 수 없다고 소외되고 따돌림당하는 자녀들의 모욕에 학부모들이 보이는 저항을 극복하는 길이었다.

뭔가 다른 방식의 경로를 택했던 다른 도시의 개혁가들 또한 결코 이와 다르지 않은 결과에 다다랐다. 1820년대 말, 모든 백인 아이를 위한 보통 공립학교의 목표는 사회 전체를 휘어잡을만큼 인기를 얻었다. 예를 들어, 1828년 필라델피아 주 의회의 한 위원회는 이런 보통학교에 대한 비전을 결코 실수라 할 수 없을 말로 표현하고 있다. 오로지 가난한 아이들을 위한 학교를 설립, 운영하는 대신, 이 위원회에 소속된 의원들은 "누구도 차별하지 않고 모든 아동에게 개방하는 학교를 원한다"고 했다. 이런 "보통 학교"는 쓰기, 읽기, 좀 더 고급교과를 배우는 것뿐만 아니라, 모든 학생에게 "가장 완벽하게 평등한 학습 여건"을 제공해주어야 한다고 했다.[143]

1830년대를 시작하면서 펜실베이니아 주의회는 모든 아동에게 다양한 계층이 뒤섞인 보통학교라는 구상을 다시 한 번 승인했다. 물론 백인만이 대상이었다. 한 의원은 무엇보다 "부자와 가난한 계층 간의 차이가 서서히 드러나"리라는 점을 경고했다.[144] 보통학교는 이런 도덕적 난제를 해결할 뿐만 아니라, 랭카스터 학교 시스템에 내재된 근본적 문제 또한 해결할 것이었다. 주의회는 이런 계층이 뒤섞인 학교들로 인해 펜실베이니아의 부유한 계층이 세금으로 운영되는 학교를 지원하게 될 것으로 기대했다. 결국, 다른 집 자식들을 위한 학교에 좀 더 많은 돈을 내라고 하는 일은 상당히 어려운 정치적 제안이었다. 여기에, 부자와 가난한 집 자식들을 위한 보통학교는 무단결석 문제를 해결할 것이었는데, 저소득계층 학부모들은 더 이상 가난하다고 경멸당하지 않으리라고 확신시킬 수 있기 때문이었다.[145]

실수

주의회에서의 논쟁에서 그 어떤 의회의원들도 랭카스터 교수법에 대해 입에 담지 않았다. 이들은 아이들이 훌륭한 교사를 만나게 될지 그렇지 않을지에 대해 논쟁하지 않았다. 이들은 크고, 개방된 랭카스터 학교가 배움의 장소로 가장 최선의 구조가 되는지 그렇지 않은지에 대해서도 논의하지 않았다. 이들은 신체적 체벌에 대한 찬반 입장을 두고 토론하지 않았고, 교육내용을 학생들이 암송하는 문제, 혹은 랭카스터가 그토록 애정했던 첨단 기술 기기를 둘러싸고 논쟁하지 않았다. 랭카스터 학교의 기본적인 문제는 여기저기에서 발견되었다. 개혁가들은 수업료로 지불되는 비용 때문에 가난한 집 아이들이 학교에 다니지 못한다, 그리고 조교는 공짜로 일하는 기회를 좋아한다고 생각했다. 또한 미국의 자선 전통은 근대적 공립학교 시스템의 책임을 충분히 감당할 수 있으리라고 생각했다. 이들은 랭카스터의 비전을 흠이 많기는 하지만, 비전 자체는 전부 타당한 것이기 때문에 수용해 왔었다. 하지만 머지 않아 이런 비전과 비전이 담고 있는 전제들이 잘못되었음을 알게 되었다.

이런 근본적인 문제들을 다루는 데 있어, 개혁가들은 아주 급진적인 변화를 보였다. 실제, 이들은 랭카스터의 구상과는 다른 근대적 공립학교를 만들었다. 이 와중에 자신들은 랭카스터 학교 시스템을 조금씩 고쳐 쓴다고 생각했는데도 불구하고 말이다. 예를 들어, 이들은 조교들에게 급여를 지급하고 훈련을 제공했다. 이들은 학교 재정 지원을 위한 시스템을 만들고자 협상하는 과정에서 전혀 예상하지 못하던 높은 비용을 맞추고자 노력했다. 이런 재정지원의 많은 부분을 세금에서 얻고자 했다. 이들은 단지 기초적인 수준의 공부를 넘어서는 수업들을 제공했다. 가장 중요한 점은, 이들은 모든 백인 아동을 전부 받아들였다는 것이다. 가난하건 부자건 상관없이. 간단히 말해, 이 모든 것이 바뀌었다. 아주 근본적인 변화가 이뤄진 것이다. 이런 변화는 부모와 가정들이 요구해왔던 것이었다. 그러나 1820년대 개혁가들은 아직 이런 사실을 눈치재지 못하고 있었다. 뿐만 아니라 이런 변화가 랭카스터 학교 시스템의 종말을 알리는 신호라는 것도 알지 못했다. 한동안, 이들은 더 이상 아동 노동에 의존하지 않는, 가난한 집 아이들에게만 아주 기초적인 수준의 공부를 시키겠다고 약속하지 않는, 도심 엘리트들의 자선사업가적 대의에 더 이상 의존하지 않는, 하지만 세금으로 재정을 지원하는 공적 서비스로 기능하는 랭카스터식이 아닌 랭카스터 학교를 유지했다.

역사가들이 랭카스터의 결함 가득한 비전이 거쳐온 길고 복잡한 궤적을 온전히 따라가는 것은 아주 어렵다. 당시 개혁가들은 학교 이름을 유지하면서 동시에 이 시스템을 버렸기 때문이다. 역사가들은 랭카스터 학교 교실에서 벌어진 교수법의 부상과 파멸에 초점을 맞춰왔다. 최소, 이런 교수법이 부수적이고 사소한 이슈가 아니라고 생각하면서 말이다.[146] 이 장에서 살펴본 것처럼, 최소한 뉴헤이븐 및 보스턴의 두 학교에서 랭카스터 교수법은 이후 수십 년 동안 상당히 인기 있었고, 또 성공적으로 적용, 실시되었다. 하지만 존 러벨 및 윌리엄 포울의 랭카스터가 보인 성공은 랭카스터 시스템에 대한 탁월한 이해라든지, 혹 이 시스템을 완벽하게 이행했기 때문에 일어난 것이 아니었다. 이런 성공은 포울 및 러벨이 랭카스터 학교를 충분한 재정지원과 함께 이행했기 때문이었고, 지역사회가 요구하는 학교를 만들어 학부모들의 관심사에 귀를 기울이고, 이를 즉각 반영하고자 애썼기 때문이었다.

하지만 대도시에서 엘리트 개혁가들은 이들 지역사회의 관심사에 귀를 기울이지 않았다. 이들은 1820년대를 거치면서 랭카스터가 꿈꿔온 구상이 얼마나 부적절한지, 또 얼마나 많은 결함이 있는지에 대해 인정하려 들지 않았다. 아무리 많은 노동계층 인사들이 이런 결함을 지적하더라도, 학생들이 학교에 오지 않는다는 점이 아무리 뼈아프게 분명해도 말이다. 만약 우리가 현재 엄청나게 많이 남아 있는 자료를 통해 대도시 개혁가들의 말만 보고 듣는다면, 아마도 1810-1820년대 내내 랭카스터 교수법은 정말 잘 작동했다고 여겼을 것이다. 1820년대 말이 되면, 이들의 학교에 대한 호감이 갑자기 떨어지면서 훈련받은 성인 교사들로 조교를 대체하고 교실 크기를 작게 만들고 기초 수준의 교과와 좀 더 고급수준의 교과를 섞어 제공하기 시작한다. 사실, 랭카스터 교육개혁이 실패했다는 미스테리를 풀려면, 이후 이들 학교가 랭카스터 교수법을 버렸다는 점에 주목해야 한다. 몇몇 사례를 보면, 이들 교수법은 나름 작동한 듯하다. 왜냐하면 이런 교수법이 풍부한 자원 및 기금을 사용하는 학교에서 활용되었기 때문이었다. 또한 이들 학교에서는 지역사회의 요구를 신경써 반영하고자 노력했다. 하지만 이런 자원이 없는, 그리고 지역사회의 요구가 무엇인지 제대로 신경쓰지 않는 학교들에서 이 교수법은 전혀 먹혀들지 않았다.

심지어 이 교수법이 버려지고 쪼개져 여기저기 흩어져버린 상황에서도 개혁가들은 랭카스터 학교라는 이름을 계속 붙들고 있었는데, 이게 상황을 좀 더 혼돈에 빠지게 만들었다. 즉, 개혁가들은 이들 학교에서 더 이상 랭카스터 교수법을 사용하지 않는데도, 계속 "랭카스터 학교"라는 이름을 고수했다. 실제로 이 시스템은 원래 의도되었던 바대로 존재했던 적이 없었다. 현실 세계에서 랭카스터 개혁에 따른 기적이란 결코 일어난 적이 없었다. 적어도 대도시의 학군에서 볼 때 말이다. 하지만 이런 사실은 교육개혁 정치학이라는 골치 아픈 현실세계에서 그다지 분명하게 드러나지 않았다. 이들 랭카스터 개혁이란 꿈이 전혀 작동하지 않았음에도, 개혁가들은 마치 거대한 성공을 달성한 것처럼 자신들의 업적을 자랑했다. 물론 초기에는 이게 먹혀들었다. 이들은 랭카스터 학교 시스템을 법률로 제정한다고 선언했다. 하지만 빈곤 계층의 가정들이 효과적으로 랭카스터 학교의 실행에 거부권을 행사하고 있음을 알게 되자, 이들은 랭카스터 학교 시스템에서 오랫동안 지켜오던 핵심 교의를 과감히 포기했다. 이들은 이 시스템을 너무도 갑작스럽고 과격하게 바꾸었는데, 이름 빼고는 전부 바꾼 셈이 된다. 심지어 소리가 울릴만큼 큰 랭카스터 학교교실마저 바꾸었으니 말이다. 랭카스터 교육개혁운동의 마지막과 조셉 랭카스터의 죽음은 둘 다 흉측한 사건이었다. 그럼에도 이 둘은 도심 공교육의 실제와 문제에 더 이상 적합하지 않다고 인지된 이후에도 한참 공교육 시스템 주변을 서성였다.

8장

이어지는 거창한 개혁

8장
이어지는 거창한 개혁

세상은 마치 아무 일도 없었던 듯 굴러갔다. 1838년 말 랭카스터가 추하면서도, 폭력적인 죽음을 맞기까지 도심 학교교육과 교육개혁 세계는 착착 길을 이어가고 있었다. 마치 랭카스터, 그리고 그가 내세웠던 속빈 약속은 아예 처음부터 없었던 것처럼 말이다. 뉴욕무상학교협회가 1806년 첫 랭카스터 학교의 문을 연 이후 30년이 넘었다. 그리고 펜실베이니아주가 필라델피아 공립학교에 필요하다며 랭카스터 교수법을 사용하라는 법안을 통과시킨 지도 이제 20년이 지났다. 교육개혁을 주장하는 새 세대가 주도권을 넘겨받았고, 이들은 당면한 과제들이 마치 새로운 도전인양 목소리를 높였다.

예를 들어, 매사추세츠주의 한 위원회는 1835년 보고서를 내면서 마침내 당면한 모든 교육문제를 해결할 방안을 찾았다고 했다. 이들 보스톤 지역의 개혁가들은 랭카스터 개혁이란 대낭패에서 한치의 교훈도 얻지 못한채, 이들에게 필요한 모든 대답을 근대 유럽 교육개혁에서 찾을 수 있다고 설명했다. 이는 다름 아닌, "프러시아의 교육시스템"이었다. 이들은 학교교육에 관해 "아주 잘 기획된 구상" 덕택에 부가적인 돈을 쓰지 않고도, 혹 더 이상의 세금 징수를 하지 않고도 "미연방에서 공교

육"의 질을 향상시킬 수 있다고 설명했다.[1]

역시나, 랭카스터가 죽고 난 이후 학교교육 논의는 1800년대, 그리고 1810년대에 흔했던 언어를 단순히 반복하는 것처럼 보였다. 1840년대 내내, 그리고 1850년대를 거치면서 도심 교육개혁에 열심이었던 지도자들은 수천 명의 불운한 아이들이 거리에서 불안하고 위험한 것들을 배우고 있다고 걱정했다. 소위 개혁가라는 사람들은 당황스런 심정으로 도심 교육의 난제를 바라보았고, 그토록 많은 수의 거리 아동에게 기초적인 학교교육을 할 가능한 방법이 무엇인지 도무지 갈피를 잡지 못하고 있었다.

이렇게 정신 사나운 아우성이 계속되고 있었음에도 불구하고, 1830년대 말이 되면 도심 공교육에 관한 거의 모든 것이 엄청나게 변화해 있었다. 1820년대가 시작되면서부터 그다지 가시적이지 않았던 랭카스터 구상 속 결함을 해결하고자, 그리고 학부모 및 다양한 전문가들의 불평불만에 대응하고자 보스턴, 볼티모어, 필라델피아, 뉴욕 등의 대도시 개혁가들은 전혀 써먹기 어려운 랭카스터의 학교 시스템을 땜질해 고쳐가기 시작했다. 이들은 조교를 교사로 교체했다. 흥미롭게 이들의 직위에 대한 호칭은 바뀌지 않았다. 학생들이 학교에 출석하기를 바라는 마음에 아주 기초적인 수준의 교과 이외에 고급교과를 더했고, 이를 가르칠 훈련받은 교사를 채용했다. 이런 일에 소요되는 모든 재정문제를 해결하고자 공공기금, 즉 이런저런 세금을 끌어들여 대충 해결해 나가기 시작했다. 가난한 집 애들뿐만 아니라 부잣집 애들도 섞여 함께 배울 수 있는 공립학교를 만들어내면서, 소위 자선학교 교육이란 딱지를 떼버리려고 노력했다. 이들은 이런 노력을 통해 자신들이 이전 랭카스터 학교 시스템을 버리고 새로운 공립학교를 만들었음을 인정하기 훨씬 전에 랭카스터 학교 시스템을 효과적으로 포기했다. 1830년대 말의 상황은 랭카스터 교수법의 실패가 아니었다. 이들 교수법은 사실 훨씬 이전에 실패했다. 이 시기의 변화는 교육개혁을 외치던 도시 지도자들이 마침내 실패를 솔직히 인정하게 되었다는 점이다. 1830년대 말이 되면, 대부분의 미국 도시는 그때까지 유지해왔던 랭카스터의 구상에 따른 개혁적 움직임을 공개적으로 쓰레기통에 처박아 버리게 된다.

우리는 이 장에서 랭카스터의 장밋빛 약속과 전망이 시들어간 이후 도심의 공교육 세계가 도대체 어떤 모양이었는지를 간략히 살펴보고자 한다. 이 당시 변화들은 상당히 깊고 엄청났다. 1800년 혹은 1818년을 관망했던 한 관찰자는 1838년의 변화된 상황에 어리둥절할 정도의 놀라움을 표했다. 1805년 전 세계적으로 유행하던 랭카스터 학교 시스템을 도입할 때와는 달리, 1838년에는 새로운 접근이랄 수 있는 하나하나에 대해 그 어느 것도 요란한 설명이나 안내조차 없었다. 이들 변화는 조금씩, 단편적으로, 그리고 지엽적으로 일어났다. 1838년 당시 개혁가들은 이들 문제에 대해 거시적이고 대단한, 그러면서 뭔가 새로운 해법을 갖고 있지 않았다. 이미 앞에서 잘 살펴볼 수 있었지 않은가? 안타깝게도 이들 개혁가들은 그런 거창하고 새로운 해법에 대해 좀 더 의심의 눈초리를 가져야 한다는 점을 전혀 배우지 못했다. 랭카스터의 약속들이 전혀 실현되지 않았기 때문에, 개혁가들은 도심 빈곤이란 난제와 좀 더 평등한 학교교육의 가능성에 대해 이전과 유사한 질문을 제기하고 있었다. 1830년대의 개혁가들은 일반적으로 지난 30년 동안 일어난 변화가 얼마나 크고 넓은지에 대해 제대로 이해하지 못하는 듯했다. 사회개혁을 이어가는 후속 개혁가 세대가 이런 상황을 제대로 알지는 못했지만, 이들은 이전 세대의 개혁가들이 닦아 놓은 길을 밟고 순조롭게 나아갔다.

거리에서의 죽음

그렇다면 조셉 랭카스터에게는 도대체 무슨 일이 있었던 것일까? 조셉 랭카스터의 마지막은, 마치 자신의 이름을 딴 교육개혁 운동의 마지막과 마찬가지로 불쌍했고, 또 이해하기 어려웠다. 1838년 10월 24일, 그는 가장 가까운 친구들조차도 멀어진 상태의 고립무원의 지경에 처해 있었고, 누구도 그의 구상을 심각하게 받아들일 것이란 희망 하나 남지 않은 상황이었다. 그는 당일 또다시 누군가를 설득해 자신의 학교 개혁 구상에 돈을 낼 것이란 희망을 버리지 않은 채 뉴욕시 어느 길가에 내려섰다.

그는 작금의 모욕적인 거절과 거부를 곱씹고 있었는지도 모른다. 그가 뉴욕에 온 것은 공립학교협회의 지도자들에게 새롭고, 비밀스러운, 심지어 이전보다 개선된 교육개혁 구상을 전하려는 것이었다. 그런데 이 지도자라는 작자들은 그를 만나주지도 않았다.[2] 랭카스터와 이전에 친구였던 한 인사는 당시 그가 불쌍한 동정의 대상이었다고 했다. "뚱뚱하고, 전혀 통제가 안 되는, 그러면서도 설득력이라곤 찾아볼 수 없는 정신의 집합체로, 마치 우리 주변에서 흔히 볼 수 있는 온 몸에 지방질이 잔뜩 낀 외양에 무례하고 불쾌한 행동거지를 보이는 사람과 같다"고나 할까?[3]

그는 또 다른 종류의 학교개혁 구상을 내세우지 못했다. 1838년이 저물어 가는 이 날, 그는 내달리는 마차 앞에 발을 내디뎠고, 안타깝게도 그 자리에서 죽음을 맞았다. 전혀 영예롭지 않은 종말이었다. 수년 동안, 그의 불운은 다시 극복되지 않았다. 1820년 필라델피아에서 재기불능 상태가 된 이후, 그는 볼티모어로 이주해 이 과정을 반복했다. 랭카스터는 늘 그렇듯 이국풍의 옷을 입고는 그란콜롬비아(현대의 콜롬비아, 에쿠아

도르, 파나마, 베네수엘라, 그리고 페루 및 브라질 일부를 포함하고 있음)에서 시몬 볼리바르가 세운 신정부가 랭카스터 학교 시스템을 이양하는 조건으로 2만불이란 큰 돈을 제공했다고 자랑을 늘어놓았다. 물론 뻥이었다. 결과만 놓고 본다면 카라카스에 학교 운영을 지도한다는 명목으로 1,300불을 받았다.[4] 그럼에도 불구하고, 랭카스터는 자신이 상상했던 보상금을 받겠다고 1824년 카라카스로 갔다.[5]

카라카스에서의 체류는 뭔가 이상했다. 랭카스터는 카라카스 랭카스터 학교에서 가르치기를 거부했고, 대신 자신은 "몸이 안 좋아 가르칠 수 없다"는 문구가 적힌 팻말을 대체로 학교 문에 달아두었다.[6] 그는 시몬 볼리바르가 무시하는 편지를 쓰느라 쉴새 없는 시간을 보냈다. 볼리바르가 결코 제안한 적 없는 액수의 돈을 달라는 내용을 담아서 말이다.[7]

카라카스에서 누추한 생활을 하는 동안 랭카스터의 딸인 벳시는 마침내 아버지에게서 탈출했다. 이런 사실에 랭카스터는 충격을 받았을 것이 뻔하다. 1824년 5월 24일, 그는 딸인 벳시와 전에 견습생이었던 리차드 존스와 함께 여행을 나섰었다. 그러나 이들이 미국을 떠나기 직전 벳시와 리차드는 이들의 오랜 관계를 청산했다. 이들은 수년 동안 랭카스터의 집에서 함께 살아왔었다. 그러면서 이들은 함께 정신병에 걸린 랭카스터 부인을 건사하고 랭카스터의 망상 및 약탈적 행위를 견뎌왔다. 이들은 잔뜩 화난 집주인을 피해 한밤중에 셋집을 버리고 도망가는가 하면, 거주했던 모든 도시에서 채권자들로부터 빚 갚으라는 독촉을 연기하느라 애먹었다. 그리고 랭카스터가 저질러 놓은 엉망진창인 상황을 타개하느라 녹초가 되었다. 이런 과정을 죽 거치면서 이 둘은 단지 고통을 함께 나누는 동료 이상의 관계가 되었다. 모두 카라카스로 떠나기 직전 이 둘은 부부가 되었다. 처음에 이들의 결혼으로 바뀔 것은 별로 없었다. 이들은 랭카스터의 자아도취적 행태를 견디고 있었다. 하지만 카라카스에서 시간을 보내면서 이들은 마침내 랭카스터에게서 벗어날 방도를 찾게 된 것이었다. 물론 랭카스터의 영향이 전혀 미치지 않는 곳이 없긴 했지만 말이다.[8]

결국, 이들의 탈출 기회는 예기치 않은 멕시코로의 여정에서 발생했다. 라틴 아메리카의 많은 국가들과 마찬가지로 멕시코의 지도자들은 자기 나라에 랭카스터 학교를 세울 수 있기를 오랫동안 소원해왔다.[9] 두 명의 멕시코 관료가 카라카스를 방문해 무상랭카스터 학교를 설립하는데 뭐가 필요한지에 대해 랭카스터와 이야기를 나누었다. 평소처럼 랭카스터는 말도 안 되는 요구를 해댔다. 방문자들은 그의 요구를 무시했지만, 그렇다고 이들이 애초 목표했던 무상학교를 포기시킬 정도는 아니었나 보다.[10] 1821년 스페인으로부터 독립을 선언한 멕시코는 그란콜롬비아와 마찬가지로 즉각 국가차원의 랭카스터학교네트워크(national network of Lancasterian Schools)를 설립했다. 그리고 1824년 멕시코시티에 랭카스터 회사(Lancasterian Company)를 만들고 첫 랭카스터 매뉴얼을 발간했다.[11] 랭카스터가 멕시코의 초청을 거부하자, 멕시코 신정부는 랭카스터 대신 리차드 존스를 초빙해 랭카스터 개혁 노력을 지도해주기를 요청했다.[12]

존스에게 이는 특별한 기회였고, 그는 이를 수락했다. 이 일은, 그가 마침내 랭카스터의 가정 내 잔악함에서 벗어나게 되었을 뿐만 아니라, 이 일을 맡게 되면서 비로소 자신과 아내 벳시와의 신혼집을 처음으로 장만하게 되었다.[13] 물론 이 과정은 쉽지 않았다. 존스는 멕시코시티의 학교 상황이 형편없음을 알게 되었다.[14] 처음에 어린 부부에게는 돈도, 친구도 없었다. 심지어 이들이 가르칠 수 있는 나름 학교다운 학교 하나 없었다. 늘 그렇듯 이들이 랭카스터에게 재정적 도움을 달라고 요청했을 때, 그는 아무런 것도 해 준 것이 없었다. 그러나 존스 부부는 이 상황을 잘 견뎌냈고, 이후 수십 년간 지속하게 되는 랭카스터 학교를 결국 과

달라하라(Guadalajara)에 세웠다.[15] 조셉 랭카스터는 카라카스에서 자신의 파괴적인 행동거지로 좌충우돌하는 동안 벳시와 리차드는 멀리 떨어져 이들만의 새 삶을 만들어갔다.

문명화된 세계

랭카스터 교육개혁 및 조셉 랭카스터의 개인 생애가 보인 처연한 실패에 익숙한 사람들에게 누구라도 랭카스터를 열렬히 따르는 추종자가 될 수 있었다는 사실은 사뭇 놀랍기 그지없다. 하지만 런던 보로우학교(Borough Road School)에서 랭카스터의 활동을 저 멀리 떨어져 지켜본 사람들은 초기 미국 도시 개혁가들만이 아니었다. 1808년으로 거슬러 올라가보면, 랭카스터 매뉴얼은 독일어로 번역, 출간되었고, 곧 다른 언어로도 번역되어 퍼져나갔다.[16] 1810년대 랭카스터가 영국 및 세계학교협회(British and Foreign School Society)의 이전 지지자들과 불화를 겪고 있을 때 랭카스터 교수법은 전 세계에서 차용되어 실행되고 있었다. 아이티, 칠레, 우루과이 등과 같이 신생 독립국이거나 곧 독립하게 될 국가들은 1810년대 독자적으로 랭카스터 학교를 설립했다.[17] 1810년대 말 영국 및 세계학교협회는 자신들의 랭카스터 학교가 프랑스를 점령했다고 자랑을 늘어놓았다. 그리고 이후 스페인, 러시아, 이탈리아, 벨기에에서도 랭카스터 학교들이 차례차례 문을 열었다. 캐나다에서 새로 문을 연 학교들은 엄청났다. 인도에서는 콜카타와 뭄바이에서 랭카스터 학교들이 세워졌다. 아프리카 대륙에서는 시에라리온에서 랭카스터 학교가 문을 열었다.[18]

1820년대 랭카스터의 개혁 구상이 미국에서 활개 치는 동안 랭카스터 학교는 전 세계적으로 퍼져나갔다. 프랑스와 스페인이 불행히도 랭카스터 학교에 대한 초기 열정을 거두어들이기는 했지만,[19] 영국 및 세계학교협회에 따르면 랭카스터 교수법만큼은 덴마크, 네덜란드, 그리스, 스웨덴, 몰타[20] 등 여러 국가와 라이베리아, 캐러비안해 지역, 오토만제국[21] 여기저기에서 수용되어 활용되고 있었다. 전 세계적으로 실제 학교도 존재했고, 더불어 학교에 대한 소문도 넘쳐났다. 종종 랭카스터 학교에 대한 이야기는 회자되면서 과장에 과장이 덧붙여졌다. 예를 들어, 뉴욕의 랭카스터 추종자는 랭카스터 교육개혁의 복음을 공유하길 바라면서 파리가 랭카스터 학교 시스템을 수용했고, 프랑스에는 수백 개의 랭카스터 학교가 이미 설립되었다는 식의, 정확한 사실보다는 열정에 찬 과장된 이야기를 보도했다. 이들 학교는 "빈곤 계층의 사람들이 대개 빠져들 수밖에 없는 비참한 무지에서 이들을 건져내겠다고 약속"한다는 말을 덧붙였다.[22] 당시 영국 및 세계학교협회의 나름 지적이고 온건한 지도자들은 사실 파리로부터의 이런 뉴스는 전세계의 랭카스터 교육개혁운동에 "적절하지 않다"는 점을 조심스레 시인했다.[23]

종종 전지구적인 랭카스터 개혁의 성공이 과장된 방식으로 소문이 퍼져나가는 것과 함께 랭카스터 학교들은 지역에 따라 서로 다른 목적을 내걸곤 했다. 글로벌 랭카스터 교육개혁운동을 이끌던 학자들이 기록하고 있듯, 랭카스터 학교들이 내세운 목적 및 목표는 광범위한 수준의 차이를 보이고 있었다.[24] 그럼에도 불구하고, 1820년대에는 전 세계적으로 몇몇 공통된 주제가 등장했다.

예를 들어, 미국에서는 그다지 논쟁이 심각하게 이뤄지진 않았지만, 글로벌 랭카스터 교육개혁모델는 반가톨릭운동으로 비춰지곤 했다. 예를 들어, 캐나다에서는 랭카스터 교사훈련원을 몬트리올에 세우는 일이

가톨릭 사제들로부터 거센 반대에 부딪혔다. 이들은 학생이 적절한 종교적 지침 없이 성경을 읽으리라는 생각에 반대했다.[25] 파리에서도 유사한 사례가 있는데, 부르봉 정부는 1824년 랭카스터 학교에 대한 지지를 철회하는데, 교수법이 가톨릭 원리와 충돌한다는 이유 때문이었다.[26]

가톨릭교에 대한 걱정은 여기저기에서 발견된다. 예를 들어, 랭카스터를 콜롬비아 카라카스로 초청했던 인사는, 자신은 이 시스템이 남아메리카에서 이 지역의 독특한 가톨릭 전통을 제거하길 바란다며 랭카스터에게 솔직히 말했다. 그가 에콰도르의 키토에서 보낸 서신에서 그는 랭카스터 학교 시스템이 "안데스의 가난하고 무지한 자식들에게 우리가 예배해야만 하는 신은 오로지 하나님 밖에 없음을, 성직을 맡은 신부들 또한 이들과 마찬가지로 죄 많고 죽을 수밖에 없는 사람들이라는 점을, 그리고 이들이 섬기는 우상은 안데스 사람들을 지어 만든 손으로 사라지고 없어질 물질로 만들어졌음을 가르치길 바랐다. 그래서 "랭카스터는 반드시 여기에 와서 우리를 에워싸고 있는 무지의 구름을 몰아내야 한다"고 했다.[27] 게다가 랭카스터의 친척으로 퀘이커교도였던 사람은 런던에서 랭카스터에게 편지를 보내면서, 자신은 랭카스터가 "새겨진 형상에 절하는 남아메리카 가톨릭교의 죄"를 치유해 주길 바랐다.[28]

적어도 남아메리카에서는 반가톨릭교 주제가 근대성 혹은 근대 공화국 시민이란 생각과 자주 뒤섞여 이야기되었다. 예를 들어, 새로 독립한 아이티에서 랭카스터 학교는 "독립적인 국가 정체성"을 만들어 내는 열쇠로 보였다.[29] 남아메리카에서도 일부 개혁가들은 랭카스터 학교교육을 근대적이고 해방된 세계에 참여하게 하는 열쇠로 구상했다.[30] 페루의 한 열혈 랭카스터 지지자는, "상호 가르침을 실천하는 이 시스템이 어떤 혁명을 만들어 낼지 감히 가늠할 수 없다"고 했다. 미국에서 랭카스터를 추종하는 사람들과 마찬가지로 남아메리카 개혁가들은 학교가 "무지"를 타파하리라고 믿었다. 하지만 미국 엘리트들과는 달리, 페루인들은 이렇게 꿈꿔온 변혁을 "문명 세계"에 참여하는 열쇠라고 보았다.[31]

미국의 펜실베이니아에서처럼 페루에서도 랭카스터의 약속은 결코 실현되지 않았다. 하지만 1810-1820년대 전 세계에서, 랭카스터라는 이름과 근대적이고 과학적인 랭카스터 학교 시스템이란 구상은 새로운 도시, 새로운 국가를 세우도록 하는 열쇠로 보였다. 1820년대 랭타스터와 함께 일했던 콜롬비아인들에게는 불행한 일이지만, 그는 콜롬비아인들에게 유럽 및 미국의 개혁가들에게 했던 일과 똑같은 방식으로 교훈을 남겼다.

진짜 가난한

하지만 랭카스터 자신은 이런 경험을 하면서 아무것도 배우지 못했다. 랭카스터는 완전히 상상 속에서만 꿈꾸던 돈에 대한 약속을 현실화하겠다고 카라카스로 이사했다. 그는 자신이 진짜 하려고 하는 바를 마침내 홍보할 수 있으리라 생각했다. 어마어마한 금전적 노다지가 모든 주변의 문제를 일거에 해결하리라는 믿음 말이다. 그는 카라카스에 머무는 동안, 그런 약속이 진짜 있었다고 믿는 듯했고, 이 큰 돈을 몇 번이고 써댔다. 상상 속에서 말이다. 랭카스터는 시범학교에서 가르치는 대신 대부분의 시간을 자신이 볼리비아 정부로부터 20,000불 한도의 신용대출을 받았다며, 런던의 금융인들을 설득하는데 보냈다. 이 큰 돈을 받지 못하게 되자, 그는 이 돈의 반만이라도 현금으로 받게 해달라고 애걸복걸했다. 별로 놀랄 것도 없이, 런던의 콧대 센 금융인들은 누구도 그렇

게 조잡하게 만들어진 신용대출에 기대 그토록 엄청나게 큰 금액을 랭카스터에게 내주려 하지 않았다.[32]

랭카스터가 괴롭힌 세계적 지도자는 시몬 볼리바르만이 아니다. 랭카스터가 1827년 여름 카라카스를 도망쳐 필라델피아로 돌아가기 전, 그는 영국왕 조지 4세(King George IV)에게 한 통의 편지를 보내며, "저는 수천 수만의 영국 신민들을 교육하는 수단을 갖고 있어서 전하뿐만 아니라 인류에 잘 알려진 사람"이라며 상기시켰다. 그는 왕에게 지금까지 자신에게 주어진 보상이라곤 청춘, 건강, 미래의 재정 안정성을 잃은 것뿐이라고 말했다. 그는 "지식과 자애로 백성들의 마음을 풍성하고 고양시켰지만, 정작 본인과 가족은 재정상 정말 **가난한 상태에** 놓여 있다"고 했다. 왕에게는 다행이라고 해야 할지 모르겠지만, 랭카스터는 이런 거대한 부정의를 해결할 수 있는 방안을 알고 있었다. 랭카스터는 왕실 금고로부터 자신에게 후한 연금보험을 내줄 것을 요청했다. 이 돈을 받게 된다면 카라카스에서 절망과 가난에 처한 랭카스터는 자신의 위신을 왕가를 지원하는 데 쓰고자 런던으로 돌아갈 용의가 있다고 했다.[33]

랭카스터가 이 편지에 대해 왕으로부터 아무런 답신을 받지 못한 것에 그다지 놀랄 것도 없다. 결국 그는 필라델피아로 돌아가 로버트 보우에게 끈질기게 돈을 요구했다. 어떤 때는 40불을 달라고, 또 어떨 때는 15불을 달라고 하면서, 자신이 처한 "금전 상황"에 대해 알 듯 모를 듯한 불만을 내뱉었고, 심지어 그 돈을 보우에게 되갚겠다는 더 믿을 수 없는 약속을 해댔다. 아마 "언젠가 하게 될 강연료를 받아" 갚겠다는 말이었을테다.[34] 그가 이런 이야기를 보우에게 할 당시, 그는 "수입을 얻을 그 어떤 가능성도 없었다." 이런 상황은 그가 카라카스로 떠나기 전부터 시작되었다. 하지만 그는 자신의 천재성에 걸맞은 대우를 결국 받게 되리라는 희망을 절대 버리지 않았다.[35]

물론 그렇게 되지는 않았다. 하지만 그런 노력을 하지 않았다는 말은 아니다. 랭카스터는 뉴욕주의 주지사에게 편지를 보냈다.[36] 그는 미국 대통령에게도 편지를 보냈다. 그는 1829년 앤드루 잭슨(Andrew Jackson) 대통령에게, 자신은 "인류에게 큰 발명품을 내놓았다. 이 발명품에 특허를 출원했다면 자신은 큰 부자가 되었을 것"이라고 했다. 그는 남아메리카에서 잔악하게 오해받고 있다면서, 대통령이 자신을 도와주는 것이 어떠냐고 요청했다.[37]

물론 잭슨 대통령으로부터 그 어떤 답신도, 혹 격려도 받지 못했다. 하지만 그는 지불될 돈을 찾아다니는 노력을 포기하지 않았다. 여기저기에서 이런 요구들이 끊임없는 당황스러움과 혼란을 일으키고 있는데도 불구하고 말이다. 예를 들어, 알바니 시장은 랭카스터가 자신의 명예를 위해 지역사회가 후원하라면서 정말 이상한 요청을 하자 단번에 거절했다. 시장은 랭카스터에게 알바니 사람들은 그런 일을 하지 않는다고 조심스레 설명했다. 여기에 더해, 비록 도시가 랭카스터의 전대미문의 후원금 요청을 배포한다고 해도, "정작 후원할 사람들은 거의 없으리라"고 했다.[38] 뉴헤이븐의 지도자들 또한 랭카스터의 요청에 혀를 내둘렀다. 1829년 여름 그에게 보낸 서신의 내용을 보면, 이들은 랭카스터의 "고충에 깊이 동정하는 바"이지만, 이들이 왜 자신들이 그의 빚을 갚자고 돈을 모아야 하는지, 그렇게 해서 그가 다시 영국으로 돌아가게 왜 도와야 하는지, 그는 왜 우리가 그래야 한다고 생각하는지 이해가 되지 않는다고 했다.[39]

끝도 없이 이어지는 랭카스터의 절망적인 재정 상황으로 인해, 그는 1829년 몬트리올로 옮겨 또 한 차례의 모욕과 수모를 겪어야 했다.[40] 뭐 마땅한 방법도, 돈도, 친구도, 그렇다고 한때 날렸던 시스템을 추종하던 사람들도 없이, 랭카스터는 1833년 다시 필라델피아로 돌아왔다. 여전히 그에게는 냉담한 태도였던 사람들에게, 그는 새롭고 실험적인 교육 시스템을 들려주고자 했다. 사람들의 호기심을 자극하기 바라는 간절함으로 말이다. 아주 어려운 일이 아닐 수 없었다. 당시까지 개혁가들은 교육개혁을 계속 진척시키고 있었기 때문이었다. 하지만 랭카스터는 포기하지 않았다. 그는 자신의 새로운 학교 시스템이 “조교제 교육 접근에 비밀스런 변경을 통해 엄청난 힘”을 끌어내리라고 약속했다.[41] 몬트리올에서 했던 방식대로, 랭카스터는 합당한 수준의 금전적 보상을 받기 전까지 자신의 새 계획이 뭔지 공개하려 하지 않았다. 하지만 새로운 시스템의 놀라운 결과를 자랑해 댔다. 몬트리올에서처럼, 랭카스터는 시험적인 과목으로 한 그룹에게 새로운 시스템을 사용해 보았다고 주장했다. 이들 20명의 학생들은 실험이 시작되기 전에 모범적인 배움에 대해 접해 본 적이 없었다고 랭카스터는 필라델피아 사람들에게 말했다. 그중 눈 한쪽이 실명인 상태의 아이가 있었는데, 그 또한 기초적인 읽기, 쓰기, 셈하기를 단 2달 만에 깨우쳤다고 주장했다. 또 다른 사례, “바보 천치, 거의 가망이 없어 보이는 저능아”가 있었는데, 그 또한 기록적인 시간 안에 읽고 쓰는 법을 배웠다. 이와 유사하게, 4살의 한 아이는 랭카스터의 탁월한 지도 아래 놀랄 정도의 빠른 학습 진도를 보여, “참관인들을 깜짝 놀래켰다.”[42]

랭카스터에게는 안타까운 일이지만, 대중을 상대로 한 이런 발표는 거의 완전한 허구였고, 랭카스터의 거짓말은 그마저 남아 있던 꽤 오랜 지지자들마저 등을 돌리게 했다. 예를 들어, 랭카스터는 필라델피아인들에게 로버트 보우가 자신의 새 프로그램에 보증을 섰다고 말했다.[43] 랭카스터는 보우가 직접 와서 자신의 새롭고 실험적인 학교를 점검해 주도록 갖은 애를 다 썼다.[44] 하지만 보우는 이를 거절했다.[45] 랭카스터가 또 다시 별 상관하지 않고 대중들에게, 보우가 자신의 새로운 학교에 와서 아이들을 점검했고, 그 아이들의 배움이 놀라울 정도로 탁월하다는 점을 발견했다고 말했다. 보우는 마침내 랭카스터가 보내오는 편지에 아무런 답도 하지 않았다. 랭카스터가 보우의 집 근처에 왔을 때, 보우는 집에 있지도 않았다.[46]

펜실베이니아에서 완전히 외톨이 되어, 몸도 망가진 상황에서 가장 열광적이던 이전 추종자들에게 외면당하자, 조셉 랭카스터는 1838년 뉴욕시로 길을 나섰다. 그 도시의 공립학교협회 지도자들에게서 주목도 받고 더불어 돈도 얻기를 바라면서 말이다.

메아리

20년 전, 랭카스터는 미국 도시 개혁가들로부터 환대를 받았다. 이들은 랭카스터가 "도심 부랑아" 문제를 해결할 수 있다고 여겼기 때문이었다. 1800년대 첫 10년간, 드 위트 클린턴이나 로버트 보우와 같은 도시 지도자들은 도시를 떠들썩하게 하는 가난한 애들 떼거리를 심히 걱정스런 눈초리로 경계했다. 대체로 이들은 이들 도시 부랑아들의 교육 부족에 대해 이야기하기는 했지만, 이들이 진짜 걱정했던 것은 뭔가 다른 것이었다. 사실 이들은 이 부랑아들의 교육 문제에 별 관심이 없었다. 대신 도시의 거리와 골목에서 제공되는 유혹적인 교육을 훨씬 더 걱정하고 신경썼다. 1810년대 엘리트들을 안절부절하지 못하게 만든 것은, 이 가난에 찌든 아이들이 읽고, 쓰고, 기도하는 법을 배우자고 학교에 가는 대신, 거리를 쏘다니며 좀도둑과 몸 파는 법을 배우는 것이었다.

1838년 랭카스터의 섬뜩하고 고독한 죽음 이후 한참이 지나, 도시 엘리트들은 또다시 걱정하기 시작했다. 1850년대 중반 한 뉴욕 인사의 말을 빌리자면, 수만 명의 도시 아이들이 학교가 아닌 거리에 있었다. 이 아이들은 "게으름 벽과 악에 대한 지식에 갇혀 배우고 있다." 떼로 몰려다니는 이 불운한 거리의 아이들은 지옥과도 같은 극악무도한 거리에서의 교육을 곧 "끝내고", "난봉과 범죄의 길에 접어들" 것이라고 이 인사는 경고하고 있다.[47]

뉴욕의 엘리트 지도자들은 1850년대 도시에서 커지는 가난한 부랑아들에 잔뜩 겁을 먹고 있었다. 1810년대 이전 세대 개혁가들이 그랬던 것처럼 말이다. 이들이 내놓는 신문에는 거리의 아이들에 대해 끔찍한 경고가 가득 들어 있었다. 이 아이들을 "'집 없는 애들', '아랍인', '부랑아', '시궁창 도둑놈', '길거리 쥐새끼'" 등으로 부르면서 말이다.[48] 한 대배심은 1854년 기소된 뉴욕 경범죄자의 80%가 미성년자들이었다고 보고했다.[49] 1800년대 중반을 살았던 엘리트들은 자기들만의 창으로 밖을 내다보고는, 이들 생각에 가난한 집 애들에게 적절한 학교가 부족한 위험한 상황에 처해 있다며 공포에 사로잡혀 있었다.

다른 도시에서도 개혁가들은 "거리의 교육", 아이들, 결국에는 엘리트들이 당하게 될 희생이란 위험에 대해 경고했다.[50] 매사추세츠주 로웰(Lowell, Massachusetts)과 같이 산업도시로 급성장하고 있는 지역에서 엘리트들은 1846년 학령기 아동의 1/3이 학교에 다니지 않는다고 경고했다.[51] 이들 가난한 아이들은 도시 생활의 모든 "부패하고 타락한 장면들"에 "계속 노출된" 삶을 산다고 경고하고 있다.[52] 1810-1820년대 그랬던 것처럼, 교육개혁가들은 이런 통계자료를 들고는 동료 엘리트 지도자들을 경악시키고자 노력했다. 더 많은 아이들이 건강한 기독교 교육을 받지 않는다면, "이런 자료가 전달해 주는 위험에 대해 우리의 언어가 더 이상 별다른 느낌을 전달해 줄 수 없게 될 것"이라고 로웰학교위원회

(Lowell School Committee)는 설명하고 있다.[53]

이런 경고가 아이들보다는 학교개혁가들의 정치적 전략에 대해 더 많은 것을 말해주고는 있지만, 이 아이들 또한 이전 세대의 아이들과 별다르지 않은 패턴을 반복하고 있음을 볼 수 있다. 가장 충격적인 사례를 들어보자면, 도심 공립학교가 정말 큰 변화를 겪으며 엄청난 개선이 이뤄졌음에도 불구하고, 도시 청소년들은 여전히 "무단결석"을 밥먹듯이 해댔다. 공립학교가 애들 가정의 필요에 부응하지 않자, 아이들은 학교에 가지 않았다. 예를 들어, 필라델피아에서 학생들은 형편없는 학교 여건에 불출석으로 대응했다. 1853년, 도시의 인종 분리된 일부 흑인 학교 여건은 눈 뜨고 보기 어려울 정도로 형편없었다. 예를 들어, 웨스트필라델피아학교(West Philadelphia School) 학생들은 교실 내 자기 좌석으로 들어가기 위해 뒤죽박죽 뒤섞인 가구 위로 오르거나, 혹은 아래로 기어들어 가야 했다. 이 학교 건물은 그 자체로 허물어지기 일보 직전으로, 겨울이면 망가진 창문 때문에 교실은 얼음장같이 추웠다.[54] 결과적으로 1850년대 개혁가들은 1820년대 개혁가들과 마찬가지로 "학생들의 들쭉날쭉한 출석"에 대해 걱정이 많았다.[55]

뉴욕에서도 가난한 집 사람들은 공립학교 상황이 맘에 들지 않으면 그 학교를 계속 피했다. 1820년대 개혁가들이 했던 것과 마찬가지로 다음 세대의 엘리트 지도자들 또한 학생들이 학교에 출석하게 만들려고 생각할 수 있는 모든 일을 시도했다. 이전 세대 지도자들의 실패에 대해 전혀 모르는 듯, 1840년대 뉴욕 공립학교협회는 또다시 엘리트 "방문자"를 가난한 집 가정에 가가호호 방문하게 해 자녀들을 학교에 보내라고 설득했다. 한 방문자가 숨 가쁘게 보고한 내용을 아래에서 볼 수 있다. 이 방문자는 "공립학교에 다닐 아이들을 탐문"하고 있었다. 이때 다음과 같이 비참한 상황을 목격하게 된다. "어머니"는 자신이 과부라고 했다. 하지만 이 방문자는 그 집에서 "아버지"라는 사람을 보게 된다. 그는 "바로 전날 감옥에서 출소"했다. 그 어머니는 어쩌면 남편도 자기 집을 방문한 이방인도 예상하지 않았을 것이다. 그 어머니는 아침 9시에 "뭔가에 잔뜩 취해서는 도저히 애를 불러들일 수 없는" 상태였다. 아버지와 어머니의 갑작스런 만남으로 "치고 받는 몸싸움과 떠들썩한 소란"이 이어졌다. 방문자는 도망쳤고, "이런 영향에서 구출되지 않는다면 절대 교육의 혜택을 받을 수 없는 이 도시의 아이들이 엄청나게 많다는 생각"을 갖게 되었다.[56] 1842년 공립학교협회는 애들의 결석 문제는 원래 생각했던 것보다 훨씬 더 복잡하다고 판단하면서 가가호호 방문하는 프로그램을 종료했다.[57]

뉴욕과 필라델피아의 엘리트 개혁가들만이 랭카스터 교육개혁운동의 명백한 교훈을 간과한 것이 아니었다. 오랜 대도시에서 랭카스터의 교실 관리 및 교수법이 땅바닥에 추락했음에도 불구하고, 미국의 서부 지역(주, 도시들)은 여전히 이 방법을 이용하겠다고 뛰어들었다. 예를 들어, 대부분의 랭카스터 개혁가들이 그의 뻥 튀겨진 약속에 앓는 신음소리를 낸 이후인 1820년대 말에도 켄터키주의 개혁가들은 이 패턴을 반복했다. 1829년 루이스빌은 그 동네 최초의 "공립조교제학교(public monitorial school)"를 세웠다.[58] 심지어 이 일을 맡기겠다고 랭카스터 교육개혁의 실패를 주도했던 노장 교육가, 베이커(Ed Baker)를 고용했다. 이 사람은 런던에서 랭카스터의 견습생 중 한 명이었다. 그는 알바니와 필라델피아의 랭카스터 학교에서 교사 경력을 쌓아 온 사람이었다. 1820년대 말 미 동부지역에서 랭카스터 교육개혁의 전망이 희미해져가자, 베이커는 또다시 서부로 이주하게 된 것이다.[59] 켄터키 사람들은 실패한 랭카스터의 방법이 자기 지역(주)에서 "대중적인 교육 수단을 확장해 내기를" 희망했다. 물론 필라델피아 및 뉴욕에서 무슨 일이 있었는지는 완

전히 모른 채 말이다.[60]

1837년 말, 필라델피아 및 뉴욕에서 랭카스터의 구상은 공식적으로, 그리고 대대적으로 배제되었다. 하지만 일부 서부 사람들은 랭카스터의 구상이 다른 곳에서는 작동할 수 있으리라고 생각했다. 야망이 컸던 두 명의 개혁가들은 "랭카스터 학교 시스템"을 미시간주, 일리노이주, 인디애나주, 미주리주에 도입하기를 희망했다. 이들의 말만 들어보면, 이들 "서부 지역"은 "랭카스터 학교 시스템의 극적인 성공"이 벌어질 수 있는 완벽한 여건을 갖추고 있었다.[61] 희망에 가득차 있던 서부 개혁가들에게는 미안한 이야기지만, 이 시스템 자체의 모순과 덜 익은 구상은 1820년대 그랬던 것보다 더 나은 성과를 보이지 않았다. 이 시스템은 이전의 다른 곳에서 보였던 모습보다 서부에서 더 나은 방식으로 작동하지 않았다.

세금과 수업료

이들 서부 지도자들이 자기들 문제를 랭카스터 해법이 해결해 주리라고 생각하던 시기, 랭카스터 개혁가들 또한 계속 움직이고 있었다. 1830년대 말이 되면, 랭카스터 학교에 이들 개혁가들이 만들어 내고 있는 땜질 처방이나 변경 사항은 단지 땜질이라거나 부분 변경이랄 수 없는 수준에 이르렀다. 볼티모어나 보스톤, 필라델피아와 같은 도시의 지도자들은 더 이상 랭카스터 학교를 변경해 운영하는 척하지 않았다. 대신, 이들은 이 시스템이 갖고 있는 실패를 인정하고 도시 학교를 개선하기 위한 다른 방법을 찾고자 했다. 뉴욕의 학교 지도자들은 랭카스터 학교라는 꼬리표를 약간 더 사용하기는 하지만, 이미 이 이름이 갖고 있는 원래 의미는 상실된 지 오래되었다.

아마도 1838년까지 가장 크고 중요한 변화라면, 도시 개혁가들은 더 이상 개인 자선사업의 일환으로 운영되던 자선학교를 기대하지 않게 되었다는 점이다. 만약 1810-1820년대의 시행착오가 이들에게 일말의 교훈을 주었다면, 전통적이라 할 자선 후원은 더 이상 근대적인 도심 공립학교 시스템에 도무지 적절하지 않다는 점이었다. 아주 천천히 진행된 일이기는 하지만, 이 과정은 말할 필요 없이 혁명적인 결과를 가져왔다. 1800년대 초 갑작스런 랭카스터의 유명세를 설명해 보자면, 그가 구상한 학교가 오랜 자선 학교 시스템을 바꾸지 않고도 보편적인 기초교육을 제공할 수 있다고 약속했기 때문이었다. 그는 어느 도시의 엘리트이건 그가 가진 부로 충분히 랭카스터 학교의 아주 적은 비용을 낼 수 있으리라고 약속했다. 1800년대 초의 열정적인 도시 개혁가들에게 이 약속은 나름 훌륭했다. 이들은 정부가 확실한 세금줄을 바탕으로 지원해 모든 시민에게 기초교육을 확실히 제공해 주리라 기대한다는 생각도 하지 않았고, 아예 그게 가능하다고 상상하지도 않았다. 보다 중요한 점은, 이들은 가난한 집 자식들의 학교교육에 대해 결정할 사람이 자신들이라고 생각했다. 하지만 랭카스터가 죽던 그 시기, 개혁가들은 비로소 무엇이 진실인지 깨닫게 된다. 세금 기반의 정부 지원이 공립학교 예산에서 아주 큰 역할을 해야 한다는 점, 이 재정지원에는 전문적이고 책무성에 기반한 감독이 엄격히 요구된다는 점이 분명해졌다.

개혁가들의 공교육에 대한 이런 가정이 변화한 상황에 대해 역사가들이 추적해내기는 쉽지 않다. 더불어 현대 우리가 이를 알아내기는 어렵다. 랭카스터의 초기 구상과 비교해 엄청 큰 변화가 보이지 않기 때문이다. 학교 예산을 세금에 기반해 지원한다는 이런 변화를 결정했다며 대대적으로 알리는 언론 기사 한 곳 없는 상황이니 말이다. 대신, 이런 변화는 1800년대 초반 개혁가들이 랭카스터의 망상적인 약속이 가진 이런저런 구멍에 땜질해 막고자 하지만, 이런 시도가 실패하면서 수십 년에 걸쳐 아주 조금씩 생겼다. 칼 캐슬과 낸시 비디와 같은 역사가들이 잘 보여주고 있듯이, 1840년대 이런 단편적인 변화는 엄청난 변화로 축적되었다. 이 당시 공립학교는 다양한 수입원으로 학교 비용을 충당할 수 있으리라고 기대했다. 여기에는 정부로부터의 재정지원이 포함되었다. 대부분의 도시에서, 이런 변화의 혁명적 성격은 여기 저기에서 간헐적으로 발생했다는 사실로 거의 드러나지 않았다. 뉴욕시에서 1932년이 되면 모든 공립학교는 수업료를 내지 않게 되었다.[62] 그러나 대부분의 지역에서 자녀 교육에 돈을 낼 수 있는 가정들은 그 이후에도 꽤 오랫동안 수업료를 냈다. 예를 들어, 뉴욕시를 제외한 다른 지역의 학부모들은 남북전쟁 이후까지도 공립학교에 "수업료 청구서"를 계속 받았고, 그에 따라 수업료를 지불했다.[63] 다른 주에서는 세금지원과 수업료가 혼합된 형태의 공립학교가 천천히 변화해 갔다. 단 한 차례의 극적인 변화는 없었다.[64] 일부 가족이 자기 주머니를 털어 가며 학교교육에 계속 돈을 내고 있는 한, 모든 아동이 공립학교에 다닐 수 있었음을 눈으로 확인하는 것은 상당히 어려운 일이다. 이들이 수업료를 부담할 수 있었든, 그렇지 않든 말이다.

자기들만의 교실

만약 1800년에 사는 사람이 1838년으로 시간 여행을 떠났다면, 그는 개혁가들의 태도에 상당히 다른 변화가 있었음을 충분히 알아차릴 수 있을테다. 랭카스터가 죽던 그 즈음, 훈련이라곤 받아본 적 없는 애들 교사로부터의 공짜 노동이란 허황된 약속은 완전히 무시되었다. 대신 다음 세대의 개혁가들은 보편적인 공교육의 꿈을 실현해낼 성인 교사에게 충분한 훈련을 어떻게 제공할 것인지 방안을 강구했다. 호레이스 만으로 대표되는 다음 세대의 개혁가들은 랭카스터 학교 시스템이 "경험 없는 애들이 전달하는 방해하고, 맹목적이며, 오도하는 우스꽝스럽게 그지없는 수업"에 의존했다고 말했다. 1843년의 한 연설에서 만은, 공립학교가 번영하기를 대중이 원한다면 새로운 영웅에 의존해야 한다고 했다. 바로 "뛰어난 교사" 말이다.[65]

이에 대한 대응의 일부라고 할 수 있는데, 다음 세대 개혁가들의 초점은 소위 "사범학교"라고 불리는 교사양성학교를 설립하는 것이었다. 1857년 워싱턴DC에 기반한 개혁가 그룹은, 흑인들을 위해 학교를 개선하는 유일한 희망은 좀 더 많은 흑인 교사를 훈련해 양성하는 것이라고 했다. 이들은 당시 흑인 대부분이 거주하던 남부 지역에서 백인 교사가 흑인 학생들을 가르칠 수 없다고 생각했다. 그래서 이 딜레마를 해결하자고 내놓은 방안은 훈련받지 않은 애들 교사(조교)에 의존하는 게 아니라, "좀 더 똑똑한 흑인 딸들"을 고용하는 것이었다. 이들에게 인문교육을 철저히 받도록 해 전문가 교사를 만들고 다시 남부로 보내, 결국 "지식과 신앙의 축복을 받도록 하는 것"이었다.[66]

무급의 애들 조교에서 유급의 훈련된 성인 교사로 이어지는 극적 변화는 그래도 사람들이 알아챌 수 있는 정도의 일이었다. 그럴 수밖에 없었다. 이 변화는 말 그대로 전통적인 면대면 재구조화가 반영된 것이었다. 동시에 가격표의 재구조화가 이런 변화와 함께 일어났다. 아마도 필라델피아에서 있었던 학교 건물의 변화가 이런 변화를 가장 잘 보여주지 않나 싶다. 1818년, 랭카스터가 미국에 도착하고 필라델피아를 비롯한 여러 도시들이 랭카스터 학교 시스템이 가져다 줄 혁명적인 진전을 기대하면서, 주정부는 랭카스터의 아주 구체적인 건축 설계에 따라 체스넛가(Chestnut St.)에 시범학교를 지었다. 뭐, 별로 싸지 않았다. 건축 대지와 가구, 기자재를 포함해 이 학교는 주와 해당 도시가 할 수 있는 아주 큰 투자였다. 하지만 랭카스터가 죽던 시기, 필라델피아는 또 다른 비싼 건축 프로젝트에 또 다시 돈을 들여야 했다. 랭카스터 학교수업에서 단호한 변화를 보이기 위해, 이 시범학교는 10개의 분리된 교실로 쪼개지고 각 교실은 각각의 훈련된 성인 교사가 맡아 가르치도록 했다. 1818년 랭카스터의 청사진에 따라 지어진 건축에 들어간 돈은 15,000불이었다. 1837년 랭카스터 이후 부동산을 리모델링하는데 든 돈은 10,000불이었다.[67] 필라델피아 학교 지도자들이 이를 인정하게 되기까지는 이후 수년이 걸리기는 하지만, 당시 이들은 랭카스터의 허황된 약속을 믿었던 것에 너무도 지친 상태라, 랭카스터식 학교건물을 재구조화해 다른 목적으로 활용하자고 또 엄청난 예산을 들이는 일에 별 주저함이 없었다.

상대적으로 늦은 시기, 학교 건물의 물리적 변화는 그간 수년에 걸쳐 진행되었던 변화를 공식적이고 또 비싼 돈을 들여 인정한 것에 지나지 않는다. 곧 랭카스터 이후 공립학교 건물 형태는 이렇게 일종의 표준이 되었다. 예를 들어, 1847년 보스톤 인근에서 새로운 세대의 개혁가들은 완전히 새로운 형태의 학교를 지었다. 이는 분리된 교실, 각 교실을 위한 교사를 둔 학교였다.[68] 새로운 형태의 학교는 훈련받은 성인 교사들이

필요했고, 각 교사는 각자 자기 교실을 맡아 가르칠터였다.[69]

뉴욕에서도 공교육에 대한 이런 새로운 생각들이 점차 표준이 되었다. 뉴욕에서는 랭카스터 학교 시스템의 문제를 해결하자고 변화를 위한 과감한 조치가 이미 만들어지고 있었다. 1820년대 중반, 무상학교협회는 이름을 공립학교협회로 바꾸었다. 1830년대 초반까지 이들은 교육과정에 이런 저런 다양한 교과를 포함시켰고, 가난한 집 애들뿐만 아니라 부자 집 애들도 받아들였다. 처음에는 학생 모두에게 수업료를 부과했지만, 이후 아예 수업료를 받지 않는 것으로 전환했다. 1834년 마누미션협회는 분리된 흑인무상학교의 관할 권한을 공립학교협회로 넘겨주었다.[70] 이때까지 초기 개혁가들이 상상했던 학교 시스템은 더 이상 남아있지 않았다. 마누미션협회나 무상학교협회 같은 단체를 세우고 이끌었던 엘리트들에게 공립학교는 자선학교와 다름 없었고, 다른 사람들의 자식을 위해 엘리트들이 운영하는 것이었다. 1830년대 중반, 사람들은 공립학교에 대해 더 이상 그렇게 생각하지 않게 되었다. 여전히 인종 간 분리된 학교로 운영되었지만, 공립학교는 도시의 학교가 되었고, 불운한 사람들을 위해 자애로운 자선사업으로 엘리트가 맡는 게 아니라, 모두를 위한 공적 서비스로 정부가 맡아 운영했다.

이런 모든 변화가 만들어지면서 뉴욕의 학교 지도자들은 원래 이름의 의미를 잃어버리고도 한참이나 구식 이름을 붙잡고 있었다. 예를 들어, 1836년 초, 공립학교협회는 사범학교(normal school)을 세우게 되는데, 이는 공립학교 시스템 내에서 활용할 유급의 성인 교사를 훈련하게 되는 구분된 기관이었다. 그러나 1836년, 뉴욕 사람들은 이 사범학교를 계속 "조교양성학교(School for Monitors)"라고 불렀다. "조교양성학교"에서 가르치는 교사들은 자신들을 조교(monitors)라고 부르기까지 했다. 하지만 이들은 일정한 급여를 받았고, 성인이지만 아직은 어린 예비교사들에게 예술과 과학 교과를 가르치도록 기대되었다. 이들의 기대는, 별 특별한 교육이 필요 없는 단순 작업으로 가르치는 일을 소개했던 랭카스터 매뉴얼과는 동떨어진 세계의 일이었다. 1805년 랭카스터가 맡았던 보로우학교에서 "조교"는 1836년 뉴욕 사범학교의 "조교"와는 완전히 다른 존재였다. 물론 같은 이름을 쓰고 있지만 말이다.[71]

"관련 없는 동작"

볼티모어에서 이런 변화는 훨씬 더 극적으로 일어났다. 아마도 도시의 지도자들이 랭카스터의 구상에 덜 투자했기 때문이지 않을까 싶다. 1819년으로 거슬러 올라가 보면, 도시의 지도자들은 랭카스터에게 볼티모어로 와서 랭카스터 학교를 하나 세워달라고 제안했다. 하지만 랭카스터는 이 기회를 날려버리는데, 다른 모든 도시에서 그랬던 방식대로 말이다.[72] 학교를 설립하는 과정에 랭카스터가 자기 의지로 참여하지 않게 되면서, 도시 지도자들, 최소한 이들 중 일부 지도자들은 랭카스터 공립학교 시스템을 성공적으로 구축하려고 계속 애썼다. 이들은 1825년 주의회에서 공립학교법을 통과시키려다 실패했다. 하지만 이듬해 1826년에 성공하게 된다.[73] 법도 마련되기는 했지만, 도시 지도자들이 학교를 세우고 운영하는 것은 쉽지 않았다. 랭카스터 학교는 실제 1829년까지 문을 열지 못했다. 1830년이나 되어서야 도시는 랭카스터식으로 지어진 학교 건물의 문을 처음으로 열었다.[74]

런던, 필라델피아, 뉴욕과 마찬가지로 랭카스터 학교교육에 대한 볼티모어의 투자는 아주 컸다. 하지만 다른 도시들과 마찬가지로 이 시스템은 곧 현실적으로 작동하지 않는다는 점이 밝혀진다. 1829년, 볼티모어의 한 교사는 랭카스터 매뉴얼에 따른 수업을 전혀 따라갈 수 없다고 보고했다. 그는 랭카스터의 "관련 없는 동작"이 필요하지도, 그렇다고 도움이 되지도 않는다고 생각했다.[75] 1831년 다른 교사는 볼티모어 공립학교에서는 랭카스터 시스템이 "거의 사용되지 않는다"고 설명했다. 심지어 해당 학교는 공식적으로 랭카스터 학교였는데도 말이다.[76] 1836년, 도시의 첫 공립학교에서 일하던 수석 교사(lead teacher)는 도시학교위원회에 조교제 접근을 포기하라고 압박했다. 그냥, 이 시스템은 작동하지 않았다.[77]

1838년 랭카스터의 소름끼치는 죽음이 있던 해, 볼티모어 공립학교 위원회의 지도자들은 청문회를 열었다. 1838년 기록에 따르면, "대중은 단기간에 랭카스터 학교의 기계적인 교수법과 무익한 동작, 그리고 이렇게 해서 전달할 수 있는 아주 제한적인 교육에 불만을 갖게 되었다."[78] 다른 도시의 학교 지도자들과 다를 바 없이, 볼티모어에 막 들어선 공립학교의 지도자들은 더 이상 조교를 사용하지 않겠다고 결정했다. 유급의 훈련받은 교사들이 "학부모들에게 훨씬 더 만족을 줄 것"이라고 설명하면서 말이다.[79]

필히 랭카스터 학교였을 볼티모어 학교의 교사들이 아주 오래 전 랭카스터 교실 관리 및 교수법을 버리기는 했지만, 이런 변화가 공식적인 정책에 반영된 것은 1830년대 말이 되어서였다. 예를 들어, 1839년 도시의 공립학교는 고용하는 교사의 수를 배로 늘렸다. 교사의 수가 8명에서 16명이 된 것이다.[80] 1840년, 이들은 분리된 교실이 있는 새 학교 건물을 지었고, 각 교실에서 훈련받은 성인교사가 가르치도록 했다.[81] 늘 그랬듯, 랭카스터 방법이 실패했다는 물증은 각 가정이 이에 대응하는 방식에서 가장 극적으로 나타났다. 다른 도시에서처럼, 볼티모어 사람들은 조교제 학교에 자녀들을 보내지 않았다. 학교위원회가 학교에 변화를 가져오자 출석자 수가 갑자기 높아졌다. 1838년에는 675명이었던 학생수가 1839년에는 1,126명으로 늘었던 것이다. 10년 뒤, 이 숫자는 계속 올라가, 1850년 7,093명에 이르게 되었다.[82]

폐기되다

필라델피아에서 랭카스터 개혁가들의 꿈은 대박과 같은 함성은 커녕 신음소리를 내며 죽어버렸다. 1818년으로 거슬러 올라가 보면, 펜실베이니아주는 대단한 정력을 내보이며 랭카스터의 약속을 받아들여, 주의 공립학교에서 "랭카스터 교육 시스템"을 사용하는 데 요구되는 법안을 통과시켰다. 이와 대조적으로 랭카스터 교수법에 대한 포기는 수년 동안 명확한 지침 없이 비틀거렸다. 1836년 펜실베이니아주는 이미 오래전 끝나버린 변화를 인정하는 차원에서 랭카스터를 요구했던 조항을 공식적으로 폐기했다.[83] 1836년 펜실베이니아 주의회가 인정한 바와 같이 랭카스터 학교 시스템은 필라델피아와 같은 근대 도시의 요구에 부합하지 않았다. 사람들은 도시의 학교 지도자들에게 학교에서 좀 더 고급 교과가 제공되어야 한다고 압박했다. 사람들은 도시 지도자들에게 단지 가난한 집 자식들만이 아니라, 4세 이상의 모든 백인 아이들에게 교육을 제공할 수 있는 공립학교를 운영해달라고 요구했다.[84]

랭카스터 교수법으로부터 공식적이고 법적으로 강제되는 이동은 필라델피아 학교 지도자들에게 기존의 공립학교를 조직할 수 있는 새로운 방법을 탐색하도록 했다. 1836년 이들은 비랭카스터 공립학교를 위한

"아주 많은 제안들"을 고려하고 있다고 안내했다. 심지어 몇몇 학교에서는 여전히 랭카스터 학교 시스템을 변함없이 유지하고 있었는데도 불구하고 말이다.[85] 이들은 뉴욕, 보스톤에 사절단을 보내, 이전에 랭카스터 학교였던 시스템에 어떤 변화를 만들었는지, 그 방법은 무엇인지에 대해 질문했다.[86] 1837년, 도시의 학교 지도자들은 자신들이 도대체 뭘 원하고 있는지 정확히 알지 못한 채, 랭카스터 학교 시스템은 더 이상 작동하지 않고 죽었음을 확인했다. 이들은 학교를 조직할 새로운 방법을 찾고자 애쓰면서, "아동 조교들은 불완전한 도움"을 줄뿐이라는 사실을 공식적으로 인정했다.[87]

도시의 지도자들이 랭카스터 교수법의 효과성이 없음을 공식적으로 인정한 이후로도, 필라델피아의 몇몇 공립학교에서는 여전히 랭카스터 교수법을 사용하고 있었다. 예를 들어, 롬바르드가에 위치한 흑인 학생들만을 위한 인종분리 학교에서는 거의 200명에 이르는 남아들을 위해 성인 교사 1명, 251명의 여아들을 위해 교사 2명만을 고용하고 있었다. 자금이 부족했기 때문이었다.[88] 한참 뒤인 1838년에도 교실이 부족해 이 지역의 롬바르드가에서 랭카스터 교수법을 계속 유지할 수밖에 없었다. 그런데 이때는, 이미 백인 아이들을 위한 학교에서 대체로 더 작아지고 구분된 교실에서 교사가 이끄는 수업을 제공하기 시작한 지 꽤 오랜 시간이 지났다. 광범위한 랭카스터 개혁의 실패 이후 뭔가 좀 더 개선하려는 노력의 일환으로 롬바르드가의 학교 건물이 분리된 교실로 구분된 것은 1838년 말이 되어서였다.[89]

흐지부지되다

필라델피아에서 1818년 랭카스터의 망상과도 같은 구상을 신실하면서도 법적 구속력있는 방책으로 받아들인 것은, 1838년 혹은 그 어느 때의 극적이면서도 새롭게 도입한 해법과 맞지 않았다. 분명한 것은 1838년, 엄청난 변화가 있었다는 점이다. 학교 건물은 큰 돈을 들여 새롭게 디자인되었다. 성인교사들을 훈련하고 고용하는데 또 큰 비용을 치렀다. 학교를 운영, 관리하는 체제 또한 변화되었다. 학교운영 재정을 관리하기 위한 전문적이고 세금에 기반한 관료체제가 확립되었다. 하지만 랭카스터가 했던 약속으로부터 멀어지게 되는 이런 변화는 결코 초기 수용태도와 같은 정도의 물결이 아니었다. 그리 놀랄 일도 아닌 것이, 야망에 가득한 도시 정치인들은 이런 실패의 증거들을 굳이 서둘러 대중에 공포하려고 하지 않았다. 랭카스터 교육개혁에 대한 열정의 폐기에 대한 대대적 안내는 없었다. 아마도 이를 대체할 만한 것이 무엇인가에 대해 완전히 몰랐기 때문이지 아닐까 싶다.

모든 도시에서 랭카스터 개혁의 약속이 극도로 비참한 수준으로 실패했음을 인지, 인정하는 것은 조금씩, 그리고 파편적으로 이뤄졌다. 팡파레는 없었다. 실제 변화가 일어났고, 그 변화는 극적으로 일어났다. 하지만 이런 변화는 학교 지도자들이 뽐내며 자랑할 만한 것이 전혀 아니었다. 아마도 이런 이유 때문에 학교 개혁을 주창하는 새 세대 개혁가들은 앞선 세대가 저지른 유사한 실수와 우연히 만나게 되었다. 이들은 학교가 아닌 거리에서 배회하고 있는 일군의 가난한 집 아이들을 보면서, 그 아이들에게 왜 학교에 가지 않고 "무단결석"을 하는지 묻지 않았다. 대신 이들은 자신들이 파악한 문제에 대해 또 다른 극적 해결책을 생각해냈다. 이들은 다음의 큰 교육개혁을 위해 프러시아를 쳐다봤다. 혹은 새로운 부류의 교사양성 사범학교를 생각해냈다. 이들은 복잡한 도시 문제를 해결하는 값싸고 손쉬운 답안에 회의적인 태도를 갖는 대신 도시 아이들에게 부여할 새로운 학교 시스템을 찾아다녔다.

랭카스터의 과장된 시스템에 대한 폭풍처럼 떠들썩한 경력이 이처럼 극도로 불만족스럽고 용두사미격의 결말로 끝난 것 때문에 역사가도, 현대인들도 랭카스터 교육개혁운동의 의미 및 중요성에 대해 오해하게 만들고 있다. 즉, 랭카스터 개혁의 시대를 단지 실수라거나 불운한 망상과도 같은 시기로 묵살해 버리려는 경향이 강하게 된 것이다. 비평가들은 극도로 바쁘게 움직이던 1820년대 내내 이어온 변화를 쉽게 무시하게 되는데, 따라서 도심 공립학교의 이야기를 훨씬 이후 시기에 시작하는 것으로 잡게 만든다. 갑작스럽고 극적인 랭카스터 학교 시스템의 도입이 없었다면, 랭카스터 시스템의 서투른 실패로 가려진 혁명적 변화의 중요성을 관찰자들은 쉽사리 평가절하해 왔다.

랭카스터의 경력이 이어지는 동안 도시 학교 시스템에 이어져 온 변화들을 소홀히 여기기는 너무 쉽다. 이런 변화가 주로 비공식적이거나 별 방해 없이 이뤄졌기 때문이다. 대단한 공적 논쟁, 그런 것은 없었다. 일련의 막바지 땜질과 수정이 이어졌을 뿐이다. 이런 단편적인 수정을 단계, 단계 이어가면서 랭카스터 학교 시스템은 누구도 의도하지 않았지만, 근대적인 도심 공립학교 시스템을 위한 중요하고 혁명적인 토대가 되었다.

결론

결론

결국, 미국에서 랭카스터 교육개혁운동의 중요성은 랭카스터 본인과는 거의 상관이 없었고, 1800년대 초 미국 도시들을 집어삼켰던 일련의 변화와 상관 있었다. 랭카스터가 자기 말로 도심 빈곤 문제를 기적적으로 치유해 줄 방안이라며 자기 방식의 학교운영방안을 소개했을 때, 도시 엘리트 지도자들은 도시 내에 함께 거주하고 있는 사람들에 대한 공포에 싸여 있었다. 드 위트 클린턴이나 로버츠 보우와 같은 지도자들은 돈을 별로 들이지 않고 자신들보다 못한 이웃을 몰아넣고 통제, 관리할 방법을 찾아다녔다. 이들은 이 도시에 무엇이 최선인지를 결정하는데 자신들이 가장 적절하다고 생각했다. 또한 이들이 생각하는 공익은 기껏해야 엘리트들의 자선이 어떠해야 하는가라거나, 가난한 이웃에게 최선의 관심거리를 엘리트가 어떻게 결정하는가에 달렸다는 것 정도였다. 랭카스터의 환상이 가져온 실패는 이런 전제가 비록 결국 쓰디쓴 죽음을 맞았다는 사실을 알게 한다. 오래 끌기는 했지만 말이다. 이런 일로 인해 공익에 대한 엘리트의 개념은 좀 더 근대적인 비전으로 진화했다는 복잡한 경로를 확인하게 된다. 즉, 공익은 좀 더 광범위한 대중이 정의하고 공적 재원으로 공익에 필요한 재원을 충당하게 한다는 비전 말이다.

하지만 그 시작은 이와 달랐다. 랭카스터는 자신의 학교 시스템이 모두에게 기본적인 학교교육을 제공해주리라고 약속했다. 이때 모두란 전통적인 자선학교 교육이란 편안한 범주 안에 있는 사람들만을 의미했다. 개혁가들은 속 빈 랭카스터 교육개혁모델의 약속에 꼼짝 못하고 붙잡혀 있었다. 그 약속은 근대적이었고, 도시적이었으며, 또한 기술집약적이었다. 엘리트들 생각에 랭카스터의 약속은 문제에 대한 해결책이 필요로 하는 모든 것을 담고 있었다. 엘리트들은 자기가 살고 있는 집 가까운 곳에서 벌어지고 있는 공립학교 모델이 나름 성공하고, 또 한동안 작동하고 있는 모습을 제대로 지켜보지 않았다. 만약 그랬다면 공립학교 개혁에 뼈 아프리만치 분명한 열쇠를 발견할 수 있었을 터였다. 머리 아픈 일도 적었을 것이고, 악다구니도 덜 썼을테고, 물론 돈도 덜 썼을 것이다. 분명한 열쇠란, 소위 공립학교는 적절한 수준의 재정지원이 필요하다는 점, 또한 지역사회의 필요에 부응해야 한다는 점 말이다.

되돌아보면, 우리가 얻을 교훈이 뭔지는 분명하다. 하지만 당시 랭카스터의 약속은 엘리트들에게 너무도 완벽한 것이었다. 랭카스터의 약속은 다른 근대적 경이로움이라는 변화하는 세계의 성취와 잘 어울렸다. 드 위트 클린턴은 자신이 거둔 거대하고 성공적인 이리호운하(Erie Canal)에 대해 열정적이었던 마음으로 자신의 거창했지만 성공하지 못한 랭카스터 학교에 대해 열정적이었다. 클린턴과 같은 인물을 두고 랭카스터의 속빈 약속을 그토록 열렬히 지지했냐고 손쉽게 비난할 수 있을지 모르겠다. 하지만 경기가 시작된 이후 내기에서 지게 되면, 그 게임은 나쁜 도박이 되어 버린다. 랭카스터 매뉴얼은 당대의 학교 개혁가들이 듣고 싶어했던 언어를 들려주었다. 개혁가들은 증거를 내놓으라고 압박했지만, 이들은 겨우 얄팍하고 조잡한 증거에 만족했다. 이들은 랭카스터의 구상이 진실일 수 있다고 이미 받아들이고 있었기 때문이었다. 이들은 어디선가 랭카스터의 것과 같은 해법, 즉 자신의 문제를 해결할 수 있는 대도시로부터 얻을 수 있는 과학적 시스템이 있다고 가정했다. 랭카스터가 거짓으로 가득한 약속을 들고 나타나자, 개혁가들은 맹렬하게 살피거나 찔러보지 않았다.

이 시스템이 애초 달성 불가능한 약속을 즉각 가져다주지 않자, 개혁가들은 곤경에 처하게 되었다. 이들은 랭카스터 학교 시스템에 목을 매왔었다. 말 그대로 여기에 큰 투자를 한 것이었다. 이 시스템이 약속대로 작동하지 않자, 이들은 지역민들의 요구에 부응하도록 랭카스터 시스템을 고쳐도 보고 또 땜질도 해댔다. 그러면서 이들은 근대적인 도시형 공립학교 시스템을 탄생시키게 된 것이었다. 개혁가들은 당황스런 이 과정에 대해 말하기 늘 어려워했고 조용한 채로 있었다. 따라서 역사가들은 느리고, 불규칙하며, 전혀 계획되지 않은 채, 아주 혼란스런 모습으로 이어진 절차가 랭카스터 교육개혁 운동에서 얻은 가장 중요한 교훈으로 이어졌다는 점을 밝혀내기 어려웠다. 각 가정들은 랭카스터 학교를 거부했다. 이들은 학교 밖으로 퇴장해 그 학교에 반대한다는 의사를 나타냈다. 이 일로 개혁가들은 랭카스터의 원래 구상을 조용히 수정해가며, 뭔가 완전히 다른 시스템을 만들어가야 했다. 사람들은 공립학교는 뭔가 달라야 하며, 뭔가 더 나은 것일 수 있음을 알았다. 도시를 벗어난 읍내, 시골마을들은 지역사회가 원하던 공립학교 비스무레한 것을 제공해왔다. 이는 로버츠 보우가 이들이 원한다고 했던 공립학교와는 정반대의 것이었다. 1820년대 텅 빈 랭카스터 학교교실에서 볼 수 있듯이 결과는 너무도 뻔했다. 하지만 이런 학교교실이 근대적인 공립학교로 변화하는 과정을 추적하는 일은 결코 쉽지 않다. 공상에 가득 찬 랭카스터 학교 시스템의 경이로움을 잘 담고 있는 수많은 매뉴얼 및 홍보 책자와는 달리, 학부모와 개혁가들 사이의 전해지지 않는 협상은 사료상에 간접적인 형태로

만 간간이 등장한다. 주고 받는 협상과정, 무단결석과 이로 인한 일련의 성공적이고 그렇지 못한 실험의 과정은 랭카스터 교육개혁운동의 중요성을 이해하도록 하는 열쇠가 된다. 정말 많은 학교 개혁 구상에서 볼 수 있듯이, 사람들의 관심은 랭카스터가 보여준 허세 가득한 선언과 과장된 설명에 집중되어 있었다. 교육개혁이라는 아주 고된 작업은 그다지 극적이지 않은 방식으로 발생했다. 아주 실용적인 수정 및 일시적이고 미봉책을 통해서 말이다. 공립학교를 만들어낸 사람들은 전 세계의 도심 엘리트들에게 전혀 실용적이지 않은 구상을 자랑스레 떠벌렸던 랭카스터가 아니었다. 그렇다고 근대적 공립학교를 만들었다며 스스로를 대견해하던 클린턴이나 보우도 아니었다. 공립학교를 만든 사람들은 학부모, 학생, 교사, 행정가들로, 개혁가들의 현실성 없는 계획을 지역사회의 요구와 바람에 맞춰 실용적인 교실로 탈바꿈시킨 장본인들이다.

이런 요구와 바람은 단지 그 도시의 동네 학교만을 위한 것이 아니었다. 동네 학교들 또한 나름의 문제를 안고 있었다. 하지만 랭카스터 운동이 지나간 이후의 도심 공립학교는 동네 학교 모델이라는 근본적인 약속을 개선했다. 즉, 학교는 지역사회의 요구에 부합하는 정도의 재정지원을 받아야 한다는 약속 말이다. 각 도시에서 이런 요구 사항은 동네 학교 수준의 요구보다 많았다. 도시 거주자들은 훈련받은 성인 교사를 원했고, 좀 더 긴 수업일수, 좀 더 차원 높은 고급교과, 그리고 고등학교까지. 이런 변화에는 돈이 들었다. 개혁가들은 이런 학교를 확장해 제공하는데 기존의 전통적인 자선과 후원에 의지할 수 없었다. 따라서 이들은 금방이라도 무너질듯한 기금지원 시스템을 뜯어고쳤다. 이 시스템은 세금 지원, 수업료 징수, 자선 후원금을 복합적으로 뒤섞어 보편적 공교육을 위한 곧 멈춰설 것 같지만 나름 작동하는 재정시스템이 되었다.

공립학교가 가난한 학부모들의 요구를 맞춰 진화하고 개선되면서 중산층 부모들 또한 학교에 관심을 갖게 되었다. 중산층 학부모들은 자기 자녀들이 다니지 못하는 학교에 왜 세금을 써야만 하냐고 물었다. 비록 인종 간 분리된 상태이기는 했지만, 공립학교가 모든 시민에게 개방되면서 가난한 계층 사람들은 이들 학교를 좀 더 열정적으로 받아들이게 되었다. 공립학교가 가난한 사람들에게 단지 펜이나 쥐어 주는 것 이상의 뭔가가 되었을 때 가난한 사람들은 기꺼이 전폭적인 지지를 아끼지 않았다.

이런 지저분한 과정은 절대 단 한 줄로 된, 혹은 배부 가능한 매뉴얼로 제작되어 홍보될 수 없다. 그 어떤 개혁 명사를 세계적으로 유명한 천재라며 거창한 경력의 소유자로 날아오르게 하지 않았다. 책에는 없는 진화과정의 각 단계 사료에는 명확한 기록들이 남겨져 있지 않다. 이런 모든 멋없는 상황, 불확실함, 끝없는 협상 속에서 이 과정은 근대적 공립학교 시스템의 창출을 예고했다.

할인된 유토피아

랭카스터 교육개혁운동의 역사를 깊이 파봄으로 인해 우리는 미국 도시 및 미국 공립학교 시스템의 서투른 진화에 대해 좀 더 분명하게 알 수 있게 된다. 하지만 이 이야기는 학교와 교육개혁에 관한 변하지 않고 지속되는 질문에 대해 통찰력을 갖다주기도 한다. 예를 들어, 랭카스터의 "망상"이 주는 명확한 교훈이라면 엘리트 개혁가들이 지혜보다는 훨씬 더 권력에 기대 이 개혁을 휘두른다는 점이다. 필라델피아의 로버츠 보우나 뉴욕의 드 위트 클린턴 같은 지도자들은 결코 바보가 아니었다.

이들은 심지어 랭카스터에게 속았다고 할 수도 없다. 이들은 랭카스터의 약속이 실현된다는 물증을 요구했었지만, 이들에게는 그 물증을 평가할 만한 경험이 없었다. 이들은 자신들이 학교에 대해 던지는 질문과 그 의미에 대해 알 수 있을 정도로 충분히 오래 교육계 혹은 학교에서 일하지 않았다. 학교에서 일한 클린턴의 경험은 단지 학생으로 다녔던 프린스턴대학교와 콜롬비아대학교에서의 경험, 딱 그게 전부였다. 보우는 자선학교에서 잠깐, 아주 잠깐 봉사활동을 하긴 했었다.[1] 하지만 이곳에서 그가 보낸 시간은 도시 교육의 문제를 자신이 충분히 이해하고 있다는 아주 잘못된 확신만 심어주는 계기가 되었다.

랭카스터가 이들에게 자신의 교수법이 기적적인 교육개선의 열쇠임을 확신시키고자 했을 때, 보우나 클린턴 같은 개혁가들은 제대로 된 질문을 랭카스터에게 던질 능력이 없었다. 이들은 그 어떤 성공적인 학교에 필요한 요소가 무엇인지 몰랐고, 따라서 이들은 랭카스터의 구상이 만들어내고자 하는 요리법에 어떤 결함이 들어있는지 알아차릴 수 없었다. 당시의 세대 전체에게는 불행한 일이지만, 보우나 클린턴 같은 개혁가들은 랭카스터가 자신의 허영심에 눈이 어두워 자신의 초기 성공이 무엇때문인지 설명해 내지 못한다는 점을 알 수 없었다. 랭카스터와 마찬가지로 랭카스터 교육개혁의 기치를 들었던 첫 세대는 학교 성공의 비밀이 교실 운영 방법을 완벽하게 시스템화하는 것으로 가능하다고 믿었다. 이들은 언제 어디서나 널리 적용되는 만능 매뉴얼을 만들어낼 수 있다고 믿었다. 전 세계의 어느 도시에나 물건 싸듯 포장해서 전달해 줄 수 있는 빠른 해결책들의 보따리 말이다. 이들은 이런 교수법 매뉴얼과 가이드북이 런던의 랭카스터 보로우학교가 성취한 마법과도 같은 성공을 청사진으로 만들고, 빠르고, 쉽게, 그리고 아주 값싸게 언제 어느 학교에서나 다시 그 성공을 반복해낼 수 있으리라 생각했다. 교실에서의 관리 및 교수법에 매몰된 이들의 근시안적인 초점은 이들이 얼마나 강박에 시달리고 있었는지 설명해준다. 또한 이들이 도대체 왜 우리가 앞의 3장에서 본 바와 같이 청사진, 스케치, 분단위 수업계획에 그토록 강렬하게 관심을 기울였었는지 이해하는 데 도움을 준다. 또한 이들이 왜 그토록 심혈을 기울여 상세하게 매뉴얼을 만들고 또 수정했는지, 또 그렇게 만들어진 각 매뉴얼이 학교 시스템을 좀 더 완벽하게 만든다고 주장했는지 알 수 있도록 해 준다.

랭카스터 교육개혁가들은 약간 더 많은 경험을 토대로 랭카스터가 전혀 의도하지 않았던 교묘한 속임수를 꿰뚫어 봤을 수 있다. 이들은 처음부터 교실 관리 및 교수법이 중요하다는 것을 알고 있었겠지만, 랭카스터가 통명스럽고 우스꽝스러울 정도로 소홀히 했던 좀 더 근본적이고 중요한 쟁점이 있었다. 이런 중요한 이슈들이 다뤄질 때, 즉 (뉴헤이븐의 존 러벨의 랭카스터 학교와 보스톤의 윌리엄 포울의 랭카스터 학교와 마찬가지로) 이들 학교가 충분한 재정지원을 받고 더불어 지역사회의 요구와 희망사항을 통합해낼 유연함을 갖고 있었을 때, 랭카스터의 방법은 나름 먹혀들었다. 만약 그렇지 않은 조건에서라면 아무리 공들여 세심하게 만든 수업계획이라도 랭카스터 학교가 작동하게 할 수는 없었다.

랭카스터 교육개혁운동의 첫 세대는 런던 보로우학교에서의 그럴듯한 성공을 보면서 랭카스터의 뻥 튀겨진 주장을 순진하게 받아들였다. 이들은 자기가 만든 교실 관리 및 교수법이 성공적인 학교의 핵심적인 열쇠라는 랭카스터의 약속을 전적으로 수용했다. 안타깝게 이들은 커튼 뒤편을 빼꼼히 들여다보고, 성공적인 학교의 근본적인 지원, 즉 랭카스터 자신은 전혀 의식조차 못 했던 지원이 무엇이었는지 따져 물을만큼 학교교육에 대해 충분히 알지 못했다. 예를 들어, 보로우학교에서 거둔 랭카스터의 실제 성공은 조교를 들인 학교 시스템 때문이 아니었다. 랭카스터가 새로 개발해낸 신기술 때문도 아니었고, 그렇다고 혁신적이라고 주장한 새로운 형태의 학교 건물 때문도 아니었다. 랭카스터는 이것들 때문에 학교가 성공했다고 했다. 아마 그는 진짜 그렇게 믿는듯했다. 하지만 보로우학교가 나름 번성했던 진짜 이유는 드러나지 않은 엄청 큰 기금이 학교를 지원하고 있었고, 불안한 에너지가 이 학교를 움직이도록 했기 때문이었다. 랭카스터는 자기 학교에 어마어마한 기금을 자원으로 쏟아부었다. 돈을 빌리고 경솔할 정도로 빌린 돈을 써대는가 하면 책(매뉴얼 및 지침서)을 만들어내는데 엄청난 돈을 계속 써댔다. 보로우학교의 성공을 가능하게 한 것은 감춰진 재원으로 랭카스터의 불법 비자금만이 아니었다. 학교가 문을 연 초기 몇 년 동안, 보로우학교의 성공은, 비록 추적해 밝힐 수는 없지만 랭카스터가 때맞춰 했던 투자라던가, 학교에 쏟아 부은 에너지, 학교 주변 이웃으로부터의 열렬한 지원, 한 푼도 받지 않고 학교일에 나섰던 애들 교사(조교)의 헌신 등 많은 이유가 있었다. 이 애들 교사는 랭카스터의 사적 학대를 받는 중에도 담대한 모습으로 공적 역할을 감당했었다.

본질적으로 랭카스터가 보로우학교에서 만들어낸 것은 학교라고 부를 수 있는 한 기관으로, 두려움, 엄청난 규모로 투자해야 기금, 에너지, 시간, 지역사회의 지원에 의존하는 사회 기관이었다. 하지만 랭카스터가 판 것은 학교라고 부른 그 기관에서 자신이 사용한 일련의 방법, 돈이 없는 상황에서도 돈 많은 학교들에게만 허용되었던 성공을 똑같이 만들어낼 수 있다고 약속했던 일련의 방법들이었다. 이는 단지 눈속임을 통한 사기 정도가 아니었다. 즉, 그리 간단한 일이 아니다. 랭카스터는 너무 멍청해서 자신이 얼마나 많은 돈을 학교에 쓰고 있는지, 자신의 견습생들이 보로우학교를 원기왕성하게 움직이게 하느라 얼마나 고통받고 있는지 전혀 몰랐다. 그는 자신의 방법이 아주 훌륭하게 지원되는 학교에서 사용될 때만 작동할 수도 있다는 점을 몰랐다. 그는 아마도 자신의 방법이 그 자체로 정말 근대적인 마법이라고 믿었던 듯싶다. 정말로 그랬던 것 같다. 그 마법을 상자 안에 잘 포장해 이 마법이 절실한 세계로 팔 수 있다는 믿음 말이다.

랭카스터 교육개혁운동의 진짜 비극은 이 망상에 그토록 많은 돈과 에너지가 투입되었다는 점이 아니다. 이런 실패의 교육이 꽤 오랫동안 전혀 관심 기울여지지 않은 채 잊혀졌다는 점이다. 개혁가들은 지역사회의 요구와 필요에 부합한 학교를 세운다거나, 이들 학교가 안정적이고 지속 가능하게 충분한 재정지원을 마련한다는 등 학교 성공의 근본적인 원인에 초점을 맞추지 않았다. 대신, 이들은 가장 간단하면서도 만병통치약과도 같은 해결책, 어떤 지역사회에라도 성공적인 조립식 학교를 전달해 줄 수 있는 극적인 개혁을 끊임없이 찾아다녔다. 이런 학교가 정말 필요로 하는 지원을 이들 학교가 제공해 줄 수 있는지, 혹 없는지에는 전혀 관심을 기울이지 않은 채 말이다.

공익을 위하여

랭카스터 교육개혁에 관한 이런 자세한 이야기는 공립학교 역사를 둘러싼 정말 오래된 질문 하나를 떠올리게 한다. 이런 공립학교는 가난한 사람들을 통제하기 위한 엘리트들의 계획이었던걸까? 혹 이런 학교들은 가난한 시민들이 요구해서 구현된 사회적 편익일까? 학자들은 1960년대부터 공립학교가 원래 도심 빈곤층을 통제, 관리하기 위한 부정적인 도구였는지, 학생들을 좀 더 나은 시민, 그래서 좀 더 온순한 노동자로 만들고자 했던 수단이었는지에 대해 꽤 긴 논쟁을 이어왔다.[2] 몇몇 학자들이 지적하고 있듯, 초기 공립학교는 단지 교육 감옥이 아니었다. 이들은 가난한 시민들이 요구한 결과물이기도 했다.[3] 이런 입장에서 보면, 미국의 공립학교는 음모를 꾸미는 엘리트가 애써 부과한 것이라기보다는, 정확하게 말해, 통제 관리받아야 할 사람들의 편익으로 만들어졌다.

랭카스터 교육개혁운동의 역사를 휙 둘러보면, 이 두 가지 입장을 지지할만한 증거들이 많이 등장한다. 한편으로, 랭카스터의 동료들은 이 학교라는 수단을 써서 도무지 다스려지지 않는 노동자들을 사회적으로 더 잘 통제하기를 꿈꿨다. 로버트 오웬이 스코틀랜드의 랭카스터 학교에서 보낸 서신을 보면, "아주 가난한 계층"에서 골라 보내진 이 학교의 학생들은 랭카스터의 구상에 따라 아주 쉽게 "아주 훌륭한 시종"으로 변모했다.[4] 미국에서도 로버츠 보우와 같은 자선사업가들은 이들의 새로운 랭카스터 학교들이 "게으르고 쓸모없는 부모"를 둔 "사악한 아이들"을 통제, 관리할 수 있는 최고의 방법이 될터였다.[5]

하지만 다른 한편으로, 랭카스터 학교는 종종 빈곤 계층 아동 및 이들의 부모들이 기꺼워하고 또 요구했던 것들이었다. 예를 들어, 역사가 칼 피터슨(Carl L. Peterson)이나 레슬리 헤리스(Leslie M. Harris)의 주장과 마찬가지로, 뉴욕의 흑인무상학교는 흑인 아동에게 단지 연필만 쥐어주는 수준 이상의 학교였다. 여러 사례들을 볼 때, 학생, 교사, 학부모들은 이들 학교를 직업적 성공 및 지역사회의 발전을 향해 진로를 개척하는 길로 만들고자 했다.[6] 백인 노동계층 또한 엘리트들이 짜놓은 계획에 단지 수동적인 희생양이 되지 않았다. 노동에 내몰릴 수밖에 없는 가난한 도시민들은 당시 빈민구호소와 같은 기관과 마찬가지로 학교에서 자신들만의 리더십을 나름 행사할 수 있었다.[7] 학교를 향한 이후 세대의 약속은 빈곤 계층을 공립학교라는 공간으로 데려다주었다. 앞의 6장에서 살펴봤듯이, 노동계층을 대변했던 전문가들에게 나름 괜찮은 공립학교는 다름 아닌 사람들의 가장 중요한 "대의"였다.[8]

다른 말로, 도심 공립학교의 탄생은 가난한 사람들을 통제하겠다고 엘리트들이 만들어낸 계획에 따른 것이었다. 진짜로. 하지만 도심의 공립학교는 가난한 사람들의 계획이기도 했다. 이들 학교는 가난한 부모들은 전혀 가질 수 없었던 교육적 혜택을 자기 자녀들에게 제공해주고자 했다. 더불어 동네 학교의 대응을 끌어들여 새로운 도시 공립학교에 투입했다. 우리가 소위 초기 엘리트들의 잔악하고 확신에 찬 홍보물만 읽는다든지, 혹 완고하고 대항적 수사법에 찌든 흑인 저널만 들여다본다든지, 혹 백인 노동계층 신문만 읽게 된다고 하면, 이 두 가지 일들이 어떻게 조합되는지 도무지 알아채지 못할 것이다. 이 일들은 기록된 장면 뒤에서 일어난 것들로, 기록에 나와 있지 않은, 학부모, 학생, 개혁가, 교사들 사이의 기록되지 않은 협상의 결과다. 이들의 오래 이어진 긴장은 결국 근대적인 도심 공립학교 시스템을 만들어내도록 했다. 우리가 6장에서 봤듯이, 이 열쇠는 말로만 오간 수사법이 아니라, 학교 출석률이었다. 가난한 집 사람들은 대체로 자녀를 위해 좀 더 많은 교육을 바랐다. 하지만 이들이 바란 것은 강압적이고 모욕적인, 그리고 자녀들의 귀중한 시간을 허비하게 하는 그런 학교교육이 아니었다.

엘리트들은 가난한 집 아이들에게 오로지 아주 기초적인 수준의 학교교육만을 제공하고 싶었을 테지만, 학생들이 학교에 출석하도록 꾀어내기 위해 어쩔 수 없이 개혁가들은 랭카스터 학교 시스템을 수정하고 개선할 수밖에 없었다. 결국 미국 도시의 공립학교는 단지 가난한 이들을 통제하고 싶어하는 엘리트의 도구로만 등장한 것이 아니었다. 더불어 단지 노동계층 혹은 흑인들의 요구에 대응해 만들어진 것도 아니었다.

도심 공립학교는 꽤 오랫동안 불편하고 어색한, 그러면서 간접적인 협상이 이어지면서 진화한 결과였다. 협상의 결과는 절망에 빠진 엘리트 개혁가들과 마찬가지로 절망하는 대중들 사이에서 이런저런 주장이 오가면서 만들어졌다.

이런 주고 받는 방식의 협상이 상당히 다른 부류의 학교를 만들자, 더 많은 사람들이 학교에 가고자 했다. 랭카스터가 꿈꿨던 원래 학교, 즉, 가난한 집 애들로 꽉 들어찬 엄청 넓은 도심 교육 공장은 고장나 부서졌다. 이들 학교는 자신의 존재감을 정당화할 수 있을만큼 학생들을 끌어들이는 데 실패했다. 하지만 좀 더 고급교과를 더하고, 훈련받지 않고 보수조차 한푼 받지 않는 애들 교사를 경험 있고 훈련받은, 그리고 보수가 주어지는 교사로 대체함으로써, 학교 지도자들은 드디어 새로운 종류의 공립학교를 만들어내게 되었다. 중산층 사람들 또한 이 학교를 원하게 되었다. 일단 랭카스터 학교가 가혹한 처벌이 아니라 일종의 무상혜택으로 비춰지자, 일단 이들 지도자가 지역사회의 요구에 대응하자, 이들 학교는 노동계층 및 중산층에 좀 더 매력적인 기관이 되었다. 6장에서 봤듯이, 부잣집 자녀들과 가난한 집 자녀들을 모두 받아들이는 도심 공립학교는 (물론 한동안 인종적으로 구분, 분리되어 굴러가기는 했지만) 랭카스터의 열정이 낳은 결과였다. 하지만 랭카스터가 상상하고 구상한 방식은 아니었다. 랭카스터를 추종했던 대부분의 교육개혁가들은 가장 가난한 이들만을 위한 학교를 바랐다. 하지만 이 계획이 실패하면서, 대신 상당히 다른 미국식 학교가 탄생한 것이다. 즉, 모두에게 개방되고 모두가 그 값을 치르는 공립학교 말이다.

미끼

역사가들은 이런 엉망진창인 상황을 피해왔다. 이들은 가난한 사람들을 위한 특정 도시 기관들에 초점을 맞춰 연구했었다. 이런 연구들은, 특히 미국 도시의 폭발적인 성장을 따라 각 기관들이 어색하게 근대화되는 방식에 대한 것이었다.[9] 이들 연구자는 1800년대 초 랭카스터 교육개혁운동의 중요성을 잘 알고 있었다. 사실 어떻게 이를 모를 수 있었겠는가? 하지만 이들은 랭카스터 구상의 실패가 어찌되었든 초기 도심 공립학교 시스템의 성공으로 이어졌다는 사실만 기록하고 있다.[10] 초기 미국 공교육 연구를 주도했던 역사가의 연구에 따르면, 근대 공립학교란 자식을 보게 한 것은 어찌되었든 랭카스터 개혁운동이었다. "이는 미국 공립학교의 기원을 뉴잉글랜드의 그래머스쿨에서 찾아내고자 했던 기존 역사와 완전히 배치되는" 이야기였다.[11] 하지만 근대 공교육의 이런 도심 기원 이야기는 다음과 같은 역설적인 질문에 부딪히게 한다. 미국사에서 가장 대단한 실패작이라 할 수 있는 것이 가장 위대하고, 또 가장 혁명적인 성공의 하나를 낳았다니? 도대체 어떻게?

실패와 성공 사이의 연관성을 이해하게 하는 열쇠는 사료 속 기록에서 그다지 분명한 물증으로 남아있지 않다. 이들 기록은 풀어내야 할 역설적 상황의 절반 정도에 대해서만 나름 명징한 근거가 된다. 즉, 랭카스터 학교가 어떤 모습이었어야 하는지에 대해 엄청나게 많은 자료가 있고, 그 이후 이들 학교가 어떤 모습이었는지에 대해 또한 엄청나게 많은 자료가 있다. 하지만 이들 간의 관계는 여전히 흐리고 탁한 모습으로 남아 있다. 조셉 랭카스터와 그를 추종했던 많은 사람들은 엄청나게 많은 홍보책자, 가이드북, 교수법 매뉴얼을 만들어냈다. 이들은 완벽한 학생이 가득 들어찬 완벽한 학교라는 꿈을 호화로울 정도로 세세하게 그려냈다. 이 완벽한 학생들은 모두 완벽하게 연출된 활동을 통해 완벽한 지식을 얻도록 움직이게 된다. 랭카스터의 구상이 1800년대 초 도심 엘리트들의 상상과 두려움이 뒤섞인 풍부한 토양에 안착했다는 점은 기록 속에 너무도 분명하게 제시되어 있다. 당시 지도자들이 랭카스터의 비현실적인 시스템에 빠져들게 된 정황은 나름 이해가 된다. 볼티모어에서 보스톤, 뉴욕에서 뉴헤이븐에 이르는, 그리고 이들 대도시 사이의 여러 도시에서 지도자들은 랭카스터의 구상에 따른 학교를 짓고, 이에 투자했다. 사료를 들여다보면, 이들의 꿈은 실패했고, 그것도 처절하게 실패했다는 점이 너무도 분명하다. 1838년 랭카스터가 죽게 되는 때, 개혁가들은 이들의 꿈이 일종의 환상에 지나지 않는다는 것을 어쩔 수 없이 깨달아야 했다.

유사하게, 사료 속 기록를 찾아 보면, 근대 공립학교 시스템이 이런 실패에서 등장했다는 증거가 엄청 많다. 1838년이 되면, 대체로 1818년의 흠 많은 각종 가정들은 고쳐졌다. 엘리트들이 기부한 돈은 모든 아동에게 학교교육을 제공하기에는 턱없이 부족하다는 사실이 1838년이 되면서 분명해졌다. 또한 좋은 학교에는 훈련받지 않았을 뿐만 아니라 무보수 노동에 내몰린 애들 교사가 아닌 훈련받은 성인교사가 필요하다는 점 또한 분명해졌다. 1838년 당시, 공립학교는 도시의 모든 아이들에게 좀 더 고급교과를 가르쳐야 할 필요가 있음 또한 분명해졌다. 가난한 집 아이들에게 단지 아주 기초적인 수업만 하는 것이 아니라. 무엇보다 중요한 사항은, 1838년 이 시기, 각 도시의 지방 정부에게는 모든 시민에게 근대 공립학교를 제공해야 할 책무가 있음이 분명해 보인다. 미국의 각 도시에서 새로운 시대의 새벽이 밝아 왔다. 적어도 미 북부지역에서는 그랬다. 학교는 더 이상 부잣집 아이들을 위해 기업가들이 제공하는,

혹은 가난한 집 아이들을 위해 교회나 자선사업가들이 제공하는 완전히 사적인 자원으로 여겨지지 않았다. 대신, 교육에 대한 새로운 비전이 규범으로 정착하게 되었다. 1818년 당시 엘리트들은 상상하지도, 더 나아가 그 상상에 따라 일을 추진하겠다고 절대 계획조차 하지 않았을 방식으로 말이다. 새로운 종류의 공립학교가 등장했다. 비록 인종에 따라 구분되고 분리된 방식이기는 했지만 더 이상 집안의 경제적 배경에 따라 애들을 구분, 분리하지는 않는 그런 공립학교였다. 말 그대로 숨 막힐 듯 기막힌 발전이었다.

역사가들, 그리고 일반 대중들은 도심 공립학교의 발전이 랭카스터의 죽음 이후에 일어난 일이라고 종종 가정하는 듯하다. 이들은 다음 세대의 덜 기만적인 성공에 집중 조명하는 방식으로 랭카스터의 실패한 성공이란 기만적인 수수께끼를 피해왔다. 호레이스 만과 같은 미국 남북전쟁 이전의 지도자들은 1840년대 랭카스터의 실패를 해결할 방안을 각 도시 및 읍 지역에 똑같이 확산시키는 역할을 담당했다. 이들은 랭카스터 학교를 근대적 공립학교로 전환시키려던 전혀 체계적이지 않은 땜질 처방 및 해결방안들을 체계화하려고 애썼다. 이들은 좀 더 훈련된 교사 채용, 확장된 수업 교과 제공, 기댈만한 세금 가용 등의 단편적인 개선을 일궈내면서 도심 공립학교를 만들어냈고, 이런 개선 사항을 단발적인 지원이 아닌 향후 공교육체제의 중요 요소로 계획해냈다. 하지만 호레이스 만과 같은 지도자들은 근대 공교육이란 복음을 전파한 사람일뿐, 이를 만들어낸 장본인은 아니었다. 하지만 만과 당대 지식인들이 미국 공교육의 "아버지"라는 미신은 아직도 견고하게 지켜지고 있다. 예를 들어, 만이 일했던 매사추세츠주의 의회사당 건물 밖에는 1840년대 호레이스 만이 해 온 일을 기념하며 그를 "미국 공립학교 시스템의 아버지"라고 호명하는 그의 동상이 서 있다. 역사는, 호레이스 만처럼 19세기 중반 보통

학교 개혁운동을 펼친 지도자들에게 명예를 부여하는만큼 그보다 이른 시기 사람들이 해 온 일에 동등하게, 혹은 충분한 정도로 명예를 부여하고 있지 않다. 역사는 거대한 변화가 1840년대 언저리에서 일어났다고 가정하는 듯하다. 먼지가 가라앉은 이후 비로소 시작하는 랭카스터의 설명하기 곤란한 역설을 피하려는 것 아닌가 싶다. 아예 누가 먼저 그 먼지들을 발로 차 소란을 일으켰는지 알아봐야 하는 게 아닌가?

사실, 가장 중요한 변화는 랭카스터가 있던 시기에 있었다. 호레이스 만이 일을 하던 시기가 아니라. 이런 연관성에 대한 설명을 포함시키지 않는다면 도심 공교육의 진화는 도무지 이해하기도 어렵고, 여전히 신비로움 속에 남아 있을 것이다. 대답은 완벽하다고 할 만큼 분명하지는 않다. 하지만 무엇이 도심 공교육의 진화를 가져왔는가에 대한 대답은 랭카스터의 “망상”이란 온전하면서도 엉망진창인 이야기 속에서 증류해낼 수 있다. 랭카스터 교육개혁운동이 장기간에 걸쳐 갖는 중요성은 지나치다 싶을 정도로 구체적인 랭카스터의 교실 관리 및 교수법에 있지 않다. 다시 이야기하지만, 이런 것들은 실패했다. 대체로, 이들은 실제 이행된 적이 전혀 없었다. 그토록 많은 도심 공립학교들이 수십년 동안 자기들을 “랭카스터를 따른다”고 했음에도 불구하고 말이다. 랭카스터 비전의 실패가 도대체 어떻게 도심 공립학교 시스템의 성공으로 이끌었는가를 이해하는 가장 최선의 방법은 랭카스터의 약속을 일종의 미끼, 즉 도시 전체의 아동에게 학교를 제공할 수 있는 가능성을 염두에 둔 도시 엘리트들을 꾀어 낸 유인으로 보는 것이 아닐까?

결국, 랭카스터는 전세계적인 유명세를 타겠다는 열망을 성취했다. 전 세계 도시 지도자들에게 도무지 다룰 수 없을 것만 같던 문제에 외관상 해답을 제공해주었기 때문이었다. 랭카스터 개혁이란 혁명이 있기 전 영국과 미국에서 통상적으로 있었던 전통적인 교육 방법을 활용해 오던 한 교사는 이 시기 나름 합당한 수준에서 수십 명을 교육할 수 있었다. 1800년대 초, 도심 엘리트들은 이런 전통적인 학교 시스템이 완전히 부적절하다는 문제에 봉착했다. 도시 거리를 배회하고 있는 수천, 수만 명의 가난한 집 아이들, 집안 형편으로는 개인 교사를 들일 형편이 안 되는 부모의 자식들, 이 모두에게 충분한 수의 교사를 제공하는 것은 불가능해 보였다. 하지만 문자해독 및 도덕이란 기본 교육조차 없이 이 아이들은 생산적인 산업 인력은 고사하고 법이나 제대로 지킬 수 있는 시민으로도 성장할 수 없었다. 도시 엘리트들의 걱정은 너무도 확고했다.

랭카스터 학교 시스템은 이런 불가능한 일을 해결하겠다고 시도했다. 랭카스터는 도시 지도자들이 아주 싼 값으로 보편적인 기초 교육을 제공하겠다고 약속했다. 또래 아이를 무보수 노동을 시키는 자기 학교 시스템을 통해서 말이다. 랭카스터의 망상적 시스템은 모두에게 열린 보편적 학교교육이란 약속을 허공에 매달아 흔들었고, 전 세계 도시 엘리트들은 이 미끼를 물어 유혹에 넘어갔다. 모두에게 학교를 제공하겠다는 데 헌신하게 되자, 이들 엘리트 지도자들은 도무지 현실성이라곤 없는 랭카스터 시스템이 작동할 수 있도록 갖은 애를 다 썼다. 랭카스터 학교 시스템의 결함에 대한 이런저런 해결방안, 땜질 처방, 수정, 현실적인 타협과 같은 노력을 통해 근대적인 도심 공립학교가 만들어졌다. 이런 과정에 호레이스 만과 같은 동상을 세워주기는 어렵다. 이런 공립학교 설립과정을 아우를 수 있는 딱 한 명의 "아버지"는 없다. 대신 지지부진한 과정을 거친 진화과정, 일련의 단편적인 변화 및 모호하기 이를 데 없는 수 많은 저항과 시위가 있을 뿐이다. 하지만 이런 포착해 내기 어려운 협상의 과정을 통해 근대적 형태의 도심 공립학교를 만들어냈다. 중요한 것이 바로 이 과정이었다. 단 한 명의 특정 지도자가 가졌던 열정, 혹은 야망이 아니라.

만약 도시 지도자들이 애초 랭카스터의 약속이 던진 미끼를 물지 않았다면, 이들은 이런 어색하고 오랜 진화의 과정을 시작조차 하지 않았을 것이다. 분명한 것은 도심 공립학교는 어떤 방식으로든 일어나기는 일어났을 것이다. 결국, 농촌 지역이나 작은 읍내에서 미국식 공교육의 양상은 수십 년에 걸쳐 만들어져왔다. 보통학교는 자잘한 지역 및 동네 아이들을 점점 더 많이 끌어모으게 되었다. 하지만 랭카스터 매뉴얼이 제공했던 불가능하긴 했지만 손쉬워 보이는 해결책이 없었다면, 도시 지도자들은 근대 도시의 거리를 배회하는 가난한 집 아이들 떼거리를 위해 이런 보통학교를 제공할 생각조차 하지 않았을 것이다. 랭카스터 개혁의 허황된 약속은 도시 지도자들에게 모두를 위한 학교를 제공해 줄 수 있다는 자신감을 부여한 유령 담보물이었다.

랭카스터 학교 시스템은 근대적 문제에 근대적인 대답을 제공하겠다는 약속을 했다. 하지만 그 대답은 사실 구식의 술책으로, 한물간 구상에 자신감과 확증 성향을 투영해야 비로소 맘이 편해지는 개혁가들에게만 단지 그럴싸해 보이는, 전혀 그럴듯하지 않은 위장된 가식덩어리였다. 이 엘리트라는 인물들은 선출된 관료들이 운영하고 세금을 쏟아부어야 굴러가는 학교 시스템으로 이 개혁의 물꼬가 이어지리라 예상하지 않았다. 가난한 집 애들에게 교육을 제공하는 것과 유사하게 좀 더 나은 형편의 집안 아이들에게도 교육하리라 예상하지도 않았다. 자기가 사는 도시를 근대화하는 것이 공익의 조정가로 존경받는 역할을 하는데 큰 비용을 치르라고 할 줄 예상하지도 않았다. 이들은 랭카스터 교육개혁이란 망상을 움켜쥐었는데, 이들 개혁이 자신들이 알아챌 수 있을 정도의 근대성이란 비전을 제공해주었기 때문이었다. 즉, 이들 지도자가 완전히, 그리고 안정적으로 통제해낼 수 있는 근대적 도시라는 비전 말이다. 하지만 엘리트 개혁가들은 모두를 위한 학교라고 약속하면서, 심지어 랭카스터의 비전에 따른 위축되고 부적절한 학교교육를 통해서도, 근대적 공립학교 시스템으로 이끌어지는 문을 활짝 열었다.

노트 및 참고문헌

저자 서문

1. 다음 자료 참조할 것. Adam Laats, "Betsy DeVos Wants to Resurrect an Old—and Failed—Model of Public Education," Washington Post, May 16, 2019, https://www.washingtonpost.com/outlook/2019/05/16/betsy-devos-wants-resurrect-an-old-failed-model-public-education/?utm_term=.e153ee0ea215.
2. 다음 자료 참조할 것. Dale Russakoff, "Schooled," New Yorker, May 12, 2014, https://www.newyorker.com/magazine/2014/05/19/schooled.
3. Matt Stieb, "Eric Adams Criticized for Proposing 400-Kid Zoom Classes, Year-Round School," Intelligencer, New York Magazine, June 13, 2021, https://nymag.com/intelligencer/2021/06/eric-adams-criticized-for-proposing-400-kid-zoom-class-sizes.html.

도입

1 "Lecture on National Education," 1834. [Flyer in the collection of the Library Company of Philadelphia.] 강조는 원문 그대로임.
2. Joseph Lancaster, The British System of Education: Being a Complete Epitome of the Improvements and Inventions Practised at the Royal Free Schools, Borough-Road, Southwark (London: Royal Free School, 1810), front matter.
3. De Witt Clinton, An Address, to the Benefactors and Friends of the Free School Society of New York, Delivered on the Opening of That Institution, in Their New and Spacious Building, on the Eleventh of the Twelfth Month (December) 1809 (New York: Collins & Perkins, 1810), 10.
4. An Act to Provide for the Education of Children at Public Expense within the City and County of Philadelphia (Harrisburg, PA: s.n., 1818).
5. Niles' National Register 10, no. 5 (November 3, 1838): 146.

6. John E. Lovell to Joseph Lancaster, February 14, 1823, box 2, folder 7, Lancaster Papers, American Antiquarian Society, Worcester, Massachusetts.
7. Michael B. Katz, Reconstructing American Education (Cambridge, MA: Harvard University Press, 1987), 25, 53.
8. Thomas Boese, Public Education in the City of New York: Its History, Condition, and Statistics (New York: Harper & Brothers, 1869), 27n2.
9. Boese, Public Education, 27.
10. 이 책의 5장에서 자세히 살펴보기는 하겠지만, 성공적인 공립학교 모델은 런던에서 시작된 것이 아니라 미국의 시골 동네 혹은 작은 읍내에서 시작되었다. 다음 자료 참조할 것. 예를 들어, Carl F. Kaestle and Maris A. Vinovskis, Education and Social Change in Nineteenth-Century Massachusetts(Cambridge: Cambridge University Press, 1980), 5, 24; Nancy Beadie, Education and the Creation of Capital in the Early American Republic (New York: Cambridge University Press, 2010), 147; Sun Go and Peter Lindert, "The Uneven Rise of American Public Schools to 1850," Journal of Economic History 70 (March 2010): 1-26; Johann Neem, "Path Dependence and the Emergence of Common Schools: Ohio to 1853," Journal of Policy History 28, no. 1 (2016): 48-80.
11. Hilary Moss, "Race and Schooling in Early Republican Philadelphia," in The Great Contest: The Founding Fathers, Education, and the American Philosophical Society, ed. Benjamin Justice (New York: Palgrave Macmillan, 2013), 103-18; Erica Armstrong Dunbar, A Fragile Freedom: African American Women and Emancipation in the Antebellum City (New Haven, CT: Yale University Press, 2008), 19-34; Jane E. Dabel, A Respectable Woman: The Public Roles of African American Women in 19th-Century New York (New York: New York University Press, 2008), 44-45; Leslie M. Harris, In the Shadow of Slavery: African Americans in New York City, 1626-1863 (Chicago: University of Chicago Press, 2003), 8; Sarah L. H. Gronningsater, "Practicing Formal Politics without the Vote: Black New Yorkers in the Aftermath of 1821," in Revolutions and Reconstructions: Black Politics in the Long Nineteenth Century, ed. Van Gosse and David Waldstreicher (Philadelphia: University of Pennsylvania Press, 2020), 116-38; Mark Boonshoft, "From Property to Education: Public Schooling, Race, and the Transformation of Suffrage in the Early National North," Journal of the Early Republic 41, no. 3 (Fall 2021): 1-36; Paul J. Polgar, " 'Whenever They Judge it Expedient': The Politics of Partisanship and Free Black Voting

Rights in Early National New York," American Nineteenth Century History 12, no. 1 (March 2011): 1-23.

12. Paul A. Gilje, The Road to Mobocracy: Popular Disorder in New York City, 1763-1834(Chapel Hill: University of North Carolina Press, 1987), 125; Robert E. Cray Jr., Paupers and Poor Relief in New York City and Its Rural Environs, 1700-1830 (Philadelphia: Temple University Press, 1988), 105.
13. Susan B. Carter, Scott Sigmund Gartner, Michael R. Haines, Alan L. Olmstead, Richard Sutch, and Gavin Wright, eds., "Table Aa832-1033—Population of Cities with At Least 100,000 Population in 1990: 1790-1990," in Historical Statistics of the United States: Millennial Edition (New York: Cambridge University Press, 2006).
14. Thomas Bender, Toward an Urban Vision: Ideas and Institutions in Nineteenth-Century America (Lexington: University Press of Kentucky, 1975), 19-27.
15. Michael B. Katz, In the Shadow of the Poorhouse: A Social History of Welfare in America (New York: Basic Books, 1986), 11-12; David J. Rothman, The Discovery of the Asylum: Social Order and Disorder in the New Republic (Boston: Little, Brown, 1971), 58, 61; Raymond A. Mohl, Poverty in New York, 1783-1825 (New York: Oxford University Press, 1971); Billy G. Smith, The "Lower Sort": Philadelphia's Laboring People, 1750-1800 (Ithaca, NY: Cornell University Press, 1990); Michael Meranze, Laboratories of Virtue: Punishment, Revolution, and Authority in Philadelphia, 1760-1835 (Chapel Hill: University of North Carolina Press, 1996); Gary B. Nash, The Urban Crucible: Social Change, Political Consciousness, and the Origins of the American Revolution (Cambridge, MA: Harvard University Press, 1979); Simon P. Newman, Embodied History: The Lives of the Poor in Early Philadelphia (Philadelphia: University of Pennsylvania Press, 2003), 9; Billy G. Smith, ed., Down and Out in Early America (University Park: Pennsylvania State University Press, 2004); Ruth Wallis Herndon, "Poor Women and the Boston Almshouse in the Early Republic," Journal of the Early Republic 21, no. 3 (Fall 2012): 349-81.
16. Newman, Embodied History, 2.
17. 아직도 우리 주위를 맴도는 호레이스만(Horace Mann)의 신화에 대해서는 다음 자료 참조할 것. 예를 들어, Nomi M. Stolzenberg and David N. Myers, "Private Schools Have Public Responsibilities Too," Atlantic, September 22, 2022; Anya Kamenetz, "School Is for Everyone," New York Times, September 1, 2022.

18. Lawrence A. Cremin, American Education: The National Experience, 1783-1876 (New York: Harper & Row, 1980), 396.
19. Carl F. Kaestle, Pillars of the Republic: Common Schools and American Society, 1780-1860 (New York: Hill & Wang, 1983), 41.
20. Kaestle, Pillars of the Republic, 59.
21. Carl F. Kaestle, ed., Joseph Lancaster and the Monitorial School Movement: A Documentary History (New York: Teachers College Press, 1973), 47. Kaestle made the argument for a much earlier starting point for public schools in many of his works. 다음 자료 참조할 것. Carl F. Kaestle, "Common Schools before the 'Common School Revival': New York Schooling in the 1790s," History of Education Quarterly 12, no. 4 (Winter 1972): 466: "The most important turning point between the informal colonial mode of education and the nineteenth-century concept of a consolidated system was not, in New York City at least, in the 1830s and 1840s, but around the turn of the century." For more recent mentions of the earlier roots of modern American public school systems, see also Benjamin Justice, The War That Wasn't: Religious Conflict and Compromise in the Common Schools of New York State, 1865-1900 (Albany: State University of New York Press, 2005), 18, 25; David Komline, The Common School Awakening: Religion and the Transatlantic Roots of American Public Education (New York: Oxford University Press, 2020), 3, 13.
22. Mora Dickson, Teacher Extraordinary: Joseph Lancaster, 1778-1838 (Sussex, UK: Book Guild Limited, 1986); Joyce Taylor, Joseph Lancaster: The Poor Child's Friend; Educating the Poor in the Early Nineteenth Century (Kent, UK: Campanile, 1996).
23. Komline, Common School Awakening, 19-29.
24. Kaestle, Pillars of the Republic, 76-103; Carl F. Kaestle, The Evolution of an Urban School System: New York City, 1750-1850 (Cambridge, MA: Harvard University Press, 1973), 145-57; James W. Fraser, Between Church and State: Religion and Public Education in a Multicultural America, 2nd ed. (Baltimore: Johns Hopkins University Press, 2016), 22-64; Steven K. Green, The Bible, the Schools, and the Constitution: The Clash That Shaped Modern Church-State Doctrine (New York: Oxford University Press, 2012), 18-19; Justice, War That Wasn't, 37; Komline, Common School Awakening, 9, 16-17; R. Laurence Moore, "Bible Reading and Nonsectarian Schooling: The Failure of Religious

Instruction in Nineteenth-Century Public Education," Journal of American History 86, no. 4 (2000): 1588; Noah Feldman, "Nonsectarianism Reconsidered," Journal of Law and Politics 18 (2002): 66.

25. Kaestle, Pillars of the Republic, 56-57, 192-217.
26. Kaestle, Joseph Lancaster, 46-49.
27. Marcelo Caruso and Eugenia Roldan Vera, "Pluralizing Meanings: The Monitorial System of Education in Latin America in the Early Nineteenth Century," Paedagogica Historica 41, no. 6 (December 2005): 645. See also Komline, Common School Awakening.

1장. 런던 보로우거리

1. Edward Flavin Wall Jr., "Joseph Lancaster and the Origins of the British and Foreign School Society" (PhD diss., Columbia University, 1966), 38.
2. "A Short Account," 1802, box 15, folder 1, Lancaster Papers, American Antiquarian Society, Worcester, Massachusetts (hereafter cited as "LP"); Joseph Lancaster to the Duchess of York, 1804, box 1, folder 1, LP.
3. Mora Dickson, Teacher Extraordinary: Joseph Lancaster 1778-1838 (Sussex, UK: Book Guild Limited, 1986), 5-15.
4. Wall, "Joseph Lancaster," 24-29. See also David Komline, The Common School Awakening: Religion and the Transatlantic Roots of American Public Education (New York: Oxford University Press, 2020).
5. "A Short Account," 1802, box 15, folder 1, LP.
6. See Komline, Common School Awakening, 19-24; see also Wall, "Joseph Lancaster," 53.
7. Wall, "Joseph Lancaster," 46.
8. "Education Society," box 4, vol. First Folio, LP.
9. Joseph Lancaster, The British System of Education: Being a Complete Epitome of the Improvements and Inventions Practised at the Royal Free Schools, Borough-Road, Southwark (London: Royal Free School, 1810), 45.
10. Jonathan Walken Phipps to Joseph Lancaster, 1806, box 1, folder 4, letter 1, LP; Phipps to Lancaster, 1806, box 1, folder 4, letter 2, LP.

11. Joseph Lancaster to the Duchess of York, 1804, box 1, folder 1, LP; Duke of Bedford to Joseph Lancaster, September 8, 1805, box 1, folder 4, LP.
12. Wall, "Joseph Lancaster," 48-51.
13. "Proceedings of a Meeting Held on 2nd Day Monday 7 of 1st Mo 1804, at the Schoolhouse Borough Road—Georges Fields," box 15, folder 1, LP.
14. "Act Incorporating the Free School Society, Passed April 9, 1805," New York Free Society Trustees Meeting Minutes, New-York Historical Society, New York, New York; see also An Account of the Free-School Society of New-York (New York: Collins, 1814), 5-8.
15. Marcelo Caruso and Eugenia Roldan Vera, "Pluralizing Meanings: The Monitorial System of Education in Latin America in the Early Nineteenth Century," Paedagogica Historica 41, no. 6 (December 2005): 651.
16. Joseph Foster to Joseph Lancaster, September 2, 1813, box 12, folder 1, LP; "Minister of Denmark" to Joseph Lancaster, April 27, 1813, box 1, folder 5, LP.
17. Letters Written from London, Descriptive of Various Scenes and Occurrences Frequently Met with in the Metropolis and Its Vicinity. For the Amusement of Children. Illustrated by Plates (Philadelphia: Jacob Johnson, 1808), 13.
18. Wall, "Joseph Lancaster," 132.
19. Catherine Maria Sedgwick, The Deformed Boy (Boston: Munroe & Francis, 1826), 23.
20. Anonymous, Little John, the Farmer's Boy (New Haven, CT: S. Babcock, 1832), 3.
21. "Account of money collected by Joseph Lancaster for Free School, between April 20, 1800 and March 22, 1801," box 3, folder 5, LP.
22. 다음 자료 참조할 것. David Barclay to Joseph Lancaster, February 9, 1805, box 164, folder 2, LP, Gratz Collection, Historical Society of Pennsylvania, Philadelphia (이하 본문에서는 "GC"라고 표기할 것임). 해당 자료 전체는 비슷한 내용의 서신으로 가득차 있는데, 주로 돈을 보내면서 홍보자료를 보내는 것이었다.
23. Charles Pickton to Robert Ould, June 10, 1814, box 12, folder 4, LP.
24. Charles Pickton to Robert Ould, June 10, 1814, box 12, folder 4, LP.
25. Thomas Noon Talfourd, "Addressed to Mr. Joseph Lancaster on his Plans for the Education of the Poor" (Reading: Theodore Page, May 28, 1810), box 14, folder 6, LP.
26. Wall, "Joseph Lancaster," 115.
27. Charles Pickton to Robert Ould, June 10, 1814, box 12, folder 4, LP.

28. Wall, "Joseph Lancaster," 86.

29. Thomas Sturge to Joseph Lancaster, July 28, 1809, box 164, folder 8, GC.

30. 미국고문서협회(American Antiquarian Society)에 보관되어 있는 랭카스터 관련 수집된 사료 파일에서 이런 논쟁에 관한 기록을 살펴볼 수 있다. 다음 자료 참조할 것. box 1, folder 1, and box 2, folder 2, LP. See also Wall, "Joseph Lancaster," 89-185.

31. 다음 자료 참조할 것. Robert Owen to Joseph Lancaster, 1813, box 2, folder 1, LP. 이 편지 속에는, 그 유명한 사회 개혁가가 위원회가 제시한 가이드라인 수용을 전달하고자 노력하고 있다. 이 대답을 촉구하도록 만든 랭카스터의 원 서신은 남아있지 않다. 그러나 랭카스터는 부당하다며 불평했다. 오웬은 편지를 보내, 랭카스터는 "틀림없이 위원회에게 속고 있었다. 이 위원회가 당신(랭카스터)의 이익을 가로채고 아주 즐거워한다"고 했다.

32. Joseph Lancaster to William Allen and Joseph Fox, April 29, 1814, box 2, folder 2, LP.

33. Joseph Lancaster, memorandum, December 4, 1813, box 2, folder 2, LP.

34. Francis Place Papers, British Library, London (hereafter cited as "FPP"), Add. MSS 27, 823, fol. 25.

35. FPP, Add. MSS 27, 823, fol. 25.

36. FPP, Add. MSS 27, 823, fol. 26.

37. FPP, Add. MSS 27, 823, fol. 26.

38. FPP, Add. MSS 27, 823, fol. 26.

39. FPP, Add. MSS 27, 823, fol. 26.

2장. 도시의 아이들

1. 보우는 수십년동안 필라델피아의 모든 개혁운동에 참여해 왔다. 다음 자료를 참고할 것. "Public offices and Societies in which Roberts Vaux has served," manuscript, n.d., box 5, folder 19: Miscellaneous—Charitable organizations, Vaux Family Papers, 1739-1923, Collection 684, Historical Society of Pennsylvania, Philadelphia. Vaux was Philadelphia's exemplar of changing ideas among urban elites about helping and controlling their poor neighbors. On Vaux, see Michael Meranze, Laboratories of Virtue: Punishment, Revolution,

and Authority in Philadelphia, 1760-1835 (Chapel Hill: University of North Carolina Press, 1996), 1; Roderick Naylor Ryon, "Roberts Vaux: A Biography of a Reformer" (PhD diss., Pennsylvania State University, 1966), 31. On changing ideas about benevolence, see Michael B. Katz, In the Shadow of the Poorhouse: A Social History of Welfare in America (New York: Basic Books, 1986), 11-12; David J. Rothman, The Discovery of the Asylum: Social Order and Disorder in the New Republic (New York: Little, Brown, 1971), 94, 137, 188; Robert E. Cray Jr., Paupers and Poor Relief in New York City and Its Rural Environs, 1700-1830 (Philadelphia: Temple University Press, 1988); Monique Bourque, "Poor Relief 'Without Violating the Rights of Humanity': Almshouse Administration in the Philadelphia Region, 1790-1860," in Down and Out in Early America, ed. Billy G. Smith (University Park: Pennsylvania State University Press, 2004), 190.

2. Jean Barth Toll and Mildred S. Gillam, eds., Invisible Philadelphia: Community through Voluntary Organizations (Philadelphia: Atwater Kent Museum, 1995), 695.
3. Roberts Vaux, Eighth Annual Report of the Controllers of the Public Schools of the First School District of the State of Pennsylvania; With Their Accounts (Philadelphia: Printed by Order of the Board of Control, 1826), 6.
4. Pennsylvania Society for the Promotion of Public Economy, Report of the Committee on Public School to the Pennsylvania Society for the Promotion of Public Economy (Philadelphia: SPPE, 1817), 6-8.
5. Manual of the System of Teaching Reading, Writing, Arithmetic, and Needle-Work, in the Elementary Schools of the British and Foreign School Society, 1st American ed. (Philadelphia: Philadelphia Society for the Establishment and Support of Charity Schools, published by Benjamin Warner, printed by William Fry, 1817), xii.
6. De Witt Clinton, An Address, to the Benefactors and Friends of the Free School Society of New York, Delivered on the Opening of That Institution, in Their New and Spacious Building, on the Eleventh of the Twelfth Month (December) 1809 (New York: Collins & Perkins, 1810), 9, preface.
7. Clinton, Address, 7.
8. Clinton, Address, 7.
9. Some Very Gentle Touches to Some Very Gentle-Men/by a Humble Country Cousin of Peter Pindar Esq.; Dedicated to All the Little Girls & Boys, of the City

of New York (New York[?]: n.p., 1806). [Handmade book in the collections of the American Antiquarian Society, Worcester,Massachusetts.] 필라델피아에서도 백인 엘리트들은 도심 거리에 "아이들, 개, 돼지"가 가득하다고 걱정했다. See Simon P. Newman, Embodied History: The Lives of the Poor in Early Philadelphia (Philadelphia: University of Pennsylvania Press, 2003), 1.

10. Thomas Bender, Toward an Urban Vision: Ideas and Institutions in Nineteenth-Century America (Lexington: University Press of Kentucky, 1975), 3.
11. Susan B. Carter, Scott Sigmund Gartner, Michael R. Haines, Alan L. Olmstead, Richard Sutch, and Gavin Wright, eds., Historical Statistics of the United States: Millennial Edition (New York: Cambridge University Press, 2006).
12. Andrew Lees, Cities Perceived: Urban Society in European and American Thought, 1820-1940 (New York: Columbia University Press, 1985), 9.
13. Paul A. Gilje, The Road to Mobocracy: Popular Disorder in New York City, 1763-1834 (Chapel Hill: University of North Carolina Press, 1987), 133.
14. Gilje, Road to Mobocracy, 133.
15. Cray, Paupers and Poor Relief, 116.
16. Timothy J. Gilfoyle, City of Eros: New York City, Prostitution, and the Commercialization of Sex, 1790-1920 (New York: Norton, 1992), 31.
17. Raymond A. Mohl, "Education as Social Control in New York City, 1784-1825," New York History 51, no. 3 (April 1970): 221.
18. From an address by the American Society for the Encouragement of Domestic Manufactures, quoted in Bender, Toward an Urban Vision, 19.
19. An Account of the Free-School Society of New-York (New York: Collins, 1814), 4.
20. De Witt Clinton, Twelfth Annual Report of the Free-School Society of New York (New York: Collins, 1817), n.p.
21. An Account of the Origin and Progress of the Savannah Free-School Society, Instituted in the Year 1816 (New York: Day & Turner, 1819), front matter.
22. Tina H. Sheller, "The Origins of Public Education in Baltimore, 1825-1829," History of Education Quarterly 22, no. 1 (Spring 1982): 35.
23. Joseph Lancaster, Improvements in Education, as It Respects the Industrious Classes of the Community: Containing, among Other Important Particulars, an Account of the Institution for the Education of One Thousand Poor Children, Borough Road, Southwark; and of the New System of Education on Which It Is Conducted, 3rd ed. (New York: Collins & Perkins, 1807), vi.

24. Pennsylvania Society for the Promotion of Public Economy, Report of the Committee on Public School, 8.
25. Clinton, Address, 7.
26. Gilfoyle, City of Eros, 63.
27. Gilje, Road to Mobocracy, 263.
28. Carl F. Kaestle, Pillars of the Republic: Common Schools and American Society, 1780-1860 (New York: Hill & Wang, 1983), 30-31.
29. Manual of the System, B [front matter paginated by letter].
30. Lancaster, Improvements in Education, vii-ix.
31. An Account of the Female Association for the Relief of the Sick Poor, and for the Educationfor Such Female Children as Do Not Belong to, or Are Not Provided for, by Any Religious Society (New York: Collins, 1814), 5.
32. John C. Van Horne, "The Education of African Americans in Benjamin Franklin's Philadelphia," in "The Good Education of Youth": Worlds of Learning in the Age of Franklin, ed. John H. Pollack (New Castle, DE: Oak Knoll, 2009), 92.
33. Erica Armstrong Dunbar, A Fragile Freedom: African American Women and Emancipation in the Antebellum City (New Haven, CT: Yale University Press, 2008), 56-57.
34. Leslie M. Harris, In the Shadow of Slavery: African Americans in New York City, 1626-1863 (Chicago: University of Chicago Press, 2003), 86.
35. Carla L. Peterson, Black Gotham: A Family History of African Americans in NineteenthCentury New York City (New Haven, CT: Yale University Press, 2011), 65-69.
36. Jon Teaford, "The Transformation of Massachusetts Education, 1670-1780," History of Education Quarterly 10, no. 3 (Autumn 1970): 290.
37. Stanley K. Schultz, The Culture Factory: Boston Public Schools, 1789-1860 (New York: Oxford University Press, 1973), 11-23; William J. Reese, The Origins of the American High School (New Haven, CT: Yale University Press, 1995), 7; William Michael Weber, "Before Horace Mann: Elites and Boston Public Schools, 1800-1812" (EdD diss., Harvard University, 1974), 54.
38. Nancy Beadie, " 'Encouraging Useful Knowledge' in the Early Republic: The Roles of State Governments and Voluntary Organizations," in The Founding Fathers, Education, and "The Great Contest": The American Philosophical Society Prize of 1797, ed. Benjamin Justice (New York: Palgrave Macmillan, 2013), 87.

39. An Act for the Encouragement of Schools, Passed at the Eighteenth Session of the Legislature of the State of Newyork and of the Independence of the United States the Nineteenth 1795, 9, Collections of the Library Company, Philadelphia.
40. Toll and Gillam, Invisible Philadelphia, 695.
41. Harry S. Silcox, "Delay and Neglect: Negro Public Education in Antebellum Philadelphia, 1800-1860," Pennsylvania Magazine of History and Biography 97 (October 1973): 444.
42. Arthur Donaldson, Has Established a School Back of No. 88, North Front Street, Philadelphia, for the Tuition of Children of Colour of Both Sexes, in Reading, Writing, and Arithmetic, Collections of the Library Company, Philadelphia.
43. Weber, "Before Horace Mann," 45.
44. Sharon Braslaw Sundue, "Confining the Poor to Ignorance? Eighteenth-Century American Experiments with Charity Education," History of Education Quarterly 47, no. 2 (May 2007): 123-48.
45. Sundue, "Confining the Poor to Ignorance?," 134.
46. Peterson, Black Gotham, 69; Harris, In the Shadow of Slavery, 64.
47. Kaestle, Pillars of the Republic, 38; Van Horne, "Education of African Americans," 88.
48. Kaestle, Pillars of the Republic, 31.
49. Manual of the System, B.
50. Toll and Gillam, Invisible Philadelphia, 695.
51. Hilary J. Moss, "Race and Schooling in Early Republican Philadelphia," in The Founding Fathers, Education, and "The Great Contest": The American Philosophical Society Prize of 1797, ed. Benjamin Justice (New York: Palgrave Macmillan, 2013), 111.
52. Weber, "Before Horace Mann," 94.
53. Act for the Encouragement of Schools.
54. Account of the Female Association, 5.
55. A Sketch of the Origin and Progress of the Adelphi School in the Northern Liberties, Established under the Direction of the Philadelphia Association of Friends for the Instruction of Poor Children (Philadelphia: Meyer & Jones, 1810), 17.
56. Rothman, Discovery of the Asylum, 66.
57. "Education Society," box 4, vol. First Folio, Lancaster Papers, American

Antiquarian Society, Worcester, Massachusetts.

58. Clinton, Address, 7.

59. Fifth Annual Report of the Controllers of the Public Schools of the First School District of the State of Pennsylvania; With Their Accounts (Philadelphia: Printed by Order of the Board of Control, 1823), 8.

60. The Cries of Philadelphia: Ornamented with Elegant Wood Cuts (Philadelphia: Johnson & Warner, 1810), 21-22.

61. Cries of Philadelphia, 9-10.

62. William J. Reese, "The Origins of Progressive Education," History of Education Quarterly 41, no. 1 (Spring 2001): 6.

63. 다음 자료 볼 것. Steven Mintz, Huck's Raft: A History of American Childhood (Cambridge, MA: Harvard University Press, 2006), 52; Paula S. Fass, Children of a New World: Society, Culture, and Globalization (New York: New York University Press, 2007), 2-5; Karen Sànchez-Eppler, Dependent States: The Child's Part in Nineteenth-Century American Culture (Chicago: University of Chicago Press, 2005); Michael Grossberg, "Child Welfare in the United States, 1820-1935," in American Public Life and the Historical Imagination, ed. Wendy Gamber, Michael Grossberg, and Hendrik Hartog (Notre Dame, IN: University of Notre Dame Press, 2003), 3-41. For broader examinations of the role of childhood in the nineteenth-century United States, see also Sarah Maza, "The Kids Aren't All Right: Historians and the Problem of Childhood," American Historical Review 125, no. 4 (October 2020): 1261-85; Corinne T. Field and Nicholas L. Syrett, eds., Age in America: The Colonial Era to the Present (New York: Oxford University Press, 2015); Anna Mae Duane, ed., The Children's Table: Childhood Studies and the Humanities (Athens: University of Georgia Press, 2013); Sally Shuttleworth, The Mind of the Child: Child Development in Literature, Science, and Medicine, 1840-1900 (New York: Oxford University Press, 2010); Anna Mae Duane, ed., Child Slavery before and after Emancipation: An Argument for a Child-Centered Slavery Studies (New York: Cambridge University Press, 2017); Ruth Wallis Herndon and John E. Murray, eds., Children Bound to Labor: The Pauper Apprentice System in Early America (Ithaca, NY: Cornell University Press, 2009).

64. Mintz, Huck's Raft, 59; Gillian Brown, The Consent of the Governed: The Lockean Legacy in Early American Culture (Cambridge, MA: Harvard University

Press, 2001), 17-23.

65. Holly Brewer, By Birth or Consent: Children, Law, and the Anglo-American Revolution in Authority (Chapel Hill: University of North Carolina Press, 2005), 1. See also Courtney Weikle-Mills, Imaginary Citizens: Child Readers and the Limits of American Independence (Baltimore: Johns Hopkins University Press, 2013), 11.
66. Patricia Crain, Reading Children: Literacy, Property, and the Dilemmas of Childhood in Nineteenth-Century America (Philadelphia: University of Pennsylvania Press, 2016), 7.
67. Benjamin Justice, introduction to The Founding Fathers, Education, and "The Great Contest": The American Philosophical Society Prize of 1797, ed. Benjamin Justice (New York: Palgrave Macmillan, 2013), 2.

3장. 랭카스터의 학교 시스템

1. Thomas Allis to Joseph Lancaster, October 4, 1810, box 2, folder 1, Lancaster Papers, American Antiquarian Society, Worcester, Massachusetts (hereafter cited as "LP").
2. Notebook, box 14, folder 1, LP.
3. "Rules for Admission of Scholars to the Royal Free School Borough Road," box 14, folder 1, LP.
4. "Rules for Admission of Scholars to the Royal Free School Borough Road," box 14, folder 1, LP.
5. "Rules for Admission of Scholars to the Royal Free School Borough Road," box 14, folder 1, LP.
6. "Rules for Admission of Scholars to the Royal Free School Borough Road," box 14, folder 1, LP.
7. "Duty of the Principal Monitor," box 14, folder 1, LP.
8. Manual of the System of Teaching Reading, Writing, Arithmetic, and Needle-Work, in the Elementary Schools of the British and Foreign School Society, 1st American ed. (Philadelphia: Philadelphia Society for the Establishment and Support of Charity Schools, published by Benjamin Warner, printed by William

Fry, 1817), 14.

9. Manual of the System, 17.
10. Manual of the System, 15.
11. Manual of the System, 15.
12. Manual of the System, 17.
13. Manual of the System, 36.
14. William A. Tweed Dale, Manual of the Albany Lancaster School; or, The System of Mutual Instruction Simplified, Improved and Adapted to the United States (Albany, NY: Websters & Skinners, 1820), 3.
15. Dale, Manual, 22.
16. William Bentley Fowle, The True English Grammar: Being an Attempt to Form a Grammar of the English Language, Not Modeled upon Those of the Latin, Greek, and Other Foreign Languages (Boston: Munroe & Francis, 1827), 12.
17. Fowle, True English Grammar, 12.
18. William Russell, Manual of Mutual Instruction; Consisting of Mr. Fowle's Directions for Introducing in Common Schools the Improved System Adopted in the Monitorial School, Boston. With an Appendix, Containing Some Consideration in Favor of the Monitorial Method, and a Sketch of Its Progress, Embracing a View of Its Adaptation to Instruction in Academies, Preparatory Seminaries, and Colleges (Boston: Wait, Greene, 1826), 16.
19. Russell, Manual of Mutual Instruction, 16.
20. Russell, Manual of Mutual Instruction, 16.
21. Joseph Lancaster, The British System of Education: Being a Complete Epitome of the Improvements and Inventions Practised at the Royal Free Schools, Borough-Road, Southwark (London: Royal Free School, 1810), 38.
22. Dale, Manual, 67.
23. Russell, Manual of Mutual Instruction, 29.
24. Lancaster, British System (1810), 29.
25. Lancaster, British System (1810), 32.
26. J. M. Opal, "Exciting Emulation: Academies and the Transformation of the Rural North, 1780s-1820s," Journal of American History 91, no. 2 (September 2004): 447; see also William J. Reese, America's Public Schools: From the Common School to "No Child Left Behind" (Baltimore: Johns Hopkins University Press, 2005), 41.

27. Lancaster, British System (1810), 34; 강조는 원문 그대로임.
28. Lancaster, British System (1810), 35.
29. Lancaster, British System (1810), 35; 강조는 원문 그대로임.
30. Lancaster, British System (1810), 34.
31. Lancaster, British System (1810), 45; 강조는 원문 그대로임.
32. Manual of the System, 61.
33. Manual of the System, 66; 강조는 원문 그대로임.
34. Manual of the System, 9.
35. Manual of the System, 45.
36. Report from the Committee on Rewards, New York Free School Society Trustees Meeting Minutes, January 2, 1818, New-York Historical Society, New York, New York (hereafter cited as "NYHS").
37. Report from the Committee on Rewards, New York Free School Society Trustees Meeting Minutes, January 2, 1818, NYHS.
38. Report from the Committee on Rewards, New York Free School Society Trustees Meeting Minutes, January 2, 1818, NYHS; 강조는 원문 그대로임.
39. William J. Reese, The Origins of the American High School (New Haven, CT: Yale University Press, 1995), 84.
40. The British System of Education: Being a Complete Epitome of the Improvements and Inventions Practised by Joseph Lancaster: To Which Is Added, a Report of the Trustees of the Lancaster School at Georgetown, Col. (Washington, DC: Joseph Milligan, 1812), 2.
41. British System (1812), 3.
42. Manual of the System, 2-3.
43. Manual of the Lancasterian System of Teaching Reading, Writing, Arithmetic, and Needle- work, as Practised in the Schools of the Free-School Society of New-York (New York: FreeSchool Society, Samuel Wood & Sons, 1820), 16.
44. Russell, Manual of Mutual Instruction, 5.
45. Russell, Manual of Mutual Instruction, 8.
46. Russell, Manual of Mutual Instruction, 12.
47. Notebook, box 4, "No 1 or Manuel," LP.
48. Lancaster, British System (1810), 12.
49. Lancaster, British System (1810), 24-25.
50. Manual of the Lancasterian System (1820), 9.

51. Dale, Manual, 12,
52. John Griscom, Monitorial Instruction. Address, Pronounced at the Opening of the NewYork High-School, with Notes and Illustrations (New York: Mahlon Day, 1825), 46.
53. Account sheet, 1800-1801, box 15, folder 1, LP.
54. Lancaster, British System (1810), 39.
55. New York Free School Society, preface to Improvements in Education, as It Respects the Industrious Classes of the Community: Containing, among Other Important Particulars, an Account of the Institution for the Education of One Thousand Poor Children, Borough Road, Southwark; and of the New System of Education on Which It Is Conducted, 3rd ed., by Joseph Lancaster (New York: Collins & Perkins, 1807), xxx.
56. John Preston, Every Man His Own Teacher; or, Lancaster's Theory of Education, Practically Displayed, Being an Introduction to Arithmetic, Written in Thirteen Parts. To Which Are Annexed Thirty-Two Cards of Lessons, to Be Suspended in the School-Room Conformably to the Lancaster Plan. The Whole Is Calculated for the Use of Families Destitute of a School, for School-Masters, and for the Amusement of Private Gentlemen (Albany: self-pub., 1817), preface.
57. Benjamin Shaw to the Controllers of the Public Schools, April 16, 1818, box 1, folder 15: Roberts Vaux Correspondence Jan-July 1818, Vaux Family Papers, 1739-1923, Collection 684, Historical Society of Pennsylvania, Philadelphia.
58. Edward Baker, A Brief Sketch of the Lancasterian System, Intended as a Companion in Visiting a Lancasterian School, with Advice to Committees on the Establishment, Management and Examination of Such Schools (Troy, NY: F. Adancourt, 1816), 21.
59. Carl F. Kaestle, Pillars of the Republic: Common Schools and American Society, 1780-1860 (New York: Hill & Wang, 1983), 42.
60. Russell, Manual of Mutual Instruction, 104.
61. Pennsylvania Society for the Promotion of Public Economy, Report of the Committee on Public School to the Pennsylvania Society for the Promotion of Public Economy (Philadelphia: SPPE, 1817), 5-6.
62. Manual of the System, ix.
63. Lancaster, Improvements in Education, 72; 강조는 원문 그대로임.
64. Manual of the System, x.

65. Report on the Subject of Education, Read in the Senate of Pennsylvania, March 1, 1822 (Harrisburg, PA: C. Mowry, 1822), 23.
66. Dale, Manual, 76-80.
67. Dale, Manual, 76.
68. Russell, Manual of Mutual Instruction, 20.
69. Box 4, vol. "Jos. Lancaster's First lecture ever given with notes—Gloucester 1808," LP.
70. Russell, Manual of Mutual Instruction, 27.

4장. 숫자 게임

1. De Witt Clinton, An Address, to the Benefactors and Friends of the Free School Society of New York, Delivered on the Opening of That Institution, in Their New and Spacious Building, on the Eleventh of the Twelfth Month (December) 1809 (New York: Collins & Perkins, 1810), 10.
2. Edward Flavin Wall Jr., "Joseph Lancaster and the Origins of the British and Foreign School Society" (PhD diss., Columbia University, 1966), 132.
3. 다음 자료 참조할 것. 클린턴이 아주 익숙하게 알고 있었을 랭카스터가 초기 발간한 매뉴얼: Joseph Lancaster, Improvements in Education, as It Respects the Industrious Classes of the Community: Containing, among Other Important Particulars, an Account of the Institution for the Education of One Thousand Poor Children, Borough Road, Southwark; and of the New System of Education on Which It Is Conducted, 3rd ed. (New York: Collins & Perkins, 1807).
4. Clinton, Address, 10.
5. Clinton, Address, 9.
6. Joseph Lancaster to Elizabeth Lancaster (senior), September 3, 1818, box 2, folder 3, Lancaster Papers, American Antiquarian Society, Worcester, Massachusetts (hereafter cited as "LP"); Lancaster travel diary, box 15, folder 6, LP.
7. Joseph Lancaster to Elizabeth Lancaster (senior), September 3, 1818, box 2, folder 3, LP.
8. Joseph Lancaster to Roberts Vaux, January 27, 1819, box 2, folder 1: Roberts

Vaux Correspondence Jan-Feb 1819, Vaux Family Papers, 1739-1923, Collection 684, Historical Society of Pennsylvania, Philadelphia (hereafter cited as "VFP").

9. Joseph Lancaster to Roberts Vaux, January 27, 1819, box 2, folder 1: Roberts Vaux Correspondence Jan-Feb 1819, VFP.
10. Joseph Lancaster to Roberts Vaux, January 27, 1819, box 2, folder 1: Roberts Vaux Correspondence Jan-Feb 1819, VFP; see also Joseph Lancaster to Elizabeth (Betsy) Lancaster (junior), January 23, 1819, box 2, folder 3, LP.
11. John Preston, Every Man His Own Teacher; or, Lancaster's Theory of Education, Practically Displayed, Being an Introduction to Arithmetic, Written in Thirteen Parts. To Which Are Annexed Thirty-Two Cards of Lessons, to Be Suspended in the School-Room Conformably to the Lancaster Plan. The Whole Is Calculated for the Use of Families Destitute of a School, for School-Masters, and for the Amusement of Private Gentlemen (Albany: self-pub., 1817), preface.
12. John Murray, Fourteenth Annual Report of the Free-School Society (New York: Collins, 1819), n.p.
13. J. DeWitt to Joseph Lancaster, 1818, box 3, folder 1, LP.
14. Joseph Lancaster to Roberts Vaux, November 30, 1819, box 2, folder 1: Roberts Vaux Correspondence Jan-Feb 1819, VFP.
15. William Thurston to Joseph Lancaster, October 11, 1819, box 3, folder 1, LP.
16. Joseph Bringhurst to Joseph Lancaster, April 13, 1819, box 3, folder 1, LP.
17. Joseph C. Cabell to Joseph Lancaster, July 1, 1819, box 3, folder 1, LP.
18. Joshua Abbott to Joseph Lancaster, August 5, 1819, box 3, folder 1, LP.
19. Ezekiel Clarke to Joseph Lancaster, April 19, 1821, box 13, folder 4, LP.
20. John C. Calhoun to Joseph Lancaster, March 13, 1820, box 3, folder 1, LP.
21. Joseph Lancaster to Elizabeth Lancaster (senior), September 9, 1818, box 2, folder 3, LP.
22. Joseph Lancaster to Elizabeth (Betsy) Lancaster (junior), January 16, 1819, box 2, folder 3, LP. See also Joseph Lancaster to Roberts Vaux, January 23, 1819, box 2, folder 1: Roberts Vaux Correspondence Jan-Feb 1819, VFP. 23. Lancaster travel diary, started June 15, 1818, box 15, folder 6, LP.
24. Joseph Lancaster, "PROPOSALS for a Publication to Diffuse a Correct Knowledge of the Lancasterian System throughout the United States of America," 1819, box 2, folder 5, LP.

25. Henry Ould to Joseph Lancaster, February 26, 1819, box 3, folder 1, LP.

26. Joseph Lancaster to Roberts Vaux, January 23, 1819, box 2, folder 1: Roberts Vaux Correspondence Jan-Feb 1819, VFP.

27. Benjamin Shaw to Roberts Vaux, August 4, 1818, box 1, folder 16: Roberts Vaux Correspondence Aug-Dec 1818, VFP.

28. Lancaster, Improvements in Education, xxv.

29. Mora Dickson, Teacher Extraordinary: Joseph Lancaster 1778-1838 (Sussex, UK: Book Guild Limited, 1986), 110.

30. Manual of the System of Teaching Reading, Writing, Arithmetic, and Needle-Work, in the Elementary Schools of the British and Foreign School Society, 1st American ed. (Philadelphia: Philadelphia Society for the Establishment and Support of Charity Schools, published by Benjamin Warner, printed by William Fry, 1817), ix.

31. New York Free School Society Trustees Meeting Minutes, August 1, 1817, New-York Historical Society, New York, New York (hereafter cited as "NYHS").32. Washington L. Lane to Roberts Vaux, July 9, 1827, box 3, folder 5: Roberts Vaux Correspondence July-Dec 1827, VFP.

33. Benjamin Shaw to Roberts Vaux, August 4, 1818, box 1, folder 16: Roberts Vaux Correspondence Aug-Dec 1818, VFP.

34. Patriot, letter to the editor, American Monthly Magazine and Critical Review, November 1817, 47-48. The letter was copied by a student at the African Free School and included in the New York African Free School Records, vol. 3, NYHS.

35. William J. Reese, Testing Wars in the Public Schools: A Forgotten History (Cambridge, MA: Harvard University Press, 2013), 8-37.

36. Isaiah G. Degrass, "Essay," Freedom's Journal, March 14, 1828, 1.

37. George R. Allen, "Essay," Freedom's Journal, March 14, 1828, 1.

38. Letter to the editor, Belfast Chronicle, January 2, 1815, clipping in box 4, vol. "First Folio," LP.

39. David Hoffman, "To the Washington Society of Alexandra," Alexandria Gazette, February 27, 1813, clipping in box 4, folder 14, LP.

40. Report of a Committee Appointed by the High School Society of New-York, to Prepare a Plan of Instruction to Be Pursued in the High School (New York: J. Seymour, 1824), 5.

41. T., letter to the editor, Mechanics Free Press, December 13, 1828, 2.
42. Daniel Walker Howe, What Hath God Wrought: The Transformation of America, 1815-1848 (New York: Oxford University Press, 2007), 270.
43. Howe, What Hath God Wrought, 294.
44. Benjamin Justice, introduction to The Founding Fathers, Education, and "The Great Contest": The American Philosophical Society Prize of 1797, ed. Benjamin Justice (New York: Palgrave Macmillan, 2013), 1.
45. Justice, introduction to Founding Fathers, 4.
46. Richard H. Gassan, "Fear, Commercialism, Reform, and Antebellum Tourism to New York City," Journal of Urban History 41, no. 6 (November 2015): 1079.
47. Rush quoted in Julie Flavell, When London Was Capital of America (New Haven, CT: Yale University Press, 2010), 1.
48. Carl F. Kaestle, The Evolution of an Urban School System: New York City, 1750-1850 (Cambridge, MA: Harvard University Press, 1973), 10.
49. Lisa Krissoff Boehm and Steven H. Corey, America's Urban History (New York: Routledge, 2015), 141.
50. Lancaster, Improvements in Education, xxxi.
51. Robert Owen to Joseph Lancaster, June 19, 1812, box 2, folder 1, LP; 강조는 원문 그대로임.
52. Clinton, Address, 9.
53. Joseph Palethorpe to Joseph Lancaster, September 16, 1811, box 2, folder 1, LP.
54. Prospectus of a New School for Young Ladies; Embracing the Modern Improvements of the British and Swiss Systems (Boston: n.p., 1823), 7.
55. Joseph Lancaster, Letters on National Subjects, Auxiliary to Universal Education, and Scientific Knowledge; Addressed to Burwell Bassett, Late a Member of the House of Representatives; Henry Clay, Speaker of the House of Representatives, and James Monroe, President of the United States of America (Washington City: Jacob Gideon Jr., 1820), 52.
56. Lancaster, Letters on National Subjects, 46.
57. Howe, What Hath God Wrought, 117.
58. Nathaniel Hawthorne, "The Canal Boat," New-England Magazine 9 (December 1835): 398.
59. Fourth Annual Report of the Controllers of the Public Schools of the First School District of the State of Pennsylvania; With Their Accounts (Philadelphia:

Printed by Order of the Board of Control, 1822), 3.

60. Report on the Subject of Education, Read in the Senate of Pennsylvania, March 1, 1822 (Harrisburg, PA: C. Mowry, 1822), 22.

61. Lancaster, Improvements in Education, xxii.

62. An Account of the Free-School Society of New-York (New York: Collins, 1814), 14. 63. New York Free School Society Trustees Meeting Minutes, May 1, 1818, NYHS; Murray, Fourteenth Annual Report.

64. Sixteenth Annual Report of the Free-School Society (New York: Collins, 1821), n.p.

65. Twentieth Annual Report of the Trustees of the Free-School Society of New-York (New York: Samuel Wood & Sons, 1825), 12.

66. New York Free School Society Trustees Meeting Minutes, January 4, 1822, NYHS.

67. Carla L. Peterson, Black Gotham: A Family History of African Americans in NineteenthCentury New York City (New Haven, CT: Yale University Press, 2011), 69.

68. New York African Free School Records, vol. 1: Regulations, By-laws and Reports, 1817-1832, NYHS.

69. New York African Free School Records, vol. 2: Reports of the Visiting Committee, 1820-1831, NYHS.

70. New African Free School Records, vol. 2: Reports of the Visiting Committee, 1820-1831, NYHS.

71. William Michael Weber, "Before Horace Mann: Elites and Boston Public Schools, 1800-1812" (EdD diss., Harvard University, 1974), 94; William J. Reese, The Origins of the American High School (New Haven, CT: Yale University Press, 1995), 11; Stanley K. Schultz, The Culture Factory: Boston Public Schools, 1789-1860 (New York: Oxford University Press, 1973), 264, 266.

72. Tina H. Sheller, "The Origins of Public Education in Baltimore, 1825-1829," History of Education Quarterly 22, no. 1 (Spring 1982): 36, 38.

73. Mary C. Taylor to Board of Trustees, July 29, 1817, New York Free School Society Trustees Meeting Minutes, NYHS; New York Free School Society Trustees Meeting Minutes, October 2, 1818, NYHS; An Account of the Origin and Progress of the Savannah Free-School Society, Instituted in the Year 1816 (New York: Day & Turner, 1819); Tim Lockley, "Survival Strategies of Poor

White Women in Savannah, 1800-1860," Journal of the Early Republic 32, no. 3 (Fall 2012): 415-35.

74. Carl F. Kaestle, Pillars of the Republic: Common Schools and American Society, 1780-1860 (New York: Hill & Wang, 1983), 42.

75. 필라델피아에서의 랭카스터 개혁운동에 대해서는 특별히 다음 자료를 참고할 것. "The Market Revolution and Disciplinary Power: Joseph Lancaster and the Psychology of the Early Classroom System," History of Education Quarterly 29, no. 3 (Autumn 1989): 381-417; David Hogan, "Examinations, Merit, and Morals: The Market Revolution and Disciplinary Power in Philadelphia's Public Schools, 1838-1868," Historical Studies in Education / Revue d'Histoire de l'Education 4, no. 1 (1992): 31-78; William C. Kashatus III, "The Inner Light and Popular Enlightenment: Philadelphia Quakers and Charity Schooling, 1790-1820," Pennsylvania Magazine of History and Biography 118, no. 1/2 (January-April 1994): 87-116.

76. John C. Van Horne, "The Education of African Americans in Benjamin Franklin's Philadelphia," in "The Good Education of Youth": Worlds of Learning in the Age of Franklin, ed. John H. Pollack (New Castle, DE: Oak Knoll, 2009), 92; Jean Barth Toll and Mildred S. Gillam, eds., Invisible Philadelphia: Community through Voluntary Organizations (Philadelphia: Atwater Kent Museum, 1995), 695.

77. Kaestle, Pillars of the Republic, 31.

78. Manual of the System, ix-x.

79. An Act to Provide for the Education of Children at Public Expense within the City and County of Philadelphia (Harrisburg, PA: s.n., 1818). [Copy at the Historical Society of Pennsylvania, Philadelphia.]

80. Franklin Davenport Edmunds, The Public School Buildings of the City of Philadelphia from 1745 to 1845 (Philadelphia: self-pub., 1913), 53.

81. 이 시기 남교사들이 대체로 연간 $600을 봉급으로 받았는데, 이 정도의 금액은 요즘(2020) 돈으로 환산하면 대략 $75,000 정도 된다. 그렇게 되면 필라델피아의 한 학교 운영비는 대략 $1,887,625 정도가 된다. 물론 급여 $600은 1818년 (뉴욕무상학교협회가 보기에) 상당히 높은 수준이었다. 따라서 이 정도의 추정치는 그리 높지 수준으로 봐야 한다.

82. Eighth Annual Report of the Controllers of the Public Schools of the First School District of the State of Pennsylvania; With Their Accounts (Philadelphia:

Printed by Order of the Board of Control, 1826). 여기에 등장하는 숫자는 펜실베이니아역사협회(Historical Society of Pennsylvania)의 기록관에 수집, 보관되고 있는 연보(annual reports)에서 발췌, 정리한 것이다.

5장. 무질서의 확산

1. De Witt Clinton, An Address, to the Benefactors and Friends of the Free School Society of New York, Delivered on the Opening of That Institution, in Their New and Spacious Building, on the Eleventh of the Twelfth Month (December) 1809 (New York: Collins & Perkins, 1810), 10.
2. Mora Dickson, Teacher Extraordinary: Joseph Lancaster 1778-1838 (Sussex, UK: Book Guild Limited, 1986), 88.
3. John Mackellen to Joseph Lancaster, February 15, 1811, box 10, folder 1, Lancaster Papers, American Antiquarian Society, Worcester, Massachusetts (hereafter cited as "LP").
4. William B. Fowle, "July 1, Visited the Adams School, Writing Department," n.d., box 2, folder: undated letter drafts, William B. Fowle Papers, Massachusetts Historical Society, Boston, Massachusetts.
5. First Annual Report of the Trustees of the High-School Society. In the City of New-York (New York: Mahlon Day, 1825), 4.
6. Mann Butler, Report on Monitorial Education; to the Hon. Mayor and Council, of Louisville (Louisville, KY: S. Penn Jr., 1829), 4.
7. Butler, Report on Monitorial Education, 4.
8. A Sketch of the Origin and Progress of the Adelphi School in the Northern Liberties, Established under the Direction of the Philadelphia Association of Friends for the Instruction of Poor Children (Philadelphia: Meyer & Jones, 1810), 13.
9. Second Annual Report of the Controllers of the Public Schools of the First School District of the State of Pennsylvania; With Their Accounts. Also, an Abstract of the Law of March 6th, 1818, Providing for Public Education, and a List of the Controllers and Directors Elected for the Year 1820 (Philadelphia: Printed by Order of the Board of Control, 1820), 3.

10. Joseph J. McCadden, "Joseph Lancaster and the Philadelphia Schools," Pennsylvania History 3, no. 4 (October 1936): 229-37.
11. Joseph Lancaster to Roberts Vaux, November 20, 1818, box 1, folder 16: Roberts Vaux Correspondence Aug-Dec 1818, Vaux Family Papers, 1739-1923, Collection 684, Historical Society of Pennsylvania, Philadelphia (hereafter cited as "VFP").
12. New York Free School Society Trustees Meeting Minutes, May 5, 1817, New-York Historical Society, New York, New York (hereafter cited as "NYHS").
13. New York Free School Society Trustees Meeting Minutes, January 15, 1819, NYHS.
14. New York Free School Society Trustees Meeting Minutes, July 2, 1819, NYHS.
15. Betsy Lancaster on behalf of Joseph Lancaster to Roberts Vaux, August 2, 1819, box 2, folder 1: Roberts Vaux Correspondence Jan-Feb 1819, VFP.
16. Joseph Lancaster to Roberts Vaux, November 4, 1819, box 2, folder 1: Roberts Vaux Correspondence Jan-Feb 1819, VFP.
17. Joseph Lancaster to Roberts Vaux, November 20, 1818, box 1, folder 16: Roberts Vaux Correspondence Aug-Dec 1818, VFP.
18. Joseph Lancaster to Roberts Vaux, November 20, 1818 [second letter that day], box 1, folder 16: Roberts Vaux Correspondence Aug-Dec 1818, VFP; Joseph Lancaster to Roberts Vaux, November 28, 1818, box 1, folder 16: Roberts Vaux Correspondence Aug-Dec 1818, VFP.
19. Joseph Lancaster to Roberts Vaux, November 28, 1818, box 1, folder 16: Roberts Vaux Correspondence Aug-Dec 1818, VFP.
20. Joseph Lancaster to Betsy Lancaster, September 18, 1819, box 163, folder 16: Lancaster, Joseph (1819), Lancaster Papers, Gratz Collection, Historical Society of Pennsylvania, Philadelphia; 강조는 원문 그대로임.
21. Dickson, Teacher Extraordinary, 201.
22. Joseph Lancaster to Roberts Vaux, January 17, 1822, box 2, folder 10: Correspondence, Jan-Mar 1822, VFP.
23. Joseph Lancaster to Roberts Vaux, March 3, 1819, box 2, folder 2: Roberts Vaux Correspondence Mar-July 1819, VFP.
24. Joseph Lancaster to Roberts Vaux, March 3, 1819, box 2, folder 2: Roberts Vaux Correspondence Mar-July 1819, VFP.
25. McCadden, "Joseph Lancaster," 237.

26. New York Free School Society Trustees Meeting Minutes, August 1, 1817, NYHS.
27. New York Free School Society Trustees Meeting Minutes, January 15, 1819, NYHS.
28. Account sheet, 1800-1801, box 15, folder 1, LP.
29. New York Free School Society Trustees Meeting Minutes, January 15, 1819, NYHS.
30. New York Free School Society Trustees Meeting Minutes, June 2, 1820, NYHS; New York Free School Society Trustees Meeting Minutes, February 2, 1821, NYHS.
31. New York Free School Society Trustees Meeting Minutes, June 2, 1820, NYHS.
32. Michael B. Katz, Reconstructing American Education (Cambridge, MA: Harvard University Press, 1987), 25-28. 다음 자료도 참조할 것. David J. Rothman, The Discovery of the Asylum: Social Order and Disorder in the New Republic (Boston: Little, Brown, 1971); Robert E. Cray Jr., Paupers and Poor Relief in New York City and Its Rural Environs, 1700-1830 (Philadelphia: Temple University Press, 1988); Monique Bourque, "Poor Relief 'Without Violating the Rights of Humanity': Almshouse Administration in the Philadelphia Region, 1790-1860," in Down and Out in Early America, ed. Billy G. Smith (University Park, PA: Pennsylvania State University Press, 2004), 189-212.
33. "Public offices and Societies in which Roberts Vaux has served," manuscript, n.d., box 5, folder 19: Miscellaneous—Charitable organizations, n.d., VFP.
34. Manual of the System of Teaching Reading, Writing, Arithmetic, and Needle-Work, in the Elementary Schools of the British and Foreign School Society, 1st American ed. (Philadelphia: hiladelphia Society for the Establishment and Support of Charity Schools, published by Benjamin Warner, printed by William Fry, 1817), B [front matter paginated by letter].
35. The Constitution of the Society for the Free Instruction of the Black People Formed in the Year 1789 (Philadelphia: W. Brown, 1813), 7.
36. Constitution and By-Laws of the Orphan Society of Philadelphia Instituted December 20th 1814 (Philadelphia: William Fry, 1815).
37. 다음 자료 참조할 것. An Account of the Female Association for the Relief of the Sick Poor, and for the Education for Such Female Children as Do Not Belong to, or Are Not Provided for, by Any Religious Society (New York: Collins,

1814), 5; see also Joseph Lancaster, Improvements in Education, as It Respects the Industrious Classes of the Community: Containing, among Other Important Particulars, an Account of the Institution for the Education of One Thousand Poor Children, Borough Road, Southwark; and of the New System of Education on Which It Is Conducted, 3rd ed. (New York: Collins & Perkins, 1807), vi.

38. Sketch of the Origin, 24-29.
39. Manual of the System, vi.
40. Manual of the System, vii.
41. Fifteenth Annual Report, New York Free School Society, manuscript in New York Free School Society Trustees Meeting Minutes, April 25, 1820, NYHS.
42. New York Free School Society Trustees Meeting Minutes, June 6, 1817, NYHS.
43. New York Free School Society Trustees Meeting Minutes, November 7, 1817, NYHS.
44. Subscriptions to New York Free School No. 3, box 2, New York Free School Society Papers, NYHS.
45. New York Free School Society Trustees Meeting Minutes, January 15, 1819, NYHS.
46. New York Free School Society Trustees Meeting Minutes, September 3, 1819, NYHS.
47. New York Free School Society Trustees Meeting Minutes, January 19, 1819, NYHS.
48. New York Free School Society Trustees Meeting Minutes, March 5, 1819, NYHS.
49. New York Free School Society Trustees Meeting Minutes, March 18, 1819, NYHS.
50. New York Free School Society Trustees Meeting Minutes, April 9, 1819, NYHS.
51. New York Free School Society Trustees Meeting Minutes, March 18, 1819, NYHS.
52. New York Free School Society Trustees Meeting Minutes, July 2, 1819, NYHS.
53. New York Free School Society Trustees Meeting Minutes, August 6, 1819, NYHS.
54. New York Free School Society Trustees Meeting Minutes, May 5, 1817, NYHS; New York Free School Society Trustees Meeting Minutes, May 7, 1819, NYHS.
55. Edward Baker, A Brief Sketch of the Lancasterian System, Intended as a Companion in Visiting a Lancasterian School, with Advice to Committees on

the Establishment, Management and Examination of Such Schools (Troy, NY: F. Adancourt, 1816); Eleventh Annual Report of the Free-School Society of New York (New York: Collins, 1816); McCadden, "Joseph Lancaster," 227-31.

56. Ninth Annual Report of the Trustees of the Free-School Society of New York (New York: n.p., 1814); Eleventh Annual Report; Twelfth Annual Report of the Free-School Society of New York (New York: Collins, 1817).
57. New York Free School Society Trustees Meeting Minutes, July 2, 1819, NYHS.
58. Elizabeth C. Darracott를 위한 봉급명세서. box 6, folder Dodd Family, Apr.-Jun. 1828, Dodd Family Papers, 1769-1839, Massachusetts Historical Society, Boston, Massachusetts (hereafter cited as "DFP").
59. January 1, 1828에 졸업하는 도드(Caroline Dodd)라는 학생의 학적부를 볼 것. box 6, folder Dodd Family, Apr.-Jun. 1828, DFP. 이 학생의 원래 교사는 Maria Hall일 것이었다. 하지만 홀(Hall)은 떠나버리고 마지막 순간에 다라코트(Elizabeth Darracott)로 교체되었다.
60. New York Free School Society Trustees Meeting Minutes, April 25, 1820, NYHS.
61. New York Free School Society Trustees Meeting Minutes, March 1, 1822, NYHS.
62. George Fowle to Proprietors of N. Boston Monitorial School, October 6, 1829, box 6, folder Dodd Family, Aug.-Oct. 1829, DFP.
63. New York African Free School Records, vol. 2: Reports of the Visiting Committee, 1820-1831, NYHS.
64. Lancaster, Improvements in Education, 9.
65. Robert Ould to Joseph Lancaster, February 5, 1812, box 1, folder 1, LP.
66. 다음 자료 참조할 것. John Fell to Joseph Lancaster, January 4, 1813, and J. W. Waddington to Joseph Lancaster, February 12, 1813, box 12, folder 1, LP.
67. Mary C. Taylor to Board of Trustees, July 19, 1817, New York Free School Society Trustees Meeting Minutes, NYHS.
68. Mary C. Taylor to Board of Trustees, July 19, 1817, New York Free School Society Trustees Meeting Minutes, NYHS.
69. Joseph Boringhurst to Joseph Lancaster, March 5, 1819, box 3, folder 1, LP. 70. New York Free School Society Trustees Meeting Minutes, November 6, 1818, NYHS.
71. By-Laws of the Free School Society, of New York, as Revised and Adopted by the Trustees, 12th Month (December) 1818 (New York: W. Treadwell, 1819), 8.
72. Baker, Brief Sketch, front matter.

73. Josiah L. Hearn to Joseph Lancaster, April 28, 1824, box 3, folder 2, LP.
74. Joseph Lancaster to Roberts Vaux, November 26, 1818, box 1, folder 16: Roberts Vaux Correspondence Aug-Dec 1818, VFP.
75. Joseph Lancaster to Roberts Vaux, March 3, 1819, box 2, folder 2: Roberts Vaux Correspondence Mar-July 1819, VFP.
76. New York Free School Society Trustees Meeting Minutes, October 1, 1817, NYHS.
77. New York Free School Society Trustees Meeting Minutes, October 1, 1817, NYHS.
78. Joseph Fox to Joseph Lancaster, November 25, 1813, box 1, folder 1, LP.
79. John Walker, Esq. to Joseph Lancaster, July 4, 1813, box 12, folder 3, LP.
80. 초기 미국 노동운동의 변화에 대한 문헌은 방대한다. 몇몇 대표적인 문헌이라면 다음과 같다. Kenneth Morgan, Slavery and Servitude in Colonial North America: A Short History (New York: New York University Press, 2001); and Christopher Tomlins, "Reconsidering Indentured Servitude: European Migration and the Early American Labor Force, 1600-1775," Labor History 42, no. 1 (2001): 5-43.
81. 다음 자료 참조. W. J. Rorabaugh, The Craft Apprentice: From Franklin to the Machine Age (New York: Oxford University Press, 1986), 57-75; Ruth Wallis Herndon and John E. Murray, eds., Children Bound to Labor: The Pauper Apprentice System in Early America (Ithaca, NY: Cornell University Press, 2009).82. Thomas Sullivan to Joseph Lancaster, December 1, 1813, box 12, folder 3, LP.
83. New York Free School Society Trustees Meeting Minutes, August 7, 1818, NYHS.
84. New York Free School Society Trustees Meeting Minutes, October 2, 1818, NYHS.
85. New York Free School Society Trustees Meeting Minutes, November 6, 1818, NYHS.
86. New York Free School Society Trustees Meeting Minutes, March 5, 1819, NYHS.
87. New York Free School Society Trustees Meeting Minutes, October 1, 1817, NYHS.
88. New York Free School Society Trustees Meeting Minutes, December 10, 1818, NYHS.
89. New York Free School Society Trustees Meeting Minutes, April 2, 1819, NYHS.

90. New York Free School Society Trustees Meeting Minutes, June 2, 1820, NYHS.
91. New York Free School Society Trustees Meeting Minutes, February 2, 1821, NYHS.
92. New York Free School Society Trustees Meeting Minutes, February 2, 1821, NYHS.
93. Benjamin F. Hart to Trustees, November 12, 1821, box 1, unlabeled folder, New York Free School Society Papers, NYHS.

6장. 무단결석 전략

1. Joseph Lancaster, The British System of Education: Being a Complete Epitome of the Improvements and Inventions Practised at the Royal Free Schools, Borough-Road, Southwark(London: Royal Free School, 1810), 38.
2. Monique Bourque, "Poor Relief 'Without Violating the Rights of Humanity': Almshouse Administration in the Philadelphia Region, 1790-1860," in Down and Out in Early America, ed. Billy G. Smith (University Park: Pennsylvania State University Press, 2004), 198; Ruth Wallis Herndon, "Poor Women and the Boston Almshouse in the Early Republic," Journal of the Early Republic 21, no. 3 (Fall 2012): 349-81.
3. Lancaster, British System of Education (1810), 38; 강조는 원문 그대로임..
4. James Jacklin, "Poem Read at Annual Examination," April 4, 1819, New York African Free School Records, vol. 3, New-York Historical Society, New York, New York (hereafter cited as "NYHS").
5. John L. Rury, "Philanthropy, Self Help, and Social Control: The New York Manumission Society and Free Black, 1785-1810," Phylon 46, no. 3 (1985): 235.
6. 다음 자료 참조할 것. David Gellman, Emancipating New York: The Politics of Slavery and Freedom, 1777-1827 (Baton Rouge: Louisiana State University Pres, 2006); Leslie M. Harris, In the Shadow of Slavery: African Americans in New York City, 1626-1863 (Chicago: University of Chicago Press, 2003); John Wood Sweet, Bodies Politic: Negotiating Race in the American North, 1730-1830 (Baltimore: Johns Hopkins University Press, 2003); Joshua R. Greenberg, Advocating the Man: Masculinity, Organized Labor, and the Household in

New York, 1800-1840 (New York: Columbia University Press, 2008); Joshua A. Lynn and Harry L. Watson, "Introduction: Race, Politics, and Culture in the Age of Jacksonian 'Democracy,' " Journal of the Early Republic 39, no. 1 (Spring 2019): 81-87; Paul J. Polgar, " 'Whenever They Judge it Expedient': The Politics of Partisanship and Free Black Voting Rights in Early National New York," American Nineteenth Century History 12, no. 1 (March 2011): 1-23; Sean Wilentz, Chants Democratic: New York City and the Rise of the American Working Class, 1788-1850, 20th anniv. ed. (New York: Oxford University Press, 2004); Sarah L. H. Gronningsater, "Practicing Formal Politics without the Vote: Black New Yorkers in the Aftermath of 1821," in Revolutions and Reconstructions: Black Politics in the Long Nineteenth Century, ed. Van Gosse and David Waldstreicher (Philadelphia: University of Pennsylvania Press, 2020), 116-38; Mark Boonshoft, "From Property to Education: Public Schooling, Race, and the Transformation of Suffrage in the Early National North," Journal of the Early Republic 41, no. 3 (Fall 2021): 1-36.

7. Bourque, "Poor Relief," 190.
8. Daniel Walker Howe, What Hath God Wrought: The Transformation of America, 1815-1848 (New York: Oxford University Press, 2007), 3.
9. Mark Boonshoft, Aristocratic Education and the Making of the American Republic (Chapel Hill: University of North Carolina Press, 2020), 168.
10. "Education," New York Mirror 6 (May 9, 1830): 351, quoted in William J. Reese, The Origins of the American High School (New Haven, CT: Yale University Press, 1995), 16.
11. Arthur Meier Schlesinger, The Rise of the City, 1878-1898 (New York: Macmillan, 1933), 53.
12. Roberta Balstad Miller, City and Hinterland: A Case Study of Urban Growth and Regional Development (Westport, CT: Greenwood, 1979); Diana Lindstrom, Economic Development in the Philadelphia Region, 1810-1850 (New York: Columbia University Press, 1978), 93; Allan Pred, Urban Growth and City-Systems in the U.S., 1840-1860 (Cambridge, MA: Harvard University Press, 1980); David Goldfield, Cottonfields and Skyscrapers: Southern City and Region, 1607-1980 (Baton Rouge: Louisiana State University Press, 1982); Carl Abbott, "Dimensions of Regional Change in Washington, D.C.," American Historical Review 95 (1990): 1367-93; Charles Tilly, "What Good Is Urban History?,"

Journal of Urban History 22, no. 6 (September 1996): 702-19; Raymond A. Mohl, "City and Region: The Missing Dimension in U.S. Urban History," Journal of Urban History 25, no. 1 (November 1998): 3-21; Timothy J. Gilfoyle, "Michael Katz on Place and Space in Urban History," Journal of Urban History 41, no. 4 (July 2015): 572-84.

13. Thomas Dublin, ed., Farm to Factory: Women's Letters, 1830-1860, 2nd ed. (New York: Columbia University Press, 1993), 30. See also Miller, City and Hinterland, 5, 20; Gary B. Nash, "The Social Evolution of Preindustrial Cities, 1700-1820: Reflections and New Directions," Journal of Urban History 13 (February 1987): 120; Robert E. Cray Jr., Paupers and Poor Relief in New York City and Its Rural Environs, 1700-1830 (Philadelphia: Temple University Press, 1988), 110. As Monique Bourque has found, even when administrators tried to keep low-income inmates of almshouses separate and isolated, inmates were in constant contact with the outside. See Bourque, "Poor Relief," 190.

14. Carl F. Kaestle and Maris A. Vinovskis, Education and Social Change in Nineteenth Century Massachusetts (Cambridge: Cambridge University Press, 1980), 15.

15. Nancy Beadie, Education and the Creation of Capital in the Early American Republic (New York: Cambridge University Press, 2010), 147. A separate but relevant body of literature uses information from the 1860 census to determine school attendance for a later generation. See Lee Soltow and Edward Stevens, "Economic Aspects of School Participation in Mid-Nineteenth-Century United States," Journal of Interdisciplinary History 8, no. 2 (Autumn 1977): 221-43; David Galenson, "Determinants of the School Attendance of Boys in Early Chicago," History of Education Quarterly 35 (Winter 1995): 371-400; Donald H. Parkerson and Jo Ann Parkerson, The Emergence of the Common School in the US Countryside (Lewiston, NY: Edwin Mellen, 1998).

16. Carl F. Kaestle and Maris A. Vinovskis, Education and Social Change in nineteenth Century Massachusetts (Cambridge: Cambridge University Press, 1980), 18.

17. Kaestle and Vinovskis, Education and Social Change, 21.

18. Kaestle and Vinovskis, Education and Social Change, 24.

19. Carl F. Kaestle, Pillars of the Republic: Common Schools and American Society, 1780-1860 (New York: Hill & Wang, 1983), 20-21. A huge body of memoirs

generally agrees on the point: rural and village schools were tied tightly to their communities, but the quality of instruction was often low and the teachers were often minimally qualified. 다음 자료 참조할 것. Orville Taylor, The District School (New York: Harper, 1834), 40-41; William Burton, The District School as It Was, rev. ed. (Boston: Philips, Samson, 1850), 43; Horace Greeley, Recollections of a Busy Life (New York: J. B. Ford, 1869), 42-47; William A. Mowry, Recollections of a New England Educator (New York: Silver, Burdett, 1908), 33-57.

20. Carl F. Kaestle, ed., Joseph Lancaster and the Monitorial School Movement: A Documentary History (New York: Teachers College Press, 1973), 46-49.
21. Sun Go and Peter Lindert, "The Uneven Rise of American Public Schools to 1850," Journal of Economic History 70 (March 2010): 13.
22. Benjamin Justice, The War That Wasn't: Religious Conflict and Compromise in the Common Schools of New York State, 1865-1900 (Albany: State University of New York Press, 2005), 29-34, quotation on 29.
23. Johann Neem, "Path Dependence and the Emergence of Common Schools: Ohio to 1853," Journal of Policy History 28, no. 1 (2016): 48-80.
24. New York Free School Society Trustees Meeting Minutes, December 10, 1818, NYHS.
25. Sixteenth Annual Report of the Free-School Society (New York: Collins, 1821), n.p.
26. Robert Ould to Joseph Lancaster, February 15, 1819, box 3, folder 1, Lancaster Papers, American Antiquarian Society, Worcester, Massachusetts.
27. Third Annual Report of the Controllers of the Public Schools of the First School District of the State of Pennsylvania; With Their Accounts (Philadelphia: Printed by Order of the Board of Control, 1821), 4.
28. Visitors' reports, July 28, 1818, New York African Free School Records, vol. 1: Regulations, By-laws and Reports, 1817-1832, NYHS.
29. Visitors' reports, March 9, 1821, New York African Free School Records, vol. 1: Regulations, By-laws and Reports, 1817-1832, NYHS.
30. Visitors' reports, April 6, 1821, New York African Free School Records, vol. 1: Regulations, By-laws and Reports, 1817-1832, NYHS.
31. Visitors' reports, April 13, 1821, New York African Free School Records, vol. 1: Regulations, By-laws and Reports, 1817-1832, NYHS.

32. Visitors' reports, School Number Two, April 20, 1821, New York African Free School Records, vol. 2: Reports of the Visiting Committee, 1820-1831, NYHS.

33. Clipping from the American Sentinel, Philadelphia, February 23, 1822, box 2, folder 10: Correspondence Jan-Mar 1822, Vaux Family Papers, 1739-1923, Collection 684, Historical Society of Pennsylvania, Philadelphia (hereafter cited as "VFP").

34. Fifth Annual Report of the Controllers of the Public Schools of the First School District of the State of Pennsylvania; With Their Accounts (Philadelphia: Printed by Order of the Board of Control, 1823), 8-9.

35. Sixth Annual Report of the Controllers of the Public Schools of the First School District of the State of Pennsylvania; With Their Accounts (Philadelphia: Printed by Order of the Board of Control, 1824), 4.

36. Seventh Annual Report of the Controllers of the Public Schools of the First School District of the State of Pennsylvania; With Their Accounts (Philadelphia: Printed by Order of the Board of Control, 1825), 6.

37. Eighth Annual Report of the Controllers of the Public Schools of the First School District of the State of Pennsylvania; With Their Accounts (Philadelphia: Printed by Order of the Board of Control, 1826), 6.

38. Eleventh Annual Report of the Controllers of the Public Schools of the First School District of the State of Pennsylvania; With Their Accounts (Philadelphia: Printed by Order of the Board of Control, 1829), 8.

39. James Ronaldson to Roberts Vaux, August 27, no year, box 5, folder 1: Correspondence n.d. O-R, VFP.

40. James Ronaldson to Roberts Vaux, December 10, no year, box 5, folder 1: Correspondence n.d. O-R, VFP.

41. R. A. Foakes, "'Thriving Prisoners': Coleridge, Wordsworth, and the Child at School," Studies in Romanticism 28, no. 2 (Summer 1989): 194. I am grateful to Dr. Campbell Scribner for this reference.

42. New York Free School Society Trustees Meeting Minutes, October 5, 1821, NYHS.

43. Lancaster, British System of Education (1810), 37.

44. Manual of the System of Teaching Reading, Writing, Arithmetic, and Needle-Work, in the Elementary Schools of the British and Foreign School Society, 1st American ed. (Philadelphia: Philadelphia Society for the Establishment and

Support of Charity Schools, published by Benjamin Warner, printed by William Fry, 1817), 66. See also Manual of the Lancasterian System of Teaching Reading, Writing, Arithmetic, and Needle-work, as Practised in the Schools of the Free-School Society of New-York (New York: Free-School Society, Samuel Wood & Sons, 1820); William A. Tweed Dale, Manual of the Albany Lancaster School; or, The System of Mutual Instruction Simplified, Improved and Adapted to the United States (Albany, NY: Websters & Skinners, 1820); J. L. Rhees, A Pocket Manual of the Lancasterian System of Education in Its Most Improved State: As Practised in the Model School, First School District, Pennsylvania (Philadelphia: School District of Philadelphia, 1827).

45. James Jacklin, "Poem Read at Annual Examination," April 4, 1819, New York African Free School Records, vol. 3, NYHS.
46. Visitors' reports, February 21, 1827, New York African Free School Records, vol. 1: Regulations, By-laws and Reports, 1817-1832, NYHS.
47. Visitors' reports, March 16, 1827, and April 5, 1827, New York African Free School Records, vol. 1: Regulations, By-laws and Reports, 1817-1832, NYHS.
48. Visitors' reports, School Number Two, June 18, 1821, New York African Free School Records, vol. 2: Reports of the Visiting Committee, 1820-1831, NYHS.
49. "A Dialogue, Spoken by Jack Smith and William Hill at a public exam, 1822. Written for the occasion by C. C. A. [Charles Andrews] Teacher," New York African Free School Records, vol. 3, 46, NYHS; see also Anna Mae Duane, " 'Like a Motherless Child': Racial Education at the New York African Free School and in My Bondage and My Freedom," American Literature 82, no. 3 (2010): 469-71.
50. "A Dialogue, Spoken by Jack Smith and William Hill at a public exam, 1822. Written for the occasion by C. C. A. [Charles Andrews] Teacher," New York African Free School Records, vol. 3, 47, NYHS.
51. New York Free School Society Trustees Meeting Minutes, January 2, 1818, NYHS; 강조는 원문 그대로임.
52. New York Free School Society Trustees Meeting Minutes, November 6, 1818, NYHS.
53. 이 시기 퇴학생 수는 (백인)뉴욕무상학교와 (흑인)무상학교의 이사회 회의록에서 살펴볼 수 있다. 1817년 5월에서 1822년 11월 사이, 6명의 백인 학생과 9명의 흑인 학생이 퇴학당했다. 등록학생 수의 기록이 완전하지는 않지만, 나름 믿을 만한 구석이 있기는 하다. 등록생 수는 매번 달랐었는데, 1817년 10월 백인학교의 등록생

수는 1,218명이었고, 1818년 8월에는 1,151명, 1819년 5월에는 1,250명이었다. 흑인학교의 경우, 1818년 7월 등록생 수는 186명으로 이때는 두 번째 학교가 문을 열기 바로 전이었다. 그러던 것이 1822년 1월에는 425명, 182년 2월에는 414명이 되었다.

54. New York Free School Society Trustees Meeting Minutes, February 6, 1818, NYHS.
55. Fifth Annual Report, 4.
56. Visitors' reports, June 8, 1819, New York African Free School Records, vol. 1: Regulations, By-laws and Reports, 1817-1832, NYHS.
57. Visitors' reports, School Number Two, June 2, 1823, and June 18, 1824, New York African Free School Records, vol. 2: Reports of the Visiting Committee, 1820-1831, NYHS.
58. "City African Free Schools," Freedom's Journal, December 21, 1827, 3.
59. "School Meeting," Freedom's Journal, January 11, 1828, 2; on Cornish's background, see Michael Hines, "Learning Freedom: Education, Elevation, and New York's African-American Community, 1827-1829," History of Education Quarterly 56, no. 4 (November 2016): 627.
60. "School Meeting," Freedom's Journal, January 11, 1828, 2; "City Free Schools," Freedom's Journal, January 11, 1828, 3.
61. Visitors' reports, School Number Two, March 7, 1829, New York African Free School Records, vol. 2: Reports of the Visiting Committee, 1820-1831, NYHS. See also Visitors' reports, April 17, 1828, and November 11, 1828, New York African Free School Records, vol. 2: Reports of the Visiting Committee, 1820-1831, NYHS.
62. A Sketch of the Origin and Progress of the Adelphi School in the Northern Liberties, Established under the Direction of the Philadelphia Association of Friends for the Instruction of Poor Children (Philadelphia: Meyer & Jones, 1810), 17.
63. New York Free School Society Trustees Meeting Minutes, November 6, 1818, NYHS.
64. New York Free School Society Trustees Meeting Minutes, April 2, 1819, NYHS. This letter addressed white mothers; insulting the parenting skills of Black mothers was also an established tradition. See Anna Mae Duane, " 'Like a Motherless Child,' " 467.

65. Second Annual Report of the Controllers of the Public Schools of the First School District of the State of Pennsylvania; With Their Accounts. Also, an Abstract of the Law of March 6th, 1818, Providing for Public Education, and a List of the Controllers and Directors Elected for the Year 1820 (Philadelphia: Printed by Order of the Board of Control, 1820), 7.
66. Third Annual Report, 4.
67. Sixteenth Annual Report, n.p.; emphasis added.
68 Stanley K. Schultz, The Culture Factory: Boston Public Schools, 1789-1860 (New York: Oxford University Press, 1973), 36.
69. Fourth Annual Report of the Controllers of the Public Schools of the First School District of the State of Pennsylvania; With Their Accounts (Philadelphia: Printed by Order of the Board of Control, 1822), 4.
70. Eighth Annual Report, 6; Robert Forster to John Sergeant, January 15, 1827, box 3, folder 3: Correspondence Jan-April 1827, VFP. On Houses of Refuge in the 1820s, see David J. Rothman, The Discovery of the Asylum: Social Order and Disorder in the New Republic (Boston: Little, Brown, 1971), 209-21.
71. Eighth Annual Report, 6.
72. Fourth Annual Report, 5.
73. Eighth Annual Report, 6.
74. Eleventh Annual Report, 8.
75. Jane E. Dabel, "Education's Unfulfilled Promise: The Politics of Schooling for African American Children in Nineteenth Century New York City," Journal for the History of Children and Youth 5, no. 2 (Spring 2012): 202.
76. Harris, In the Shadow of Slavery, 130.
77. The Cries of New-York (New York: S. Wood ["at the Juvenile Books-store"], 1808), 40.
78. The Cries of Philadelphia: Ornamented with Elegant Wood Cuts (Philadelphia: Johnson & Warner, 1810); Cries of New-York.
79. Cries of New-York, 22.
80. Cries of New-York, 22.
81. Robert Cornell, March 9, 1821, Visitors' reports, School Number Two, New York African Free School Records, vol. 2: Reports of the Visiting Committee, 1820-1831, NYHS.
82. Elizabeth Blackmar, Manhattan for Rent, 1785-1850 (Ithaca, NY: Cornell

University Press, 1989), 213-16.

83. Robert Hicks, April 30, 1821, Visitors' reports, School Number Two, New York African Free School Records, vol. 2: Reports of the Visiting Committee, 1820-1831, NYHS. See also Gilbert Hicks, May 2, 1823, Visitors' reports, School Number Two, New York African Free School Records, vol. 2: Reports of the Visiting Committee, 1820-1831, NYHS.
84. Fourth Annual Report, 6.
85. Fifth Annual Report, 6.
86. Eighth Annual Report, 6.
87. Tenth Annual Report of the Controllers of the Public Schools of the First School District of the State of Pennsylvania; With Their Accounts (Philadelphia: Printed by Order of the Board of Control, 1828), 8.
88. 다음 자료 볼 것. Frederick Cooper, "Elevating the Race: The Social Thought of Black Leaders, 1827-50," American Quarterly 24, no. 5 (December 1972): 608, 611-13; Hilary J. Moss, Schooling Citizens: The Struggle for African American Education in Antebellum America (Chicago: University of Chicago Press, 2009), 29-31.
89. "Evening Schools," Freedom's Journal, November 23, 1827, 3.
90. Tunde Adeleke, "Afro-Americans and Moral Suasion: The Debate in the 1830's," Journal of Negro History 83 (Spring 1998): 128; Patrick Rael, Black Identity and Black Protest in the Antebellum North (Chapel Hill: University of North Carolina Press, 2002), 119-20, 128-29, 143-46.
91. Philanthropos, "For the Freedom's Journal Education," Freedom's Journal, March 30, 1827, 2.
92. Amicus, "For the Freedom's Journal. Koxciusko School. No. II," Freedom's Journal,June 15, 1827, 3.
93. Matilda, "For the Freedom's Journal," Freedom's Journal, August 10, 1827, 2.
94. William Michael Weber, "Before Horace Mann: Elites and Boston Public Schools, 1800-1812" (EdD diss., Harvard University, 1974), 34, 50.
95. An Act for the Encouragement of Schools, Passed at the Eighteenth Session of the Legislature of the State of Newyork and of the Independence of the United States the Nineteenth 1795, 9. [Copy in the collections of the Library Company of Philadelphia.]
96. Harry S. Silcox, "Delay and Neglect: Negro Public Education in Antebellum

Philadelphia, 1800-1860," Pennsylvania Magazine of History and Biography 97 (October 1973): 444.

97. Silcox, "Delay and Neglect," 449.
98. Kabria Baumgartner, In Pursuit of Knowledge: Black Women and Educational Activism in Antebellum America (New York: New York University Press, 2019), 223.
99. Short History of the African Union Meeting and School-House, Erected in Providence (R.I.) in the Years 1819, '20, '21; with Rules for Its Future Government (Providence, RI: Brown & Danforth, 1821), 5.
100. Short History, 10.
101. Lewis Woodson and William Dailey, "From the Genius of Universal Emancipation," Freedom's Journal, April 6, 1827, 1.
102. "Notice," Freedom's Journal, September 14, 1827, 4; "Notice," Freedom's Journal, October 5, 1827, 3; "African Infant Schools," Freedom's Journal, December 21, 1827, 3.
103. Gronningsater, "Practicing Formal Politics," 121-22.
104. "The Academy," Freedom's Journal, September 2, 1828, 5.
105. Visitors' reports, December 24, 1821, New York African Free School Records, vol. 1: Regulations, By-laws and Reports, 1817-1832, NYHS. As Margaret A. Nash has pointed out, at the time the word "ornamental" could mean "anything beyond basic literacy." See Margaret A. Nash, " 'Cultivating the Powers of Human Beings': Gendered Perspectives on Curricula and Pedagogy in Academies of the New Republic," History of Education Quarterly 41, no. 2 (Summer 2001): 249-50.
106. Editors, "African Free Schools in the United States," Freedom's Journal, June 1, 1827, 3.
107. "The Academy," Freedom's Journal, October 17, 1828, 7.
108. "Education in Philadelphia," Freedom's Journal, October 10, 1828, 2.
109. Robert J. Swan, "John Teasman: African American Educator and the Emergence of Community in Early Black New York City, 1785-1815," Journal of the Early Republic 12 (Autumn 1992): 348.
110. Editors, "African Free Schools in the United States," Freedom's Journal, June 1, 1827, 3; 강조는 원문 그대로임.
111. Rury, "Philanthropy, Self Help," 236-37.

112. Swan, "John Teasman," 349.
113. Rael, Black Identity, 125. See also Harris, In the Shadow of Slavery, 122-25.
114. Hines, "Learning Freedom," 625.
115. Editors, "African Free Schools in the United States," Freedom's Journal, May 18, 1827, 2-3.
116. Editors, "Propriety of Conduct," Freedom's Journal, July 20, 1827, 3[?].
117. Philanthropos, "Original Communications for the Freedom's Journal. Education. No. II," Freedom's Journal, April 6, 1827, 2.
118. Rael, Black Identity, 146-47.
119. Rev. Peter Williams, "Education," Freedom's Journal, June 13, 1828, 3.
120. Williams, "Education," 3.
121. "Coloured Free Schools," Freedom's Journal, September 12, 1828, 2.
122. Jane E. Dabel, A Respectable Woman: The Public Roles of African American Women in 19th-Century New York (New York: New York University Press, 2008), 48, 72.
123. Dabel, Respectable Woman, 44.
124. Dabel, Respectable Woman, 49.
125. Dabel, Respectable Woman, 45.
126. "Duties of Wives," Freedom's Journal, February 21, 1829, 367.
127. Warren Star, "Let Every Man Mind His Own Business," Freedom's Journal, August 3, 1827, 1.
128. Member, "Female Dorcas Society," Freedom's Journal, September 26, 1828, 6.
129. Rael, Black Identity; Paul J. Polgar, " 'To Raise Them to an Equal Participation': Early National Abolitionism, Gradual Emancipation, and the Promise of African American Citizenship," Journal of the Early Republic 31, no. 2 (Summer 2011): 237.
130. Visitors' reports, School Number Two, Edmund Haviland, n.d. but in context, late July or early August 1829, New York African Free School Records, vol. 2: Reports of the Visiting Committee, 1820-1831, NYHS.
131. John L. Rury, "The New York African Free School, 1827-1836: Conflict over Community Control of Black Education," Phylon 44, no. 3 (1983): 192.
132. 다음 자료 볼 것. Rael, Black Identity, 150-51; Polgar, " 'To Raise Them,' " 229-58.
133. Hilary Moss, "Race and Schooling in Early Republican Philadelphia," in The Great Contest: The Founding Fathers, Education, and the American

Philosophical Society, ed. Benjamin Justice (New York: Palgrave Macmillan, 2013), 105.

134. Boonshoft, "From Property to Education," 438-39.

135. Rury, "New York African Free School," 192.

136. "Communipaw" [James McCune Smith], Frederick Douglass' Paper, April 15, 1852, 3.

137. Carla L. Peterson, Black Gotham: A Family History of African Americans in Nineteenth Century New York City (New Haven, CT: Yale University Press, 2011), 77.

138. Charles C. Andrews, The History of the New-York African Free-Schools, From Their Establishment in 1787 to the Present Time (New York: Mahlon Day, 1830), 30.

139. Peterson, Black Gotham, 4.

140. Peterson, Black Gotham, 5.

141. Andrews, History, 46.

142. Andrews, History, 45.

143. Dabel, Respectable Woman, 26.

144. George G. Foster, New York by Gas-Light and Other Urban Sketches, ed. Stuart M. Blumin (1850; repr., Berkeley: University of California Press, 1990), 101.

145. Foster, New York by Gas-Light, 100.

146. Dabel, Respectable Woman, 28.

147. Visitors' reports, School Number Two, January 11, 1822, March 12, 1824, June 19, 1826, April 5, 1827, New York African Free School Records, vol. 2: Reports of the Visiting Committee, 1820-1831, NYHS.

148. Rury, "New York African Free School," 192; Hines, "Learning Freedom," 637.

149. Peterson, Black Gotham, 78; Harris, In the Shadow of Slavery, 134, 142-43.

150. Rury, "New York African Free School," 193.

151. Rury, "New York African Free School," 196; Gronningsater, "Practicing Formal Politics," 122.

152. 다음 자료 참조할 것. Mary H. Blewett, Men, Women, and Work: Class, Gender, and Protest in the New England Shoe Industry, 1780-1910 (Champaign: University of Illinois Press, 1988); Alan Dawley, Class and Community: The Industrial Revolution in Lynn, 25th anniv. ed. (Cambridge, MA: Harvard University Press, 2000); Thomas L. Dublin, Women at Work: The

Transformation of Work and Community in Lowell, Massachusetts, 1826-1860 (New York: Columbia University Press, 1964); Bruce Laurie, Artisans into Workers: Labor in Nineteenth-Century America (Champaign: University of Illinois Press, 1997); David Montgomery, Citizen Worker: The Experience of Workers in the United States with Democracy and the Free Market during the Nineteenth Century (New York: Cambridge University Press, 1993); Christopher L. Tomlins, Law, Labor, and Ideology in the Early Republic (New York: Cambridge University Press, 1993); Wilentz, Chants Democratic.

153. "Address of the County Delegates to Their Constituents," Mechanics Free Press, September 27, 1828, 1.
154. T., letter to the editor, Mechanics Free Press, December 13, 1828, 2.
155. "A Well Educated Village Tends to Purify the Government under Which It Exists," Mechanics Free Press, December 27, 1828, 1.
156. "EDUCATION," Mechanics Free Press, November 21, 1829, 3.
157. R.D.O., "Cause of the People," Mechanics Free Press, September 26, 1829, 1.
158. Editors, "School Bill," Mechanics Free Press, February 28, 1829, 3.
159. "A Friend of Equality," letter to the editor, Mechanics Free Press, June 27, 1829, 2; 강조는 원문 그대로임.
160. "Address," Mechanics Free Press, July 10, 1830, 1.
161. Joseph C. Hart, "Address," Mechanics Free Press, July 31, 1830, 2.
162. Joseph Lancaster, The British System of Education Being a Complete Epitome of the Improvements and Inventions Practised at the Royal Free Schools, Borough-Road, Southwark (Georgetown: William Cooper, 1812), 122.
163. Manual of the System, ix; 강조는 원문 그대로임.
164. Report of the Committee Appointed at a Meeting of the Several School Committees, and Other Citizens of Portsmouth, to Consider the Expediency of Introducing the Lancastrian System of Education, into This Town, and to Report Thereupon, at the Ensuing Annual Town Meeting (Portsmouth, NH: S. Whidden, March 25, 1818), 6.
165. Report of the Committee, 10.
166. Boonshoft, Aristocratic Education, 153.
167. Paul, "On the Proposed System of State Education, Addressed to the General Committee of Working Men, of the City and County of Philadelphia," Mechanics Free Press, October 3, 1829, 1.

168. "Working Men," Mechanics Free Press, October 10, 1829, 2.
169. "Address," Mechanics Free Press, July 10, 1830, 1.
170. "Address of the County Delegates," 1.
171. Paul, "On the Proposed System," 1.
172. Paul, "On the Proposed System," 1.
173. Mallet, "Republican Education," Mechanics Free Press, October 3, 1829, 2.
174. "Public Education, Essay III," Mechanics Free Press, May 1, 1830, 1.
175. Yorick, "Loose Thoughts—No. II," Mechanics Free Press, November 21, 1829, 2.
176. Paul, "On the Proposed System," 1.

7장. 공립학교협회

1. Anonymous "Friend of Lancaster" to Joseph Lancaster, August 26, 1818, box 3, folder 1, Lancaster Papers, American Antiquarian Society, Worcester, Massachusetts (hereafter cited as "LP"); 강조는 원문 그대로임.
2. On the Establishment of Public Schools in the City of New-York (New York: Mahlon Day, 1825), 4.
3. Kim Tolley, "Music Teachers in the North Carolina Education Market, 1800-1840: How Mrs. Sambourne Earned a Comfortable Living for Herself and Her Children," Social Science History 32, no. 1 (Spring 2008): 76.
4. W. Thompson to Joseph Lancaster, March 15, 1824, box 3, folder 2, LP.
5. William J. Reese, Testing Wars in the Public Schools: A Forgotten History (Cambridge, MA: Harvard University Press, 2013), 41; Kim Tolley and Nancy Beadie, "Socioeconomic Incentives to Teach in New York and North Carolina: Toward a More Complex Model of Teacher Labor Markets, 1800-1850," History of Education Quarterly 46 (2006): 36-72; Carl F. Kaestle, The Evolution of an Urban School System: New York City, 1750-1850 (Cambridge, MA: Harvard University Press, 1973), 37-41. 캐슬의 연구를 보면, 뉴욕시 교사들은 랭카스터 혁명 이전에 일정한 급여 기준을 갖고 있었다. 스미스(Daniel Smith) 같은 교사는 이 기준표에서 가장 밑바닥에 있던 사람으로 1795-96 연봉은 £46이었다. 이에 반해 라탐(Stanton Latham)과 프레이저(Donald Fraser) 같은 교사들은 기준표의 꼭대기에 있었는데, 이들은 동기간 각각 £200과 £208을 받았다. 캐슬은 이 해 뉴욕시 교

사 18명의 보고된 수입을 밝히고 있는데, 이들의 평균 수입은 연간 £122이었다. 캐슬에 따르면, 이 평균 임금은 당시 실력 있는 수공예업자의 수입과 거의 비슷한 정도였다. 하지만 교사들은 봉급 이외에도 예를 들어, 연료, 음식, 숙소 등의 물품을 받기도 했다. 랭카스터와 같이 욕심 많고 자존심 강한 젊은이들은 이 기준표에서 가장 높은 금액을 목표로 했다. 평균 임금보다 훨씬 높은 수준의 봉급, 편안하고 넘치는 생활을 꿈꾸었다.

6. Notebook, box 4, vol. "First Folio," LP.
7. Robert and Henry Ould to Joseph Lancaster, April 23, 1812, box 1, folder 1, LP.
8. Joseph Lancaster to Elizabeth (Betsy) Lancaster, September 27, 1819, box 2, folder 3, LP. Lancaster sometimes referred to both his wife Elizabeth and daughter Elizabeth as "Eliza," or "Eliza.," and sometimes he called his daughter "Betsy." For clarity's sake, these notes will call the mother Elizabeth and the daughter Betsy.
9. Joseph Lancaster to Betsy Lancaster, June 10, 1819, box 2, folder 3, LP; 강조는 원문 그대로임.
10. Joseph Lancaster to Betsy Lancaster, July 14, 1819, box 2, folder 3, LP; 강조는 원문 그대로임.
11. Joseph Lancaster to Betsy Lancaster, July 26, 1819, box 2, folder 3, LP.
12. 다음 자료 참조할 것. Joseph Lancaster to Betsy Lancaster, July 19, 1819, box 2, folder 3, LP. He repeated this fantastical figure throughout the summer of 1819 in his correspondence with his daughter.
13. Joseph J. McCadden, "Joseph Lancaster and the Philadelphia Schools," Pennsylvania History 3, no. 4 (October 1936): 229; Joseph Lancaster to Roberts Vaux, January 22, 1822, box 2, folder 10: Roberts Vaux Correspondence Jan-Mar 1822, Vaux Family Papers, 1739-1923, Collection 684, Historical Society of Pennsylvania, Philadelphia (hereafter cited as "VFP"); New York Free School Society Trustees Meeting Minutes, May 5, 1817, New-York Historical Society, New York, New York (hereafter cited as "NYHS").
14. Joseph Lancaster to Roberts Vaux, April 9, 1821, box 2, folder 8: Roberts Vaux Correspondence Jan-April 1821, VFP.
15. Joseph Lancaster to Betsy Lancaster, September 18, 1819, box 163, folder 16: Lancaster, Joseph (1819), Lancaster Papers, Gratz Collection, Historical Society of Pennsylvania, Philadelphia (hereafter cited as "GC"); 강조는 원문 그대로임.
16. Joseph Lancaster to Elizabeth Lancaster, September 3, 1818, box 2, folder 3, LP.

17. Joseph Lancaster to Betsy Lancaster, January 16, 1819, box 2, folder 3, LP; Joseph Lancaster to Betsy Lancaster, June 21, 1819, box 2, folder 3, LP.
18. Edward Flavin Wall Jr., "Joseph Lancaster and the Origins of the British and Foreign School Society" (PhD diss., Columbia University, 1966), 197; John E. Lovell to Joseph Lancaster, December 27, 1819, box 2, folder 7, LP; John E. Lovell to Joseph Lancaster, February 1, 1820, box 2, folder 3, LP; Richard M. Jones to Joseph Lancaster, February 4, 1820, box 2, folder 5, LP; Joseph Lancaster to Betsy Lancaster, February 23, 1820, box 2, folder 7, LP.
19. Websters and Skinners to Joseph Lancaster, February 23, 1819, box 3, folder 1, LP; Isaac T. Hopper to Joseph Lancaster, February 4, 1820, box 3, folder 1, LP; Thomas Dobsonthon to Joseph Lancaster, December 27, 1820, box 3, folder 1, LP.
20. Betsy Lancaster to Joseph Lancaster, July 21, 1819, box 163, folder 15: Lancaster, Joseph, GC.
21. John E. Lovell to Joseph Lancaster, September 24, 1819, box 2, folder 7, LP.
22. Joseph Lancaster to Betsy Lancaster, February 23, 1820, box 2, folder 3, LP.
23. A. L. Boggs to Joseph Lancaster, February 6, 1822, box 3, folder 1, LP.
24. William Gwynn to Joseph Lancaster, February 5, 1822, box 3, folder 1, LP.
25. 다음 자료 참조할 것. Isaac Hopper to Joseph Lancaster, March 4, 1820, box 3, folder 1, LP. Hopper was a clothing merchant in Philadelphia to whom Lancaster owed money. In this letter, Hopper notes that Lancaster sent him a partial payment, so Hopper agreed to "stay proceedings" against Lancaster in court. But Hopper still demanded immediate repayment of the full debt.
26. Thomas Dobsonthon to Joseph Lancaster, December 27, 1821, box 3, folder 1, LP.
27. John Lambert to Joseph Lancaster, September 30, 1818, box 3, folder 1, LP.
28. Betsy Lancaster to Joseph Lancaster, July 21, 1819, box 163, folder 15: Lancaster, Joseph, GC.
29. Betsy Lancaster to Joseph Lancaster, June 21, 1819, box 163, folder 15: Lancaster, Joseph, GC.
30. Betsy Lancaster to Joseph Lancaster, July 21, 1819, box 163, folder 15: Lancaster, Joseph, GC.
31. John E. Lovell to Joseph Lancaster, September 24, 1819, box 2, folder 7, LP.
32. John E. Lovell to Joseph Lancaster, September 24, 1819, box 2, folder 7, LP;

John E. Lovell to Joseph Lancaster, October 28, 1819, box 2, folder 7, LP.

33. John E. Lovell to Joseph Lancaster, September 24, 1819, box 2, folder 7, LP.
34. John E. Lovell to Joseph Lancaster, February 1, 1820, box 2, folder 7, LP.
35. John E. Lovell to Joseph Lancaster, August 15, 1820, box 2, folder 7, LP.
36. John E. Lovell to Joseph Lancaster, August 22, 1820, box 2, folder 7, LP.
37. John E. Lovell to Joseph Lancaster, December 27, 1819, box 2, folder 7, LP.
38. Betsy Lancaster to Joseph Lancaster, June 21, 1819, box 3, folder 1, LP.
39. Joseph Lancaster to Betsy Lancaster, July 18, 1819, box 2, folder 3, LP; 강조는 원문 그대로임.
40. John E. Lovell to Joseph Lancaster, December 19, 1822, box 2, folder 7, LP.
41. Circular letter, "Distress of Joseph Lancaster," 1818[?; year written in pencil on manuscript], box 15, folder 10, LP.
42. Joseph Lancaster to Betsy Lancaster, January 23, 1819, box 2, folder 3, LP.
43. "Sir Thomas Barnard's Reports of Joseph Lancaster's domestic affliction," manuscript, n.d. but likely 1830 or 1831, box 15, folder 5, LP.
44. "Sir Thomas Barnard's Reports of Joseph Lancaster's domestic affliction," manuscript, n.d. but likely 1830 or 1831, box 15, folder 5, LP.
45. "Sir Thomas Barnard's Reports of Joseph Lancaster's domestic affliction," manuscript, n.d. but likely 1830 or 1831, box 15, folder 5, LP.
46. "Sir Thomas Barnard's Reports of Joseph Lancaster's domestic affliction," manuscript, n.d. but likely 1830 or 1831, box 15, folder 5, LP.
47. John E. Lovell to Joseph Lancaster, December 27, 1819, box 2, folder 7, LP.
48. Joseph Lancaster to Betsy Lancaster, August 24, 1819, box 2, folder 3, LP.
49. Joseph Lancaster to Elizabeth Lancaster, February 17, 1820, box 2, folder 3, LP.
50. Elizabeth Lancaster to Joseph Lancaster, 1820, box 163, folder 17: Lancaster, Joseph (1820), GC.
51. Joseph Lancaster to Betsy Lancaster, July 10, 1819, box 2, folder 3, LP.
52. Richard M. Jones to Joseph Lancaster, February 4, 1820, box 2, folder 5, LP; 강조는 원문 그대로임.
53. New York Free School Society Trustees Meeting Minutes, January 15, 1819, NYHS.
54. Elizabeth Hamilton, Hints Addressed to the Patrons and Directors of Schools; Principally Intended to Shew, That the Benefits Derived from the New Modes of Teaching May Be Increased by a Partial Adoption of the Plan of Pestalozzi

(London: Longman, Hurst, Rees, Orme, & Brown, 1815), 32.

55. Hamilton, Hints Addressed, 33.

56. Edward Baker, A Brief Sketch of the Lancasterian System, Intended as a Companion in Visiting a Lancasterian School, with Advice to Committees on the Establishment, Management and Examination of Such Schools (Troy, NY: F. Adancourt, 1816), front matter.

57. Baker, Brief Sketch, 24.

58. Deblieux to Joseph Lancaster, December 24, 1818, box 3, folder 1, LP.

59. Joseph Lancaster, Letters on National Subjects, Auxiliary to Universal Education, and Scientific Knowledge; Addressed to Burwell Bassett, Late a Member of the House of Representatives; Henry Clay, Speaker of the House of Representatives, and James Monroe, President of the United States of America (Washington City: Jacob Gideon Jr., 1820), 49.

60. Joseph Lancaster, True Friend 1, no. 1 (July 1829): 1.

61. Visitors' reports, July 28, 1818, New York African Free School Records, vol. 1: Regulations, By-laws and Reports, 1817-1832.

62. New York Free School Society Trustees Meeting Minutes, March 25, 1819, NYHS.

63. First Annual Report of the Controllers of the Public Schools of the First School District of the State of Pennsylvania; With Their Accounts. Also, an Abstract of the Law of March 6th, 1818, Providing for Public Education, and a List of the Controllers and Directors Constituted under the Act, &c., &c. (Philadelphia: Printed by Order of the Board of Control, 1819), 6.

64. Second Annual Report of the Controllers of the Public Schools of the First School District of the State of Pennsylvania; With Their Accounts. Also, an Abstract of the Law of March 6th, 1818, Providing for Public Education, and a List of the Controllers and Directors Elected for the Year 1820 (Philadelphia: Printed by Order of the Board of Control, 1820), 5.

65. Fifth Annual Report of the Controllers of the Public Schools of the First School District of the State of Pennsylvania; With Their Accounts (Philadelphia: Printed by Order of the Board of Control, 1823), 8.

66. Timothy Dwight to Joseph Lancaster, May 30, 1822, box 3, folder 1, LP.

67. Timothy Dwight to Joseph Lancaster, November 12, 1827, box 3, folder 3, LP; Timothy Dwight to Joseph Lancaster, May 13, 1828, box 3, folder 3, LP; Aldis

S. Allen to Joseph Lancaster, June 3, 1828, box 3, folder 3, LP; Aldis S. Allen to Joseph Lancaster, January 17, 1830, box 3, folder 3, LP; John E. Lovell to Joseph Lancaster, April 24, 1829, box 2, folder 7, LP; John E. Lovell to Joseph Lancaster, January 23, 1831, box 2, folder 7, LP.

68. John E. Lovell to C. J. Gayler, October 30, 1838, box 2, folder 7, LP.
69. John E. Lovell to Joseph Lancaster, December 2, 1822, box 2, folder 7, LP.
70. John E. Lovell to Joseph Lancaster, February 14, 1823, box 2, folder 7, LP.
71. John E. Lovell to Joseph Lancaster, January 21, 1823, box 2, folder 7, LP.
72. John E. Lovell to Joseph Lancaster, July 18, 1824, box 2, folder 7, LP.
73. John E. Lovell to Joseph Lancaster, November 20, 1827, box 2, folder 7, LP.
74. John E. Lovell to Joseph Lancaster, November 20, 1827, box 2, folder 7, LP; 강조는 원문 그대로임.
75. John E. Lovell to Joseph Lancaster, May 28, 1826, box 2, folder 7, LP.
76. "New Year, 1833," box 1, folder: Lectures, 1833, William Bentley Fowle Papers, Massachusetts Historical Society, Boston, Massachusetts (hereafter cited as "WBFP"); "Announcement," box 4, folder: 1821-1825, WBFP.
77. "Address delivered in Feb. 1824," box 1, folder: Lectures, 1824, WBFP.
78. "Address delivered May 1824," box 1, folder: Lectures, 1824, WBFP.
79. "Address delivered May 1824," box 1, folder: Lectures, 1824, WBFP.
80. Second Report of the Instructer of the Monitorial School, Boston (Boston: Munroe & Francis, 1828), 16.
81. "Address delivered in Feb. 1824," box 1, folder: Lectures, 1824, WBFP.
82. First Biennial Report of the Trustees and Instructer of the Monitorial School, Boston (Boston: Thomas B. Wait & Son, 1826), 15-16.
83. Undated address, box 2, folder: Undated Letter Drafts, WBFP.
84. Carla L. Peterson, Black Gotham: A Family History of African Americans in Nineteenth Century New York City (New Haven, CT: Yale University Press, 2011), 77.
85. Report of the Committee Appointed at a Meeting of the Several School Committees, and Other Citizens of Portsmouth, to Consider the Expediency of Introducing the Lancastrian System of Education, into This Town, and to Report Thereupon, at the Ensuing Annual Town Meeting (Portsmouth, NH: S. Whidden, March 25, 1818), 18.
86. William J. Reese, The Origins of the American High School (New Haven, CT:

Yale University Press, 1995), 19.

87. Report of a Committee Appointed by the High School Society of New-York, to Prepare a Plan of Instruction to Be Pursued in the High School (New York: J. Seymour, 1824), 4.

88. William Russell, Manual of Mutual Instruction; Consisting of Mr. Fowle's Directions for Introducing in Common Schools the Improved System Adopted in the Monitorial School, Boston. With an Appendix, Containing Some Consideration in Favor of the Monitorial Method, and a Sketch of Its Progress, Embracing a View of Its Adaptation to Instruction in Academies, Preparatory Seminaries, and Colleges (Boston: Wait, Greene, 1826), 107.

89. First Annual Report of the Trustees of the High-School Society. In the City of New-York (New York: Mahlon Day, 1825), 4.

90. First Annual Report of the Trustees, 6.

91. First Annual Report of the Trustees, 7.

92. Mann Butler, Report on Monitorial Education; to the Hon. Mayor and Council, of Louisville (Louisville, KY: S. Penn Jr., 1829), 8.

93. Annual Report of the Trustees of the High School Society of New-York, Made on Monday, November 13, 1826. Pursuant to the Act of Incorporation (New York: William A. Mercein, 1826), 7.

94. Joseph Lancaster, Improvements in Education, as It Respects the Industrious Classes of the Community: Containing, among Other Important Particulars, an Account of the Institution for the Education of One Thousand Poor Children, Borough Road, Southwark; and of the New System of Education on Which It Is Conducted, 3rd ed. (New York: Collins & Perkins, 1807).

95. New York Free School Society Trustees Meeting Minutes, February 2, 1821, NYHS.

96. Stephen Marbrouch[?] to committee on monitors, May 29, 1827, box 1, folder: "Letters related to teachers," New York Free School Society Papers, New-York Historical Society, New York, New York (hereafter cited as "FSSP").

97. Paybill for "African Section NO. 1," February 22, 1836, box 3, folder: Hester Miller Teacher; Public School Society: Teachers and Monitors Bills, May, Nov 1835-Jan 1836, MS 500, FSSP.

98. Paybill for January 31, 1836, box 3, folder: Hester Miller Teacher; Public School Society: Teachers and Monitors Bills, May, Nov 1835-Jan 1836, MS 500, FSSP.

99. Paybill for January 31, 1836, box 3, folder: Hester Miller Teacher; Public School Society: Teachers and Monitors Bills, May, Nov 1835-Jan 1836, MS 500, FSSP.
100. Paybill for October 31, 1840, box 6, folder: "Coloured Schools," FSSP.
101. Tenth Annual Report of the Controllers of the Public Schools of the First School District of the State of Pennsylvania; With Their Accounts (Philadelphia: Printed by Order of the Board of Control, 1828), 7.
102. Nineteenth Annual Report of the Controllers of the Public Schools for the City and County of Philadelphia, Composing the First School District of the State of Pennsylvania; With Their Accounts (Philadelphia: Printed by Order of the Board of Control, 1837), 7.
103. Carl F. Kaestle, Pillars of the Republic: Common Schools and American Society, 1780-1860 (New York: Hill & Wang, 1983), 56-61.
104. Nancy Beadie, "Education and the Creation of Capital: Or What I Have Learned from Following the Money," History of Education Quarterly 48, no. 1 (February 2008): 8.
105. Report of the Committee on Education of the House of Representatives of Kentucky, on So Much of the Governor's Message as Relates to Schools and Seminaries of Learning (Lexington, KY: Joseph G. Norwood, 1830), 11.
106. An Act for the Encouragement of Schools, Passed at the Eighteenth Session of the Legislature of the State of New York and of the Independence of the United States the Nineteenth 1795. [MS copy in the collections of the Library Company of Philadelphia.]
107. Kaestle, Evolution of an Urban School System, 65-71, 86.
108. An Account of the Free-School Society of New-York (New York: Collins, 1814), 9.
109. New York Free School Society Trustees Meeting Minutes, March 13, 1822, NYHS.
110. New York Free School Society Trustees Meeting Minutes, March 18, 1822, NYHS.
111. Report of the Committee on Education Read in the Senate, January 18, 1828 (Harrisburg, PA: S. C. Stambaugh, 1828), 4.
112. Report of the Committee on Education. Read in the House of Representatives, January 27, 1831 (Harrisburg, PA: Henry Welsh, 1831), 7-8.
113. Butler, Report on Monitorial Education, 6.
114. An Account of the Louisville City School, Together with the Ordinances of the

City Council, and the Regulations of the Board of Trustees for the Government of the Institution (Louisville, KY: Norwood & Palmer, 1830), 5.

115. Report of the Committee on Education (1830), 4.
116. Report of the Committee on Education (1830), 7.
117. Act Incorporating the Free School Society, April 9, 1805, in New York Free School Society Trustees Meeting Minutes, front cover, NYHS.
118. De Witt Clinton, An Address, to the Benefactors and Friends of the Free School Society of New York, Delivered on the Opening of That Institution, in Their New and Spacious Building, on the Eleventh of the Twelfth Month (December) 1809 (New York: Collins & Perkins, 1810), 14.
119. Manual of the System of Teaching Reading, Writing, Arithmetic, and Needle-Work, in the Elementary Schools of the British and Foreign School Society, 1st American ed. (Philadelphia: Philadelphia Society for the Establishment and Support of Charity Schools, published by Benjamin Warner, printed by William Fry, 1817), B.
120. Manual of the System, X.
121. Account of the Free-School Society, 8.
122. An Act to Provide for the Education of Children at Public Expense within the City and County of Philadelphia (Harrisburg, PA: s.n., 1818), 8. [Copy at the Historical Society of Pennsylvania, Philadelphia.]
123. Report of a Committee Appointed, 4.
124. Twentieth Annual Report of the Trustees of the Free-School Society of New-York (New York: Samuel Wood & Sons, 1825), 7.
125. A Sketch of the Origin and Progress of the Adelphi School in the Northern Liberties, Established under the Direction of the Philadelphia Association of Friends for the Instruction of Poor Children (Philadelphia: Meyer & Jones, 1810), 11.
126. Elisha Wales to Joseph Lancaster, March 8, 1821, box 3, folder 1, LP.
127. Joseph Lancaster, "Proposals for Lancasterian Schools in Boston," n.d. [broadside in the collections of the American Antiquarian Society, Worcester, Massachusetts].
128. J. L. Williams to Joseph Lancaster, November 15, 1822, box 3, folder 1, LP.
129. Act for the Encouragement of Schools; Kaestle, Evolution of an Urban School System, 65-71.

130. New York Free School Society Trustees Meeting Minutes, February 2, 1822, NYHS.
131. New York Free School Society Trustees Meeting Minutes, March 1, 1822, NYHS.
132. James Ronaldson to Roberts Vaux, August 27, no year, box 5, folder 1: Correspondence n.d. O-R, VFP.
133. New York Free School Society Trustees Meeting Minutes, April 2, 1819, NYHS.
134. Nineteenth Annual Report of the Trustees of the Free-School Society of New York; With an Appendix: Containing, Memorials and Certificates relative to the School Fund Law, and to the Bethel Baptist Schools, &c. &c. (New York: Samuel Wood & Sons, 1824), 3.
135. On the Establishment of Public Schools, 4.
136. On the Establishment of Public Schools, 3.
137. On the Establishment of Public Schools, 5.
138. On the Establishment of Public Schools, 9.
139. Kaestle, Evolution of an Urban School System, 87.
140. Kaestle, Evolution of an Urban School System, 88.
141. Kaestle, Evolution of an Urban School System, 88.
142. William Oland Bourne, History of the Public School Society of the City of New York: With Portraits of the Presidents of the Society (New York: W. Wood, 1870), 150.
143. Report of the Committee on Education (1828), 4.
144. Report of the Committee on Education (1831), 5.
145. Report of the Committee on Education (1831), 6.
146. 다음 자료 참조할 것. David Hogan, "The Market Revolution and Disciplinary Power: Joseph Lancaster and the Psychology of the Early Classroom System," History of Education Quarterly 29, no. 3 (Autumn 1989): 386-88.

8장. 이어지는 거창한 개혁

1. Report of the Committee on Education, on So Much of the Governor's Message as Relates to the School Fund (n.p., March 5, 1835), 8. On the antebellum reformers' fascination with the "Prussian model," see also Carl F. Kaestle, Pillars

of the Republic: Common Schools and American Society, 1780-1860 (New York: Hill & Wang, 1983), 73; Jonathan Messerli, Horace Mann: A Biography (New York: Knopf, 1972), 392-407; David Komline, The Common School Awakening: Religion and the Transatlantic Roots of American Public Education (New York: Oxford University Press, 2020), 102-21.

2. J. P. Lalsey to Joseph Lancaster, October 19, 1838, box 13, folder 8, Lancaster Papers, American Antiquarian Society, Worcester, Massachusetts (hereafter cited as "LP").
3. John W. Francis, Old New York, or, Reminiscences of the Past Sixty Years (New York: W. J. Widdleton, 1866), 187.
4. Robert K. Lowry to Joseph Lancaster, February 27, 1824, box 3, folder 2, LP.
5. 남미에서 랭카스터와 랭카스터 교육개혁운동에 대해 더 알고 싶다면, 다음 자료를 참고할 것. Karen Racine, "Monitors and Moralists: The Lancasterian System of Mutual Education and the Vision of a New Moral Order in Spanish America, 1818-1831," History of Education 49, no. 2 (2020): 143-59; Marcelo Caruso and Eugenia Roldan Vera, "Pluralizing Meanings: The Monitorial System of Education in Latin America in the Early Nineteenth Century," Paedagogica Historica 41, no. 6 (December 2005): 645-56; Marcelo Caruso, "The Persistence of Educational Semantics: Patterns of Variation in Monitorial Schooling in Colombia (1821-1844)," Paedagogica Historica 41, no. 6 (December 2005): 721-44; Eudenia Roldan Vera, "Order in the Classroom: The Spanish American Appropriation of the Monitorial System of Education," Paedagogica Historica 41, no. 6 (December 2005): 655-75. See also Everett Figueroa Peralta, "The English Legacy of Joseph Lancaster to the Mexican Philosophy of Education: 1825 to 1925" (EdD diss., Arizona State University, 2005).
6. Notice, September 19, 1825, box 163, folder 18: Lancaster, Joseph, Lancaster Papers, Gratz Collection, Historical Society of Pennsylvania, Philadelphia (hereafter cited as "GC").
7. Joseph Lancaster to Simon Bolivar, February 7, 1826, box 13, folder 7, LP.
8. Mora Dickson, Teacher Extraordinary: Joseph Lancaster, 1778-1838 (Sussex, UK: Book Guild Limited, 1986), 226.
9. Racine, "Monitors and Moralists," 155.
10. Peralta, "English Legacy of Joseph Lancaster," 52.
11. Vera, "Order in the Classroom," 655.

12. Peralta, "English Legacy of Joseph Lancaster," 54.
13. Dickson, Teacher Extraordinary, 230.
14. Richard M. Jones to Joseph Lancaster, March 14, 1827, box 2, folder 4, LP.
15. Dickson, Teacher Extraordinary, 235-36.
16. Caruso and Vera, "Pluralizing Meanings," 651.
17. Racine, "Monitors and Moralists," 147-48.
18. British and Foreign School Society, Proceedings of the British and Foreign School Society(London: n.p., 1819), 2-3.
19. British and Foreign School Society, Proceedings at the Nineteenth Anniversary Meeting of the British and Foreign School Society held at Freemasons' Tavern (London: Richard Taylor, 1824), 4.
20. British and Foreign School Society, Proceedings at the Nineteenth Anniversary Meeting, 4.
21. "Original Communications," Freedom's Journal, October 12, 1827, 2; clipping from Morning Palladium, December 24, 1833, box 13, folder 8, LP; Ladies' Society for Promoting the Early Education and Improvement of the Children of Negroes and of People of Color in the British West Indies, The First Annual Report of the Ladies' Society for Promoting the Early Education and Improvement of the Children of Negroes and of People of Color in the British West Indies, with a List of Subscribers (London: W. Marchant, 1826), 19; "Moral Improvement in the West Indies," Freedom's Journal, January 31, 1829, 1-2.
22. John Griscom, Monitorial Instruction. Address, Pronounced at the Opening of the New-York High-School, with Notes and Illustrations (New York: Mahlon Day, 1825), 34.
23. British and Foreign School Society, Proceedings at the Nineteenth Anniversary Meeting, 4.
24. Caruso and Vera, "Pluralizing Meanings," 651; Caruso, "Persistence of Educational Semantics," 722.
25. Bruce Curtis, "Joseph Lancaster in Montreal (bis): Monitorial Schooling and Politics in a Colonial Context," Historical Studies in Education 17, no. 1 (Spring 2005): 6.
26. British and Foreign School Society, Nineteenth Report of the British and Foreign School Society, to the General Meeting, May 10, 1824 (London, Richard Taylor, 1824), 27.

27. Brooke Young to Joseph Lancaster, August 20, 1825, box 3, folder 2, LP.
28. Sarah Lancaster to Joseph Lancaster, August 2, 1825, box 163, folder 18: Lancaster, Joseph, GC.
29. Laura Michel, "Joseph Lancaster, Philanthropy, and Reform" (paper presented at the History of Education Society Annual Meeting, Columbus, Ohio, November 2, 2019), 6.
30. Caruso, "Persistence of Educational Semantics," 725.
31. Don Bernardo Monteagudo, Peruvian Pamphlet; Being an Exposition of the Administrative Labours of the Peruvian Government, from the Time of Its Formation, till the 15th of July, 1822; Presented to the Council by the Minister of State and Foreign Relations (London: A. Applegath, 1823), 86.
32. R. Ackermann to Joseph Lancaster, November 3, 1825, box 3, folder 2, LP; S. C. Powles to Joseph Lancaster, December 24, 1825, box 3, folder 2, LP; R. Ackermann to Joseph Lancaster, February 11, 1826, box 3, folder 2, LP; R. Ackermann to Joseph Lancaster, October 4, 1826, box 3, folder 2, LP.
33. Joseph Lancaster to King George IV, February 5, 1825, box 163, folder 18: Lancaster, Joseph, GC; 강조는 원문 그대로임.
34. Joseph Lancaster to Roberts Vaux, July 11, 1827, box 3, folder 5: Roberts Vaux Correspondence July-Dec 1827, Vaux Family Papers, 1739-1923, Collection 684, Historical Society of Pennsylvania, Philadelphia (hereafter cited as "VFP"); see also Roberts Vaux to Joseph Lancaster, June 12, 1827, box 3, folder 3, LP.
35. Joseph Lancaster to Roberts Vaux, October 2, 1827, box 3, folder 5: Correspondence July-Dec 1827, VFP.
36. Joseph Lancaster to Martin Van Buren, February 25, 1828, box 163, folder 21: Lancaster, Joseph, GC.
37. Joseph Lancaster to Andrew Jackson, 1829, box 163, folder 22: Lancaster, Joseph, GC.
38. John Townsend to Joseph Lancaster, April 21, 1829, box 3, folder 3, LP.
39. James Brewster to Joseph Lancaster, July 8, 1829, box 3, folder 3, LP.
40. 랭카스터가 몬트리올에서 체류하던 시기의 이야기를 더 알고 싶으면, 다음 자료 참고할 것. Curtis, "Joseph Lancaster in Montreal," 1-27.
41. Lancasterian Institute, Haines' Street, in North Sixth Street, between Arch and Race, Philadelphia (1837). [Flyer in the collection of the Library Company of Philadelphia.]

42. Report of Progress of the Improvements Made in the Lancasterian Institute, in Haines Street, Near North Sixth Street, between Cherry and Race Streets (Philadelphia: n.p., August 20, 1836). [Flyer in the collection of the Library Company of Philadelphia.]
43. Report of Progress.
44. Joseph Lancaster to Roberts Vaux, October 18, 1834, box 4, folder 10: Correspondence Oct-Dec 1834, VFP.
45. Roberts Vaux to Joseph Lancaster, October 21, 1834, box 3, folder 3, LP.
46. Joseph Lancaster to Roberts Vaux, March 20, 1835, box 4, folder 12: Correspondence May-June 1835, VFP.
47. Quoted in Carl F. Kaestle, The Evolution of an Urban School System: New York City, 1750-1850 (Cambridge, MA: Harvard University Press, 1973), 115.
48. Timothy J. Gilfoyle, A Pickpocket's Tale: The Underworld of Nineteenth-Century New York (New York: Norton, 2006), 23.
49. Gilfoyle, Pickpocket's Tale, 25.
50. Thomas Bender, Toward an Urban Vision: Ideas and Institutions in Nineteenth-Century America (Lexington: University Press of Kentucky, 1975), 120.
51. Bender, Toward an Urban Vision, 124.
52. Bender, Toward an Urban Vision, 119.
53. Bender, Toward an Urban Vision, 124.
54. Benjamin C. Bacon, Colored School Statistics (Philadelphia: Board of Education, 1853), 1.
55. Bacon, Colored School Statistics, 4.
56. 다음 자료에서 인용. Kaestle, Evolution of an Urban School System, 119.
57. Kaestle, Evolution of an Urban School System, 120.
58. An Account of the Louisville City School, Together with the Ordinances of the City Council, and the Regulations of the Board of Trustees for the Government of the Institution (Louisville, KY: Norwood & Palmer, 1830), 5.
59. Account of the Louisville City School, 6.
60. Report of the Committee on Education of the House of Representatives of Kentucky, on So Much of the Governor's Message as Relates to Schools and Seminaries of Learning (Lexington, KY: Joseph G. Norwood, 1830), 10.
61. Heman Howlett and James G. Guthrie to Joseph Lancaster, January 24, 1837, box 13, folder 8, LP.

62. Kaestle, Evolution of an Urban School System, 88.

63. Nancy Beadie, "Tuition Funding for Common Schools: Education Markets and Market Regulation in Rural New York, 1815-1850," Social Science History 32, no. 1 (Spring 2008): 108-9.

64. Kaestle, Pillars of the Republic, 149-51.

65. Horace Mann, "Seventh Annual Report (1843)," in Life and Works of Horace Mann (Boston: Lee & Shepard, 1891), 3:279.

66. Washington Association for the Education of Free Colored Youth, Normal School for Colored Girls, Washington, D.C. (Washington, DC: n.p., 1857), 3.

67. Franklin Davenport Edmunds, The Public School Buildings of the City of Philadelphia from 1745 to 1845 (Philadelphia: self-pub., 1913), 53.

68. Rachel Regina Remmel, "The Origins of the American School Building: Boston Public School Architecture, 1800-1860" (PhD diss., University of Chicago, 2006), xiii.

69. William J. REese, Testing Wars in the Public Schools: A Forgotten History (Cambridge, MA: Harvard University Press, 2013), 147.

70. John L. Rury, "The New York African Free School, 1827-1836: Conflict over Community Control of Black Education," Phylon 44, no. 3 (1983): 196.

71. Paybill for January 31, 1836, box 3, folder: Hester Miller Teacher; Public School Society: Teachers and Monitors Bills, May, Nov 1835-Jan 1836, MS 500, New York Free School Society Papers, New-York Historical Society, New York, New York.

72. Joseph Lancaster to Roberts Vaux, November 30, 1819, box 2, folder 1: Correspondence Jan-Feb 1819, VFP.

73. Tina H. Sheller, "The Origins of Public Education in Baltimore, 1825-1829," History of Education Quarterly 22, no. 1 (Spring 1982): 36-37.

74. Peter E. Kurtze, " 'A School House Well Arranged': Baltimore Public School Buildings on the Lancasterian Plan, 1829-1839," Perspectives in Vernacular Architecture 5 (1995): 73.

75. William R. Johnson, " 'Chanting Choristers': Simultaneous Recitation in Baltimore's Nineteenth-Century Primary Schools," History of Education Quarterly 34 (Spring 1994): 10.

76. Johnson, " 'Chanting Choristers,' " 10.

77. Kurtze, " 'A School House Well Arranged,' " 75.

78. Johnson, " 'Chanting Choristers,' " 11.
79. Johnson, " 'Chanting Choristers,' " 11.
80. Johnson, " 'Chanting Choristers,' " 16.
81. Johnson, " 'Chanting Choristers,' " 11.
82. Johnson, " 'Chanting Choristers,' " 16.
83. A Digest of the Acts of Assembly Relating to the First School District of the State of Pennsylvania (Philadelphia: Crissy & Markley, 1861), 15.
84. Digest of the Acts of Assembly, 17.
85. Eighteenth Annual Report of the Controllers of the Public Schools for the City and County of Philadelphia, Composing the First School District of the State of Pennsylvania; With Their Accounts (Philadelphia: Printed by Order of the Board of Control, 1836), 6.
86. Nineteenth Annual Report of the Controllers of the Public Schools for the City and County of Philadelphia, Composing the First School District of the State of Pennsylvania; With Their Accounts (Philadelphia: Printed by Order of the Board of Control, 1837), 6.
87. Nineteenth Annual Report of the Controllers of the Public Schools, 7.
88. Harry S. Silcox, "Delay and Neglect: Negro Public Education in Antebellum Philadelphia, 1800-1860," Pennsylvania Magazine of History and Biography 97 (October 1973): 456.
89. Silcox, "Delay and Neglect," 457.

결론

1. Jean Barth Toll and Mildred S. Gillam, eds., Invisible Philadelphia: Community through Voluntary Organizations (Philadelphia: Atwater Kent Museum, 1995), 695.
2. 다음 자료 참조할 것. Michael Katz, The Irony of Early School Reform: Educational Innovation in Mid-nineteenth Century Massachusetts (Boston: Beacon, 1968); Samuel Bowles and Herbert Gintis, Schooling in Capitalist America: Educational Reform and the Contradictions of Economic Life (New York: Basic Books, 1976).

3 다음 자료 참조할 것. Maris A. Vinovskis, "Trends in Massachusetts Education, 1826-1860," History of Education Quarterly 12, no. 4 (Winter 1972): 501-29; Carl F. Kaestle and Maris A. Vinovskis, Education and Social Change in Nineteenth-Century Massachusetts (Cambridge: Cambridge University Press, 1980); Ira Katznelson and Margaret Weir, Schooling for All: Class, Race, and the Decline of the Democratic Ideal (New York: Basic Books, 1985); Michael Katz, Edward Stevens, and Maris Vinovskis, "The Origins of Public High Schools," History of Education Quarterly 27, no. 2 (Summer 1987): 241-58. See also the more recent work of historians such as Hilary J. Moss, Schooling Citizens: The Struggle for African American Education in Antebellum America (Chicago: University of Chicago Press, 2009); and Kabria Baumgartner, In Pursuit of Knowledge: Black Women and Educational Activism in Antebellum America (New York: New York University Press, 2019).

4. Robert Owen to Joseph Lancaster, January 6, 1811, box 2, folder 1, Lancaster Papers, American Antiquarian Society, Worcester, Massachusetts.

5. Eighth Annual Report of the Controllers of the Public Schools of the First School District of the State of Pennsylvania; With Their Accounts (Philadelphia: Printed by Order of the Board of Control, 1826), 6.

6. Carla L. Peterson, Black Gotham: A Family History of African Americans in Nineteenth Century New York City (New Haven, CT: Yale University Press, 2011), 5; Leslie M. Harris, In the Shadow of Slavery: African Americans in New York City, 1626-1863 (Chicago: University of Chicago Press, 2003), 138-39.

7. Ruth Wallis Herndon, "Poor Women and the Boston Almshouse in the Early Republic," Journal of the Early Republic 21, no. 3 (Fall 2012): 349-81; Monique Bourque, "Women and Work in the Philadelphia Almshouse, 1790-1840," Journal of the Early Republic 32, no. 3 (Fall 2012): 383-413.

8. R.D.O., "Cause of the People," Mechanics Free Press, September 26, 1829, 1.

9. David J. Rothman, The Discovery of the Asylum: Social Order and Disorder in the New Republic (New York: Little, Brown, 1971); Michael B. Katz, In the Shadow of the Poorhouse: A Social History of Welfare in America (New York: Basic Books, 1986); Gary B. Nash, "The Social Evolution of Preindustrial Cities, 1700-1820: Reflections and New Directions," Journal of Urban History 13 (February 1987): 115-45; Robert E. Cray Jr., Paupers and Poor Relief in New York City and Its Rural Environs, 1700-1830 (Philadelphia: Temple University

Press, 1988); Billy G. Smith, ed., Down and Out in Early America (University Park: Pennsylvania State University Press, 2004).

10. Carl F. Kaestle, Pillars of the Republic: Common Schools and American Society, 1780-1860 (New York: Hill & Wang, 1983), 41; Lawrence A. Cremin, American Education: The National Experience, 1783-1876 (New York: Harper & Row, 1980), 396.

11. Carl F. Kaestle, ed., Joseph Lancaster and the Monitorial School Movement: A Documentary History (New York: Teachers College Press, 1973), 47.

저자 약력

아담 라츠(Adam Laats)

뉴욕주 빙햄튼대학교(Binghamton University) 교육학과 및 역사학과 교수로, 2007년 위스콘신대학교(University of Wisconsin)에서 역사학 박사학위를 받았다. 위스콘신주 밀워키의 중·고등학교에서 10년간 교사로 근무했다. 주요 연구 분야는 미국 교육사, 학교교육 및 교육개혁을 둘러싼 문화적 갈등, 교육정책과 교육과정에 대한 종교의 영향 등이며, 이를 바탕으로 지난 200여 년간의 미국 교육사를 흥미롭게 대중에게 소개해 왔다. 저서로는 『Creationism USA: Bridging the Impasse on Teaching Evolution』(2002), 『Fundamentalism and Education in the Scopes Era: God, Darwin, and the Roots of America's Culture Wars』(2010), 『The Other School Reformers: Conservative Activism in American Education』(2015), 『Fundamentalist U: Keeping the Faith in American Higher Education』(2018) 등이 있다.

역자 약력

유성상

서울대학교 교육학과 교수이다. 2006년 UCLA에서 국제비교교육학 박사학위를 받았다. 교육개혁의 정치사회학, 사회정의교육, 교직 및 교사사회학, 근현대 한국교육의 형성, 동아시아 교육의 특질 등 교육을 역사사회학적·사회구조적으로 분석하는 데 관심을 두고 연구하고 있다. 또한 한반도를 넘어 국제사회의 교육발전을 둘러싼 담론을 연구주제로 삼아, 아프리카·동남아시아·라틴아메리카 지역 개발도상국의 교육발전에 관한 연구를 수행하고 있으며, 교육발전을 위한 이론적 논의와 실천에도 참여하고 있다. 국내외 교육의 이론 및 실천적 논쟁 속에서 '교육적인 교육'의 이미지를 탐색하고 공유하며, 나아가 이를 대중화할 수 있는 방안을 모색하고자 한다. 주요 저서로는 『배움의 조건』(2018), 『인권과 학교교육』(2020)이 있으며, 공저로는 『교육이 희망이다』(2020), 『모두를 위한 양질의 교육: 아시아편』(2024), 『교육사회학 핸드북』(2026 출간 예정) 등이 있다.

※ 표지 이미지: A fantasy of what a Lancasterian classroom should look like. These depictions appeared in an 1818 book translated into French from German: Joseph Hamel, L'enseignement mutuel ou Histoire de l'introduction et de la propagation de cette méthode(Paris: L. Colas, 1818). Courtesy of the Gutman Library, Harvard University.

실패한 교육개혁의 기원

초판발행 2026년 1월 15일

지은이 아담 라츠(Adam Laats)
옮긴이 유성상
펴낸이 노 현

편 집 이혜미
기획/마케팅 이선경
표지디자인 BEN STORY
제 작 고철민·김원표

펴낸곳 ㈜피와이메이트
서울특별시 금천구 가산디지털2로 53, 210호(가산동, 한라시그마밸리)
등록 2014. 2. 12. 제2018-000080호
전 화 02)733-6771
f a x 02)736-4818
e-mail pys@pybook.co.kr
homepage www.pybook.co.kr
ISBN 979-11-7279-083-7 93370

정 가 20,000원